道教思想研究论集

DAOJIAOSIXIANG YANJIULUNJI

孙亦平 著

四川出版集团
巴蜀书社

目　录

思想篇

经典篇

人物篇

现代篇

自序

本书是我十多年来有关道教思想研究的论文汇集，它从一个侧面记录了我从上个世纪90年代以来在道教思想文化园地中学习与研究的所思、所想与所悟。

道教作为中国土生土长的传统宗教，是中华传统文化重要的组成部分。千百年来，内容丰富、形式多样的道教文化所包含的以“道”为本的思想智慧，对中华民族的发展以及民族心理、民族精神的铸就，都产生了广泛而深刻的影响。因此，通过研究道教来加深对中国传统思想文化的了解就成为一件十分有意义的事。

今天，我们生活在全球化的时代。全球化一方面打破了不同国家、民族和文化之间的界限，促进了世界各国人民的相互了解，尤其是它创造出的一种不同于传统的生活方式，通过高度发达的大众传媒的普及推广，正悄然地改变着每一个人的生活；另一方面，全球化也促使那些有着悠久历史的国家与民族，更加珍视自己独特的文化传统，更加注重保护自己的优秀文化遗产。经济的全球化与文化的多元化所造成的张力，对包括道教在内的中国传统文化，影响也是多方面的。在今天这样的全球化境遇中，如何以一种文化自觉的态度，来认真挖掘整理道教文化这一笔宝贵的财富，使之推陈出新？又如何从古老的道教文化中汲取有益于人类文明与和平事业发展的资源，为建设适应时代发展的新文化服务？只有全面地了解道教的历史发展及其独特的信仰和思想，才能更好地观照其现实意义。这也是我在从事有关道教的教学与科研时经常思考的问题。

我在南京大学哲学系、宗教学系从事宗教学以及道教方面的教学与科研已二十年，虽然曾以道教研究为主题，在《哲学研究》、《世界宗教研究》、《中国哲学史》等海内外学术刊物上发表了数十篇论文，并出版了《杜光庭思想与唐宋道教的转型》、《杜光庭评传》、《道教的信仰和思想》及《道教文化》等著作，但相对于内涵丰富的道教来说，我仅仅是从历史和思想的角度接触了道教而已。

道教一向被认为是“杂而多端”，其包括“三教九流”在内的丰富内涵，从一个侧面反映了中国文化既博大玄奥、又不离人伦日用之特点。从内容上看，道教源自上古时期的原始宗教、战国时期的方仙道和秦汉时的黄老道，还融会吸收了儒、道、墨、法、阴阳、神仙、方技、养生等诸家思想、民间巫术以及先秦的宗法祭祀仪式等。道教在其历史发展中，不仅保持了自身文化的丰富性，而且还不时地吸取、借鉴儒家、佛教等其他文化因素。这样，以道教文化为研究和论述的对象，就既具有了悠长的历史感，又因其涉及面极广、接纳文化因素众多而具有了宽阔的空间感，还因其拥有深奥恢宏的哲理而具有了理论上的高度感。这让我经常面对卷帙浩繁的《道藏》而心生畏惧。然而当我打开厚厚的飘着墨香的《道藏》静心阅读时，又逐渐体会到，道教的历史虽然悠久，内涵虽然丰富，但其通过神化老子及其有关“道”的学说，以“得道成仙”为基本信仰，而建立起自己的理论体系和修道方法则是其基本立足点，其中包含的那种独特的哲学智慧和生命关怀，是促进道教思想文化能够精彩纷呈而流传千百年的根本动因。这种认识也成为我道教研究的一个基本向度。

本书所收集的论文，最早的发表于1994年，最近的则发表于2010年，时间跨度十多年。写作这些论文的动因主要有两个：一是为了参加国际和国内有关道教的学术会议而撰写的论文；二是自己主持和参加的国家社科基金项目“禅宗与全真道心性论比较研究”和“杜光庭与唐宋道教”的研究成果。论文的内容大致包含如下几个方面：一是道教人物的研究，如葛洪、杜光庭、张伯端、王重阳；二是道教经典的研究，如《上清大洞真经》、《道德真经广圣义》等；三是道教思想的研究，如对道教的宇宙论、心性论、重玄学、仙学等问题的探讨；四是对传统道教的现代性研究。这四个方面的内容实际上贯穿着一条主线，即通过对道教人物、派别、经典、思想的个案研究来彰显道教的哲学智慧、生命关怀、文化价值和现代意义。例如《论〈太平经〉的妇女观及其对道教发展的影响》一文是我参加1996年在北京召开的“第一届道文化国际学术研讨会”时所递交的会议论文。我通过考察现存最早的道书《太平经》中对妇女的看法，来说明道教从阴阳和合的理论出发，以尊阳而崇阴为基点，主张尊重妇女，对妇女的宽容甚至尊崇，使道教具有了不同于其他宗教的鲜明特色，同时也以一种特殊的文化形式丰富了中国人的精神生活和传统文化的内容。我认为，其中合理的思想因素至今仍然值得我们认真加以总结。

这种研究方法既反映了本人的知识背景和研究立场，其实也蕴含着一个学术理想，即如何通过一定的学术方法，既展现道教思想丰富而复杂的内涵，又将道教中所具有的不同思想传统看做一个活的整体，对其内部的范畴、命题的相互关联做出研究。如果说，通过探索道教历史，解读道教资料，研究道教思想，不知不觉地来表达自己的立场、观点和方法，这是一种以“述”为特点的历史研究方法，那么，自觉地运用自己的立场、观点和方法来解释、剖析研究对象，那就是一种以“评”为特点的哲学研究方法，而评价的终极依据应是一种创造性的理解。我认为，若将这两种方法结合为“述评”，在有述有评的过程中，既力图本真地反映历史上的道教人物、事件、经典之原貌，又通过“论从史出”来对道教思想进行文化评判与创新，以有益于当前的新文化建设，有益于当代社会和人生。当然，这仅是我个人的学术理想而已，至于究竟做到了多少，尚有待于读者的批评指正。

随着当前经济的高速发展和全球化步伐的加快，中国传统文化中的一些思想智慧也越来越引起人们的重视。当代法国学者弗朗索瓦·于连（FrancoisJullien）曾写下《为什么我们西方人研究哲学不能绕过中国?》一文，提出穿越中国是为了更好地阅读希腊，因为“只有中国才可能成为有别于希腊－希伯莱的另一个发源地”。他强调，要全面认识自己，必须离开封闭的自我，从外在的不同角度来考察。之所以选择中国，是因为中国拥有一种明晰的、能够与希腊思想媲美的思想。对西方文化来说，中国文化是一个新的参照系，即新的“他者”。通过“他者”来重新反观、审视自己的文化，找到新的认识角度和新的诠释，才能更好地“恢复理论创新精神”，他将之称为“一种迂回战略”，由此反映出在当今的全球化时代，学术研究必然走向中西交融的开放性趋势。

有着五千年文明的中国传统文化虽然是独立于西方的希腊－希伯莱文化传统而发展起来的，但今天中国文化的发展却无法脱离全球化这个时代背景。因此，我们的传统文化研究，乃至道教研究，就必然面临着两个向度：一是中与外：如何将中国道教置于全球化的语境中来加以考量，不仅要凸显它在文化上的独特性，而且还要使其所具有的思想智慧和文化成就，成为正在进行的全球多元文化建构中的一个组成部分；二是古与今：道教毕竟是古代文化的产物，其中既有精华，也有落后迷信等不符合时代精神的东西。司马迁在《史记》卷十八中说："居今之世，志古之道，所以自镜者，未必尽同。"今世之人可以把"古之道"作为借鉴的镜子，但古今时代毕竟不同了，"古之道"并不能完全适合"今之世"。因而我在写作中，一直提醒自己，对道教既要有同情的了解，也要对其中一些过时的、甚至与现代文明相背离的东西作深层的反省，重新质疑深植于传统中的成见来彰显未来之思。只有这样，才能去伪存真，将道教思想中真正有价值的东西展现出来，使之在今天的新文化建设中发挥作用。

今天，经历着现代化的中国正在发生着日新月异的变化，许多有识之士认为，21世纪将是中国和平崛起的世纪。这在让中国人感到振奋的同时，也常常会产生一种忧虑感。因为，当今天中国社会经济飞速地向现代化迈进时，人们的伦理、信仰和价值观念等思想意识却处于滞后的状态之中，现代中国社会需要一种日益进步的精神文化。那么，我们如何从传统文化中继往而开来，推陈而出新，以建设适应时代精神需要的新文化？

我在道教研究过程中体会到，道教乃起源于人们对自己生存状态的认识，并希望通过这种认识，来建构一条脱离现实苦难，获得生命的长存和实现永久幸福的道路。道教在对人的生命本真的细致分析，对长生成仙信仰的实际践行中，所体现出来的对生命的关注，对人当下幸福的追求，尤其是通过"尊道贵德"，以将人生的意义与价值提升到一个超越于日常世俗事务的高度，从而给人一种安身立命的智慧，启发人懂得人生的意义在于通过返璞归真、修性返德而回归于自然之道，以一种清静无为、恬淡安宜、合理节欲的态度来面对生活，其中贯穿一个主题，就是说服人们不要过于专注于对身外之物的追求，而应去关注自己的生命成长，去提升自己的精神境界，去追求成为道德完善的真正的人。这种力图将有限的生命提升到充满艺术精神的诗化境界，在今天的社会生活中仍然有其现实的意义和价值。这也成为我研究道教的精神动力之一。

多年来，前辈专家的鼓励，同行学者的帮助，我的研究生们热情相随，各种因缘和合促使我一步步成长起来，每念及此，心中就充满着感激之情。就在此时此刻，我坐在电脑前编纂这本论文集时，每一篇论文都化成一个生动小故事在我脑海中飘荡着，而写作时的艰辛和发表时的喜悦，又在我心中变成了温馨的回忆和浓郁的感恩。因此，我要特别感谢四川大学道教与宗教研究所所长李刚教授，给我提供了这么一个能够对自己过去的研究作一回顾与总结的宝贵机会。

家人的鼓励与支持也是我能够不断进取的重要力量之源泉。我的父亲孙叔平先生一生倾心于哲学研究，即使在“文革”的艰难岁月里，他仍以极大的毅力撰写了《中国哲学史稿》，对推动新时期中国哲学史研究的发展作出了自己的重要贡献。我从小就耳濡目染了父亲的勤奋以及他对学术研究所抱有的使命感和责任感。记得是 1974 年初，父亲被允许从五七干校回家休息，他上午在家写作《中国哲学史稿》，我下午回家后，他就教我读中国历史，并通过背诵《古文观止》来学古汉语。其中印象最深的是读苏轼《前赤壁赋》：苏轼与客人月夜在长江中泛舟，客人回忆起三国赤壁之战而有感于“固一世之雄也，而今安在哉”！由此而生发“哀吾生之须臾，羡长江之无穷”之感叹。苏轼却说：“客亦知夫水与月乎？逝者如斯，而未尝往也；盈虚者如彼，而卒莫消长也。盖将自其变者而观之，而天地曾不能以一瞬；自其不变者而观之，则物于我皆无尽也，而又何羡乎？”读到此，苏轼那以道家哲学为底蕴的精神世界深深地打动了我们！感谢父亲，他让我在那种精神贫乏的岁月里领略了中国哲学，尤其是道家哲学之魅力。父亲去世之前，曾专门与我谈话，希望我能自强不息，这是父亲对我的最大期望，也是他留给我的取之不尽、用之不竭的精神财富，每想到此，我都会鼓起勇气面对困难。

我还要特别感谢我的先生洪修平教授一直以来对我的支持与帮助。他与我同在南京大学任教，在我们携手相伴的人生旅途中，带着愉快的心情读书与写作，始终被我们视为是最美好的人生时光。在我们家里触手可及之处都是书，读有所得，赶快告诉对方，其结果是，我们的生命成长与不断出版的新著相伴而行。正是生活在这样的环境中，我才能沉潜于各种古籍文献中，领略传统文化的博大精深，研读今人的研究著作，品味专家学者们的智慧与学识，并寻找自己的研究路径与方法，写出以上的论文来。

最后，衷心感谢巴蜀书社田苗苗编辑的辛勤工作使本书更为完善。我深深体会到，中国思想文化博大精深，无论从哪一个角度切入，都会给人一种深不可测的感觉。虽然自己在道教研究领域耕耘了多年，虽然自己尽了很大的努力，在本书出版之前，对所搜集的论文又进行了认真的校读与修订，但由于时间关系，并限于学力和水平，如有不妥之处，欢迎海内外专家学者不吝赐教，以使本书能不断完善。

孙亦平

南京大学哲学系、宗教学系

2010 年 5 月 28 日

思　想　篇

吴地道教的历史、信仰与思想

道教作为中国土生土长的传统宗教，产生于中国传统文化的丰厚土壤之中。由于社会文化条件的不同，不同地区的道教又有其显著的地域文化特征，道教中有句行话"三里不同道"，就是对此的生动说明。吴地道教即以其鲜明的地域风格而在中国道教史上占有重要的地位。吴地是以太湖流域为中心的江南地区，它处于东西、南北文化的交汇点上。道教在东汉时正式产生后不久，就融入了吴文化之中，成为吴地百姓一千多年来信奉的主要宗教之一。以茅山为中心的吴地道教既与中国道教的发展大致同步，有其盛衰演变的历史，同时又带有显著的吴文化特征。本文力图通过对吴地道教各个方面的考察，从一个侧面揭示宗教与地域文化发展的密切关系。

一

吴人好道，始于三国吴主孙权的倡导。孙权兴起的崇道之风，绵延吹送千年而不绝，构成了吴人生活和吴文化的重要组成部分。

汉末三国，是中国历史上战乱较多的时期之一，而吴地与兵荒马乱的中原地区相比，在历次战乱中破坏较小，处于相对安定的状态之中，再加吴主孙权步秦始皇的后尘，热衷于寻求长生不死之药，从而为道教在吴地的立足提供了较好的条件。孙权曾花费大量的人力物力，派道士卫温、诸葛直等人坐船入海去夷洲、亶洲寻找仙药，并公开信仰神仙，广结方士，大造宫观。据《历代崇道记》介绍："吴主孙权于天台山造桐柏观，命葛玄居之；于富春造崇福观，以奉亲也；建业造兴国观；茅山造景阳观、都造观三十九所，度道士八百人。"①孙权的崇道信仙活动，吸引了大批神仙方术之士和道教徒从四面八方来吴地安居乐业。据史料记载，当时许多著名的方士和道徒，如左慈、姚光、葛玄、介象、魏伯阳、于吉、李宽等，都曾在此从事道教活动，吴地逐渐涌现出了众多的民间道团。

这些民间道团大致可分为两大类：其一为追求长生不死的神仙方士，他们隐居于吴地的山林之中，以制造长生不死之药为主要目的，形成了一些以秘密相传某些道术或经方为特征的修道小团体，例如东汉末年吴人魏伯阳创立的金丹道；其二为中原与巴蜀地区的太平道与五斗米道的信徒，他们为避乱来到吴地，继续从事道教活动，形成了一些以信徒相聚为特征的道团，例如属于五斗米道支派的有李家道、杜子恭道团，属于太平道支派的有于君道、帛家道等。这些活动于吴地的道团，各自为政，互不统属；宗教信仰比较粗俗简单，缺乏系统的理论；采用的道术、奉行的宗教仪式也各有特色。但它们都不断地迎合吴人的宗教心理，因而逐渐获得了吴人的认同和信奉，并对吴地社会和文化产生深刻影响。

如果说，汉末三国时期是道教在吴地初传并在民间立足的时期，那么，东晋南朝时期则是吴地道教分化、变革与成形的时期。吴地道教分化的一个重要原因在于各个道团政治倾向上的不同：

---

① 《道藏》第11册，第1页。

有些道团保持早期道教的宗教信念与生活理想，立足于民间，与统治者抱有不合作的态度。一旦统治者过于欺压百姓，以这些道团为组织形式的群众起义就会掀起阵阵社会风暴，例如吴地出现的以“李弘”为号召的“妖术惑众”事件和威震东晋朝野的以“长生人”为号召的孙恩、卢循起义，都是以吴地传播的五斗米道为组织形式的。这些起义规模之大，范围之广，在江南都是不多见的，这从一个侧面反映了伴随着道教的传入，北方人粗犷强悍的性格和富有反抗的精神给文弱的吴人和水乡的江南社会带来的新变化。

有些道团则倡导远离政治，隐遁山林，造作道书，修炼大道。例如，在吴地兴起的茅山上清派、灵宝派等，它们致力于探求教理、传授经法，促进了吴地道教向理论化的方向发展。这与东晋南渡以后江南成为思想学术文化的中心而给道教带来的影响也有密切的关系。

还有一些道团则致力于向上层社会扩展势力。以东晋吴人葛洪为代表的丹鼎派，大力鼓吹服丹成仙，并创立了比较完整的神仙理论体系，使道教更适应王公大人的宗教口味，促进了道教向上层化、贵族化的方向转化。吴地道士陆修静则为适应南朝士族政治的需要，吸取儒家的伦理道德和礼法，从教理到道术，从斋醮仪式到组织机构，对吴地道教进行了一系列改革，促使了道教的官方化。陆修静的改革不仅得到吴地道教信徒的支持，而且也得到了当时南朝宋代帝王的赞赏。宋明帝特地为陆修静在南京建崇虚馆，以作为宗教活动的基地。经陆修静改革后的道教，史称“南天师道”，在中国道教史上占有很重要的地位。

吴地道教在南朝时因茅山道士陶弘景的改革而达到成形。陶弘景也是吴人，曾在南齐王朝做过六品文官，因仕途不得志，心情忧郁，再加上受奉道世家的影响，故而热衷于道教。他拜当时著名的道士孙游岳为师，受上清经法、符图。三十六岁时，他决心摒弃世俗利禄，专心修道，于是便上书辞官，去茅山隐居。他在后半生四十年的修道生涯中，对中国道教，特别是对吴地上清派茅山宗的发展作出了巨大贡献：他创作道书，建构教理；“网罗群神”，确立信仰；建造道馆，完善组织；他提倡兼修佛道，尤重炼丹，从而开创了一代道风。陶弘景被誉为“茅山宗师，上清传人”，成为当时吴地道教的集大成者。

在统治者的支持下，道教在吴地的活动范围也在逐渐扩大。一些道观就建立在新兴的城镇中心，例如，现存的著名道观——苏州玄妙观，就始建于西晋咸宁二年（276），初名“真庆道院”。到东晋太宁二年（324），晋明帝因梦见三清神欲驾临姑苏，乃下令扩建，并敕号“上真道院”。据明代《苏州府志》记载：“玄妙观在府城真庆坊北，晋时号真庆道院，唐为开元宫，宋为天庆观，元代元贞元年始改今名。”① 另外，苏州洞庭山也成为道教的十大洞天之一。通过道士们的不懈努力，东晋南朝时期，吴地道教完成了从民间宗教向官方宗教的过渡，并为中国道教在隋唐时期成为“皇族宗教”奠定了基础。

隋唐时期，由于统治者的扶植和崇奉，道教在全国得到了长足的发展，吴地道教也达到了隆盛。特别是茅山宗，它的繁荣不仅超过吴地其他道派，而且在全国道教中也是首屈一指。茅山宗兴盛的主要原因大致有三个：其一，茅山有着浓郁的道教文化氛围。茅山地处江南，东望太湖，西接金陵，以其山青水秀、幽远寂静的风景，而被道教誉为第一福地、第八洞天、第三十二小洞天，自古就有“养生之福境，成神之灵墟”之称。茅山作为道教理想的修仙之地，在中国道教名山中开发较早。茅山道教在漫长的历史发展中积累了丰富的文化典籍，这些典籍记载了茅山道教的教义、道术和历史，在茅山道士中代代相传。其二，茅山道士具有较高的文化素质。茅山既有适宜的地理

① 董寿琪、薄建华编：《苏州玄妙观》，中国旅游出版社，2005年，第11页。

环境，又有众多的修仙之方，并处于浓厚的江南文化氛围中，因而吸引了众多的有隐遁之志的文人士大夫来此修道。在当时全国众多的道派中，从总体上看，茅山道士的文化水平最高，其中一些道业彰灼的道士，从道教的基本理论出发，依顺吴地老百姓的宗教心理，致力于茅山道教文化的建设，推动了以茅山为中心的吴地道教的发展。其三，茅山道士比较注重与统治者协调关系。早在南朝时，陶弘景就因与梁武帝的关系密切而被称之为“山中宰相”。唐代时，茅山宗的许多著名传人，如王知远、潘师正、司马承祯、李含光、黄洞元、孙智清、杜光庭等，也都重视在统治阶层中传播道教，依靠统治者的支持来发展茅山宗的势力。正是由于既有老百姓的崇尚和信奉，又有士大夫的欣赏和参与，再加上统治者的利用和支持，因而吴地道教才得以繁荣兴盛并持续发展。

宋元四百年间，由于社会动荡不安，民族矛盾尖锐，一些政治上失意的文人士大夫纷纷跑到宗教中去寻求心理上的平衡，并躲避现实。被称为“地上之天宫，人间之仙境”① 的道教圣地茅山，也就成为文人道士的重要聚集地之一。宋代著名的茅山道士有刘混康、褚伯秀、蒋玉海、杜道坚等，元代时山上又来了赵孟頫、梁大柱、许道杞、刘大彬、王道孟等，其中不少是当时的知名文人。他们在茅山上谈道赏艺，探玄敬神，吟诗作文，记史立传，更为茅山增添了文化气息，减少了茅山道教的神怪成分，从而大大提高了茅山宗在吴地文人士大夫心目中的地位。文人道士的入山修道，客观上为茅山宗的宗教文化建设注入了新鲜血液，但文人道士不与世俗者合流的生活态度也间接地导致了茅山宗与帝王关系的疏远。

而以江西贵溪龙虎山为本山的道教正一派（即天师道）自宋以来

① 《茅山志》卷三十三，《道藏》第5册，第703页。

因与统治者的关系密切而在社会上的影响力日益增大，并与上清派、灵宝派并称为道教符箓三大派。宋理宗嘉熙三年（1239），朝廷赐封三十五代张天师张可大提举三山（指龙虎山、阁皂山、茅山）符箓，兼御前诸宫观教门公事，主领龙翔宫，这标志着正一道正式取得了吴地道教的领导权。元朝开国后，正一道更是受到了统治者的关注，控制和利用正一道成为元王朝安定江南的重要手段之一。据说，元成宗笃信道教，大德八年（1304），赐封张道陵的后代、第三十八代天师张与材为“正一教主，主领三山符箓”。因崇尚老子之道的“玄妙”，乃将吴地的一些道观，如南京的朝天宫，杭州吴山武林观、苏州天庆观等相继改名为玄妙观。从此，正一道在吴地道教各派中逐渐占了上风，吴地的道教宫观大多为正一道士主持。唐宋时曾引人注目的茅山宗，则在元代中期以后慢慢地失去了自己的特色，最终归入了正一道。

明清时期，全国道教各派基本上会归为全真道与正一道两大派，北方主要是全真道的势力，南方则主要是正一道。例如，明初时，明太祖朱元璋下令赐封苏州玄妙观为正一丛林，于观内设管理道教事务的机构道纪司①。两大道派都努力南下或北上以扩大自己的势力范围。因此，处于东西、南北交汇的吴地必然成为它们活跃的场所。清初，全真道龙门派第七代律师王常月南下传道，促进了全真道在吴地的传播。吴地出现了龙门支派，如施道渊创穹窿山支派、黄虚堂创浒墅关太微律院支派、吕云隐创冠山守璞派等。但即便如此，正一道在吴地还是占有统领地位，以致于在吴地传播的全真道也逐渐具有了与正一道相融合的趋势。

明清两代五百多年是吴地道教逐渐走向衰落的时期，衰落的原因

---

①. 清代道光年间苏州人顾沅专修《元妙观志》来介绍玄妙观的历史发展和文化特色。参见《藏外道书》20册，《重印玄妙观志》。

是多方面的。从客观上看，统治者对道教的轻视与冷淡，使吴地道教失去了远在北方的统治者的政治庇护；明清之际，资本主义萌芽在吴地产生，使适应封建社会要求的道教难以适应社会发展的需要；民间宗教的盛行，外来宗教的传播，又逐渐占领了道教的地盘。从主观上看，道士们生活日益腐化，行为日趋世俗化。到清代时，吴地道士中遵守戒律者少，研习教理者少，实践功行者少，而靠香火营生者多，一些道士甚至从信仰道教转为以道教为谋生的手段，通过从事神职工作来养家糊口，他们也就不可能再对道教进行卓有成效的理论探索与教制改革了。

正是由于主客观等多方面的原因，道教在吴地老百姓心目中的地位日益下降，其宗教精神也逐渐失去了昔日的魅力。但是，道教在吴地毕竟有着源远流长的传统，在漫长的岁月中它已融入了吴地的社会与文化之中，成为吴人生活的一部分，大大小小的神庙林立于吴地村镇，烧香拜神已成为吴人追求幸福安康的一种手段。因此，清末以来吴地道教虽然逐渐衰微，但却绵延不断，直到今天仍然对吴地社会的文化生活有着一定的影响。

二

道教作为一种宗教，其信仰对象是超自然的神灵。道教认为“道”是宇宙的本原和万物的主宰，“道”生“神”，“道”无所不在，“神”也处处有之。相信有众多的神灵存在是中国道教神学信仰的主要特征之一，而使杂多的神灵从无序走向有序则是吴地道教的一大贡献。吴地道教一方面全盘接受了中国道教所信奉的神灵，另一方面又创造了许多具有吴文化特征的神灵，以适应吴人宗教崇拜的心理需求。吴地道士创造的神灵主要有这么几大类：

第一，造作了道教的至上尊神。中国道教在南北朝时，即奉“三清”为至上尊神，这与吴地道士的努力是分不开的。“三清”即“太清”（道德天尊）、“玉清”（元始天尊）、“上清”（灵宝天尊），其中“太清”的原型为太上老君，即被神话了的老子。太上老君在早期道教中即被奉为教祖，后来道教虽然分化为众多的道派，各派均有自已信奉的神灵，但太上老君始终为各派所共同信奉，吴地道教也不例外。“三清”中的另外两位尊神则为吴地道教所创。据说，“玉清”元始天尊为吴人葛洪所造。葛洪在《枕中记》中构造了一个禀天地自然之气而生的元始天王（即“盘古真人”），它开天辟地，化生万物，创造人类，并“能召诸天上大圣及地下神灵，无所不制”，因其生于太元之前，故被称为“元始”。元始天尊就是由这个神通广大的元始天王演化而来的。后来的道书中大多认为元始天尊是比道教始祖老子地位更尊的天神，为“三清”之首。“上清”灵宝天尊则为葛洪的后人葛巢甫所造。葛巢甫在整理灵宝系的经书时，捧出了灵宝天尊作为灵宝派的至上尊神以抬高本宗的地位。南北朝时，吴地道教将“三清”并列奉为至上尊神，这种做法逐渐为中国道教所接受，并一直延续至今。

第二，将吴地一些著名的道士奉为神仙。道教认为，神仙是采用种种道术修炼而成的，其重要特征是超脱尘世，变化神妙，长生不死。葛洪在其所著的《神仙传·彭祖》中曾对此作过生动的描述，他说：“仙人者，或竦身入云，无翅而飞；或驾龙乘云，上造太阶；或化为鸟兽，浮游青云；或潜行江海，翱翔名山；或食元气；或茹芝草；或出入人间，则不可识；或隐其身而草野之间。面生异骨，体有奇毛，恋好深僻，不交流俗。”在《神仙传》中，葛洪不仅集录了许多古代传说中的神仙，如雨师赤松子、骑鹤升天的王乔、蓬莱山仙人安期生、享年八百岁的彭祖、白日飞升的阴长生、乘赤龙升天的三茅君等，而且还将吴地道教中的一些著名道士如葛玄、左慈、李宽、魏华存等人奉为神仙，极力宣扬他们在某一方面所具有的超自然的神力，不仅丰富了中国道教的神仙系统，而且为吴人信仰道教、追求永恒的幸福树立了一个个活生生的榜样。

第三，构想了形形色色的身中之神。吴地道教从老庄道家“效法天道”的天人合一的思维方式出发，阐发了宇宙为一大天地、人身为一小天地的道理，并由此而认为，既然宇宙大天地中存在着无数的神灵，那么，人体内部也应该有与之相对应的各种神灵。上清派的道书《黄庭内景经》中就提出，人身中存有万神，万神各有姓字、服色，他们分别掌管着人体的不同的器官：

至道不烦决存真，泥丸百节皆有神；
发神苍华字太元，脑神精根字泥丸；
眼神明上字英玄，鼻神玉垄字灵坚；
耳神空闲字幽田，舌神通命字正伦；
齿神崿峰字罗千，一面之神宗泥丸；
泥丸九真皆有房，方圆一寸处此中；
同服紫衣飞罗裳，但思一部寿无穷①。

身中之神遍在于全身各处，“六腑五藏神体精，皆在心内运天经，昼夜存之自长生”。学道者若守一存真，诵经思神，佩符念咒，即可使身中各种神灵安然守护着身体的各个部位，开生门，塞死户，从而五脏六腑安康，五官七窍清明，最终达到延年益寿，长生不死的目的。对身中之神系统地阐述是吴地道教神灵观的一大特色，这与吴地

① 《道藏》第6册，第519—520页。

道士注重哲学的思考并致力于神学理论的建构是有密切关系的。

吴地道士创造各种神灵的目的是为了使人们更形象地了解道教所宣扬的神仙世界的美妙以扩大道教的影响，可是，魏晋南北朝时神灵多而乱的情况并不利于道教的传播。为了使道教诸多的神灵有序化，改变群神无首、无系统的状况，吴地道士就模仿世俗社会的等级制而将神灵也分为三六九等，他们根据神灵地位的高低和神力的大小而把众多的神灵分列在上下有序的不同等级上。例如，葛洪在《抱朴子·论仙》中将仙人分为三等："上士举形升虚，谓之天仙；中士游于名山，谓之地仙；下士先死后蜕，谓之尸解仙。"后又进一步将神仙分为九品：一品为上仙，二品为次仙，三品为太上真人，四品为飞天真人，五品为灵仙，六品为真人，七品为灵人，八品为飞仙，九品为仙人。三等九品仅是吴地道士对神仙所作的简单划分，显得还比较模糊粗糙，尚未能系统地概括整个神灵世界，也未能反映出人与神的关系。

茅山道士陶弘景则在前人的基础上网罗群神，并按次序将他们分等排座，系统地建构了一个庞大而完整的道教神仙谱系。他认为，神仙世界与人间世界一样也有尊卑等级之分，在他撰写的《真灵位业图》一书中，向人们具体描绘了一幅独立于人间之外的、等级森严的神仙世界的图景。他将天上地下的诸神分为七个阶层，在每一个阶层都安排一位主神立于中位，起统领作用，其余诸神则分列于主神左右。第一阶层共有神灵 29 名，主神为元始天尊；第二阶层共有神灵 104 名，主神为玉晨玄皇大道君；第三阶层共有神灵 84 名，主神为太极金阙帝君；第四阶层共有神灵 174 名，主神为太上老君；第五阶层共有神灵 36 名，主神为九宫尚书张奉；第六阶层共有神灵 173 名，主神为定真君茅固；第七阶层共有阴曹地狱神 88 名，主神为丰都北阴大帝。陶弘景不仅从几百位神灵中选取出七位主神作为每一阶层神灵的代表，而且还将其中第一阶层的主神元始天尊奉为道教的至上尊神。这样，诸神各有其位，各司其职，左右并列，上下有序，一个金字塔式的有序的道教神仙谱系就建构起来了。

吴地道教建构的上下有等、尊贵有别的神灵世界，不仅是对当时现实社会的曲折反映，而且也推进了中国道教由多神教向一神教的发展，在中国道教史上曾产生很大的影响。

三

浏览一下《道藏》就可以看到，吴地道士所创作的道书，种类之繁多，内容之丰富，分类之严谨，在中国道教史上是首屈一指的，这与吴地道士的文化素质密切相关。吴地道士一向注重文化建设，早在东汉时，吴人魏伯阳就“作《参同契》、《五相类》凡二卷。”① 东晋时，吴地的一些道士和崇道的士大夫结集茅山，开始了托神造作道书的活动。流传至今的一些著名道书如《周易参同契》、《抱朴子》、《神仙传》、《度人经》、《上清大洞真经》、《黄庭经》、《真诰》、《真灵位业图》、《登真隐诀》等，均出自吴人之手。这些道书的内容涉及到道教理论的方方面面，它们不仅完善了吴地道教的神学体系，而且对推动整个中国道教的发展都起了举足轻重的作用。

道教的神学理论乃是基于人们对获得永恒生命的渴求，因此，什么是长生之道，如何获得长生之道等，便成为道教神学理论的中心议题，同时也成为吴地道教理论探索的核心。

吴地道教理论探索的第一个高潮在东晋南朝时期。在这个时期，门阀士族和文人学士带着对逍遥自在、超脱尘世、长生不死的追求，

---

① 葛洪：《神仙传》，载《云笈七签》卷一百九，《道藏》第22册，第742页。

大量地涌入道教，给吴地道教带来了他们的文化传统和思想情趣。作为具有一定文化水平的士大夫，他们不再满足于教理欠缺、教义简单、仪式粗俗的原始道教，而开始建构系统的道教神学理论。

首先，他们论证了神仙实有、长生可致的观点。吴人葛洪在其代表作《抱朴子》中，针对当时人们认为“仙人无验”而对神仙抱有的怀疑甚至否定的态度，反复论证了神仙的实有和成仙的可能。他从哲学的本体论出发，以“玄”为宇宙之本，认为“玄”是“自然之始祖”，它“胞胎元一，范铸两仪，吐纳大始，鼓冶亿类”，“玄”创造了宇宙万事万物，同时又是宇宙万物的主宰。正是在这个无所不在、无所不包、无所不能的“玄”的基础上，葛洪为道教的至上神——元始天王以及形形色色的神仙的存在寻找到了理论依据。他认为，“其唯玄道，可与为永”，即只要掌握玄道就能达到神妙和永恒。在他看来。神仙具有超人间的力量，他们与凡人是不同的，是超越于凡人的存在，“故不见鬼神，不见仙人，不可谓世间无仙人也”①，更何况历史典籍中前人所记载的神仙“近将千人”，能说神仙不存在吗？葛洪还专门撰写了《神仙传》，通过展示众多的得道成仙者的生平事迹来论证神仙实有，并说明神仙与人有着千丝万缕的联系。他强调，神仙就是长生不死的人，他们可以免受人间的种种苦难而得到人间所没有的、又是人们十分向往的幸福：“夫得仙者，或升太清，或翔紫霄，或造玄洲，或栖板桐，听钧天之乐，享九芝之馔，出携松、羡于倒景之表，人宴常阳于瑶房之中。”② 葛洪还特别指出，人只要按照长生之道来养生就可以成仙，他说：“若夫仙人，以药物养身，以术数延命，使内疾不生，外患不入，虽久视不死，而旧身不改，苟有其道，

① 《抱朴子内篇·论仙》。
② 《抱朴子内篇·明本》。

无以为难也。”[①] 葛洪的看法在吴地道教中有着相当的代表性。著名道士陶弘景也说：“仙是铸炼之事极，感变之理通也。”[②] 相信神仙的存在，认为人可以通过修炼而得道成仙、长生不死，这成为吴地道教神学理论的核心观点之一。

其次，他们强调“我命在我不在天”，鼓励人们立志修道，以求延年长生。葛洪在《抱朴子》中认为，人的禀性和寿命既不决定于天地，也不决定于父母，而是决定于人结胎之时所禀受的自然之气，“命之修短，实由所值，受气结胎，各有星宿……命属生星，则其人必好仙道；好仙道者，求之亦必得也。命属死星，则其人亦不信仙道；不信仙道，则亦必不自修其事也。”[③] 这就是说，人的受气结胎所值，人能否成仙，关键是看他能否学仙修道，凡积极修道者，就说明他命属“生星”，则求仙必得。因此，他特别强调要立志修道，他说：“夫求长生，修至道，诀在于志，不在于富贵也。”[④] 葛洪这种带有命定论色彩的“仙学可致”思想实际上把人的寿命长短与个人后天的努力联系在了一起，把成仙的主动权交到了每一个人的手中，这对鼓励南朝一代吴人苦苦地追求种种长生成仙之道产生了极大的推动力。陶弘景就非常强调通过人的主观努力来使寿命得到延长，他的《养性延命录》在总结了吴地道教养生理论的基础上提出，天道自然，人道自己，人的“强弱寿夭”，全在人为，如果掌握了养生的方法，并持之以恒地进行修炼，就可以“达生延命，与道为久”。正是在这种神学理论的指导下，吴地道教始终洋溢着一种积极进取、与天争寿的乐观精神。

---

① 《抱朴子内篇·论仙》。

② 《答朝士访仙佛两法体相书》，《道藏》第23册，第646页。

③ 《抱朴子内篇·塞难》。

④ 《抱朴子内篇·论仙》。

再次，他们主张顺自然之道，炼形养神。吴地道教沿着汉末魏伯阳《周易参同契》的思路对如何获得长生之道进行了充分的探讨。魏伯阳曾率领徒众隐居在吴地山林之中，汲大自然之精华，作炉火炼丹之营生，把服食丹药作为长生成仙的根本途径，并根据自己的实践，撰写了吴地道教中最早的一部论述如何获取长生之道的道书《周易参同契》。在书中，他借用《周易》所揭示的阴阳之道，并吸收黄老道家的自然之理，从理论上对自己所从事的炉火炼丹之事进行了总结。他认为，天地万物皆本于阴阳之道而顺于自然之理。既然修丹与天地造化同途，那么，欲求长生之道，就必须效法自然，根据阴阳六十四卦的变化规律，来炼制凝天地之精华的丹药，人若服之即可与天地同久而长生成仙了。这种顺自然之道来炼养形神的思想经吴地道士的大力鼓吹而在道教中兴盛起来，并逐渐成为吴地道士的共识。陶弘景就从形神双修的角度对此作了发挥，他说："夫神者生之本，形者生之具也。神大用则竭，形大劳则毙。神形早衰，欲与天地长久，非所闻也。故人所以生者神也，神之所托者形也。神形离别则死，死者不可复生。"① 人要长生就应该随顺自然无为之道以炼形养神。他将"少思寡欲"、"息虑无为"作为养神的基本要求，认为人的七情六欲都是劳心伤神的，应对之加以控制以使心地保持清静。同时，他又把"饮食有节，起居有度"作为炼形方面的基本要求，认为"百病横夭，多由饮食。饮食之患，过于声色。声色可绝之逾年，饮食不可废之一日。为益亦多，为患亦切"②。起居也应该像四时有序那样有规律，久坐久卧都对身体不利。若形神相合，生道合一，便能长生不死。顺自然之道以养生构成了吴地道教神学理论的一大特色。

---

① 《养性延命录》，《道藏》第18册，第476页。

② 同上，第477页。

最后，他们还将积善立功、忠孝为本作为成仙的必要条件。葛洪曾提出："欲求仙者，要当以忠孝和顺仁信为本。若道德不修，而但务方术，皆不得长生也。"将遵奉儒家伦理道德作为修道成仙的基础。他还把成就不同的神仙与积善的多寡联系在一起，认为"人欲地仙，当立三百善；人欲天仙，立千二百善"①。陶弘景则进一步强调修道者应儒佛道三教兼容并蓄，既要修真，又要崇佛，还要以儒家善恶观为标准，积极为善去恶。他认为，神灵对善者赐福、增寿，给恶者降祸、减寿，因此，欲修长生者，必须诸恶莫作，众善奉行，以为自己建造成仙之阶梯。这些都充分反映了吴地道教对占当时社会意识形态统治地位的儒家伦理的认同与遵从，从某种意义上讲，这也就是以儒家的伦理道德作为信徒的行为准则，这种倾向越到后来就越加突出。

宋元时，大批文人道士涌入茅山，留下了许多诗文、道书、书画，他们还顺应时代潮流，努力丰富发展上清派茅山宗的教理教义，从而使吴地道教形成了第二个理论探索高潮。在当时的茅山道士中，有许多人本来就是儒生，他们对儒学，特别是对理学颇有研究，入道以后，又采佛修道，因而对儒佛道三教均有自己的体会。例如宋元间的茅山名道杜道坚，他就融合三教，撰写了《道德原旨发挥》、《道德玄经原旨》等，引儒佛而发展了上清派传统的教理。茅山宗 45 代宗师刘大彬则修编了三十三卷的《茅山志》，搜集并保存了茅山宗大量的珍贵历史文献，至今仍是我们研究元代以前茅山宗情况的第一手资料。曾为元朝高官的赵孟頫，颇有才气，工于诗词书画，是当时社会上很有影响的文化人。他曾拜杜道坚为师，研习道教，终于在将近花甲之年，受诀而成为一名茅山道士，师从茅山宗第 45 代宗师刘大彬，

① 《抱朴子内篇·对俗》。

并应刘大彬之邀，怀着极大的宗教热情，著《上清传真图序》①，阐述了上清派发展之源流。他们的工作在客观上为吴地道教的宗教文化建设注入了新鲜血液。

吴地道士的理论创造成果不断地给吴地道教带来新的因素、新的活力，他们创作的一卷卷道书，从一个个不同的侧面，阐述了人与仙的关系，表达了对“道”的领悟与追求。这些教理千百年来在吴地广为流传，并引导着人们去探求超越世俗而获得永恒生命的道路，它们不仅被吴地道教奉为至宝，而且成为中国道教理论建设的重要支柱之一。

四

道教以“道”为信仰的核心，以得道成仙为最高的修行目标。道教认为，“道”是可以通过修炼而获得的，若想修道成仙，只要按照道教所提倡的种种方法来修行，就能达到降神佑己、延年益寿、长生不死的目的。这些修道方法在道教中统称为道术。道教拥有许多不同的道术以适应信仰者和修道者多方面的需要。不同地区的道教，甚至同一地区的不同道派，往往因信仰主神的不同以及思维方式和文化传统上的差异，所采用的道术也各有特色。

这种情况在吴地道教中也表现得很突出，例如在汉魏时，既有强调炼丹术的金丹道，又有强调祭祀俗神的帛家道；既有强调符水治病、烧香拜神的于君道，又有强调服气炼丹、导引日月的李家道。东晋时，又出现了丹鼎派、上清派、南天师道等。至南宋时，内丹术和全真道的道术等又渐渐传入，从而使具有包容性的吴地道教的道术更

① 《茅山志》卷三十三，《道藏》第5册，第703页。

为丰富。吴地众多的道派虽然奉行的道术各有侧重，但都以兼容各家为其特色。

例如东晋时，以葛洪为代表的丹鼎派，就是以金丹术为主而又强调要兼修众术的道派。他们将金丹术视为得道成仙的第一道术。所谓金丹，就是将金银、丹砂等天然矿物和几十种中草药按比例放置在模拟宇宙变化的炼丹炉中烧炼而成的丹药，道教认为，人服食了这种丹药，“假外物以自坚固”，即可达到延年益寿、不死成仙的目的。葛洪在比较了各种道术之后，将服食丹药奉为最佳的“久视之方”。他说：“余考览养性之书，鸠集久视之方，曾所披涉篇卷以千计矣，莫不皆以还丹金液为大要者焉。”① 就在葛洪将金丹术奉为仙道之极时，他仍然强调要各种道术兼修，他说：“若未得其至要之大者，则其小者不可不广知也。盖藉众术之共成长生也。大而谕之，犹世主之治国焉，文武礼律，无一不可也。小而谕之，犹工匠之为车焉，辕辋轴辖，莫或应亏也。所为术者，内修形神，使延年愈疾，外攘邪恶，使祸害不干……凡养生者，欲令多闻而体要，博见而善择，偏修一事，不足必赖也。”虽然“九丹金液，最是仙主”②，但各种道术共成长生，各有其作用，修道者应博见善择，不可偏修。葛洪对众多道术兼容并取而又突出重点的做法，一直为吴地道教的各个道派所奉行。

又如，上清派在创立之始就形成了以存想思神、诵经念咒为主，以服食金丹、导引行气、降神伏魔、遁甲隐景、踏罡步斗、高奔日月、吸云餐露为辅的道术系统。随着历史的发展，道教中的新道术不断产生，上清派又以开放的心态，不断地将新道术兼容到自己传统的道术体系中。唐宋以后，内丹术在道教中大兴，被称之为“上清大洞

① 《抱朴子内篇·金丹》。

② 《抱朴子内篇·微旨》。

玄都三景法师”的茅山道士萧应叟在上清派存想思神、诵经念咒的基础上，又吸收蜀人张天罡、彭梦蘧一系的内丹术，作了《元始无量度人上品妙经内义》一书，用内丹说解释以符箓为主的《度人经》，将内丹术引入上清派的道术之中，主张以内炼成丹为本，以外布真气为用，以发布真气来达到治病、避邪、强身等目的，从而促使了内丹术在吴地的发展。萧应叟倡导的道术为其弟子所发扬光大，其徒许明道就撰有《还丹秘诀养赤子神方》，专门阐发具有上清派特色的内丹术。

由于吴地道教的兼收并蓄，因而各种道术均可在吴地道教中找到它们的踪迹，但这种兼收并蓄并非是杂糅，吴地道教的道术始终以炼丹和存思为主，其他各种道术仅处于次要或辅助的地位，起着配合、充实炼丹和存思之术的作用。这从一个侧面反映了吴地道教的兼容性所具有的既吸收新因素，又不失旧特点的重要特色。

宗教既是一种历史现象，又是一种文化现象，吴地道教是吴文化的一个不可分割的组成部分。通过对吴地道教的历史、神灵、教理和道术的考察，可以从不同的侧面了解吴文化所具有的持续性、系统性、兼容性和创造性等特征及其与吴地社会的密切关系，并进而加深对整个中国传统思想文化的了解。

（原载：《世界宗教研究》，1994 年第 3 期）

论道教仙学两次理论转型的哲学基础

道教是崇奉多神并主张人通过修炼也能成仙的宗教。“得道成仙”虽渊源于中国古老的神话传说，但却成为道教独特的信仰目标。道教鼓励人们利用自己的聪明才智，发明种种道术来巧夺天地造化之功，促使个体的生命无限延长，由此而形成了道教的修仙之学。就道教仙学而言，它既是一种历史文化，也是一种哲学思考模式，它从天人一体同源的基本思路出发，从人自身来追寻生命无限存在的可能性，表达了道教对生命存在形态与本质的探究。其中，不仅包含着一些对宇宙起源和生命构成的科学认识，而且也挺立出道教与众不同的特质——对个体生命存在的真切关注。

道教仙学作为一个内涵十分丰富的理论与实践体系，其本身是一个动态的发展过程。从历史上看，它曾发生过两次比较大的理论转型：从宣扬“精神主生”转变为追求肉体的飞升，再从肉体飞升转变为追求精神的升华与超越。道教仙学为什么会发生两次理论转型？这种理论转型对道教本身的发展产生了什么样的影响？如何对这种历史文化现象进行深入的阐释和理解？这是目前道教研究中一个比较热门的论题。本文认为，如果从道教仙学的哲学基础的角度切入，不仅可以较好地把握道教仙学发展的来龙去脉，而且还将有助于深化我们对道教本质的认识。

一

在许多人眼中，中国道教似乎是一个低级粗俗、弥漫着浓厚迷信色彩的民间宗教。其实不尽然。英国学者李约瑟就曾对“道教被人们所忽视，道家方术被视为迷信而被一笔勾销；道家哲学被说成是纯粹的宗教神秘主义和宗教诗歌”的现象表示过不满[①]，他在致力于中国科技史研究的同时，对道教的思想和实践也给予了足够的重视。我们认为，道教的“得道成仙”信仰虽然渊源于中国远古时代种种关于神仙的神话传说，其中包含有一定的巫术迷信气息，但它在后来的发展中，却逐渐汲取了哲学的形态和实证的方法来探索生命之真谛，形成了以追求长生不死为主要特征的仙学。从表面上看，道教仙学似乎是虚幻之学，实际上“神仙学为一种有实证性的形上学”[②]，它以一种关注人的生命的姿态切入了人们的生活，表达了人们对一种绝对完满境界的向往与追求。

有人认为，“神仙”信仰是道教魅力四射的根本。但“神仙”并非为道教的创造，这一特殊的文化现象之形成，与生活在远古时代的人对其生存状况及生命的强烈关注是联系在一起的。顾颉刚先生曾在《〈庄子〉与〈楚辞〉中昆仑与蓬莱两个神话系统的融合》一文中用生动的笔墨描述了神仙说的起源[③]。虽然昆仑与蓬莱的神话故事中的许

① 《中国科学技术史》第二卷《科学思想史》第十章《道家与道家思想》，上海古籍出版社，1998 年，第 36 页。

② 卿希泰主编：《道教与中国传统文化》，福建人民出版社，1990 年，第 98 页。

③ 《中华文史论丛》，上海古籍出版社，1979 年，第 2 期。

多细节都湮没在历史的岁月中，但那种追求“长生不老”和“自由自在”的精神却保留了下来，形成了中国文化中特有的“神仙”观念。

《汉书·艺文志》曾对神仙作了独到的诠释：“神仙者，所以保性命之真，而游求于其外者也。聊以荡意平心，同死生之域，而无怵惕于胸中。”从宗教学上看，神仙既不同于存在于冥冥之中的精灵，也不同于人们常说的鬼神，它的最大特征在于能够“同死生之域”，即超越了个体有限生命的束缚，达到形如常人而长生不死之境。既然神仙是由现实之人的生命无限地延伸而来，那么人如何“保性命之真”？又如何“游求于其外者”呢？古人对此孜孜以求。从《山海经》中所描述的“不死之山”、“不死之药”和“不死民”到《楚辞》所宣扬的“仍羽人于丹丘兮，留不死之旧乡”，从《庄子》中的导引、守一、坐忘等延年术到方士们“化丹砂为黄金”的炼丹术，求仙之风在中国大地上到处吹送，乃至出现了以寻求制造不死之药为基本特征的方仙道。方仙道以追求不死成仙为最高宗旨，并伴有祠灶祭神、望气导引、烧炼制药等方术活动，虽然带有浓郁的原始宗教巫觋气息，但却为道教神仙信仰的建构提供了栩栩如生的形象和一定的社会心理基础。然而，信仰作为人类的一种以真诚信服为特点的价值观念和思维方式，仅靠栩栩如生的崇拜对象和一定的社会心理基础是远远不够的，它还需要哲学理论的支持。其实，神仙形象中隐含着的古人希望并相信自我能在时间上达到永恒，在空间上消除任何束缚的哲学理念才是道教神仙信仰得以挺立的重要原因。

道教在创立之初，在把“保性命之真”的神仙作为自己宗教信仰的核心时，就力图从哲学上来论证“得道成仙”的可能性与现实性。汉代哲学比较注重对宇宙和生命的起源进行探讨，“道”为万物生成之本，“气”为万物变化之机，这成为汉代宇宙起源论的主要模式。受此影响，东汉时道教的一些经典，如《太平经》、《周易参同契》、

《老子想尔注》等都从道与气的辩证关系出发对人如何“保性命之真”而成仙的内外根据作了理论上和实践上的探索，促成了道教仙学的形成。

现存最早的道教经书《太平经》，不仅大力宣扬“长生久活之道”①，而且汲取汉代哲学的宇宙论和生命观，对人如何“保性命之真”进行了哲学的思考。它从天人一体同源的思路出发，认为人的生命乃效法天道而来，人身中“三气共一，为神根也，一为精，一为神，一为气。此三者，共一位也，本天地人之气。神者受之于天，精者受之于地，气者受之于中和，相与共为一道。故神者乘气而行，精者居其中也。三者相助为治。故人欲寿者，乃当爱气尊神重精也”②。人的生命是由精气神三要素有机结合而成，要维持人的生命，三者缺一不可。因此，人欲长生久活，就必须守气而合神，使精神不离形体。这样，《太平经》实际上又将人的生命分为形体和精神两部分，“人有一身，与精神常合并也。形者乃主死，精神者乃主生。常合即吉，去则凶。无精神则死，有精神则生。常合即为一，可以长存也。”③ 既然“精神者乃主生”，其仙学也就落实到了如何保持精神的长存并使之始终与形体相合为一的基础上。“《太平经》不仅总结了汉代神仙长生之道的思想，而且总结了修炼神仙之道的方术，使其对生命问题的解决方案具有可操作性。”④

要长生成仙，就会牵涉到一个成仙的主体问题。一般来说，古今中外一切宗教都将精神与形体（或称之为灵与肉）相区别。灵魂不死、精神不灭成为一个最基本的宗教观念。道教也不例外。但道教不

① 王明编：《太平经校释》，中华书局，1960 年，第 57 页。
② 同上，第 9 页。
③ 同上，第 728 页。
④ 李刚：《汉代道教哲学》，巴蜀书社，1995 年，第 135 页。

仅强调灵魂（神）不死，而且也强调肉体（形）永生，这就导致了在道教内部出现了成仙的主体是精神还是精神所附着的肉体的不同观点。这种理论上的分歧成为道教仙学转型的内在契机。

《太平经》非一人一时所作，因而书中既主张“人有气则有神，气绝即神亡”①，认为物质性的气是生命存在的根本因素，又强调形神相合才能构成一个完整的生命。那么，从起源论上看，对于保持生命的活力而言，气、形体和精神哪个是决定性的因素呢？《太平经》认为，精神更为重要：“天地之道，据精神自然而行，故凡事大小，皆有精神，巨者有巨精神，小者有小精神，各自保养精神，故能长存。精神减则老，精神亡则死。此自然之分也。”精神是生命存在的关键，即使形体存在，若没有精神作为形体的主宰，形体就失去了活力，其存在也就没有意义了，“若有形体而无精神，若有田宅城郭而无长吏也”②。据此，《太平经》强调，“精神者乃主生”，“精神消亡，身即死矣”③。反之，只要保持精神存在，就能保持肉体生命的活力，以至于“道成毕身，与天地同域”，成为长生不死之仙。

正是以“精神主生”的哲学观念为指导，《太平经》将生命与精神的守道联系起来，将成仙奠定在“守道不止”的基础上，认为“守道而不止，乃得仙不死”④。《老子想尔注》也认为，“欲求仙寿天福，要在信道”⑤，将个体存在的形神问题最终归结为诚心向善信道，“仙士畏死，信道守诚，故与生合也”⑥。《太平经》在汉代十分盛行，其“精神主生”说成为早期道教仙学的重要特点之一。

---

① 王明编：《太平经校释》，中华书局，1900 年，第 716 页。
② 同上，第 96 页。
③ 同上，第 699 页。
④ 同上，第 286 页。
⑤ 饶宗颐：《老子想尔注校注》，上海古籍出版社，1991 年，第 31 页。
⑥ 同上，第 44 页。

值得注意的是，汉代道教的另一部重要著作《周易参同契》对成仙的主体却有不同的看法。《周易参同契》作为讲究丹道修炼之书，通过阴阳、黄老、炉鼎等话语，将积淀在古人潜意识中的“长生久活”的意念物质化、技艺化、哲理化。《周易参同契》认为人的生命是由元精之气内含的阴阳二气相合而成，“修丹者诚能法天象地，反而求之吾身，则身中自有一壶天”，人只要效法天地，运用种种方法来保护形体，“累积长久，变形而仙”。因此，它对生命的终极追求，是沿着“化形而仙，安稳可长生”的思路来做的。在“保性命之真”中，它比较注重通过精气神的修炼来达到“保形”，追求的是如何达到形体的永固①。但《周易参同契》的思想在汉代道教中并不占主导地位，其影响至唐宋时才日益广泛。

坚信人可以凭借特定的方法和手段，通过修道来消除自然时空对个体生命的限定，使生命长存，“延年长寿，精学可以成仙”②，这成为汉代仙学思想的基点。初创时的汉代道教将长生成仙作为最高的宗教目标，从人的身体内部寻求长生成仙的可能性为道教仙学的性质起到了定位作用。但追求肉体的永固，还是由追求精神的超越与升华，却演化为道教仙学发展的不同倾向，并导致了道教仙学的两次转型。

---

① 对《周易参同契》的丹道之性质，学界历来有着不同的看法，有的认为是讲外丹的，即在修行活动中比较侧重保肉体之长存；有的认为是讲内丹的，即在修行中比较侧重追求精神的超越。任继愈主编的《中国道教史》中解释得比较合理：“《参同契》奠定了道教丹鼎学说（主要是外丹）的基本理论，被称为丹经之祖，对后世外丹学说影响极大，尔后内丹学者也附会其书，演说内修功法，故《参同契》的注释分化为内外丹两派。”上海人民出版社，1990年，第31页。

② 王明编：《太平经校释》，中华书局，1960年，第4页。

二

道教仙学理论的第一次转型就是从汉代流行的《太平经》主张的“精神主生”而转变为魏晋神仙道教追求形体的永固，从而导致了肉体长生成仙说在社会上盛行。魏晋神仙道教之所以在仙学的两种发展倾向中选择了追求形体的永固，这不仅与生活在动荡社会中的人对生命的深深眷恋有关，而且与魏晋玄学已离开宇宙起源论而转到对本体论的探讨相连。也就是说，哲学主题的变化对修道实践的影响是促成仙学内涵产生变化的重要原因之一。

魏晋时期，哲学的主流是玄学。玄学是对动荡的社会现实的反思，它的主题虽是自然与名教的关系问题，但其实质却是探讨人如何生活才有意义和价值、人如何才能超越世俗社会的束缚而获得自由的问题，其中既包括对精神自由的追求，也包括对肉体生命自由的向往——在时间上无限延长，在空间上自由自在。也许真正的自由在世俗社会中根本无法实现，因此，一些玄学家常常将自己的生命理想寄托于神仙世界，从而推进了以个体的长生不死、自由愉悦为宗旨的神仙说在社会上流行①，以至于魏晋名士从“形恃神以立，神须形以存”的形神观出发，既注重“修性以保神，安心以全生”②，又以服药行散，养形以求长生为时尚③，这在客观上将道教的生命理想凸现了出来。

---

① 当时社会上出现了许多专门论述神仙的作品，主要有：魏曹丕《列异记》，西晋王浮《神异记》、张华《博物志》，东晋干宝《搜神记》、葛洪《神仙传》等。

② 嵇康：《养生论》。

③ 玄学家何晏及其阮籍、嵇康等都服食养生。据《世说新语》介绍，何晏因服食有效而力倡之，使寒食散或五食散风行天下，以至于鲁迅先生称何晏为吃药的祖师。

受玄学的影响，东晋道士葛洪的代表作《抱朴子》以《畅玄》开篇，以玄道为本，以有无、本末、质用、一多、玄器、阴阳、动静、形神等成对的范畴来建构哲学体系，通过张扬“玄道”的超越性、神秘性，不仅从本体论上对神仙的性质作了说明，而且对人的肉体可以获得长生，以及如何得道成仙等作了具体的、可操作性的论述，促成了道教仙学第一次转型——从主张精神主生转移到追求肉体长生。

值得注意的是，葛洪的哲学探讨虽然是围绕着如何实现人的自由而来，但他所追求的偏重于如何实现肉体的长生，如何通过肉体的长生而实现人的精神自由。那么，葛洪为什么选择肉体作为长生成仙之基？这与他对有无、形神的看法有关。

有和无是玄学本体论的核心概念，以此来观照形神。葛洪提出，“夫有因无而生焉，形须神而立焉。有者，无之宫也。形者，神之宅也。故譬之于堤，堤坏则水不留矣。方之于烛，烛糜则火不居矣。身（一作形）劳则神散，气竭则命终。”① 这里，葛洪先以“有无”这对哲学范畴来说形神，使形神具有了本体论的基础，再以堤水、烛火来喻形神，使人对生命现象能够获得比较直观的认识。葛洪认为，生命是由形体和精神相互配合而成的，形神相合才能使生命焕发出光彩。他虽然主张“形须神而立”，但更强调“形者神之宅也”，“身（形）劳则神散，气竭则命终”，因而将保持肉体长存作为个体生命超越的先决条件。

葛洪还对神仙作了新的诠释，对如何炼形成仙作了具体的说明。葛洪所谓的神仙，虽也定位在长生不死，但它既与中国古代神话中所描绘的那种不食人间烟火的神仙有着本质的区别，也与《太平经》中主风雨、管四时的神仙有着根本的差异。葛洪认为，“若夫仙人，以

① 《抱朴子内篇·至理》。

药物养身，以术数延命，使内疾不生，外患不入，虽久视不死，而旧身不改，苟有其道，无以为难也。”① 神仙不是天生的，而是人经过长期修炼而成的。“旧身不改”，使神仙与人不再是异类。既然“仙化以变形为上”，那么，人变成神仙就只是一个采用什么方法来炼形以保持肉体永存的问题。从此思路出发，葛洪进一步提出了“服药为长生之本”的看法，认为要超越生命之局限，达到永恒之不变，既要行气炼养，还必须“假求于外物以自坚固”，这个“外物”，就是通过炼制金石药物而制造的一种长生之药——金丹（也被称为外丹）。葛洪认为，人通过服食金丹就可以无限地延长肉体生命。他把金丹大药奉为“道之极”，强调要修炼成仙者，须“以还丹金液为大要”②，并在《抱朴子·金丹》篇中，对金丹的制作过程，从药物的品种、剂量、比例到炼制方法都作了详细的说明，希图以有形之“药”来帮助人实现肉体长生成仙的生命理想。

从这种生命理想出发，葛洪自然摒弃了《太平经》“精神主生”的思路，而以延续《周易参同契》的“保肉体之真”为目的，以服药养气为得道成仙的根本方法，其他斋戒、拜神等宗教活动和遵循儒家忠孝仁信等伦理行为，都是围绕着肉体长生而展开的。葛洪那经过形上哲学洗礼的仙学，不仅为道教建构一种全境的生活方式提供了理论指导，而且也凸现出魏晋道教仙学追求肉体长存的特点。

经过葛洪的哲学论证，神仙超越了神话传说非逻辑、非实证的特点而成为具有一种丰厚哲学意蕴的宗教信仰与实践在社会上广为传播，这在客观上促进了道教仙学的发展。

随着南北朝道教义学的发展，人们对自身的认识也更加深刻，对

① 《抱朴子内篇·论仙》。
② 《抱朴子内篇·金丹》。

形神关系的理解也更加深入，从而道教的仙学也开始朝不同的方向发展。有的继续将服食金丹大药作为成仙之本，如茅山道士陶弘景注重修形养神，以“摄养无亏，兼饵良药，则百年耆寿”① 为指导而努力炼制丹药，成为葛洪之后南朝时期最著名的炼丹家；也有的以斋戒为求道之本、升仙之途，如南天师道的代表人物陆修静强调“夫感天地，致群神，通仙道，洞至真，解积世罪，灭凶咎，却怨家，修盛德，治疾病，济一切莫过乎斋转经者也。夫斋直是求道之本，莫不由斯成矣！”② 北天师道的代表人物寇谦之也宣扬“长生至道，仙圣相传，口诀授要不载于文籍，自非斋功念定通神，何能招致乘凤驾龙，仙官临顾，接而升腾？……诸欲修学长生之人，好共寻诸《诵诫》，建功香火，斋练功成，感彻之后，长生可克”③；还有的则强调通过行气思神之法调整人的身心，来排除种种鬼魅对生命的干扰，以达到长生久视的目的，如奉《上清大洞真经》和《黄庭经》为主要经典的上清派。

值得注意的是，受佛教心性论的影响，南北朝时期的道教仙学中已出现了注重从人的心性层面追求超越的倾向。例如南朝道士宋文明在《道德义渊》中提出了“自然道性”，认为“道性以清虚自然为体，一切含识各有其分。先禀妙一以成其神，次受天命以生其身。身性等差，分各有限，天之所命，各尽其极……今论道性，则但就本识清虚以为言，若谈物性，则兼取受命形质以为语也。一切无识亦各有性，皆有中心生气。由心，故性自心边生也”。他在将“以清虚自然为体”的道性视为人与万物的共同本质的同时，又指出了人与万物之间的千差万别，是由“物性”的不同造成的。对于人来说，“性自心边生”，

---

① 《养性延命录·序》，《道藏》第18册，第474页。
② 《洞玄灵宝斋说光烛戒罚灯祝愿仪》，《道藏》第9册，第824页。
③ 《老君音诵诫经》，《道藏》第18册，第215页。

要追求生命的超越，仅注重身体的修炼是不够的，还必须在心性上下功夫。唐代道士孟安排撰集《道教义枢》中也提到南朝道士臧玄靖“以智慧为道体，神通为道用”，同时强调“道性以清虚自然为体，一切含识乃至畜生果木石者，皆有道性也”①，从而在人与万物的共同本质——“性”上，将修道者与道联系了起来，“道性者，理存真极，义实圆通，虽复冥寂一源，而亦周备万物。烦惑所覆，暂滞凡因，障累若消，还登圣果。”把抽象、虚无之道诉诸于现实之人的心性，认为凡圣、人仙、隐显的区别，就在于对道性的体悟不同，强调在人的心性层面上去开发“还登圣果”之境界。在南北朝时期萌芽的道教心性论是促进道教仙学第二次理论转型的重要哲学基础。

三

道教哲学既是对道教核心信仰的理论论证，也是时代精神的一种体现。魏晋时期道教所倡导的服食金丹以求肉体长生之风，在唐代时达到高潮。然而，就在各种炼丹术在理论上不断发展的同时，其实际使用中出现的种种弊端也越加明显。服食金丹，不仅不能“假外物以自坚固”，延长生命，有时反而会损坏肌肉、破坏神经、改变性格、加速死亡。欲求长生，反而速死，这一非常惨痛的现实，使人们逐渐认识到肉体成仙的虚幻性。道教的理论与实践不能同步的矛盾，迫使人们开始重新寻求长生之路。路在哪里？

人们在实践中发现，肉体成仙说有一个难以克服的矛盾，这就是有形肉体的有限性与无形之道的无限性之间的分裂。“道本无象，仙

---

① 《道教义枢》卷七，《道藏》第24册，第832页。

贵有形。以有契无，理难长久。曷若得性遗形者之妙乎?"[①] 如何解决这一矛盾？受时代哲学思潮的影响以及道教理论逻辑发展的需要，唐代道教以心性、性命等哲学范畴来解释、会通传统道教的形、神、精、气、道、玄等，特别是通过对《老子》、《庄子》中提出的玄、道、自然、阴阳、清静、养生、心斋、坐忘等概念的再阐释，为仙学的发展别开一路径。

唐代道教吸收佛教中观般若学等的哲学思辨方法，通过注释老庄，发挥玄之又玄的道本体思想，促进了道教重玄学的发展。重玄学"以采用佛教的思辨方法和词旨发挥老庄哲学为特质，可称老庄哲学在佛学影响下的新发展或道家、佛学融合的产物"[②]。重玄学追求精神超越，促进了道教从人的内在本性即"不灭的心性"中去寻找人与道可以相沟通的本质，以求解决肉体不死与道的永恒之间的紧张关系，在客观上导致了"以身为炉鼎，心为神室"的内丹学的迅速发展。内丹学又称"性命之学"，它虽以修炼人身体内部精气神来达到"神形俱妙"、出神入化之境为主要特征，但其哲学基础依然是对形神关系的辩证思考，由此而连带出的道、一、玄、有无、阴阳、动静、太极、无极、精气神等一系列哲学范畴，都是围绕着挺立道教的特质——神仙实在、修仙可得等问题而展开的。内丹学的最大特色并不在于它具有多么丰富深奥的思辨性，而在于它将形而上的哲学思考最终落实在形而下的修仙之术上，其与内丹术紧密地连接成为引导人获得生命超越的保证。需要指出的是，内丹学虽然采用了外丹学的思路和术语，但其中所包含的修道不必外求，只须反身内求，以"不灭的心性"作为修仙之本，强调"仙者心学，心诚则成仙"等，不但标示出

① 《宗玄先生玄纲论》，《道藏》第23册，第681页。
② 任继愈主编：《中国道教史》，上海人民出版社，1990年，第250页。

与葛洪为主要代表的外丹学的根本分歧，而且也体现了唐代道教仙学的发展方向。

唐代的一些著名道士，如孙思邈、成玄英、李荣、王玄览、司马承祯、吴筠、李筌等，在追求得道成仙的理论与实践的活动中，就已逐渐偏离追求肉体永存之路。例如吴筠就认为："夫道至虚极也，而含神运气，自无而有……是以炼凡至于仙，炼仙至于真，炼真合乎妙，合妙同乎神。神与道同，即道为我身。"① 他借助了传统道教的精气神三关修炼思路：炼凡成仙（即炼精化气），炼仙成真（即炼气化神），炼真合妙（即炼神合道），架起了沟通有无、形神之间的桥梁。值得注意的是，吴筠在传统的精气神这三个连环概念的基础上，突出了"神"在修道中的作用，强调含神运气，自无而有，使"神"成为下连形体精、气，上升精神超越之道的中介，从而在根本上改变了葛洪以"气"为沟通形与神的中介，以"药"为肉体永存之方的做法。在唐代道学中，"心斋坐忘"、"即心是道，即道是心"、"悟心真一"等语比比皆是，最终都是要说明"神性虚融，体无变灭，形与道同，故无生死"② 的道理。"神"这一概念的凸现，使道教仙学的内涵产生了根本的变化，修道、修仙被归结为修心、修性，修炼人的精气神而获得精神超越逐渐取代了肉体长生说。

唐代道教仙学以"修道即修心，修心即修道"来沟通人与道的关系，并以此来说明，有限之人与无限之道之间虽然差距很大，但并非二分殊绝，因为天下没有无道之物，万物形异而道同，人虽有生死往来，但善任道者只要存道体，顺道用，摄动复静，返情归性，性虚合道，就可达到不生不死之境。这种道性论不仅主张众生皆有道性，人

---

① 司马承祯：《坐忘论·得道》，《道藏》第22册，第897页。
② 《宗玄先生玄纲论》，《道藏》第23册，第681页。

人皆可成仙，而且在逻辑上促使人们从人的心性中寻找成仙的根据，从而在客观上推动了肉体飞仙向精神升玄的转化，为道教仙学第二次转型提供了本体论和方法论的依据。

然而从历史上看，这种转型并非是一蹴而就的，唐代道教仙学呈现出不同的发展倾向就充分说明了这一点：有的注重服食养气，在继续保持追求肉体成仙老传统的同时，强调神气妙合而成仙，例如《胎息经》中说："常伏其气于脐下，守其神于身内，神气相合而生玄胎。玄胎既结，乃自生身，即为内丹。"有的既讲肉体成仙，又讲精神不死，表现出新旧交融的性质，例如，司马承祯认为："身与道同，则无时而不存；心与道同，则无法而不通。"① 还有的则反对传统的肉体成仙说，提倡在修心养性上下工夫，将得道成仙归结为心性的彻悟、精神的解脱，例如成玄英吸收了佛教中观学"双遣双非"的思辨方法，通过注疏老庄，发挥了重玄学，认为宇宙万象乃至人的肉体皆为虚幻，人如果能了悟"外无可欲之境，内无能欲之心"，抛掉世俗的欲念，就可在精神上达到"与道为一"的境界，从而"不复生死"。唐代道教仙学内部所呈现的不同发展倾向直到金元全真道出现，才以"真性本体论"为哲学基础，以"性命双修"为主要修仙方法，促成了第二次转型的完成。

全真道的"真性本体论"是建立在否定肉体成仙说之基础上的，而这种否定又深受佛教人生皆苦、万法皆空的影响。丘处机说："人间声色衣食，人见以为乐，此非真乐，本为苦耳。"② 既然人生皆苦，还要修炼肉体，追求肉体长生干什么？再说那个充满血气的肉体不过就是一个臭皮囊而已，怎么可以作为永恒不灭的成仙主体呢？于是，

---

① 司马承祯：《坐忘论·得道》，《道藏》第22册，第897页。

② 《长春真人语录》。

全真道从心性论出发，以本不生灭的“真性”作为解脱的主体。真性，又称元神、常性、真心，指人的精神的先天本原或不变不动、不生不灭的本体——道性。全真道的创立者王喆在《授丹阳二十四诀》中说：“这真性不乱，万缘不挂，无去无来，此是长生不死也。”

为什么“真性不乱”就是长生不死呢？全真道也运用形神关系来加以诠释，其所说的“真性”也就是形神关系中的“神”，而真性所赖以存在的肉体则是“形”，“生灭者形也，无生灭者性也，神也。有形皆坏，天地亦属幻躯，元会尽而示终。只有一点阳光，超乎劫数之外，在身中为性海，即元神也。”① 人的形体是有生灭变化的，故不可能长存；真性无生灭变化，才是长生成仙的主体。然而就每一个具体的生命来说，又是由身与心或命与性两大要素有机结合而成的，“命无性不灵，性无命不立”②，性者，命之性也；命者，性之命也。全真道倡导“性命双修”，以心性为线索将炼气修命贯穿起来，促使道教仙学对形神关系的关注转变为对性命问题的探索。全真道认为，真性既是万物之本，又是照耀在每一个现实之人心中的“一点阳光”。真性本来应是不生不灭、本空本净、完满自足的，然而生活在尘世中的人，虽然拥有真性，其真性却常被妄念所掩盖。人迷失了自己的真性，又如何能够长生成仙呢？为此，全真道强调“修行之士，必先明心见性”，只有从内心体悟到自己本有之真性，才能使妄念不生，真性不乱，从而还天命之本源，脱生死之劫数。如谭处端所说：“一念不生，则脱生死。”③

当全真道将人与仙的区别确立在人的一念之间时，这就决定了修仙的路径在于从人的心性寻找自己本有的真性。《重阳全真集》中提

① 《重阳真人授丹阳二十四诀》，《道藏》第25册，第852页。
② 《五篇灵文》，《藏外道书》第25册，第669页。
③ 谭处端：《水云集》卷上，《道藏》第25册，第852页。

到，有一老人问王喆，“七十二修行可否?”王喆回答：“便如百岁未得迟，只要心中换过时。”“心中换过时”的话语与禅佛教的“即心即佛”如出一辙。受佛教心性论的影响，全真道将得道成仙定位在精神的超凡出世，而决非永葆肉体的长生不死。这样，全真道不仅否定了葛洪仙学的肉体长生说，而且以心性论为哲学依据，力图在天人合一的宇宙模式中，以“顺以生人，逆以成仙”为基本思路来指导“性命双修”之实践，以期解决不死之肉体与永恒之道之间的矛盾。它提出的“全真而仙”不仅使道教的仙学在理论上产生了一个质的飞跃，也使神仙的内涵有了根本的变化。

全真道所说的神仙实际上是一个精神的觉悟者，王喆说：“识心见性全真觉。”① 马钰也说：“但能澄心遣欲，便是神仙。”② 但他们在强调追求一种与道冥合的崇高精神境界的同时，又倡导以功行双全为特征的“全真”，从而表现出了浓郁的生命情怀和救世度人的利他精神。全真道倡导的这种神仙观，紧紧地贴近了人们的现实生活，成为当时人们乐于接受的一种宗教信仰和生活原则，这才在客观上促使了全真道这一产生于北方一隅的新道派在形成后得以快速发展，在不长的时间中传播到大江南北。

全真道创立后，道教仙学借助于以“性命双修”为主要特征的内丹学而完成了第二次理论转型。虽然出于对性与命在修仙中的不同作用的认识，全真道内部出现了不同的流派，有主张先修性后修命的全真道北宗，有主张先修命后修性的全真道南宗，有主张个体独自清静修行的清修派，有主张男女共同修行的双修派，还有以“守中”为主要特点的中派，直到明清时期，内丹学依然在持续发展，出现了以陆

① 《重阳全真集》卷一，《道藏》第25册，第691页。
② 《丹阳真人直言》，《道藏》第32册，第155页。

西星为代表的东派，以李西月为代表的西派，以伍守阳、柳华阳为代表的伍柳派等，但众多流派的竞争，本质上都是在探讨修炼成仙的可能性，追求的都是人的精神的升华与超越。

从对道教仙学两次理论转型的哲学基础之考察中可以看到，道教仙学所追求的目标似乎是虚幻的，但它作为一种信仰，在千百年的历史发展中，经过理论上的不断完善，实践上的不断提高，对鼓励人们努力运用自己的智慧和力量来改变人生局限还是起了很大促进作用的。“我命在我不在天”在道教中并非只是一句豪言壮语，而是化为一代代人不断地努力去追求生命的超越。这种努力在客观上帮助了人们不断地深化对宇宙和自我生命的认识，使道教仙学与生命科学、人体科学、医药科学、思维科学形成了比较密切的关系。因此，道教仙学不只是概念的游戏、玄学的诡辩，它通过一些实际可操作的方法来引导人们关注每一个个体生命的存在，去追求生命的超越与升华。道教仙学对生命的真切关注，直到今天依然对中国人的修身养性、提高生命质量产生着一定的积极影响。

（原载：《南京大学学报》，1998 年第 4 期）

“经国理身”：论道教的终极理想

——以杜光庭思想为例

杜光庭（850－933）是唐末五代著名的道教学者，因得到帝王的崇信而一度成为“道门领袖”[①]。本文拟以对杜光庭“经国理身”思想的探讨为基础来说明内以修身养性与外以经国安民是道教终极理想不可分割的两翼，并通过对道教终极理想的历史考察及其与儒、佛终极理想的比较，来探讨道教特有的通过追寻人的生命本真来关注人赖以生存的社会环境的现实主义情怀及其对社会和人生的现代意义与价值。

一

杜光庭一生勤奋，学识渊博，著述甚丰。今天的《道藏》中就保留了他的二十多种著作，其中最为重要的是他依据唐玄宗注疏《道德经》的“圣义”而发挥己解所成的《道德真经广圣义》五十卷[②]。虽

① 《历世真仙体道通鉴》，《道藏》第5册，第331页。

② 据杜光庭：《自序》，该书原为三十卷，但收入《道藏》时依体例的需要，析为五十卷。见《道藏提要》（修订本），中国社会科学出版社，1991年，第518页。

然有学者认为，该书的义释"主要是援引典实以证成玄宗注疏的观点，思想理论上无甚新意，不过增益其繁富尔"①。但如细加究之，就可见杜光庭的义释还是有其独具意蕴的，特别是他对"经国理身"思想的义释不仅颇具新意，而且对道教内以修身养性，外以经国安民的终极理想进一步从理论上作了说明。

杜光庭在《道德真经广圣义》中首先表明了自己对《道德经》要旨的看法，他说："夫此道德二字者，宣道德生畜之源，经国理身之妙，莫不尽此也。"② 他不仅把"经国理身"归为《道德经》的根本要旨，而且将随后列出的《道德经》三十八条大纲都围绕着"理（经）国理身"而展开，并在每一条之后都引经据典对什么是理（经）国，什么是理身细加说明。杜光庭曾对他之前的六十多家《道德经》注释进行了专门的疏理和研究，认为"所释之理，诸家不同，或深了重玄，不滞空有；或溺推因果，偏执三生；或引合儒宗；或趣归空寂"③，其中他特别推崇唐玄宗的注本，这虽有力推皇旨之意，但同时也与唐玄宗的注本"内则修身之本，囊括无遗；外即理国之方，洪纤毕举"④ 不无关系，体现了杜光庭对"经国理身"的关注。

生活在唐末五代乱世中的杜光庭，眼见社会动乱，自然失和，生灵涂炭，他心忧如焚，希望能够通过弘扬老子之道来拯救人心，实现社会的太平，这也是他著述立说之本意所在。因此，他所提倡的"经国理身"就不仅仅是一句口号，而是围绕着道教的基本信仰"道"所形成的一种可以在现实生活中对社会和人生发挥作用的理论。

杜光庭所说的"理身"是围绕着人应当如何修身养心才能达到得

① 卢国龙：《中国重玄学》，人民中国出版社，1993年，第486页。
② 《道德真经广圣义》卷一，《叙经大意解疏序引》，《道藏》第14册，第314页。
③ 《道德真经广圣义》序，《道藏》第14册，第310页。
④ 同上。

道升玄之境而展开的，他所说的“经国”则主要是针对帝王人君应当如何治理好现实社会而言的。从“老君垂教，以清静为用，无为为宗，清静则国泰身安，无为则道成人化”① 的基本思路出发，杜光庭认为“理国执无为之道，民复朴而还淳，理身执无为之行，则神全而气王，气王者延年，神全者升玄，理国修身之要也”②。这就是说，经国理身最重要的是应当清静无为，以恢复事物和人的自然本性。

杜光庭的经国理身思想虽然以老子的自然无为之道为理论依据，但同时又深受唐代道教心性论哲学的影响，特别是承继了唐玄宗的“修道即为修心”的思路，强调理其国者应先理其身，理其身者应先理其心，认为“圣人之理，以身观身，身正则天下皆正，身理则天下皆理”③，而“理身之道，先理其心，心之理也，必在乎道。得道则心理，失道则心乱。心理则谦让，心乱则交争”④，将心乱作为导致身乱乃至社会混乱的根本原因。

杜光庭将理心作为“经国理身”的基点，这与他对生命现象的哲学思考密切相关。他认为“人之受生，禀道为本，所禀之性，无杂无尘，故云正也……禀道之性。本来清静，及生之后，渐染诸尘，障翳内心，迷失真道。……失道欲其妙道却复于身者，当须守雌柔贞静之行，笃厚恬和之性，以制其情”⑤。人禀道而来，故人性本自清静，无杂无尘。但人的生命形成之后，为物欲所染而障自本心，并为了追求人身之物质需要而使生命陷入了困境，因而“夫罪之与祸，皆起于身。身之生恶，由于心想。故身、心、口为三业焉。三业之中，共生

---

① 《道德真经广圣义》卷三十四，《道藏》第14册，第483页。
② 《道德真经广圣义》卷十四，《道藏》第14册，第380页。
③ 《道德真经广圣义》卷三十，《道藏》第14册，第491。
④ 《道德真经广圣义》卷十九，《道藏》第14册，第404页。
⑤ 《道德真经广圣义》卷十五，《道藏》第14册，第384—385页。

十恶。十恶之内，贪罪愈深，故生死忿争，皆因贪致。贪者，心业之一也。”① 人起贪心，随外界种种诱惑而生情。当情欲制约人心时，人也就迷失真道，丧失善之本性，从而万恶丛生，行为失道，身心健康受损，社会当然也就不得安宁。因此，“人之难伏，惟在于心”②。这种难伏之心既使人的生命陷入困境与死地，也促使人思考如何通过理心修命、为善去恶以摆脱生命的困境，并达到社会的太平。

在道教中，为善去恶的道德修养一向是与生命的寿夭相联系的。“善自命长、恶自命短”③ 是道教仙学的一个不证自明的原则。据此，杜光庭将善恶与性情联系起来考察，他将性视为人先天禀有的善性，而将情视为是人成形后，失道心乱而形成的，它以恶为特点，是阻碍人生命长存的障碍。他认为先天之性与后天之情是人心的两个方面，因此，就现实的人心而言，它既是众恶之源，又是众善之门。杜光庭从心性的角度解释了善恶的根源，并将如何促使人为善去恶以消除后天之情对先天之性的遮蔽，以使妙道重复于身成为其“理心”的主要内容。他特别强调为善去恶的“理心”首先要从去除欲心做起，他说：“老君戒令，洗涤除理，翦去欲心，心照清静，则无疵病。《西升经》曰：生我者神，杀我者心。故使制志意，远思虑者，是谓教人修其心也。”④ 修道就是修心复性，复归自己清静本然之性，而关键则在于要制意、制情以促使人心不断地向善。在杜光庭这里，“善”并不是一个抽象的概念，而是遵从老子的思想，以无欲、无为、无事、谦下、守柔、积德等为“善”的根本原则，并具体落实在“教人理身，忘弃功名，不耽俗学”、“不贪世利”、“外绝浮竞，不炫己能”、

① 《道德真经广圣义》卷三十五，《道藏》第14册，第490页。
② 《道德真经广圣义》卷八，《道藏》第14册，第353页。
③ 王明：《太平经合校》，中华书局，1960年，第525页。
④ 《道德真经广圣义》卷十一，《道藏》第14册，第367页。

"不务荣宠"、"寡知慎言"、"绝除嗜欲，畏慎谦光"① 等实际的践行中。通过这些践行活动，使人"翦去欲心"，步入善境，就能"心照清静"，与道合一，实现既理身又理国的理想目标。

杜光庭将"经国理身"联构，这与道教以老子自然无为之道来贯通天地人，将宇宙、社会和人视为一体同构的思想也是一脉相承的。正是循此思路，杜光庭将"身国同构"作为贯串于他的"经国理身"思想的一根红线，强调"知理身则知理国"："夫一人之身，一国之象也。胃腹之位犹宫室也，四肢之别犹郊境也，骨节之分犹百官也，神犹君也，血犹臣也，气犹民也。知理身则知理国矣。爱其民所以安国也，郄其气所以全身也。民散则国亡，气竭则身死，亡者不可存，死者不可生，所以至人销未起之患，理未病之疾，气难养而易浊，民难聚而易散，理之于无事之前，勿追之于既逝之后。"② 杜光庭用类比的方法阐述了"身国同构"的道理，既然"身国同构"，那么治理国家也就应当遵循理身之道。理身的基点是理心，那么经国当然也应从理心入手。杜光庭在注释《道德经》"三十辐共一毂，当其无，有车之用"时指出："人之身也，外资百体之设，内仗五气之和，如辐之辏而成，于人既为身矣，能虚心体道，则元和潜运而致长生矣。"人身之长生需要"虚心体道"，治理国家也是如此："人君内资辅相之谋，外委诸侯之助，乃能有国如三十辐之辏一毂也，既有国矣，能虚心体道，则天下化成。"③ 正是从"身国同构"的思路出发，杜光庭强调"一切世法，因心而灭，因心而生，习道之士，灭心则契道，世俗之士，纵心而危身。心生则乱，心灭则理。所以天子制官僚，明法

---

① 《道德真经广圣义》卷一，《道藏》第 14 册，第 314－316 页。
② 《道德真经广圣义》卷八，《道藏》第 14 册，第 352－353 页。
③ 《道德真经广圣义》卷十一，《道藏》第 14 册，第 369 页。

度，置刑赏，悬吉凶，以劝人者，皆为心之难理也。"①

在理心的基础上，杜光庭将修身与理国统一了起来。"修身理国，先己后人，故近修诸身，远形于物，立根固本，不倾不危，身德真纯，物感自化矣。……身既有道，家必雍和，所谓父爱、母慈、子孝、兄友、弟恭、夫信、妇贞，上下和睦。如此则子孙流福，善及后昆矣。"② 通过修身而身正德纯，身正德纯之人，其家庭必然和睦。如果每一个家庭都能够"尊其长老，敬其幼小，教诲愚鄙，开导昏蒙，少长得宜，尊卑有序"，就会促进一个乡村风气之改善。如果每一个乡村都"风教肃肃，礼乐诜诜"，就可以促进一个国家"礼行化美，君信臣忠，境内无虞"。如果天子能体道恤民，敬天顺地，那么就能实现"王道无不被"的天下太平了。杜光庭特别强调："未闻身理而国乱，身乱而国理也。"③ 这种从我做起，由修心而至修身理国的过程，是将"道"从个体推及家、乡、国乃至天下的过程，也是不断地提高全民道德素质的过程。这种基于"理心"的"理身"和"经国"构成了杜光庭道教终极理想不可分割的两翼。

杜光庭从道教的基本信仰和隋唐道教的心性论出发，不仅关注个体之人的理身以求生命长存，而且关注国家的治理和社会的安定，这是对道教思想的继承和进一步发展。从表面上看，道教是一种以得道成仙为根本信仰的宗教，它的理想目标是在世俗社会之外另求一个神仙世界，这当然应该远离社会政治，专致以求个体生命的长存，而道教的"洞天福地"也正是一些遁世、隐世的修道者理想的生活环境。但值得注意的是，道教对神仙世界的追求，其本身是出于对现实世界的一种失望，神仙世界实际上是道教对现实美好社会之向往的一种曲

① 《道德真经广圣义》卷八，《道藏》第 14 册，第 353 页。
② 《道德真经广圣义》卷三十八，《道藏》第 14 册，第 509 页。
③ 上引文均见《道德真经广圣义》卷三十八，《道藏》第 14 册，第 509—510 页。

折反映，因而道教自创立之始，只要有机会，就一再表现出其对人间太平的关注，甚至不惜借助农民起义的形式以求实现之。同时，道教的宗教理想虽在世俗社会之外，而实现这一目标的途径却仍然在世俗社会之中。“道教作为一宗教团体提倡‘天、地、人’三者合一而‘致太平’，所以它又有着强烈地干预政治的愿望。道教在虚构了超现实的神仙世界的同时，又希望把现实世界变成理想世界”①，从而表现出了一种与世俗生活相衔接的入世精神。道教不但以积极的姿态来寻求延长人的生命的种种方法，而且还强调为了使人当下的生活更加美好，应该在世俗社会中建立一种以“道”为准则的理想社会，这个没有天灾人祸，没有饥饿疾病，没有压迫仇恨，人人安居乐业的太平社会，也是杜光庭“经国”的理想目标。

二

有人认为，道教以得道成仙为最高的理想目标，追求个体生命的长存，并不关注国家和社会的治理。其实，这是不准确的。事实上，道教早在初创立之时，就既关注人的长生成仙，又关注人赖以生存的社会的太平。问题在于，早期道教实现经国理想的途径往往是借助于农民起义的形式，魏晋以后道教强烈的成仙欲望所表现出的超世脱俗的精神，又往往掩盖了它对社会政治的关注，而历代统治者对道教既利用又戒备的心态，又使道教治国思想在现实政治生活中无从得以发挥，以至于人们对道教的终极理想产生了一种片面的理解。

从历史上看，“经国理身”、“身国同构”的思想并非杜光庭首创，

① 汤一介：《论道教的产生和它的特点》，《中国文化与中国哲学》，东方出版社，1986年，第504页。

而是道教一以贯之的思想。如果追根溯源，那么这种思想在《道德经》中就已初露端倪。《道德经》提出的"爱民治国，能无知乎"①、"我无为而民自化，我好静而民自正，我无事而民自富，我无欲而民自朴"②、"圣人无常心，以百姓心为心"③ 等都体现了"经国理身"的精神④。《庄子》提出"内圣外王"的理想人格实际上也在一定程度上反映了道家"经国理身"的理想。虽然老子以"小国寡民"为理想社会，庄子则向往"不尚贤，不使能，上如标枝，民如野鹿。端正而不知以为义，相爱而不知以为仁，实而不知以为忠，当而不知以为信"这种犹如原始社会的"至德之世"⑤，但希望通过效法自然来实现美好的社会则是他们的共同理想，以至于《汉书·艺文志》在评价道家时说："道家者流，盖出于史官。历记成败存亡祸福古今之道，然后知秉要执本，清虚以自守，卑弱以自持，此君人南面之术也。"这种"君人南面之术"虽然指涉的是汉代的黄老道家思想，但它体现的还是老庄经国与修身同理同构的思路。

如果说，老庄思想对"经国理身"的论述还比较含糊，那么，创作于两汉之际的《河上公章句》就明确提出了"用道治国则国富民昌，治身则寿命延长"⑥，强调"圣人治国与治身同也"⑦ 的道理。这一思想无疑影响到了以老子之旨为立教之本的道教。道教起于民间，它对终极理想的设计是建立在现实社会和人生的不完满性及有限

---

① 《老子》第十章。

② 《老子》第五十七章。

③ 《老子》第四十九章。

④ 关于老子的思想，一般都认为其主导意义是回归自然，但他还有另一种重要意义是政治谋略。老子的政治谋略包含：治国之道和制胜策略。请参阅颜世安：《论老子道论的政治谋略意义》一文，载《南京大学学报》1997 年第 4 期。

⑤ 《庄子·天地》。

⑥ 《老子道德经河上公章句·仁德第三十五》，中华书局，1993 年，第 140 页。

⑦ 《老子道德经河上公章句·安民第三》，中华书局，1993 年，第 11 页。

性的基础之上的，特别反映了普通民众的生活理想。因此，早期道教所关注的不仅是人的生命的久长，而且还有人所赖以生存的社会环境是否合道而太平，并将社会的太平视为人的生命能否久长的重要保证。道教创立的最初动因，不只是拜神仙，求长生，而且还希冀能够在人间建立一个人人安居乐业的太平盛世。现存最早的一部道教经典《太平经》就宣扬"中和气得，万物滋生，人民和调，王治太平"①的理论，以"道"为中心来展开理身经国，一方面从人体内部寻找长生成仙的根据，通过"爱气尊神重精"的形神双修以求个体生命的无限延长，另一方面，又大力揭露社会的黑暗面，反对统治阶级聚敛财富，强调"治国之道，以民为本"，提出自食其力、救穷周急等一系列社会改良的方案。因此明代白云霁在《道藏目录详注》中评价《太平经》"皆以修身养性，保精爱神，内则治身长生，外则治国太平"为特征。早期道教的另一部重要经典《老子想尔注》也在坚持以道理身的同时，强调"治国之君务修道德，忠臣辅佐务在行道，道普德溢，太平至矣，吏民怀慕，则易治矣，悉如信道，皆仙寿矣。"② 这种内以修身养性、外以治国太平的思想既是早期道教终极理想不可分割的双翼，也成为后来道教发展的方向。

正是在这样的终极理想的指导下，早期道教以一种积极入世的精神致力于对社会的改造。从张陵创立五斗米道的宗旨，到张鲁在汉中传播五斗米道所建立的政教合一的地方政权；从东汉末年张角以太平道为组织形式所兴起的黄巾大起义；到打着"真君出世"创造"道法兴隆"的太平盛世的旗号的"李弘"起义；从东晋十六国时李特、李雄在四川领导流民起义再到孙恩、卢循五斗米道大起义，以道教为组

① 王明编：《太平经合校》，中华书局，1960 年，第 20 页。
② 饶宗颐：《老子想尔注校证》，上海古籍出版社，1991 年，第 38 页。

织形式的农民起义真是"岁岁有之"①，反映了流播于动荡社会和苦难人间的道教对社会政治的强烈关注和对建立太平盛世的热切向往。

值得注意的是，美好的愿望并不等于有美好的结果。早期道教积极实践自己理想的这段时间恰恰是中国历史上最黑暗、最动荡的时期之一，如果说"社会存在决定社会意识"的话，那么社会的黑暗导致了人民不断地利用道教的经国理想来进行社会革命。而早期道教借助于农民起义的形式来实现理想的做法，不仅使道教的经国思想在现实社会中无从得以发挥，而且在客观上又进一步加剧了社会的动荡。正是在这种愿望与结果相背的情况下，道教被统治者诬为"鬼道"、"妖道"、"邪道"，必镇压之而后快。道教的经国理想也往往被治史者视为"异端邪说"而加以贬低。

在道教的经国理想受到种种质疑的情况下，生活在动荡社会中的人对生命易逝也形成了一种刻骨铭心的悲剧性认识，追求长生自然也就被许多人视为生命的第一需要。魏晋以后道教表现出的浓厚的成仙欲望，形成了以追求长生不死为特征的神仙道教。神仙道教对得道成仙的强烈追求和刻苦实践，在一定程度上掩盖了早期道教对社会政治的关注，以致于使人产生了一种误解，似乎得道成仙是道教唯一的理想目标。其实，即使是葛洪这位神仙道教的代表人物，也主张"内以治身，外以治国"。他的代表作《抱朴子》之《内篇》虽专言"神仙方药，鬼怪变化，养生延年，禳邪却祸之事"，但《外篇》却详论了"人间得失，世事臧否"②。神仙道教在追求个体生命的长存，以得道成仙为最高理想目标的同时，并没有漠视对社会政治的关注，其仍然是将内神仙、外治世作为自己的终极理想。

---

① 寇谦之：《老君音诵诫经》，《道藏》第18册，第211页。
② 《抱朴子外篇自叙》，《抱朴子内篇校释》，中华书局，1985年，第377页。

吸取黄巾大起义最终导致了有数百年历史的汉王朝倾覆的教训，魏晋以后的历代统治者对道教大都抱着既利用又戒备的心态，尤其是对道教终极理想中的“经世”方面始终保持着警惕。直到南朝陆修静、北朝寇谦之对道教进行改革，使道教逐渐脱去民间宗教的外衣，并积极向官方宗教、贵族宗教方向发展，道教才得以打着“佐治太平”的旗号，在社会政治生活中发挥起维护现实政治统治的作用。但值得注意的是，虽然道教的社会地位在统治者的认同下逐渐提高，它的经国理想在统治者的警惕下却依然受到了无形的压抑，追求生命长存仍成为道教重要的表相特征。

隋朝的建立，结束了数百年诸侯纷争、南北分裂的社会局面。隋朝虽然不到四十年而亡，但它的宗教文化政策，特别是对道教既利用又扶持的态度，却为道教在唐代的兴盛奠定了基础。唐初，唐高祖、唐太宗等出于政治目的而尊崇老子，扶持道教，这一方面使道教成为皇族宗教而盛行一时，另一方面又使道教能够有一个比较宽松的环境而致力于实现自己的终极理想。根据现有的史料记载，唐代许多道士们都利用自己的特殊地位和接近皇帝的机会来弘扬道教经国理身的终极理想。例如，唐睿宗雅尚道教，曾专门召司马承祯问阴阳术数之事，司马承祯回答说：“道者，损之又损，以至于无为。安肯劳心以学术数乎！”唐睿宗又问：“理身无为则高矣，如理国何?”司马承祯回答说：“国犹身也，顺物自然而心无所私，则天下理矣。”唐睿宗听后，深加赞叹赏异①。在这段意趣幽深的对话中，司马承祯所表达的“身国同构”、理国理身应以“无为”为本的思想，反映了唐代道教的终极理想就是将经国与理身作为同构同理的不可分割之两翼来理解

① 《资治通鉴》卷二一〇《唐纪二十六》，中华书局标点本，第14册，第6669－6670页。

的。而以崇尚道教著称的唐玄宗在注疏《道德经》时也特别注重从中开发出经国理身之道，认为《道德经》“其要在乎理身理国。理国则绝矜尚华薄，以无为不言为教”①。他站在统治者的立场上，在解释《老子》的“圣人之治”时说：“圣人理国理身以为教本，夫理国者，复何为乎？但理身尔。故虚心实腹、绝欲忘知于为，则无不理矣。”②虽然唐玄宗作为现实社会的统治者，其治国未必能做到无为，但他认为按照道家道教的观点，圣人经国理身并非二事，都应以“无为”为本，这却是对道教经国理身精神的确认。

杜光庭的经国理身思想就是对传统道教特别是唐玄宗思想的继承和进一步发挥。这种发挥不仅在理论上确立了道教的终极理想之内涵，并与儒、佛的终极理想相区别，而且为入宋以后道教的进一步发展奠定了理论基础。

三

杜光庭生活的唐末五代时期是中国封建社会由盛而衰、由治而乱的时期。在这样的生活环境中，杜光庭倡导“经国理身”有其特殊的意蕴。他强调通过理心而达到理身，既重视在人的内在精神世界中树立一种少私寡欲、恭谦无争的观念，以促进人们自觉地去追寻“声色不能诱，自归柔弱之道”③ 的高尚境界；同时也重视“养神养气”④的身体修炼，以求达到“虚心体道，则元和潜运而致长生矣”⑤ 的理

① 《道德真经疏释题》，《道藏》第11册，第740页。
② 《道德真经广圣义》卷八，《道藏》第14册，第352页。
③ 《道德真经广圣义》卷三十四，《道藏》第14册，第483页。
④ 《道德真经广圣义》卷十一，《道藏》第14册，第366页。
⑤ 同上，第369页。

想。这种性命双修的理身观又通过人的道德修养而直接对社会生活发挥作用，“人君抱守淳一，洗心内照，爱人理国，动法天时，雌静平和，收视返听，体道生物，顺德养人，生物而不有其功，为政而不恃其力，视听四达，功成不居。此理身理国，兼爱之道，顺天之德也。”① 杜光庭倡导内以理身，外以经国，实际上也是希望从理论上进一步弘扬道教的终极理想，以辅助统治者解决当时所面临各种复杂的社会问题。

需要指出的是，道教的“经国”理想在不同的历史时期呈现出了不同的特色，并对社会生活产生了不同的影响。早期道教所倡导的“经国”先是游说帝王能够采用自己的“兴国广嗣之术”（甘忠可、于吉），行不通之后，便采取了大规模的急风暴雨般的农民起义的方式（张角等）。魏晋以后，对个体生命的强烈关注，又使道教的“经国”理想主要通过遵行儒家伦理而曲折地表现出来。唐代以后，随着道教被奉为“皇族宗教”，社会地位日高，再加上唐玄宗通过注疏《道德经》来诠释道教的教义，使道教的“经国”理想突显了出来，并成为帝王统治术的一张冠冕堂皇的招牌。杜光庭沿唐玄宗的思路，对“经国理身”思想的系统阐释，一方面使道教终极理想系统化，另一方面也是力图以此来拯救失道的社会。但这种拯救的意图主要地还是停留在理论的建构上，杜光庭本人就因自己无力于救世，宁愿不做“道门领袖”而归隐山林，在四川成都的青城山终其一生。如果说杜光庭通过对《道德经》的义释而从理论上对道教经国理身的终极理想进行了整理和发挥，那么，宋金元时期的新道派则力图通过自己的宗教实践来实现道教的终极理想。

唐亡后，相继而来的五代十国也是中国历史上最衰乱、最动荡的时期之一。社会矛盾和民族矛盾所造成的社会动荡，使人们心中普遍

① 《道德真经广圣义》卷十一，《道藏》第14册，第368页。

存在着焦虑和不安，这为道教的传播与发展提供了社会心理基础。宋王朝建立后不久，宋真宗为了抵御异族的军事和文化侵略，欲借助于神力而树自己的权威乃弘扬道教。宋徽宗更是为了追求长生不死而迷信道教。在上层统治者和下层民众的双重要求下，历来与中华民族精神密切相关的道教进入了一个新的发展时期。宋金元时期，为适应社会和人生发展的需要，传统的天师道以及在这一时期出现的大大小小的新道派，虽然在对道的内蕴的理解上和修道方法上存在着种种差异，但究其实质却都是既强调个体的自我完善，又强调救国安民，以"经国理身"为实践的目标。例如，南宋时期，在北方社会出现的三大道派中（当时北方出现的三大道派是萧抱珍创立的太一道、刘德仁创立的真大道和王喆创立的全真道）影响最大的全真道，就是以内修真功，外倡真行而著称，从而将"经国"转化为道士们为达到"全真而仙"目的所必须进行的社会实践。而刘德仁创立的真大道，"其教苦节危行而不妄取于人，不苟侈于己者也"①，特别表现出一种积极入世、舍己为人的情操和美德。这种"真功"、"真行"实际上就是将唐代道教的"经国理身"思想进一步实践化，从而在一定程度上改变了唐代以前的道教偏重个体成仙而忽视拯救众生的状况。而在传统的天师道中也出现了以符箓来"助天行化，辅国救民"的道经②。

新道派对理身经国理想的积极实践在客观上推动了道教对社会生活的影响力，并使"经国"的理想在后来道教的发展中始终延续了下来。即使是在以内丹学为主旨的全真道南宗中，像翁保光在作《悟真篇注释》时，也还是遵循了"经国理身"、"身国同构"的宗旨，提出"圣人以身为国，以心为君，以精气为民，民安国泰，民散国虚。人

---

① 《元史·释老传》。

② 如元妙宗于宋政和六年编的《太上助国救民总真秘要》，现存于《道藏》第32册。

若惜精爱气，所以长生也。以国君之爱民如赤子，常设法以养之，令民安国丰，谓之富国安民之法也”①，表达了一种关注社会的精神。

作为中国传统文化重要组成部分之一的道教，将“经世理身”奉为终极理想，从而与儒、佛形成了鲜明的差异，也构成了互补的格局。从表面上看，儒家从修齐治平出发，强调“内圣外王”而形成的积极入世的精神，似乎与道教的“经国理身”有相似之处。但究其实质，儒家是以“家”为关注的中心，注重的是通过以血缘关系为基础的人伦关系来建构国家的社会秩序，而道教则是以“身”为中心，注重的是以人的生命来解构国家，从而将国家也作为一个动态的生命体来对待。道教所表现出来的浓郁的生命情调在一定程度上弥补了儒家建立在尊卑等级之上的冷冰冰的人伦关系的不足。而道教在重视现实生命中所形成的崇尚自然的精神和超越情怀又在一定程度上消解了儒家礼教文化对人性的窒息。

佛教作为一种本质上追求出世的宗教，则从“人生皆苦”的价值判断出发，对现实社会和人生的意义持否定态度，其终极目标是追求超脱生死轮回的解脱，讲求的是“无生”，而不是“长生”，因而对人生社会的政治也并不表现出关注和热情，最多只是期望“依国主，立法事”而已②，这与道教长生成仙和社会太平的理想显然也有很大的不同。道教从人的生命本真来认识人的生活及其生活环境，其基于“身国同构”的“经国理身”理想，不仅向往通过身心的修炼来保持人的自然清静本性，而且强调通过提高人，特别是人君的道德素质，来克服社会中人欲横流的现象，以促进整个社会顺应自然之道而和谐发展。道教对生命本真的追求及其对现实社会政治的关注，可以补充

---

① 起宗：《悟真篇注疏·序》，《道藏》第2册，第913页。

② 晋名僧释道安有句名言：“不依国主，则法事难立。”（《高僧传·道安传》）

佛教的某些不足，而其希望在现实社会中建立一个太平世界的理想与儒家的内圣外王、经世济民学说更是不谋而合，其中都蕴含着一种强烈的参政意识和社会政治关怀，而这也正是淡于治国方略的佛教所缺乏的。由此可见，道教在"身国同构"的基础上所建构起来的"经国理身"的终极理想与儒、佛有所不同而又能形成一种互补的态势。这也是道教能够在千百年来的中国多元文化的竞争中始终占有一席之地的重要原因。

道教的"经国理身"既是其终极理想，也是它从宗教的角度为封建社会所建构的一种学说，以今天科学的眼光来看，其中既有一些非理性的直观猜测和迷信成分，也有一些粉饰帝王统治以维护封建社会秩序的政治意图。但正如恩格斯所说："即使是最荒谬的迷信，其根基也是反映了人类本质的永恒本性，尽管反映得很不完备，有些歪曲。"①"经国理身"思想中所体现的顺应自然，从我做起，尊重生命，提升道德，关怀社会等现实主义情怀，对身处于知识经济时代的现代人如何安身立命，如何优化生存环境，还是具有一定的启示作用和借鉴意义的，这同时也将为道教思想在21世纪社会生活中发挥积极作用提供基础。

（原载：《南京大学学报》，2000年第2期）

① 《马克思恩格斯全集》第1卷，第651页。

论道教心性论的哲学意蕴与理论演化

道教在创立之初就特别关注人的生命如何形成、人为何生而有异、人的生命能否永存、个体生命如何超越现实的痛苦和生死的局限而契合于生生不息的大道等人生问题。从对这些问题的探讨出发，道教以老庄道家思想为基点，以认识自我和顺应自然为基本特征，汲取佛教的佛性论和中观学，在历史演变中形成了具有独特哲学意蕴的心性论。本文试图从道教心性论的哲学意蕴入手，来寻绎道教心性论在与佛儒心性论交涉过程中的理论演化，并以此说明道教心性论是促进魏晋南北朝以来道教持续发展的重要理论动因之一。

一

心性论是人对自身的认识，是研究人的本质的问题，因此，心性论既与人性论相关，又比人性论涉及的范围更宽泛。道教心性论是以道性论为中心而展开的。虽然道教心性论仍然沿用老子“致虚守静”、“涤除玄览”的思路和庄子的“坐忘”、“心斋”的方法，但从南北朝到唐代时，它更强调以心体道，并运用重玄学“有无双遣”的方法将修道归为修心，由此而建立起了比较系统的道教心性论。道性是指潜藏于宇宙万物和生命之中的道，它不但是万物之本性，而且是一切众生修道的基础。心性论既从道体论上来证明人与万物在本性上同源于道，又从道性论出发来探讨道性与众生性之间的异同与联系，以为众生提供修道而能够得道的理论依据。道教对心性论的建构，正是以“一切众生皆有道性”为理论基点的。

纵观道教史，道性由贯通天、地、人而最终被落实到“一切众生皆有道性”，并由此而成为众生修道的基础，这经历了一个历史发展的过程。如果追根溯源，实际上有关“道性”思想的萌芽在老子提出的“道生万物”、“道法自然”，庄子提出的道无所不在，甚至“在蝼蚁”、“在稊稗”、“在瓦甓”、“在屎溺”的论述中就已初露端倪。就现有资料看，“道性”一词的正式出现，首见于汉代的《老子河上公注》，其中在注释老子“道法自然”时，明确提出了“道性自然，无所法也”①，这里的道性自然意谓道的本性是自然。其后的《老子想尔注》也使用了“道性”这一概念，提出了“道性不为恶事，故能神，无所不作，道人当法之”② 的说法，从道性与人性的比较出发，强调道的本性为纯粹的善，故神通广大，无所不能，学道者应当效法之。但这些思想在汉代重“气”的文化语境中并没有得到长足的发展。

魏晋神仙道教在形神关系上追求形体的永固，从而导致了肉体长生成仙说在社会上的盛行。以葛洪为代表的神仙道教以“保肉体之真”为目的，以服药养气为得道成仙的根本方法，其他的斋戒、拜神等宗教活动和遵循儒家忠孝仁信等伦理行为，都是围绕着肉体长生而

① 王卡点校：《老子道德经河上公章句》卷二《象元第二十五》，中华书局，1993年，第103页。

② 饶宗颐：《老子想尔注校证》，上海古籍出版社，1991年，第44页。

展开的。葛洪那经过玄学洗礼的仙学，不仅为道教建构一种全境的生活方式提供了理论指导，而且也凸显出魏晋神仙道教追求肉体长存的特点。但是，就在各种炼丹术在理论上不断完善发展的同时，其在实践中的种种弊端也逐渐暴露了出来。服食金丹，不仅不能“假求于外物以自坚固”，延长生命，有时反而会损害身体，加速死亡。欲求长生，反而速死，这一惨痛的现实，使人们逐渐认识到肉体成仙的虚幻性，也促使道教寻找新的修道之路，道性问题又重新引起了人们的重视。

随着南北朝道教义学的发展，人们对自身的认识也逐渐深入，对形神关系的理解也日益丰富，这促使道教仙学也开始朝不同的方向发展：有的继续保持对服食金丹大药的追求，例如茅山道士陶弘景在注重修性养神的同时，仍以“摄养无亏，兼饵良药，则百年耆寿”为指导而努力炼制丹药，成为继葛洪之后南朝最著名的炼丹家。也有的以斋戒为求道之本、升仙之途，如南天师道宗师陆修静强调：“夫感天地，致群神，通仙道，洞至真，解积世罪……莫过乎斋转经者也。夫斋直是求道之本，莫不由斯成矣！”① 北天师道宗师寇谦之在《老君音诵诫经》中也宣扬“诸欲修学长生之人，好共寻诸《诵诫》，建功香火，斋练功成，感彻之后，长生可剋”。还有的则强调通过内修的方法以求飞仙，如奉《上清大洞真经》和《黄庭经》为主要经典的上清派，就主张通过行气存思之术调整人的身心，来排除种种鬼魅对生命的干扰，以达到长生久视的目的。值得注意的是，此时的道教还从重视“神”在人的生命中的作用出发而提出了道性观念，并将道性作为成仙之本，例如宋文明、臧玄靖就认为人心中有道性，迷其本性的是凡人，悟其本性的便是仙人，因此，修道的关键就是要在心性上下

---

① 《洞玄灵宝斋说光烛戒罚灯祝愿仪》，《道藏》第9册，第824页。

功夫，从人的心性层面去追求生命的超越。

道性论的出现深受佛教的影响。在魏晋南北朝时期，随着佛教般若性空理论的发展和涅槃佛性论的盛行，中国佛教逐渐将成佛从对外在的宇宙实相的体认转为对人自身本性的证悟，突出了众生的自性自度。《涅槃经》提出的“一切众生皆有佛性”的思想，经过晋宋时僧人竺道生的大力阐扬而盛行一时。受当时佛教反本求宗、见性成佛思想的启发，道教学者不仅提出了“道性”说，而且也大力强调一切众生皆有道性，从而通过转换佛教的概念、借鉴佛教的思想而建立起了道教的道性论。南北朝至隋唐，道教中出现了一些深受佛教影响的论述道性问题的道经。例如，约出于南北朝时期的《升玄内教经》就以佛教的“无所有性”、“法性空”等来解释“道性”，出现了“得其真性，虚无淡泊，守一安神，见诸虚伪，无真实法，深解世间，无所有性”这样佛教化的道性论思想。而出于隋代的《太玄真一本际经》卷四《道性品》更是沿此思路运用重玄学的方法而专门论述了道性问题：

> 言道性者，即真实空，非空不空，亦不不空。道性众生（性）皆与自然同也。非法非非法，非物非非物，非人非非人，非因非非因，非果非非果，非始非非始，非终非非终，非本非末，而为一切诸法根本，无造无作，名曰无为。

并强调，“自然而然，不可使然，不可不然，故曰自然，悟此真性，名为悟道”①。这里，道教以吸收了佛教中观学思辨的重玄学

---

① 敦煌经卷 P2806 号《太玄真一本际经》卷四《道性品》，黄永武主编：《敦煌宝藏》，第 124 册，台湾新文丰出版公司，第 264 页。

“双非”的语调明确地将悟道修仙定位在人排遣一切外在的追求，顺应自然而获得心灵的觉悟上。道教《海空经》则从佛教众生平等的思想出发来阐释道性，认为“众生道性，不一不二，究竟平等，犹如虚空，一切众生同共有之”[①]，强调众生都有成道的可能性。从表面上看，这些都是非常典型的佛教化了的道性论，但实际上，道教在借鉴佛教中观学说来诠道性、显道体时，并没有放弃自己本有的道生万物及道体遍在实有的观念，因此又与佛性论有了根本的区别。

在深受佛教影响的同时，道教也吸取了儒家的心性思想来丰富自己的学说。例如，陶弘景在《真诰》中就依据《中庸》的性命观念来释“道”，他在引裴清灵《道授》的“见而谓之妙，成而谓之道，用而谓之性。性与道之体，体好至道，道使之然也”时专门作注说：“此说人体自然，与道炁合。所以天命谓性，率性谓道，修道谓性。今道教以使性成真，则同于道矣。”[②] 正是以道为基点而来会通儒佛，道教才建立起了自己的心性学说。

南北朝时主要流行在南方道教中的道性论呈现出许多独具的特点：

第一，以“清虚自然为体”来界定“道性”。例如南朝梁道士宋文明在《道德义渊》中说：“论道性以清虚自然为体。一切含识，各有其分。先禀妙一，以成其神，次受天命，以生其身。身性等差，分各有限。天之所命，各尽其极……今论道性，则但就本识清虚以为言。若谈物性，则兼取受命形质以为语也。”他指出道性以“清虚自然”为体，这就在本体论的层面上将“清虚自然”作为“一切含识”的共同本性，同时又从生命构成上对道性与物性做了区分：道性仅指

① 《太上一乘海空智藏经》卷二，《道藏》第1册，第621页。
② 《道藏》第20册，第516页。

本识（即心性）具有的清虚自然之性，而物性则兼有受命形质，由此而推导出修道之要就在于从心性上复归于清虚自然之道性。

第二，强调一切众生皆有道性。六朝道书《洞玄灵宝本相运度劫期经》就借鉴佛教的佛性论而明确提出了“大千之载，一切众生悉有道性”、“一切众生得道成仙，号曰世尊”等说法，将道性视为一切众生皆有的禀赋于道或能够与道同一的不变之性。这一命题不仅从心性的角度将道性与众生性联结在一起，而且推论出众生所具有的道性是众生能够得道、悟道的依据，这就向每一个人敞开了修道成仙的大门。这种因具有“道性”而可以得道成仙的观念在先秦道家典籍和汉代道书中是很难找到的，这无疑是道教在借鉴了佛性论之后形成的新命题。

第三，以“空”释道性。早期灵宝经《太上洞玄灵宝开演秘密藏经》中说：“一切法性即是无性，法性道性，俱毕竟空。”这种对道性的诠释明显地受到了佛教般若性空思想的影响。但道教与佛教的不同之处在于，佛教强调一切皆空，要人不执著；道教则继承老子的归根复命的思想，强调众生只有通过修道去除心中的烦恼污染，才能复归于本来“毕竟空”的道性。这种以“空”释“道性”的结果就是改变了传统道教对肉体不死的追求，这对道教把修道定位在修心以追求精神超越上起到了引导作用。

第四，以善与恶来释道性。宋文明曾说：“道性之体，冥默难见，从恶则没，从善则显。所以然者，万物之性有三：一曰阴，二曰阳，三曰和。《玄女》云：阳和清虚，阴气滞浊；阳和多善，阴分多恶。故性之多阳，知者多善，（性之）多阴，知者多恶。恶则乖道，多善则合真。合真则道性显，乖道则道性没。”他不仅以气的变化为中介来说明万物之性有阴、阳、和三种，阳和为善，阴气为恶，道性从善则显，从恶则没，以说明现实之人为何同禀清虚道性却有善恶之分的原因，而且还以对善恶的取舍为基准来区分物性、人性和兽性。他说："夫一切有识，皆含道性，何以明之？夫有识所以异于无识者，以其心识明暗，能有取舍，非如木石，虽有本性，而不能取舍也。既心有取，则生有变。若为善则致福，故从虫兽以为人，为恶则招罪，故从人而堕虫兽。人虫既其交拔，则道性理然通有也。"一切有识，包括人类与虫兽皆通有道性。有识之所以异于无识，就在于其能运用心识，对善恶有所取舍。这种说法因突出了人所具有的为善去恶的能力，不仅为道教强调复归于本来清虚自然的道性提供了切实可行的进路，而且张扬了道教的伦理教化功能，故在后来得到了发扬光大。

二

从历史上看，南朝道教对道性的论述已比较系统，这在客观上导致了道性论在当时的盛行，并为唐代道教以"道性"为中心建起自己的心性论奠定了理论基础。随着中国哲学的主题由本体论向心性论推进，唐代的道教学者又从无情是否有道性、道性与众生性的关系、道性在生命修炼中的地位与作用等不同的角度丰富了道性论的内容，深化了道性论的思想。例如，《道教义枢》中强调"一切含识乃至畜生果木石者，皆有道性"，上清派宗师潘师正也明确提出"一切有形，皆含道性"①。这种主张"果木石者"和"一切有形"皆有道性的"无情有性"说既受到佛教的影响，也是道教自身的"道无所不在"思想发展的结果。与此同时，在道与众生的关系问题上，王玄览提出："道与众生，亦常亦异，亦常亦不常。"② 以"性"为基点来说明

---

① 《道门经法相承次·序》，《道藏》第24册，第786页。
② 《玄珠录》卷上。

两者是既相同又相异的辩证关系。司马承祯、吴筠等人则在传统道教炼形养命的基础上进一步突出了心、性、神等范畴，并将性与情对立起来，通过宣扬只有净除情欲，才能返本复性，推动了道教理论向追求精神超越的方向迅速发展。成玄英、李荣等人则通过汲取佛教般若中观学的方法，运用非有非无的重玄学方法来辨析道与德、道与物、心与神、心与性等概念，通过对“无心”的强调，要人保持虚静无为的自然状态。这些论述的共同特征就是从理论的层面上凸显了道性在人的生命修炼中的重要性。

在唐代道教中，对道性进行比较全面阐述的是孟安排编集的《道教义枢》卷二十九《道性义》。《道教义枢》对道性的看法虽然是承《玄门大义》而来，但通过总结自《真诰》至《本际经》这一阶段的道性教义，在学理上深化了道性论，从而对唐代道教心性论的发展产生了至关重要的影响。

《道教义枢》主要从三个方面对道性作了诠释：一是强调道性乃是人修道而可以得道成仙的可能性。《道性义》开篇即云：“道性者，理存真极，义实圆通，虽复冥寂一源，而亦周备万物。烦惑所覆，暂滞凡因，障累若消，还登圣果。”潜在于人心中的道性被世俗的烦恼所障覆，就会使人沉沦于凡尘而不能体道成仙。人只有通过修心炼性，消除障覆，才可以复归于道性，“还登圣果”。这种思想成为唐代道教心性论的主流并为后来全真道内丹心性学所继承和发展。

二是强调道性的不因不果。“道性以清虚自然为体……究竟诸法正性，不有不无，不因不果，不色不心，无得无失。能了此性，即成真道。自然真空，即是道性。”① 如果说，“道名在果，即指圆极法身，性语在因，谓有得果之性”，那么，就会割裂道与性之间的关系，

---

① 《道藏》第24册，第832页。

使道性变得不完满了，因为“若道定在果，性定在因，则性非真道，真道非性，何谓众生有道性耶?”对道性的正确理解应当是，“无在而无所不在，在因即因，在果即果，在因即为因性，在果即为果性，且寻道性正理，非有非无，何名何性?”① 这种用重玄学的“有无双遣”的方法来说明道性的不因不果，实际上是强调了道性既是众生得道之因，也是众生成道之果，凸显了依持道性而修心养性的重要性。

三是强调道性有隐显之分。“道性体义者，显时说为道果，隐时名为道性。”② 人们之所以会认为“道定在果，性定在因”，乃是因为他们没有懂得道体是非有非无、无始无终的存在，潜隐时即为道性，显现时即为道果。当众生通过修道而悟得“诸法本性清净”，也就归根复命而得到了真实圆满的道果。这种道性隐显说不仅从理论上阐明了道性与众生性的区别与联系，而且也论证了众生得道成仙的可能性与必然性，这成为道教论证众生皆有道性、皆能修道成仙的基本依据。

道教的道性论从根本上说是为了用以指导修道的实践。唐末五代的道门领袖杜光庭就通过强调清净的道性不仅是宇宙本体的体现，更是众生能够得道成仙的根本依据，而将人的心性问题凸显出来，将人们引向了修心去情，在自心自性上下工夫。他说：“一切众生，不得真道者，皆为情染意动，妄有所思，思有所感。感者，感其情而妄动于意，意动于思而妄生于心。人若妄心不生，自然清静。又云，妄动者，亡也。皆亡失其道性。故逐境而感情妄动，其心故不得真道。”③ 一切众生必须去除感情妄动，才能回归自然清静的道性。这不仅把成仙的主动权放到了每一个人自己的手中，而且也通过修道而将不变的

---

① 《道藏》第24册，第831页。

② 同上，第832页。

③ 《太上老君说常清静经注》，《道藏》第17册，第188页。

道性与众生可变的心联系了起来。“修道即是修心”将道性内化为心性，使道不再是外在于人心，与人心相隔膜，而成为心的一种本真状态——消解了主客观对立的通达无碍、怡然自得的心灵境界。这种从人的内在心性上寻求超越的自救方法，一方面反映了杜光庭对唐代比较流行的外丹术的放弃，另一方面又体现了他希望从道的本来意义上去探索道性与众生性的关系，为人的修道架起一座理论指导实践的桥梁。道教依道性而从人的内在之心来寻找长生之路的做法既给生活在动荡时代的人们提供了一种宗教的寄托和精神的慰藉，又在客观上使道教仙学的内涵产生了根本性的变化。

三

以“道性”作为人们修道的根本依持，而修道又成为一种心性修炼，这就在客观上促进了唐末五代道教的理论重心从宇宙本体论、重玄学向以性命双修为特色的内丹心性学的过渡。道教作为一个重视实践的宗教，它的教义始终是与追求长生成仙的修炼术联系在一起的，以术显道成为道教最显著的特征之一。隋唐道教的重玄学虽然在理论上可以容纳宗教修炼的内容，但由于它大多以哲学论述为主而缺乏可供操作之术，因此，从实践上看，它的衰微也就有其必然性。例如唐代重玄学的主唱者成玄英只是为道教创建了深奥的重玄理论，却并没有建构一套实现其理论的修行方法；杜光庭虽然曾对道与术的关系做过比较深入的阐述，也曾用精气神来接纳心性概念，积极倡导性命双修，甚至还有了逆以成仙的大致思路，并简要地介绍了内丹修炼的方法，但他也没有具体描述如何以心室为炉鼎来炼气化神，更没有从可操作的层面上对“术”进行具体的说明。直到唐末五代时，以钟离权、吕洞宾为代表的钟吕内丹道的出现才标志着内丹心性学的发展进入了新的时期。

钟吕内丹道探天地造化之理，究人的生命之道，开辟了道教心性修道论发展的新阶段，后来经陈抟、刘海蟾、张伯端等人的进一步阐扬，使内丹修行不再局限于一种内修之术，而是建立起一种体系化的内丹道。内丹道虽然以人体为炉鼎，以身体内部的精、气、神为药物，以在人体内炼成丹为基本特征，但其哲学基础却是对心性、性命等问题的辩证思考，只是它将形而上的哲学思考最终落实到形而下之术上，通过“性命双修”而使“道”与“术”紧密地连接，使之成为引导人获得生命超越的理论与实践的保证。

钟吕内丹道在总结前人思想的基础上建立了比较完整的理论体系，它以祛病健身为初效，以延年益寿为中效，以阳神飞升为最高目标。虽然它最终以长生成仙为宗旨，但由于它建立在古代中医学的基础之上，并集古代炼养术之大成，因此，它的出现不仅对后来全真道的内丹心性学产生了很大的影响，而且对民间的气功与养生术的发展也有着相当广泛的辐射。南宋时李简易编《玉溪子丹经指要》时在卷首列有“混元仙派之图”①，就详细地记载了宋代专主内丹修炼的道派的代表人物和递嬗演变的情况。该图以太上老君为始祖，钟、吕为首传，下列了九十余位道教内丹修炼家，所提及的人物及传承虽难以尽信，但它是全面记述宋代钟吕内丹道派的最早资料。从该图可见，到宋代时，道教的内丹修炼已形成了一定的规模，并产生了社会影响。这种社会影响从宋代兴起的吕祖崇拜及八仙崇拜中就可见一斑。这也是后来的金元全真道依附于它的主要原因之一。

全真道沿着钟吕内丹道的思路，大力提倡“性命双修”。王喆认

---

① 《道藏》，第4册，第404—405页。

为，“修仙之道，性命之事”①，“人了达性命者，便是真修行之法也”②。由于“性者神也，命者气也”③，“气神相结，谓之神仙”④，因而性命双修又必须神气合炼。这样，性命双修、神气合炼就成为全真道修道成仙的主要方法与途径。全真道所倡导的“性命双修”，是“明心见性”的性功与“炼精化气”等命功的结合。“明心见性”本为佛教禅宗的用语，指以自心本有的“般若智慧”去觉悟“自心真性”的一种禅修方法。全真道将它吸收过来，又结合儒家的“反身而诚”、“去情复性”等，在唐代道教所宣扬的道性清净思想的基础上，对传统道教的养生修命术作了新的诠释，从心性论的层面上为修正道教传统的肉体成仙说并开出真性不朽说开拓了道路。

全真道大力倡导心性论，主张修道就是要努力去除情欲而复归于“真性”，即清净的心性，从而实现生命的超越。马钰说：“清净者，清为清其心源，净为净其气海，心源清则万物不能挠，故情定而神明生焉。气海净则邪欲不能干，故精全而腹实矣。”⑤ 心源、气海作为本真的生命状态虽然是恒常而清净的，但清净妙明的心源、气海又会被情欲和妄念所蒙蔽，从而对人的生命产生直接的影响。修道就是要去除妄念的蒙蔽，达到“心不起杂念”、“诸尘不染著”⑥ 的内外清净，若能如此，那么，生命的真源，亦即真性，就会自然呈现，这就叫“见性”。“只要无心无念，不着一切物，澄澄湛湛，内外无事，乃是见性”⑦。见性即是实现精神的超越。因此，王喆说：“离凡世者，

---

① 《重阳全真集》卷十，《道藏》第5册，第747页。
② 《重阳真人金关玉锁诀》，《道藏》第25册，第799页。
③ 《重阳立教十五论》，《道藏》第32册，第154页。
④ 《重阳全真集》卷十，《道藏》第25册，第747页。
⑤ 《丹阳真人语录》，《道藏》第23册，第703页。
⑥ 《重阳真人授丹阳二十四诀》，《道藏》第25册，第807页。
⑦ 《晋真人语录》，《道藏》第23册，第698页。

非身离也，言心地也。身如藕根，心似莲花，根在泥而花在虚空矣。得道之人，身在凡而心在圣境矣。”① 这种清净的道性成为全真道内丹心性学的理论基点，其中所飘逸着的即世而超越的精神则成为后来道教的鲜明特征。

从历史上看，道教心性论以其独特的价值帮助人了悟生命的真谛和人生的意义，从而在客观上推动了道教理论与实践的持续发展。在21世纪的今天，道教心性论中所蕴含的顺应自然，自我完善等具有浓厚现实主义情怀的即世而超越的精神，对现代人在蓬勃的经济大潮中如何安身立命，如何优化生存环境，仍然具有重要的启迪意义。

（原载：《哲学研究》，2005年第5期）

① 《重阳立教十五论》，《道藏》第32册，第154页。

论道教宇宙论中的两条发展线索

"道"是老子哲学中的一个最重要的概念，也是唐末五代"道门领袖"杜光庭（850—933）哲学的理论基础。但是，当我们细究杜光庭的《道德真经广圣义》等著作，就会发现他对"道"的诠释存在着两种不同的倾向：一种是从对"道"的信仰出发，把"道"人格化，宣称"大道之身，即老君也，万化之父母，自然之极尊也"①，将太上老君视之为"道"的化身，奉之为创造宇宙、主宰万物的最高神灵；另一种则是延续了汉魏以来以"元气"为宇宙本源的传统，以气解"道"，宣扬"大道元气，造化自然"。基于对"道"的这两种不同解释，杜光庭的宇宙论中也表现出了两条不同的线索：一是从神学上提出带有神谕启示特点的宇宙神创说，以彰显"道"的主宰性、神圣性与超越性；二是从哲学上建构了以"道气"为本的宇宙生成论，力图对宇宙世界以及人的生存作出一个根本性的解释，从而为人的修道实践提供依据。笔者认为，只有厘清这两条线索相互交涉的复杂关系，才能更好地把握道教宇宙论思想的基本特点。

---

① 《道德真经广圣义》卷二，《道藏》第 14 册，第 316 页。

一

宇宙是如何起源的？是通过超自然的途径“被创造”出来的？还是通过自然的途径演化而来的？天地万物和人产生发展的依据是什么？天地人之间是什么关系？对宇宙的本源及其发展变化的原因的追问是所有民族文化创生的基点。原始社会的人类尽管思维能力十分低下，但生存的需要却驱使他们自觉或不自觉地对与人密切相关的宇宙自然现象进行猜测与想象，不断地创造出五花八门的关于宇宙起源的神话、诗歌和传说。这些多少带点神秘性、先验性和荒诞性的神话、诗歌和传说，却为后来的宗教宇宙论的创生提供了丰富的文化资源。“在人类意识的黎明时期，宗教是人的宇宙论的主要棱镜，几乎是人解释世界的唯一手段。”① 虽然不同的宗教都建构了自己独具特色的创世说，但至今为止，“创世问题”仍然是人类尚未彻底解决的宇宙之谜。有什么样的创世说就会有什么样的宇宙论和人生论，也就会有什么样的宗教解脱论，这似乎是人类思维逻辑发展之必然。在各种宗教的宇宙起源说中，最著名的莫过于《圣经·创世纪》了。道教虽然并没有像基督教那样生动而明确的宇宙神创说，但道教在探讨、追述宇宙与人的起源以及人与天地万物的关系时，也提出了带有神谕特点的老君创世说，以表达一种对宇宙起源的看法。

杜光庭在《道德真经广圣义》中大力宣扬了太上老君创世说。他说：“太上老君乃阴阳之主首，万神之帝君，元气之父母，天地之本根，先王之师匠。”② 将老子神化为宇宙的创世主，这并非是杜光庭

① （美）丹尼尔·贝尔：《资本主义文化矛盾》，北京三联书店，1989 年，第 29 页。
② 《道德真经广圣义》卷二，《道藏》第 14 册，第 318 页

的首创。道教在创立之初就有神化老子的倾向，并将其视为宇宙的创造者。五斗米道所出的道经《老子想尔注》就明确提出："一者，道也……一在天地外，入在天地间，但往来人身中耳……一散形为气，聚形为太上老君。常治昆仑，或言虚无，或言自然，或言无名，皆同一耳。"强调"一"就是"道"，"道"散形为气，聚形就成了栩栩如生的太上老君。后来道教中盛行的"一气化三清"的说法，可能就是由此思路通过想象而形成的。这种将道、气与老子的化身太上老君相联系的做法，深受汉代哲学中流行的元气论的影响，其对老子神性的界定是建立在元气神格化的基础之上的，这显然与基督教所信仰的全智全能的上帝有所不同，反映了中国人"观物取象"的思维方式，即使是塑造高高在上、虚无而微妙的神灵，也还是希望通过某一具体的东西来进行。这种思维方式为道教在宇宙论上形成宇宙神创说与宇宙生成论这两条不同倾向的发展线索埋下了伏笔，也为杜光庭建构道教的宇宙神创说提供了思路和依据。

事实上，道教发展到两晋时期，就已建立起了自己独特的宇宙神创说，这主要体现在传为西晋王浮所作的《老子化胡经》和东晋葛洪的《枕中书》等道书中。《老子化胡经》通过对老子生平事迹的神化，尤其是宣扬老子化身，降为帝师，垂世立教，西游天竺，化胡成佛，而将之奉为至上神，称为"太上老君"。值得注意的是，在该经的"第十一变词"中，不仅有太上老君"造作天地作有为，化生万物由婴儿，阴阳相对共相随，众生禀气各自为"的叙述，而且还提到了一些类似于《圣经·创世纪》中富有代表性的创世观念，如"选擢种民"、"洪水神话"，以及类似于诺亚的汉人始祖"伏羲"，这反映出人类思维的某种相似性。而道教将道家之"道"加以神话并与老子合而为一所编造出的老子开天辟地、盘古创世的神话故事，"导源于汉代的宇宙发生论哲学、谶纬迷信和方士的分身变形术，并借鉴了佛教的佛陀变生故事。这是道教的创世纪，也是其宗教神学的集中体现。”①

当时，道教经典中有关宇宙神创说的神话层出不穷，在南方道教中，比较有代表性的是《元始上真众仙记》一卷，又题为《葛洪枕中书》，或称《枕中书》。柳存仁先生很重视此书，认为它可视为道教的创世纪②。此书虽题为葛洪撰，但实为后人的伪托，应是六朝上清派的著作③。书中假托葛洪之口，叙述了葛洪于罗浮山夜遇玄都太真王下降授之以《真书》的事。《真书》中借用了中国传统的盘古开天地的神话，表达了道教类似于创世说的观点，认为“昔二仪未分，溟涬鸿濛，未有成形，天地日月未具，状如鸡子，混沌玄黄。已有盘古真人，天地之精，自号元始天王，游乎其中。”④ 这里，只是把盘古称为“真人”，并加号“元始天王”而已。需要注意的是，《枕中书》的创世之神是元始天王而并非太上老君，这不仅反映了六朝时期南方道教在信仰上的特点，而且为后来道教确立“三清”为道教的最高神奠定了基础。然而，从“道”即“老子”的思想出发，太上老君在道教神创说中一向具有重要地位。这些都为杜光庭倡导的太上老君神创说提供了基本素材。

道教所信仰的神灵绝不是一种抽象意义上的存在，它必须在与自然、社会和人生的关系中表现出来。因此，道教在论述太上老君存在的同时，必然要涉及其属性以及与宇宙万物的关系。南北朝时，道教中就出现了专门讲述太上老君如何从无到有创造宇宙天地万物乃至于人的道书——《太上老君开天经》。经中说，在混沌未分、天地未辟

① 任继愈主编：《中国道教史》（增订本）上卷，中国社会科学出版社，2001年，第249页。

② 柳存仁：《道教史探源》，北京大学出版社，2000年，第6—13页。

③ 任继愈主编：《道藏提要》，中国社会科学出版社，1991年，第121页。

④ 《元始上真众仙记》，《道藏》第3册，第269页。

之时，“老君犹处空玄，寂寥之外，玄虚之中，视之不见，听之不闻。若言有，不见其形；若言无，万物从之而生。”这样一个无声无形犹如处于“空玄”状态的太上老君，实际上就是《道德经》中的核心观念“道”的化身。太上老君创世时，由“虚空而下，为太初之师，口吐《开天经》，一部四十八万卷，一卷有四十八万字，一字辟方一百里，以教太初。太初始，分别天地清浊，剖判溟涬鸿濛，置立形象。”然后再口吐《乾坤经》，创造天地，“清气为天，浊气为地”，阴阳“在天成象，日月星辰是也；在地成形，五岳四渎是也；在人成生，心肝五脏是也”①。太上老君的创世是一个漫长的过程，经历了“洪元”、“混元”、“太初”、“太始”、“太素”、“混沌”、“九宫”、“元皇”等阶段。人类社会也经历了三皇五帝，以及夏商周三王的统治。太上老君在每个世代都变化下降，传经授法，治理天下，不仅劝民专修善道，而且还教民造火冶炼、种植采药、造房做车、织布制衣等生活技能，从而推动了人类社会的发展。

如果说，哲学起源于对事物背后普遍本质的探求，那么，宗教则起源于对信仰对象背后的普遍本质的概括。当道教将老子奉之为太上老君，老子也就从人转化为“道”，“道”然后再从理性的最终根源、形而上学的最高思想转化为宗教的崇拜对象。杜光庭正是以此为基点来建构老君创世说的。杜光庭对老子的描绘虽然主要是继承了前人的说法而并无太多的创新，但他进一步将以往关于老子的种种神化加以系统化，使老君创世说更为生动而富有神圣性。这种老君创世说更能打动人心，从而更好地迎合了唐末五代社会崇拜老子的风尚。

首先，杜光庭运用文学手法对老子的出身作了神话般的生动描

---

① 李养正先生认为，“道教的创世纪，以《太上老君开天经》讲得最为集中，最为清楚。”（《道教概说》，中华书局，1989年，第225页）

述。杜光庭将老子的母亲神化为“圣母元君”：“圣母元君者，乃洞阴玄和之气凝化成人，亦号玄妙玉女。”“老君乘日精驾九龙，氤氲渐小，如九色弹丸，自天而下，托孕于元君之胎。”圣母未婚而孕，与基督教的圣母玛利亚何其相似。“元君怀孕八十一年后，因攀李树而生诞于左胁”，“元君以其生而白首，故号老子”。“老君既生，能行九步，步生莲花。”老子出生后即能行走，“左手指天，右手指地，言曰天上天下，唯我独尊，世间之苦，何足乐闻”，这与佛教对释迦牟尼的神化又是十分雷同。老子“诞于左胁，时有九龙自地涌出，腾跃空中，吐水而浴老君焉”。“老君既生，能行九步，步生莲花，以乘其足，日月扬辉，万灵侍卫，即指李树曰：此余姓也，遂为李氏。”①杜光庭在《道德真经广圣义》卷二“释老君事迹氏族降生年代”中也有相类似的、更为详尽的说法。杜光庭搜集了民间各种关于老子的传说而加以系统化，运用丰富的想象和夸张的笔法，为历史上原本只是“任周藏室之史”的老子披上了一层神秘的面纱而升华为道教的集道、神、人三位一体的神灵——太上老君。正如德国哲学家费尔巴哈在描述基督教所信仰的上帝的本质时所言：“上帝是人格，但他却又应当是上帝，应当是普遍的存在者而不是人格的存在者。”② 从这一点看，太上老君的本质与基督教信仰的上帝又十分相似。

其次，杜光庭对老君的创世降迹行教的功绩、应显变化的灵异作了阐述。他说：“太上老君降迹行教，远近有四：其一历劫禀形，随方演化，即千二百号，百八十名，散在诸经，可得征验矣；其二此劫开皇之始，运道之功，孕育乾坤，胞胎日月，为造化之本，为天地之根，播气分光，生成品汇，自五太之首，逮殷周之前，为帝王师，代

① 以上引文见《墉城集仙录》卷一，《道藏》第18册，第165页。
② （德）费尔巴哈：《基督教的本质》，商务印书馆，1984年，第280页。

代应见……；其三老君以商阳甲之代，降神寓胎，武丁之年，诞生于亳，即今真源县九龙井太清宫是其地也，或隐或显，潜化群方……；其四将化流沙，与尹喜期会于西蜀青羊之肆，示现降生。”① 在上述老子降迹的四大功绩中，第二项无疑具有创世的意义。因为如果宇宙的发生有一个绝对的开端，时间就会有边际，那么，时间如何开始？又如何结束？这也就成为一个不可回避的“宇宙开端”问题。在时间的起点上，杜光庭不仅极力塑造了一个超在之神太上老君作为宇宙的造物主，而且还进一步强调了太上老君于无中创造了道教的三十六天：“既分诸天，即以三十六天，滓阴之气，下为三十六地，每天立一天帝，每地立一地皇，七十二君同禀命于老君矣。”② 太上老君在创天造地之后，还创造了日月星辰、风雨雷云，四时寒暑，人伦礼仪等，因此，“老君乃天地之根本，万物莫不由之而生成”③。这种说法似乎就是《圣经·创世纪》中“起初，上帝创造天地”的“中国化”之翻版。但杜光庭强调太上老君本是由“道”与“气”凝聚而成的，同时又通过“道”与“气”自然而然地化生宇宙，这与基督教的创世说又有了显著的差异。

第三，杜光庭以解释老子的名号为由，强调老子不仅是圣人，而且也是神灵，不仅创世，而且化导世俗。“老子，即太上老君也。太上谓证果尊位。”④ 太上老君是老子的称号，表明老子是至上的神灵。“老君为道化之宗元，弘睿圣之至德，阐微妙无名之道，为强名演畅之词，将以恢振玄风，化导于代理深义奥，故谓玄言。居万圣之先，

① 《道德真经广圣义》卷一，《道藏》第14册，第309页。
② 同上，第318页。
③ 《道德真经广圣义》卷二，《道藏》第14册，第317页。
④ 同上，第316页。

故谓元圣矣。”① 老君是“道”的化身，弘“德”的元圣，既是具有神性的人，也是具有人性的神。杜光庭对老君的各种名号作了汇总，并“就老君位号之中分为三十，假以解名号之由起”②，论述了老君的种种事迹。这三十种名号分别是：起无始、体自然、见真身、应法号、启师资、历劫运、造天地、登位统、随机赴感、演上清、传灵宝、出洞神、垂文象、示好生、教陶铸、制法度、作形器、崆峒演道、衡岳授经、江滨应化、姑射宣真、传道德、教理水、述长生、寄胎慧、显降生、彰圣号、明胄胤、兴帝业、册鸿名等③。这里，从第一至第九说明了老君所具有的创世神人的特点，“老君挺生空洞，变化自然，智慧无穷，圣德周备。形既莫测，号亦无边。在天为万天之主，在圣为万圣之君，在仙为万仙之总，在真为万真之先，在星为天皇大帝，在教为太上老君。”④ 从第十种名号以后，则显示了老君如何通过各种应化身来造福于人类，以说明老君先天就具有神性，然后才以“道”来应化众生。由于老君的存在，宇宙才得以开始，万物才得以出现，人类才得以衍生，文明才得以进化，人们修道成仙也才成为可能。

第四，杜光庭从哲学上来说明太上老君具有超验、终极的性质。杜光庭强调，太上老君之所以是宇宙的创造主，与其本身所具有的“无始”、“无因”等超验的特性密切相关，他说：“老君生于无始，起于无因，为万道之先，元气之祖也。无光无象，无音无声，无色无绪，幽幽冥冥，其中有精，其精甚真，弥纶无外，故称大道。大道之

---

① 《道德真经广圣义》卷二，《道藏》第14册，第311页。
② 同上，第316页。
③ 同上，第316—323页。
④ 同上，第317页。

身，即老君也。万化之父母，自然之极尊也。”① 太上老君在本体上是绝对独立的，他超越了因果规律的束缚，不是任何一种原因所造成的，却又是一切存在的终极原因。太上老君具有自存性，他起于无始却能够成为宇宙万物的最后根源。太上老君以无为本，但却是“万化之父母”。记得古希腊哲学家亚里士多德亚在《形而上学》第一卷第一章开宗明义的第一句话就是“求知是人的本性”②。当人们在向自然求知，追溯事物产生的根源时，根据因果律，必然要在思维逻辑上追踪产生世界的第一因是什么。杜光庭对宇宙神创说的探讨实际上也是在追踪第一因，当他将无始、无因、无象的太上老君作为一切有始、有因、有形的事物的最终根源时，也就必然地、唯一地把产生宇宙万物的第一因落实到了太上老君，这也就与亚里士多德相似，认为最后有一个不带任何物质的形式，即“第一推动者”，它就是理性，就是上帝。

但杜光庭所描绘的宇宙神创说与《圣经·创世纪》又有所不同。在他这里，太上老君只是无声、无形、无象的“道”的化身，“老君乃无生之至精，兆形之至灵也。昔于空洞中，结气凝真，强为之容。体大无边，相好众备。自然之尊，上无所攀，下无所摄。处虚空之中，如日月之光也。”③ 太上老君由“结气凝真”而成，因而他并不像上帝那样亲自来造万物乃至于人，但他却能创化宇宙，应世神化，垂世立教，引导人们效法自然，修道成仙。

杜光庭的宇宙神创说张扬了太上老君的创世，从理论上说，宇宙的本源应当在时空上具有自足性，如果以“道”作为宇宙的最终本源，而“宇宙”正是古代哲学家所指说的无限的时空——“四方上下

① 《道德真经广圣义》卷二，《道藏》第14册，第316页。
② 《形而上学》，商务印书馆，1959年，第1页。
③ 《道德真经广圣义》卷一，《道藏》第14册，第317页。

谓之宇，往古来今谓之宙”① 的话，那么，“道”当然也就是自满自足的，既没有起点，也没有终点，但与此同时，这种理论又暗含着宇宙万物的起源是以某一时间点为开端的，“老君生于万物之首，起于无始之前，经历劫运，甚为久远”②，而“大道吐气，布于虚无，为天地之本始”③，天地又是有本始的，这样，杜光庭宇宙论中的内在矛盾就凸显出来。如何理性地说明无限之道与有限之物的关系，如何更好地说明天地人的本质及其关系，就为杜光庭借鉴前人的道气说而提出宇宙生成论开辟了思路。

二

杜光庭在对老子和道加以神化的同时，仍然继承了传统道教重气的思路。他曾说“大道元气，造化自然，强为之容，即老君也”④。这种将“大道元气”神格化为太上老君的思想，反映了道教将自然界的那些能激起人的依赖感的自然现象加以拟人化，使人在对其形成依赖感的同时，又将这些自然现象异化为高高在上的神明的思路。但由于“道”本身具有丰富的内涵，而以气解道又是老子以来道家道教学说的一个重要特色，因此，在杜光庭那里，他又通过释老而对“道”进行多方面诠释，从而形成了以道气论为基点的内涵丰厚的宇宙生成论，这成为杜光庭在宇宙神创说之外的另一条发展线索，也是道教宇宙论中一个重要内容。

杜光庭在神创说之外另外提出一条宇宙生成论线索，这与他通过

① 《淮南子·齐俗训》。
② 《道德真经广圣义》卷二，《道藏》第14册，第317页。
③ 《道德真经广圣义》卷六，《道藏》第14册，第343页。
④ 《道德真经广圣义》卷二，《道藏》第14册，第316页。

诠释老子《道德经》来表达其道教思想也有密切的关系。因为道教宇宙论的基点是老子哲学，而老子哲学的一个重要特点就是破除了神创说而主张自然生成论。老子强调“以道莅天下，其鬼不神”①，以道为万物之根源，重视万物依赖于气去自生自长而取消了造物主的存在，从而显现出无神论的倾向。老子的这种思想对杜光庭有着至关重要的影响。杜光庭一方面通过将“道”人格化为太上老君而坚持宇宙神创说，强调太上老君是道教的最高神灵，世界的创造者，是超越于万物之上的主宰者；另一方面，他又基于对自然界的经验性认识，继承了道教重气的传统而将“道”诠释为“虚无之气”，他说：

> 道者，虚无之气也，混沌之宗，乾坤之祖，能有能无，包罗天地。道本无形，莫之能名，无形之形，是谓真形；无象之象，是谓真象。先天地而不为老，无形而自彰，无象而自立，无为而自化②。

杜光庭从道就是虚无之元气出发，对宇宙世界的本质作出一种普遍性的解释，以说明“道”作为万物之宗祖，虽无形无象却能够无形而自彰，无象而自立，化生出千姿百态、生生不息的大千世界。以上对老子之“道”的两重性的诠释，不仅使道教宇宙起源论上的两条发展线索相互交涉，而且也使道教发展出自己独特的宇宙生成论。

如果说，老子的“道”为“万物之宗”的思想在认识宇宙本源问题上迈出了非常关键性的一步，那么，道教则在诠释老子思想时对道与万物的关系作了进一步具体的论述和说明。《老子》在追寻宇宙的

① 《老子》第六十章。
② 《太上老君说常清静妙注》，《道藏》第17册，第183页。

本源时，超越了《易经》、《洪范》以某种具体的元素——阴阳、五行、气作为宇宙之源的局限，而是把目光投向了更为广阔的空间和更为久远的时间。正是在拨开了芸芸万物之异相而概括出其所具有的同一性的基础上，才提出了抽象的道，“道冲而用之或不盈，渊兮似万物之宗”①，并将道作为天地万物赖以存在的普遍依据和内在本质。在此基础上，道教进一步张扬老子的“道先物后”的思想，以说明道与万物的关系。杜光庭说：“大道之用，居乎物先。物象未彰，乾坤未辟，而道在其先也。运道之用，施道之功，而后有天地万物也。”②

杜光庭虽然标立了一个超言绝象的“道”作为宇宙的本源，但他也看到“道者，至虚至极，非形非声”③，正因为至虚，所以才能不为物所滞碍而永恒常在，是为“常道”。然而，“至虚”的道又如何能生成万物呢？在杜光庭看来，道所谓的“至虚”并不是不存在，它的无形无象无情恰恰是最真实的存在，是一切存在者之所以存在的最终根源。道的这种“不得指而定名”的无规定性的“恍惚”所体现的意义就在于，道虽然是真实的存在，但它在“无中生有”的创世过程中并不是独立的、不依赖任何事物的。也就是说，“虚无不能生物，明物得虚无微妙之气，而能自生，是自得也。任其自得，故谓之德也。”④ 这是杜光庭在解释《庄子·天地篇》“物得以生谓之德”时所说的。杜光庭援引《庄子》是要说明，形而上之“道”要创生出气象万千的宇宙世界就必须借助于某一种具体的物质形态来进行活动。

于是，杜光庭就借助于“虚无微妙之气”来沟通形而上之道与形而下之物的联系，以期解决无限之道与有限之物之间的矛盾。他在诠

① 《老子》第四章。
② 《道德真经广圣义》卷二十一，《道藏》第14册，第413页。
③ 《道德真经广圣义》卷六，《道藏》第14册，第342页。
④ 《道德真经广圣义》卷四，《道藏》第14册，第334页。

释《老子》的"道生一，一生二，二生三，三生万物"① 时，特别注重描绘"独立而不改，周行而不殆"② 的"道"如何一步步地借助于"气"而化生出天地人来：

道以无形无名，不无不有，自然妙化而生乎一。一者，道之子也。天得以清，地得以宁，人得以长存，万物得以生。故此妙一，修道者守之、抱之、存之、得之，以为证道之根矣。所言一者，即前始气为天也。一生二者，即玄气为地也。二生三者，即元气为人也。所以冲和妙气，生化二仪，凝阴阳之华，成清浊之体。然后人伦毕备，品物无遗，四序调平，五行运象，若交感而顺，则物保其常，或否塞而逆，则物罹其患③。

杜光庭认为，"道"作为天地万物的最高抽象，是先于具体有形的万物而存在的。"道，通也。通以一气生化万物。以生物故，故谓万物之母。"④ 道以"通"为特性，"通以一气生化万物"，在宇宙演化过程中展现出事物的多样性和特殊性，因此，道并非是单纯的"一"，而是"一"与"多"的统一。在宇宙生成的逻辑起点上，道是无形无名、不无不有的虚极之妙本，而一旦借助于"始气"而为"天"，"玄气"而为"地"，"元气"而为"人"时，此时此刻的"道"就通过"气"而与天地万物及人结成了一种生成关系。"大道吐气，布于虚无，为天地之本始……天地始无名无氏，然后降迹，渐令兆

① 《老子》第四十二章。
② 《老子》第二十五章。
③ 《道德真经广圣义》卷三十三，《道藏》第14册，第479页。
④ 《道德真经广圣义》卷四，《道藏》第14册，第334页。

形，由此而天地生，气象立矣。”① 杜光庭认为，“道”的本质主要是通过“气”表现出来的，因而他将道与气合二为一，运用了“道气”的概念。“万物之生也，道气生之，阴阳气长养之。一昼一夜，一阴一阳，更相递代，养育万物……万物各成其形，非妙道冲和之气，无以生也。虽有寒暑而无道气者，亦殂落矣。二气更为内外，故万物负之、抱之、不可离矣。”② 这不仅突出了“道气”在造化大自然的过程中的作用，而且也预示了道与气聚合之际，就是宇宙万物的创生之时。

杜光庭认为，宇宙万物之所以生，就在于“道气”生之，阴阳二气相激相荡而给予其生生不息的活力。天地万物虽然秉有道，但由于落入了具体的形态之中，即为有限。有限即有生死，这是道与万物的根本区别。“万物与人同资于道，道以运气，气以致和，虽有识无情，肖形各异，生之与死，禀受不殊，而道在则能生，道去则为死。”③ 道无生死而物有生死，所以言生死者，属于形，而不属于道。万物与道合则生，离则死。道是一切事物的总根源，“道之功也，生成不息，运用无穷，秋毫之微，庶类之众，皆资道气，假借而后能生能成，贷假借于物也。”④ 由于气的种类繁多，上下贯通，不断变化，从而使宇宙万物既统一于道，又形成了多样性和层次性。“道之深也，无不吞纳，无不制围。圆盖之高，方舆之厚，日月之照，动植之繁，皆道气所育，居大道之内，故为万物之奥”⑤。因此，在杜光庭的思想中，道与气一方面因各具特点而相互区别，另一方面，它们又通过万物而

① 《道德真经广圣义》卷六，《道藏》第14册，第343页。
② 《道德真经广圣义》卷三十三，《道藏》第14册，第479页。
③ 《道德真经广圣义》卷四十八，《道藏》第14册，第555页。
④ 《道德真经广圣义》卷三十二，《道藏》第14册，第478页。
⑤ 《道德真经广圣义》卷五，《道藏》第14册，第529页。

紧密联系，相互贯通。万物没有道就无法生，没有气就不能成，道气乃天地万物的祖宗。

三

由于"道气"是宇宙万物的起源和发展变化的动因，故在杜光庭的宇宙生成论中有着举足轻重的影响。如果追根溯源，"道气"一词并非杜光庭的发明。在《老子想尔注》中就出现了将道、气视为具有同一性的"道气"概念。

> 道气在间，清微不见，含血之类，莫不钦仰。
>
> 道气常上下，经营天地内外，所以不见，清微故也；上则不皦，下则不忽，忽有声也①。

道气是最根本的，它虽然"清微不见"，但天地万物、人的精神和形体都是由它决定的。这种"道气"概念后来在南北朝隋唐道教中被广泛地运用于炼气养生的修道实践中。然而，随着佛道冲突的日益加剧，佛教抓住了道教的"道气"概念大做文章，贬低道教将形而下之气作为至极之道加以崇拜，故而是在理论上难以圆融的低级宗教。佛道二教围绕此进行了一场旷日持久的论辩。例如，僧人法琳在《辩正论》中就以道气关系为突破口，运用佛教理论对神仙道教进行了批评，揭开了原先被道士们所珍视的道行其气乃生万物的宇宙生化论和"保气行气"以致长生的修道术的神秘面纱，以说明神仙道教所宣扬

---

① 饶宗颐：《老子想尔注校证》，上海古籍出版社，1991年，第8、17页。

的通过“保气而得道”，从理论上讲是行不通的①。佛教的批评在一定程度上击中了道教的要害，危及了道教仙学的理论基础。

这就促使道教进行自我反省，并促使道教吸收佛教思想，在以“气”解“道”的同时也以“理”释“道”，力图从形而上的层面上提升自己的理论水平，以至于在唐代重玄学中形成了论“理”的倾向。例如，成玄英一方面使用“道气”概念，提出“专精道气，致得柔和之理，故如婴儿之无欲也”②，以为修道成仙提供理论说明；另一方面又强调：“道者，虚通之妙理，众生之正性也”③，从而赋予了万物存在的根据“道”以“虚通妙理”的含义。通过对“道”的这一富有佛学意味的解释，以子之矛，抵子之盾，来回应佛教的批评。

因此，在唐代道教中，以“理”释“道”一度流行④。道教以“理”释“道”原是有本可依的，先秦思想家就曾以“理”解“道”，如《庄子》提出：“道，理也”，将“理”视为行道的具体方法。韩非子在《解老》中则将道与理相联系，提出了“缘道理以从事者，无不能成”的认识论命题。但由于受到了佛教的刺激，从成玄英、李荣、到唐玄宗、杜光庭所说的“理”却打上了佛教的烙印。有人甚至认为，成玄英的“理”在一定意义上就是佛教“涅槃”、“诸法实相”的本体转化⑤。唐代道教思想家通过以“理”释“道”，使至虚之道既落实在具体的事理当中，又融化在人们的日常行为当中。杜光庭就认为：“穷极万物深妙之理，究尽生灵所禀之性。物理既穷，生性又尽，

---

① 《辩正论》卷六，《大正藏》第52册。

② 成玄英疏：《道德经义疏》卷三，《道藏》第13册，第380页。

③ 成玄英疏：《道德经义疏》卷十六，《道藏》第13册，第499页。

④ 李大华：《重玄学说的论理倾向》，《道家文化研究》第十九辑，北京三联书店，2002年。

⑤ （韩）崔珍晳：《重玄学对宋明理学的影响》，《道家与道教·第二届国际学术研讨会论文集》，广东人民出版社，2001年，第334页。

以至于一也。”① 只有穷极万物之理，才能穷尽人之本性，最终达到与道合一的境界。因此，杜光庭将“理”作为贯通道与物的中介。“夫其道也，极虚通之妙致，穷化济之神功，理贯生成，义该因果，纵之于已，则物我兼忘。荡之于怀，则有无双绝”②。道虽然是存在于万物之前的“极虚通之妙致”，但它的“穷化之神功”通过“理”却可得以显现，道与万物是以“理贯生成”为中介的，这就用“理”改变了传统道教简单地以“气”为中介的宇宙生成论。

虽然这种以“理”释“道”的思路提升了道教的理论水平，可以在某种程度上弥合道教宇宙论中的内在矛盾，但气化说毕竟是传统道教理论的核心，离开了“气”，道教从某种意义上也就失去了其独具的魅力。因此，杜光庭在以“理”释“道”的同时并没有放弃以“气”释“道”，而是通过赋予“道气”以新的内涵，既继承了道教重气的传统，强调道通过气化生万物，造化出生生不息的大自然，又以“理”释“道”，从而呼应了当时道教理论发展的要求。

由于“理”不仅存在于万物之中，而且与道圆融为一，使万物的存在变得有意义，这就在根本上提升了道气说的理论水平。在宇宙生化的过程中，“道”作为事物的根本，它具有不生不灭、不偏不滞的形上意义，以“无”而彰显出事物普遍的、必然的和稳定的本质；“气”是事物的外在呈现和表相特征，以“有”来表现千变万化的事物；而“理”则是事物本身的规定性。杜光庭从老子的“有无相生”出发而认为，“气”终不可脱离“道”而自化自生，它仅是“道”的经验存在和具体作用，“理”作为“万物深妙之理”，使虚无之道落实到了具体的事物之中。这样，虚无之道就内涵着深妙之理与微妙

① 《道德真经广圣义》卷四，《道藏》第14册，第332页。
② 《道德真经广圣义》卷五，《道藏》第14册，第337页。

之气。

杜光庭所建构的道→气→天→地→人的宇宙自然生成图式，既显示了“道”支配下的宇宙是一个不断演化着的宇宙，也说明了宇宙万物都是以道为本，以气为用，以理为则的。万事万物都是由气的激荡化合、阴阳的清浊变化而成的，“万物之生也，道德禀之以气，乾坤禀之以形。气禀道德之功，形资天地之化。”① 杜光庭在自然－本然的意义上指出，万物不管在具体形态上有多么大的差异，在时间和空间上有多么大的距离，由于“生化之本，皆本于道”，运之于气，因此，它们之间都具有某种相关性和相通性，具有相互生发、相互转化的可能性。

通过“道气”，杜光庭更好地说明了“道气在天地之前，天地生道气之后”（卷四）这样一种“大道元气，造化自然”的宇宙生成过程。道是事物变化的根据，气是按照道的法则进行变化的。如果说，道的特性在于“通”，气的特性在于“生”的话，那么，道与气就是绝对同一的二元体。从哲学层面上看，“道气”的主要特征在于构成了有与无的关系，从而成为“造化自然”之源。从神学层面上看，“道气”又是太上老君“通生万物”的工具。“老君将欲明冲和道气，通生万物，历叙得一之妙，以明生化之由。”②

在杜光庭那里，道既是人格化的神灵、宇宙世界的造物主，又是宇宙万物的最终本源和逻辑发展的起点，因此，他的宇宙论思想存在着内在矛盾——自然界既是被有意识地创造出来的，是合乎目的的产物，又是自然造化，纯粹自然进化的结果。这种由对道的不同解释而造成的内在矛盾使其宇宙论的两条发展线索纵横交错成为必然，其中

---

① 《道德真经广圣义》卷三十七，《道藏》第14册，第500－501页。
② 《道德真经广圣义》卷三十一，《道藏》第14册，第463页。

既有对老子的“无中生有”的思想所作的宗教性发挥，又有沿着传统道教元气论的思路强调“道气皆降之，气存则物生”的思想，但在终极本源的“道”那里，相互矛盾的两层含义借助于“气”又融为一体。“生成者，生则为道……道以应气化生万物，以应气为体”①。杜光庭将道气圆融为一体，让其集本源义、本体义为一身。

从本源论的层面上看，道气是万物生化之源，“混元以其道气化生，分布形兆，乃为天地。而道气在天地之前，天地生道气之后”②。从本体论的层面上看，道气是万物存在的本体与依据，它遍在于万物，并与万物构成了不即不离的关系。可见，杜光庭在论证大道元气造化出千姿百态的自然界时，既坚持了传统道教崇尚“气”的立场，以符合人们物物相生的思维方式，又满足了道教从“理”的层面上，凸显“道”的规则性和形而上之超越性，因此，从表面上看，杜光庭的宇宙论存在着难以克服的内在矛盾，但他就是以此为出发点，不仅使“道气”成为道教宇宙论的核心概念，而且通过道气论来展示的宇宙论生化的图景，既展示了道教宇宙论的基本特点，也从天人合一的角度为内丹心性学在五代宋初的蓬勃发展提供了宇宙论的说明。

（原载：《世界宗教研究》，2006年第2期）

① 《道德真经广圣义》卷五，《道藏》第14册，第338页。
② 《道德真经广圣义》卷四，《道藏》第14册，第334页。

"灵化二十四"考释

——从宗教地理学的角度

宗教地理学是研究宗教的起源、传播、习俗、场所分布与自然、人文环境之间关系的一门学科。唐末五代时期的著名道教思想家杜光庭著有《洞天福地岳渎名山记》一文，今存《道藏》第11册。该文系统地叙述了道教的洞天福地岳渎名山的情况，先介绍仙山，然后是五岳、十大洞天、五岳镇海、三十六靖庐、三十六洞天、七十二福地、灵化二十四化等，是一部简明而富有特色的古代道教地理学著作。杜光庭将"灵化二十四"作为道教仙地来加以介绍，赋予了道教的传道场所神圣性，其中所蕴含的人应与自然和谐共存的生态智慧，可为我们今天解决环境问题提供一定的借鉴。

一

"灵化二十四"之"化"，亦即"治"，原指早期道教祭神传教、管理道民的场所。"治"最初是以师宅为中心而形成的，"凡男女师皆立治所，贵贱拜敬，进止依科。"①"治"也称"靖"、"庐"、"静室"等，据说是禀太上老君之意而立，其主要的功能在于领化民户，劝恶为善。"老君曰：……吾本授二十四治，上应二十八宿，下应阴阳二十四气，授精进祭酒，化领户民。道陵演出道法，初在蜀土一州之教，板署男女道官，因山川土地郡县，按吾治官靖庐亭宅，与吾共同领化民户，劝恶为善。"② 相传，五斗米道创立者张道陵深谙天文地理、图书谶纬之秘，在创立五斗米道之前，曾云游各地，后为访仙源，来到蜀地。在遍游蜀地山水之后，复还鹤鸣山修道，后托太上老君降授之名，在巴蜀地区置二十四治和三十六靖庐作为活动场所："太上……授天师正一盟威之道，禁戒科律，检示万民逆顺祸福功过，令知好恶。置二十四治，三十六靖庐，内外道士二千四百人。"③ 可见，东汉末年，天师道官在天下大乱、民不聊生的年代里，通过"置二十四治"，打着神灵保佑为旗号来"化领户民"，以道民命籍制度来取代朝廷的户籍制度，用道教的为善去恶之道德律命作为教民行为规范的准则，用征收信米的方式来取代官府的税收，尤其是通过倡导发展农业生产，解决教民的温饱问题，发展水陆交通、兴办实业、扩大贸易、平抑物价、兴修水利、开凿盐井，逐步使"二十四治"成为政教合一的教区组织，从而为早期道教的发展奠定了基础。

杜光庭之所以将"二十四治"称为"灵化二十四"，可能是遵循了唐代避高宗李治之讳的做法。值得注意的是，杜光庭是将"灵化二十四"作为道教仙地来加以介绍的，其中既包含了对道教活动场所的历史性考察，也反映了道教对人与自然关系的认识。

杜光庭所记载的"灵化二十四"是：

---

① 《正一法文太上外箓仪》，《道藏》第32册，第206页。
② 《老君音诵戒经》，《道藏》第18册，第216页。
③ 《陆先生道门科略》，《道藏》第24册，第779页。

阳平化，五行金，节寒露，上应角宿，甲子、甲寅、甲戌人属。上化彭州九陇县界四十里。下化新都界四里。翟仙业、张衡白日上升。

鹿堂化，五行木，节霜降，上应亢宿，戊午、乙卯、戊申人属。汉州绵竹西北二十里。永寿二年老君天师誓万神于此，天真皇人所居处。

鹤鸣化，五行金，节立冬，上应氐房心宿，庚辰、壬辰人属。邛州大邑县西北去县三十里余，老君授天师箓处，徐孝道、何丹阳、马成子上升。

漓沅化，五行土，节小雪，上应尾宿，丙辰、戊辰人属。彭州九陇县西北七十里。老君授范蠡真人白日上升。

葛璝化，五行火，节大雪，上应箕宿，己卯、丁卯、辛卯、癸卯人属。彭州九陇县西北六十里。上清真人所居，杨先贤、蒲高远、葛永璝上升。本名上清化。

庚除化，五行水，节冬至，上应斗宿，丙寅、庚子、壬戌人属。汉州绵竹县东三十里。应天上庚除府也，张力子于此白日上升。

秦中化，五行水，节小寒，上应牛宿，戊寅、庚寅、壬寅人属。汉州德阳县北二十里。皇人授韩众天文金书于此上升。

真多化，五行金，节大寒，上应女宿，乙丑、丁丑人属。汉州金堂县西北二十五里。老君天师道会之所，王方平、李真多上升。一名上真化。

昌利化，五行土，节立春，上应虚宿，己酉、己丑人属。汉州金堂县东二十里。李八伯二度炼丹来往，八伯于此上升。

隶上化，五行水，节雨水，上应危宿，辛丑、癸丑人属。汉州德阳县北五十里。李子元、卫叔卿于此上升。

涌泉化，五行木，节惊蜇，上应室、壁宿，丙子、癸亥人属。汉州德阳县西北七十里。老君授马明生玄真录上升于此。

稠梗化，五行水，节春分，上应奎缩，壬子、壬午人属。蜀州新津县南十里。黄帝炼丹于此，山上有天池石碑丹灶存焉。

北平化，五行金，节清明，上应娄宿、乙亥、己亥人属。眉州彭山县西北二十五里。一名财此山。列圣高仙所游，王子乔上升之所。

本竹化，五行木，节谷雨，上应胃宿，乙巳、辛巳、辛亥人属。蜀州新津县西北二十五里。黄帝所游，郭声子上升于此。有扫坛竹，因此为名。

蒙秦化，五行火，节立夏，上应昴宿，甲戌、丙戌人属。崔州台登县一十五里。伊尹、赵龟、赵升、赵王子上升于此。

平盖化，五行土，节小满，上应毕宿，丁巳、己巳、癸巳人属。蜀州新津县北三十里。山有王人长一丈三尺，出则天下太平。仙人崔孝通于此上升。

云台化，五行火，节芒种，上应觜参宿，丙午、庚午、庚戌人属。阆州苍溪县东南三十五里。天师永寿二年（156）九月九日上升。

浕口化，五行火，节夏至，上应井宿，乙酉、丁酉人属。兴元府西县五里。陈安世、褒氏女二人上升。

后城化五行土，节小暑，上应鬼宿，辛酉、癸酉人属。汉州什邡县西北六十五里。大师授夏子然守一之道，白日上升。

公慕化，五行金，节大暑，上应柳宿，甲申、壬申、庚申人属。汉州竹邡县西北五十里。天师授苏子玉琼文紫字白日升天。

平岗化，五行水，节立秋，上应星宿，戊戌、丁亥人属。蜀州新津县西南四里。一名灵泉化。李阿、翟君上升于此。

主薄化，五行金，节处暑，上应张宿，乙未，己未、癸未人属。邛州蒲江县东北三十里。一名秋长化。主薄王兴女仙、杨正见上升之所。

玉局化，五行水，节白露，上应翼宿，丁未、辛未人属。成都府南一里。一名玉女化。老君、天君永寿元年（155）降此，地涌玉局，因以为名。

北邙化，五行土，节秋分，上应轸宿，戊子、甲午人属。东都城北。务成子、帛和、王子晋、吕恭、吕文起于此升天，龙朔二年（662）老君见①。

杜光庭在“灵化二十四”中记载了各治的名称、所属州郡及地望，所属五行、所配节令、上应星宿、天干人属、神仙灵迹、物产资源等，堪称一部简要的体现了天人合一思想的道教宫观志。

二

杜光庭的“灵化二十四”虽是对早期道教的“二十四治”的继承，但其中透露出的人与自然和谐共存的生态思想尤其值得珍视。从道教史上看，起初，张天师立“二十四治”乃是传道布教的需要，以“下则镇于人心，上乃参于星宿，所立屋宇，各有典仪”②。这样，“治”既是道民至诚祈祷神灵之所在，也是五斗米道汇聚信众，开展宗教活动的场所，可谓是一个具有宗教意义和神圣色彩的空间。正如

① 《洞天福地岳渎名山记》，《道藏》第11册，第59—60页。
② 《要修科仪戒律钞》卷十，《道藏》第6册，第966页。

当代宗教学家伊利亚德所说:"它们是宗教的象征,同时它们也是从一个世俗性质的空间进入另一种神圣空间的通道。"① 据《无上秘要》卷二十三引《正一炁治图》的记载,五斗米道在初创时,根据以人配天的思想,依天有二十四节令而设立了二十四治,并分为上八、中八和下八三类:"太上汉安二年(143)正月七日日中时下二十四治,上八中八下八,应天二十四气,合二十八宿,付天师张道陵奉行布化。"② 每个治由"祭酒"来管理,称为"都功"。阳平治为二十四治之首,由张天师担任"都功",特别持有"阳平治都功印",以象征依天道管理天下道团的权力。太上所下的"二十四治"具体分为:

上治:阳平、鹿堂、鹤鸣、漓沅、葛贵、庚除、秦中、真多;

中治:昌利、隶上、涌泉、稠更、北平、本竹、蒙秦、平盖;

下治:云台、尽口、后城、公慕、平冈、主薄、玉局、北邙。

除北邙治在洛阳城北之外,其他都在蜀地。如果说,"二十四治"的出现是一定的历史传统、文化背景、自然环境和人文环境共同作用的结果,那么,蜀地的地理环境对"治"的建立却有着直接的影响。

从地理环境看,"蜀道难,难于上青天",李白的诗从一个角度描绘了古巴蜀山峻路险的地理特征。然而,二十四治却大都分布于依山傍水、风景优美、易守难攻的山间小平原上。例如,有二十四治之首的阳平治,就坐落于湔山左右两支山脉的怀抱之中,湔江犹如一条腰带,在南边山峰之下的平原中环流而过,其地势、山水、朝向,都体现出一种天人合一的特点。杜光庭曾写道:"二十四化,各有一大洞,

---

① 其著《神圣与世俗》,参见孙亦平主编:《西方宗教学名著提要》,江西人民出版社,2002年,第476页。

② 《无上秘要》卷二十三引录《正一气治品》,《道藏》第25册,第64页。

或方千里、五百、三百里，其中皆有日月飞精，谓之伏神之根，下照洞中，与世间无异。”① 人在此修道，似可取法自然、与天地神灵相沟通，如天师张衡就是于此仙化的。这是从地理环境的角度来强调“灵化二十四”的之“灵”。从宗教环境看，“二十四治”在场地选择、建筑结构、管理方式上都独具匠心地利用了当地的地理环境、生态条件和自然资源，体现出道教的天人感应思想。在“二十四治”内，“置男女官祭酒，统领三天正法，化民受户，以五斗米为信”②。在治内担任首领的祭酒，也是依天道来管理道教事务、统领道民、开展道教活动的。从历史上看，“二十四治”的建立对推动五斗米道在巴蜀地区的传播起到了重要作用。

为与天上的二十八宿星辰相对应，二十四治后增为二十八治，以遍布四海，镇国化人：“立二十四治，增置四治，以应二十八宿。正气下通，以六十甲子生人分属各治，每治立仙官、阴官及祭酒之曹。”③ 后来，张鲁在巴郡、汉中地区传播五斗米道时，依然采用了建治传道的方式。他自号“师君”，称初入道者为“鬼卒”，道官为“祭酒”，“各领部众，为治头大祭酒”④。为更好地统领信众，他将治所陆续北迁。“天师立治置职，犹阳官郡县城府，治理民物，奉道者皆编户著籍，各有所属。以正月七日、七月七日、十月五日，一年三会，民各投集本治，师当改治箓籍，落死上生，隐实口数，正定名簿，三宣五令，令民知法。其日天官地神咸会师治，对校文书，师民皆当清静肃然。”⑤ 祭酒不仅是治所的道官，也是一个地方政权的行

① 《云笈七签》卷二十八，《道藏》第22册，第205页。
② 《三天内解经》卷上，《道藏》第28册，第414页。
③ 《汉天师世家》卷二，《道藏》第34册，第821页。
④ 《三国志》卷八《张鲁传》注引《典略》。
⑤ 《陆先生道门科略》，《道藏》第24册，第780页。

政官吏，并以"神道设教"的方式来统领治所、管理道民，从而为张鲁在汉中建立政教合一的政权提供了宗教上的保证，也为后来天师道发展为中国道教之主流道派奠定了组织基础。

张鲁投降曹操之后，天师道徒四处流散，其宗教组织与活动方式也随着道徒的迁徙而传到各地。南北朝时期，保留了蜀地道教传统的天师道组织处于群龙无首、科律废弛、人心涣散的状态，而一些道官利用治所进行聚财活动，也成为道教进一步发展的障碍。正是这些问题，引发了道教内部的改革。在北方地区，寇谦之以"宣吾新科，清整道教，除去三张伪法"①，汲取儒家礼教来改革传统的天师道，强调"从今以后，诸州郡男女有佩职箓者，尽各诣师改宅治气。按今新科，但还宿官，称治为职号……其蜀土宅治之号，勿复承用。"②至此，北方天师道才逐渐去掉"蜀土宅治"的旧传统，而建立起新型的道团组织。而南方道教的道团多隐于山林之中进行宗教活动，并在自然风景优美的修道处，建立起了富有特色的道馆。如陆修静在改革南方道教时，曾作《陆先生道门科略》对"治"进行了历史考察和现实改革，建立并完善道馆制度，不仅使南方道教组织逐渐走向规范化，而且也为道教的宗教活动提供了比较稳定的场所。

唐代时，道教得到了帝王的支持而在全国广建宫观。传统的"治"和"靖庐"大多改称宫或观，"二十四治"的称呼逐渐成为历史。唐末五代时，政局动荡，经济凋敝，战乱四起，也影响到道教的稳定与发展。此时，避乱来到蜀地的杜光庭在完成《道德真经广圣义》之后，乃作《洞天福地岳渎名山记》。在此文中，他不仅比较详细地考察了道教的"洞天福地"，而且还将"灵化二十四"与缥缈仙

① 《魏书》卷一百一十四《释老志》。
② 《老君音诵戒经》，《道藏》第18册，第217页。

灵的岳渎名山和洞天福地相并列，将曾经实际存在过道教活动场所强调为神仙住地，以期弘扬道教建治传教的传统。

三

从杜光庭的记载来看，“灵化二十四”主要分布在今天四川的西北和陕南一带的依山傍水、林木郁葱的形胜之地，由此也反映出早期道教的活动区域大多有着丰富的物产①、便利的交通和优美的地理环境。如果我们再将杜光庭的“灵化二十四”与南朝的《陆先生道门科略》和《三天内解经》，北周时期的道教类书《无上秘要》卷二十三、《三洞珠囊》卷七等书中对“二十四治”的介绍相比较，就可见，杜光庭的“灵化二十四”虽是对道教传统的沿袭，但也具有一些独特之处：

第一，杜光庭在记录“灵化二十四”时，虽然详细记载了治所的名称、所属的五行、节令、上应的星宿、地点以及仙迹传说，其名称和地点与前人的记载大致相同，并且也将由张道陵及其子孙担任“功都”的阳平化作为二十四化之首，但他并没有依照传统的说法，将“二十四化”分为上八治、中八治、下八治“三品”，也没有记录三张时立有备治、配治和游治的说法。据《无上秘要》记载，张道陵时就增加了“在洪阳郡界”中的四个备治（刚互、白石、具山、钟茂），张衡时又立有“八品配治”（漓沅、利里、平公、公慕、天台、濑乡、

---

① 据王纯五先生考证，二十四治处大多有盐井。（王纯五：《天师道二十四治考》，四川大学出版社，1996年，第32页）据史籍记载，张道陵能识水脉，知“咸泉”，带人打盐井以利于民生。杜光庭在《道教灵验记》卷八《陵州天师井验》中就说：“天师初以兹地荒梗，无人安居，山川亦贫，不可耕植，化盐井以救穷民，民聚居井傍，户口日众。”（《道藏》第10册，第828页）

搏领、代元)，张鲁时再立的“八品游治”(峨眉、青城、太华、黄金、慈母、河逢、平都、吉阳)①。根据今人的研究，二十四化分为上中下三品的观念，以及“配治”、“游治”等说法，不太可能出现在三张时代，可能是后人的说法，但也不会晚于南朝陆修静时，因为陆修静的《道门科略》就已经提到了这一等级序列②。这表明杜光庭对前人的“二十四化”的各种记载，是有自己的取舍和见解的，即比较强调“灵化二十四”为道教仙地，然后通过对道教仙地的灵性理解，表达了人与自然应和谐相处的看法。

第二，在地上之“治”(化)与天上之“宿”如何对应上，杜光庭的说法也与传统道教的一些记载有所不同。关于“治”与“宿”的对应，各种道书的记载并不完全相同，例如上引的《无上秘要》中说，张道陵立二十四治，对应的是二十四气节，若再加上四个备治，则对应天上的二十八星宿。而《太上三五正一盟威箓》中则说，二十八治中有四个治各对应天上的两宿，即：鹤鸣治上应室、壁宿，昌利治应觜、参宿，云台治应角、亢宿，公慕治应心、尾宿，其余的二十治则分别各对应天上的一宿。但杜光庭则记为，“灵化二十四”中的鹤鸣化上应氐、房、心三宿，涌泉化上应室、壁二宿，云台化上应觜、参二宿，这样，鹤鸣化、涌泉化、云台化这三个化就上应了天上的七个宿，余下的二十一化自然就是一化应一宿了。杜光庭这样做的依据何在，尚不得知，但用星宿来附会道教的传教地，体现了道教的天人合一思想，其中所隐含的主阴倾向是值得研究的。

第三，杜光庭在记述“治”(化)与“宿”的对应时，还对“以六十甲子生人分属各治”③ 的思想有具体的说明，如他记述说：阳平

---

① 《道藏》第25册，第65页。
② 《陆先生道门科略》，《道藏》第24册，第781页。
③ 《汉天师世家》卷二，《道藏》第34册，第821页。

化“上应角宿，甲子、甲寅、甲戌生人所属”，意谓出生于甲子、甲寅、甲戌的人，上应角宿，下属阳平化。以此类推，每个人根据自己出生的干支年岁，其本命就上属于某个星宿，下属于某个“治”（化）。这种上应星宿，下属治化的说法，是从天人感应角度来增强人们对道教神灵的敬畏感和皈依道教所获得的神圣感。杜光庭在这方面记载是现存唯一的有关六十甲子生人分属于各治的资料，具有很珍贵的史料价值①。

第四，杜光庭的“灵化二十四”在依传统的说法将“化”与五行及二十四节气相配时，具有独特性。例如，他将二十四化与五行相配为六金、四木、六水、三火、五土时，其中除了“五土”与《三洞珠囊》的说法相同外，其余的都与道教文献中已有的记载不相同。同时，杜光庭在将“灵化二十四”与二十四节气相搭配时，也并没有按照中国人“一年之际在于春”的传统习惯，往往将“立春”作为一年的开始，例如《太上三五正一盟威箓》就以“立春”为首与治相配，而是以“寒露”为首以配阳平化，顺序而下，最后以秋分配北邙化，这种冬始秋末的顺序是否是为了强调道教的主阴思想，尚有待于进一步研究，但其中无疑表达了人应效法天地变化，遵循自然规律来活动的思想。

杜光庭出于对道教得道成仙的信仰，在“灵化二十四”中还记录了各化中神仙飞升的灵迹，显示出“化”之所以“灵”乃是因为与成仙相关。例如，阳平化为“翟仙业、张衡白日上升”；漓沅化为“老君授范蠡真人白日上升”；玉局化在“成都府南一里，一名玉女化，老君、天君永寿元年（155）降此，地涌玉局，因以为名”。杜光庭还进一步将“化”描绘为由仙王、仙官、仙民共同组成的神仙世界，他

① 参见卿希泰主编：《中国道教史》第二卷，四川人民出版社，1996年，第463页。

在《仙传拾遗》中说："二十四化……其中皆有仙王仙官，卿相辅佐，如世之职司。有得道之人，及积功迁神返生之士，皆居其中，以为民庶。每年三元大节，诸天各有上真，下游洞天，以观其所为善恶。人世生死兴废，水旱风雨，预关于洞焉，龙神祠庙，血食之司，皆为洞府所统。"① 在杜光庭的笔下，"灵化二十四"成为神圣的道教仙地，其中所表达的要求人们尊重自然，敬畏生命，倡导天地人要相互依存，才能和谐发展的思想，在今天仍然有其特殊的意义与价值。

（原载：《杭州师院学报》，2008 年第 5 期）

① 《仙传拾遗》，载《太平广记》卷三十七《阳平谪仙》。

论道教神仙信仰与法术的关系

——以杜光庭的“仙道多途”思想为例

杜光庭（850—933）是唐末五代时著名的“道门领袖”，他曾对道教的哲学理论、思想源流、修道方法、斋醮科仪、神仙信仰等作过比较系统而全面的总结性研究，由此而成为唐代道教思想的集大成者。杜光庭在总结前人思想的基础上，提出的仙道多途的思想，对唐末五代道教的发展产生了重要的影响，其中所包含的对人的现实生命、对道教的神仙信仰与法术之间关系的看法，今天读来仍能给人以启迪。

道教是一种崇奉多神并主张人能修炼成仙的宗教。它从天人一体同源的思想出发，从人自身来追寻生命无限存在的可能性，既注重人当下的现实生命的质量，更希望采用种种特异的方法来延长人的生命，甚至于达到长生不死。因此，从道教的终极理想看，它必然飘逸着一种超世脱俗的精神，但从实现终极理想的途径看，它的实证性又必须落实到现实的生活之中。杜光庭在《墉城集仙录》中，就曾借“圣母元君”之口，对如何契道而成仙的方法与途径作了细致的解释。他说：“道之无形，用术以济人。人之有灵，因修而契道。人能学之，则变化自然矣。道之要者，在深简而易矣。功术之秘者，唯符、药与气也。"[①] 他强调，道虽然是无形的，但人却可以凭借着特定的方法和途径，通过修真悟道来消除时空对生命的限定，使个体生命与道相契而实现生命的超越。

因此，在杜光庭的道教仙学中，除了有对形而上之道的信仰之外，也有一些可操作性的"法"与"术"。所谓"法"既指修道的具体方法，更指企图控制或支配超自然力量而采取的种种神秘方法；所谓"术"即是指行道或修道的特殊技巧。他说："道者，虚通之至真也；术者，变化之玄伎也。"[②] 如果说，"道"是"法"与"术"的核心与灵魂，那么，"法"与"术"就是传播和实证"道"的手段或工具，所以在道教中也常有"法术"或"道术"的说法。

"道"是恒定不变的，"法术"或"道术"则会应人们的需要和技术的发展处于不断的变化和完善之中，从而形成繁多的种类。在道教仙学中，人的身体相对于天地大宇宙而言，被视为是一个复杂而奇妙的微观小宇宙，杜光庭曾用金木水火土风来解说身体这个小宇宙，他说：

> 木神为肝，火神为心，土神为脾，金神为肺，水神为肾，风神为胆，六家共成人身，故有五脏六腑，九宫十二室，四肢五体，三膲九竅，百八十关机，三百六十骨节，各随而居之，故能动作、视息、饮食、语言，别好恶，知是非也。一家不和，即为病矣。人生各有岁月日时，随其所属星宿，以定其贫富贵贱，生命长短焉。然六家之物，有合则有散，有生则有死，有成则有败，有盛则有衰，此物之常数也。身有应败之患，神有应散之

① 《墉城集仙录》卷一，《道藏》第18册，第167页。
② 同上。

期，命有必尽之势，甚可畏也①。

人的身体是一个复杂的有机生命体，对于具体的修道者来说，抽象的理智不足以概括丰富的生命体验，仙学的普遍原则一旦为具有独特的生命存在和生活经历的个体之人所践履就会表现出一种相对性——仙道多途。

杜光庭通过“神仙之道百数”来说明“证道虽一，修习或殊”，并说明了“我命在我，长生自致”的道理。他说：

得道去世，或隐或显，证道虽一，修习或殊，故云神仙之道百数，非一途所限，非一法所拘也。或为真人之友，或为天帝之宾，倏忽而龙驾来迎，参差而云軿遐迈者，则谷希、长里、青光、赤松之例是也。或受书禀箓，阴景炼形，灵肉再生，前功克懋者，则五老、上帝、四极、真王之例是也。或精诚不易，试难不移，目注崑邱，心朝大帝，而得道者，黄观、韦道、微傅君之例是也。况复大洞七变，八禀三图，胎精斑符，隐芝曲素，玉精金液，黄水秘符，赤树青英，环刚绛实，白羽皇象，九转八琼，服之而化凤化龙，饵之而为金为玉，复有金铛玉佩之诀。三皇八景之文，华丹素奏之灵，神虎金真之要，飞行之羽，超虚摄空，流金之光，摄神制逆，翱翔则翠羽元翮，控御则飞盖曲晨。七十四方之所修，靡亏毫发。三十七色之所授，渐备羽仪。至或降九锡以腾凌，践七试而贞介，资师秘诀，证自我心，历象不能易其坚，雷霆不能骇其听，富贵不能惑其志，声色不能诱其衷，此则

① 《墉城集仙录》卷一，《道藏》第18册，第166页。

我命在我，长生自致①。

"得道成仙"是修道者的终极目标，它表达了人们的一种美好理想，希望无限地延长生命，以至于长生不死。这也是道教对人类的最大诱惑！问题在于，需要采用什么样的方法与途径才能实现即世而超越的理想呢？这里，杜光庭以优美的文字描绘了修道的各种方法与途径。他认为，修道者根器有异，身体有别，成仙之途亦当有殊，而绝不拘于一法，取于一术，至于在"神仙之道百数"中选择哪一种道术来进行修炼，则应当由修道者根据自己的情况来决定。

由于道本身既广大又精微，人的生命既复杂又奇妙，因此，杜光庭所阐述的"仙道多途"与他对人的理解密切相关。正如当代基督教神学家麦奎利所说："神学话语所构筑的任何景象，都是深深地植根于人在历史和具体生存中所拥有的经验之中的。"② 杜光庭认为，人无论是圣贤，还是愚贱，无论他们的身体素质和社会地位是如何的不同，其身心活动的时空领域都是广阔的。人既是社会群体中的人，又是自然的个体之人，人既有生物性的情欲，又有与生俱来的道性，人所具有的多面性之间又有着难以割裂的内在统一性。因此，道教只有提供不同的"修证之理"，才能满足修道者多方面的需要，才能对广大信众产生强烈而持久的吸引力。正是从此出发，杜光庭希冀通过宣扬"仙道多途"，既满足人们多样化的需要，也以此来推动道教仙学的发展。他说：

夫立功之义，盖亦多途，或拯溺扶危，济生度死，苟利于

---

① 《墉城集仙录·序》，《全唐文》卷九三二，上海古籍出版社，1990年，第四册，第4303页。

② 孙亦平主编：《西方宗教学名著提要》，江西人民出版社，2001年，第913页。

物，可以劝行，或内视养神，吐纳炼藏，服饵道引，猿经鸟伸，遗利忘名，退身让物，皆修道之初门也。既得其门，务在勤久，勤而能久，可以积其善功矣①。

杜光庭生动地诠释了道教的修道是围绕着内以养生、外以度世而展开的，具有自利利他的特点。作为社会的人，他应当以自己的道力“拯溺扶危，济生度死”来有利于社会，作为个体的人，则应当通过“内视养神，吐纳炼藏，服饵道引，猿经鸟伸，遗利忘名，退身让物”等身心的修炼来优化自己的生命。同时，杜光庭也指出，以上各种道术仅为“修道之初门”，修道而能够得道的关键还在于入门之后“务在勤久，勤而能久”。

杜光庭列举了当时道门中主要采用的修道方法，对仙道如何多途又进一步作了细致的解说，以为人们的修道提供指导。他说：

大道好生，诱人垂法千门，炼性万行。修心因悟乃修，因修乃证。修证之理，泛举其纲，则有吐纳元和，咽漱云液，茹松食柏，绝粒饵芝。或隐朝上清，密伺玄斗。或五金八石。或水玉流珠，阴鼎阳炉，五华九转。或素文丹篆，檄召鬼神，金钮青丝，质盟天地，则有正一道德，升玄洞神，灵宝明真，三清众法并革。凡登道证品升真，又有奔二景，朝五辰，据极攀魁，骛纲飞纪，吞日咽月，制魄拘魂，八道望云，九真受事，升玄卧斗，方诸洞房，左右灵飞，阴阳六甲，三部八景，二十四真，存服三元，注想三一，紫房黄阙，降景朱婴。紫虚南岳之篇，青童东海之诀，内视五藏，下制六天，导引吞符，御风养气，腾举之道，

① 《道德真经广圣义》卷三十六，《道藏》第14册，第494页。

> 溢于真经。或修励一门，便可得道，遂能拔玄祖于长夜，飞我身于太虚，瞬息而历九陔，那憅若士顾面而周六合，岂让鸿蒙而世之大迷，不能耽味，即曰神仙之事，非积学可求①。

杜光庭在此罗列的“修证之理”可谓琳琅满目，有行气、服食、辟谷、存思、注想、内视、拜神、金丹、符箓、导引等。他以大道“垂法千门，炼性万行”来彰显“仙道多途”，以说明修道之人可以根据自己的情况“修励一门”，但神仙之事，绝非积学可求，必须“因修乃证”。

在杜光庭之前，道教中对修道成仙一般有四种说法：一曰飞升，二曰隐化，三曰尸解，四曰鬼仙，都比较注重追求肉体的永存。然而在现实生活中，肉体永存仅是人们所期望实现的美好理想，理想并不等于现实，这就使得人们会对道教信仰持有怀疑的态度，甚至敬而远之，从而在客观上制约了道教仙学的发展。杜光庭虽然也依照传统的说法把修道成仙的品秩分为四种，但却对其中的鬼仙作了新的诠释。他说：“夫神仙之上者，云车羽盖，形神俱飞；其次牝谷幽林，隐景潜化；其次解化托象，蛻蜕蝉飞”；第四种就是“得为鬼仙”而入仙界者：

> 又有积功未备，累德未彰，或至孝至忠，至贞至烈，或心不忘道，功未及人，寒栖独炼于己身，善行不加于幽显者，太上以其有志，太极以其推诚，限尽而终，魂神受福者，得为散爽之鬼，地司不判，鬼录不书，逍遥福乡，逸乐遂志，年充数足，得

① 《道德真经广圣义》卷十四，《道藏》第14册，第383页。

为鬼仙。然后升阴景之中，居王者之秩，积功累德，亦入仙阶矣①。

这里所强调的实际上是生前行善，死后成仙。“这对于道教的神仙思想来说，无疑是一个发展。它既克服了以往只讲即身成仙，白日飞升，事实上不能兑现，虽然借造神话传说，也有令人难以信服的困难；又解决了由于成仙的要求太高，使人可望而不可及，只有极少数所谓禀赋特殊或前世在天上挂了号的人，才被说成能升入天界的这一困境。现在杜光庭明确倡导在生行善，死后成仙的说教，虽然在生行了善，死后能否成仙，仍无从证明，但却容易吸引那些相信灵魂不死的人，且又简便可行。这就更有利于道教的广泛传布和发展。”② 显然，杜光庭的这种成仙的理论，不仅简单易行，而且还可以给那些热切期望成仙者以一种精神上的安慰，鼓励他们不要因为神仙高远而失去信心，放弃努力。正如他自己所说：“如此，则善不徒施，仙固可学，功无巨细，行无洪纤，在立功而不休，为善而不倦也。休习之志，得不勖哉？”③

如果细究杜光庭的著作，就会发现，他虽然强调“仙道多途”，但他的著作却很少涉及金丹、符箓等道术，对如何炼气也没有作细致的说明，而是从“理身之道，先理其心”④ 出发，花费了大量的笔墨强调人需要心性的修炼，通过“性命双修”来达到长生成仙。他说：“明者返伏其性，以延其命；愚者恣纵其欲，以伤其性。夫性者，命

① 《墉城集仙录·序》，《全唐文》卷九三二，上海古籍出版社，1990年，第四册，第4303页。

② 卿希泰：《中国道教史》第二卷，四川人民出版社，1996年，第441页。

③ 《墉城集仙录·序》，《全唐文》卷九三二，上海古籍出版社，1990年，第四册，第4303页。

④ 《道德真经广圣义》卷十九，《道藏》第14册，第404页。

之原；命者，生之根。勉而修之，勤而炼之，所以营生以养其性，守神以养其命，则离苦升乐，福祚无穷矣。且人之生也，皆由于神，神镇则生，神断则死，所以积气为精，积精为神，积神则长生矣。"①杜光庭通过"明者"与"愚者"的对比不仅强调了性命双修的重要性，而且也展示出性命双修不只是一个追求长生的问题，而是一种全方位的生命修习。

杜光庭从道性论出发所倡导的性命双修推动了道教仙学的新发展。如果说，形神双修主要是通过炼形养神来修命，属于命功，那么，性命双修则在修命的同时，还强调修炼性功，得道成仙也就意味着众生性与道性冥然相契，并通过对道的体悟而成就人的内在德性。杜光庭试图从人的内在心性中去寻找人与道相互沟通的契合点，他说："修身之士，当体道虚心，无所执著以臻其妙。"② 认为只有通过体道虚心、无所执著才可以返归人原有的清静道性。通过体任自然之道，不仅可以使生命与道一样久长，而且还能提升人的精神境界。这样，性功中既包括为善去恶的道德修养，也包括道教所认可的心性修炼的方法及其所追求的精神境界。这些内容都是形神双修中所缺乏的。性命双修所具有的这些新特点是它在出现之后能够很快地在道教中风靡开来的原因之一。

杜光庭将修道的重心转移到心性修炼上，因而他所提倡的性命双修具有重性轻命的特点。首先，杜光庭虽然并不主张放弃以身体修炼为主的"命功"，但他更强调心性的修炼。他在诠释老子的"吾无身，吾有何患"时曾说："无身者，非顿无此身也，但修道之士，能忘其身尔。"③ 他将老子所说的"无身"解释为修道之士"能忘其身"。什

① 《墉城集仙录》卷一，《道藏》第18册，第166页。
② 《道德真经广圣义》卷二十八，《道藏》第14册，第447页。
③ 《道德真经广圣义》卷十三，《道藏》第14册，第376页。

么是“忘身”呢？他认为，“损性则心神内竭，恣情则奔竞外劳……妄想颠倒，皆从心起，强生分别，系念我身。触境生迷，举心皆妄，以此流浪，沦乎生死。但当定志观身，尽皆虚假。既知虚假，妄想渐除。妄想既除，内外清静，自悟真道，谓之忘身。”①，这就是说，如果损性恣情，不能于心上去除贪欲和妄想，那么就会沦乎生死，无法得道。因此，“无身者，无欲也。无欲谓之真身。真身者，道身也。”② 正是在这个意义上，杜光庭曾发挥老子的思想说：“身为患本，宠辱由身而生，能忘其身，则忘宠辱矣……忘身者，身与道合。”③ 修道者只有修心养性，忘身无欲，才能使身与道合，生命由此而得到升华。

其次，杜光庭还吸收了佛教的思想来强调修心炼性的重要性。他说：“修道之身，外绝众缘，内染一气，除垢止念，守一凝神，以慧照自观，证了实相，不滞空有，深入妙门，可以得道。”④ 这里，杜光庭特别用佛教的“实相”来表述“道”，由于“道”就蕴含在人心中，因此，修道也就是修心，通过修心而“慧照自观”，就能“证了实相”。他又说：“人之修道，融心寂神，已有感通，而世尘妄起，外念忽生，将超躁竞之途，或溺是非之境，即可急诣静室，思玄念真，以无为之道，镇其心灵，制于妄想，如水之浊，徐以澄清，则三尸不能干，百邪不能扰，魔试都息，造于虚无之阶矣。”⑤ 通过“思玄念真”的修心炼性不仅可以帮助人复归本来清静的道性，而且还能排除邪魔对生命的侵扰。

---

① 《道德真经广圣义》卷十三，《道藏》第 14 册，第 376 页。
② 《太上老君说常清静经注》，《道藏》第 17 册，第 186 页。
③ 《道德真经广圣义》卷十三，《道藏》第 14 册，第 377 页。
④ 《道德真经广圣义》卷三十八，《道藏》第 14 册，第 510 页。
⑤ 《道德真经广圣义》卷二十九，《道藏》第 14 册，第 454 页。

最后，杜光庭在道性论的基础上以心性、性命等范畴来解释、会通传统道教的道、玄、形、神、精、气等概念，通过对《老子》、《庄子》中提出的道、玄、自然、阴阳、清静、养生、心斋、坐忘等概念的再阐释，发展了道教的内修精气神三元以求长生的传统，使性命双修成为一套以修心炼性为基本进路的修道方法。他说："理身者，以心为帝王，脏腑为诸侯，若安静心王，抱守真道，则天地元精之气纳化身中，为玉浆甘露，三一之神与己饮之，混合相守，内外均和，不烦吐纳，存修各处玉堂琼室，阴阳三万六千神，森然备足，栖止不散，则身无危殆之祸，命无殂落之期，超登上清。"① 杜光庭在主张"以心为帝王"时，还是不能忘怀他所植根的道教经验，于是，他通过神和、气畅、精固来阐释生命之秘旨，并通过三元安静、保三宫、固丹田来强调性命双修："神和、气畅、精固，三元安静，三业不生，自然清静。三元者，上元、中元、下元也。……上元主泥丸脑宫，为上丹田；中元主心府绛宫，则为中丹田；下元主气海属肾宫，为下丹田。此之三元，上主于神，中主于气，下主于精，故乃掌人之性命也。人若能绝其三业，保此三宫，更辩四时之气，运转精华，往来无穷，则三丹田固实，万和柔顺，心若太虚，内外贞白。皆因三尸消灭，除假留真，乃为清静之道矣。"② 既然三丹田掌人性命，那么，通过性命双修不仅可以使"三丹田固实"，而且还可以使人"心若太虚"而复归于清静之道。

由于杜光庭认为"道果所极，皆起于炼心"③，因此他特别强调心性的修炼，而他从人的内在心性中去寻找人与道相沟通的途径，这在客观上推动了"以身为炉鼎，心为神室"的内丹心性学在唐末五代

---

① 《道德真经广圣义》卷二十七，《道藏》第14册，第443—444页。

② 《太上老君说常清静经注》，《道藏》第17册，第185页。

③ 《道德真经广圣义》卷四十九，《道藏》第14册，第561页。

的迅速发展。需要指出的是，杜光庭的道教仙学虽然仅停留在对神仙灵异的描述上和对得道成仙的可能性与必然性的理论探讨上，并没有像同时代出现的钟吕金丹道及后来的全真道那样，将形而上的哲学之思落实在形而下的修仙之术上，建立起以“性命双修”为主要特征的内丹心性学，但杜光庭对“性命”、“丹田”、“精气神”等的探讨以及他对性命双修的强调为内丹心性学在唐末五代的兴盛，并在宋代以后成为道教思想与实践的主流奠定了基础。

（原载：香港《弘道》，第16期）

论道教诗词的思想意蕴与艺术特色

道教诗词是以“得道成仙”的信仰为基点，以精炼的语言、和谐的韵律、鲜明的节奏，来表现超凡脱俗的神仙境界和异乎寻常的修道生活，具有丰富的想象力和浓郁的抒情感。本文主要以唐末五代的“道门领袖”杜光庭创作的诗词为例，来研究道教诗词的思想意蕴与艺术特征，以说明道教诗词不仅是中国诗词中不可分割的一部分，而且还以超然精神、适闲情调和多样化的诗体，丰富了中国古代诗词的内容与形式。

一

杜光庭（850－933）生活的唐末五代正是中国诗词的繁荣时期，吟诗作词成为文人崇尚的一种雅趣。杜光庭深受这种文化风尚的影响，他既是一位著述甚丰的思想家，也是一位颇有成就的诗词作家。在杜光庭各种著作中，大约有诗歌一百五十余首，其中有一部分可能是经其修订的。另外，《全唐诗》卷八五四是杜光庭的诗卷，共收有二十九首诗。在《全唐诗》卷八五五郑遨的诗卷中，还收有杜光庭的诗十一首。《全唐诗补编》中也收有杜光庭《题天坛》诗一首①。杜光庭还在整理道教斋醮科仪的过程中，在青词和步虚词的创作方面作出了杰出的贡献。基于对道教的信仰，杜光庭的诗词创作主要是围绕着弘道的目的而展开，其思想意蕴大致可以分为三大类：

第一，以超然的精神来对待人生，并表达对道教“得道成仙”信仰的追求。年轻时的杜光庭在天台山奋然入道之后，就从道本清虚的思想出发，淡化对人生名利的追求。他在《伤时》一诗中写道：

> 帆力劈开沧海浪，马蹄踏破乱山青。
> 浮名浮利过于酒，醉得人心死不醒②。

杜光庭认为，名与利对人身心的侵害更甚于酒精。如果是醉酒，那么还会有酒醒之时。人一旦沉醉于名利之中，则会“醉得人心死不醒”。正是在看轻了人生的功名利禄之后，杜光庭才将得道成仙作为自己的人生目标。如果说，遁迹隐世和求仙访道是道教诗词经久不衰的主题，那么，这也是杜光庭着力阐扬的内容，他在《偶题》中写道：

> 似鹤如云一个身，不忧家国不忧贫。
> 拟将枕上日高睡，卖与世间荣贵人。

杜光庭以“似鹤如云”来描绘道教的超然脱俗的人生态度，并希望将道教的“枕上日高睡”的逍遥精神“卖”给人世间那些热衷于争

① 陈尚君辑校：《全唐诗补编》，第 499 页，北京中华书局，1992 年。
② 以下所引杜光庭的诗，凡不注出处者，均引自《全唐诗》卷八五四。

名夺利的“荣贵人”。虽然杜光庭在这里提出的“不忧家国不忧贫”的思想，似乎与他一贯弘扬的“经国理身”的终极理想不相吻合①，但这却从一个侧面表现出了他对现实人生的一种看法。《景福中作》也充分说明了这一点：

闷见戈铤匝四溟，恨无奇策救生灵。
如何饮酒得长醉，直到太平时节醒。

他本来是抱着满腔热情来践行道教的“经国理身”理想以期济世救人的，例如在《赠将军》诗中就表达了他的这种政治抱负：“……八表顺风惊雨露，四溟随剑息波涛。手扶北极鸿图永，云卷长天圣日高。未会汉家青史上，韩彭何处有功劳。”然而，在战争四起，社会动荡，政治黑暗，民不聊生的社会环境中，他又深感个人能力的有限，而“恨无奇策救生灵”，因此，他只有在道教所倡导的个人修炼中来超越世俗名利束缚，抛弃人间的种种烦恼与忧愁，暂时地麻醉自己的心灵，以期通过珍惜来之不易的生命而希望能亲眼见到“太平时节”的到来。

如果再读一下他的《招友人游春》，就更能体会到他对道教超然精神的理解：

难把长绳系日乌，芳时偷取醉工夫。
任堆金璧磨星斗，买得花枝不老无。

他在日常生活中，感悟到时间在分分秒秒地飞逝而无可奈何，真

① 孙亦平：《杜光庭“经国理身”思想初探》，《南京大学学报》，2000年第2期。

可谓“难把长绳系日乌”，只有以一种超然适闲的态度来“偷取醉工夫”，进行生命的修炼，以求达到“花枝不老无”的境界。这就以诗化的语言将道教追求的得道成仙的理想凸显了出来。

第二，通过对道教圣地的赞美，来表达自己立志弘道的精神。杜光庭入道之后，曾于天台山桐柏观修道，自称“桐柏真人”、“吴都仙客”。江南的秀丽山水激发了杜光庭的诗情，因而他在诗词创作上经常采用了借景抒情的方式。入蜀之后，杜光庭为弘道而四方奔走，所到之处更是常常留下诗文。《全唐诗》卷八五四所收录的杜光庭的诗作二十九首中，歌咏蜀地道教圣地的就有十四首。这些诗词不仅是研究杜光庭行迹的重要资料，而且也从不同的角度展现了道教圣地的美妙景象。例如《题北平沼》：

桐柏真人曾此居，焚香涯下诵灵书。
朝回时宴三山客，洞尽闲飞五色鱼。
天柱一峰凝碧玉，神灯千点散红渠。
宝芝常在知谁得，好驾金蟾入太虚。

艺术的本质在于对精神有所诉求。杜光庭在此既描绘了北平治天柱峰的壮景，又以一种审美的态度将自己对仙境的向往与追求尽情地表现了出来。他在《题平盖沼》中写道：

势压长江空八阵，吴都仙客此修真。
寒江向晚波涛急，深洞无风草木春。
江上玉人应可见，洞中仙鹿已来驯。
龙车凤辇非难遇，只要尘心早出尘。

杜光庭通过对道教圣地“平盖沼”仙灵之气的描绘，以真实深沉的情感和高远超俗的思想形象地表达了道教的理想，使人感到在可感可知的现实世界之外，似乎还存在着另一个美好而神秘的世界，这才是真正的理想境界。

杜光庭在参访鹤鸣山时曾写下了《题鹤鸣观》。鹤鸣山，又称鹄鸣山，位于今四川大邑县西北三十里，据《后汉书》、《三国志》、《华阳国志》等史籍记载，此山是张道陵学道传教之地：“汉末，沛国张陵学道于蜀鹤鸣山，造作道书，自称‘太清玄元’，以惑百姓……巴、汉夷民多信之。其奉道限出五斗米，故世谓之‘米道’。”① 因此，鹤鸣山是五斗米道的发源地。杜光庭将鹤鸣山的奇峰异岭描绘成道教信仰的天然绝妙画卷：

五气云龙下泰清，三天真客已功成。
人间回首山川小，天上凌云剑佩轻。
花拥石坛何寂寞，草平辙迹自分明。
鹿裘高士如相遇，不待岩前鹤有声。

这里，通过人间狭小与天上宏阔的鲜明对照，并以鹤鸣山所拥有的道教遗迹以及“三天真客”修道的成功来暗示通过修道可以消弭两者的差距，从而抒发了对得道成仙的向往之情。

剑阁，或称剑门关，也是蜀地著名的道教圣地。“杜光庭的入蜀路线，是由剑阁经梓潼入成都的”②。杜光庭在《题剑门》中写道：

---

① （东晋）常璩：《华阳国志》卷二。
② 王瑛：《杜光庭事迹考辨》，《宗教学研究》，1992 年第 1—2 期。

谁运乾坤陶冶功，铸为双剑倚苍穹。
题诗曾驻三天驾，碍日长含八海风。

虽然他并没有具体地描绘剑阁的风光景象究竟如何，但却通过“运乾坤”、“倚苍穹”等词句，让人展开丰富的想象，以体会剑阁所具有的“铸为双剑倚苍穹”之雄伟，以及作者在其间所生发的豪迈气概和踌躇满志的心情。

《题本竹观》描绘了本竹观的楼阁依山而建，“雕轩朱槛”顺山势而攀上之壮丽景象：

楼阁层层冠此山，雕轩朱槛一跻攀。
碑刊古篆龙蛇动，洞接诸天日月闲。
帝子影堂香漠漠，真人丹涧水潺潺。
扫空双竹今何在，只恐投波去不还。

并介绍了本竹观的道教景观：写着古篆文的石碑，自然形成的洞天，还有“帝子影堂香漠漠”、“真人丹涧水潺潺”等。杜光庭将本竹观描绘成瑰丽斑斓且无比美妙的人间仙境，其本意在于调动人们对道教得道成仙的信仰与追求。

成都是杜光庭入蜀后的主要活动地之一，从杜光庭所写的《题仙居观》、《题都庆观》、《题鸿都观》、《题唐福观二首》等诗可见，当时成都就有众多的道观。另外，保留在《全唐诗》中的杜光庭诗词，还有一些是以道教名山、名观、名迹为题的，如《题龙鹄山》、《题空明洞》、《题莫公台》等，从这些诗作中可见，杜光庭为了弘道，足迹遍踏了蜀地道教名胜，而笔触之间则洋溢着对道教圣地的赞美之情。

第三，以闲适淡泊的心情来歌咏修道生活。在静静的夜色中，杜光庭“静神凝思仰青冥，此夕长天降瑞星。海上昨闻鹏羽翼，人间初见鹤仪形”。由此而描写了处于高远青天之下的修道者，在心理上对道教得道成仙的理想所产生的无限遐想。杜光庭的诗词不以华美词藻取胜，而以优美的意境动人。如他在《初月》中通过对幽静月色的大加铺陈，表达了自己观看初月之景色而了悟人生之真谛的心情。

始看东上又西浮，圆缺何曾得自由。
照物不能长似镜，当天多是曲如钩。
定无列宿敢争耀，好伴晴河相映流。
直使奔波急于箭，只应白尽世间头。

在杜光庭看来，月亮虽然圆缺变化不定，但却始终以幽静清冷的月色普照大地，“定无列宿敢争耀”，广袤宇宙中的众多星辰根本无法与之争辉。即使这样的月亮还“圆缺何曾得自由”，更何况人呢？如果说，月亮的运动都“奔波急于箭”，那更何况人那易逝的生命呢？因此，杜光庭在《山居三首》中特别强调在“中原正乱离”的社会中，应以一种适闲淡泊的心态来过修道生活。

闷见有人寻，移庵更入深。
落花流涧水，明月照松林。
醉劝头陀酒，闲教孺子吟。
身同云外鹤，断得世尘侵。

冥心栖太室，散发浸流泉。
采柏时逢麝，看云忽见仙。
夏狂冲雨戏，春醉戴花眠。

绝顶登云望，东都一点烟。

不求朝野知，卧见岁华移。
采药归侵夜，听松饭过时。
荷竿寻水钓，背局上岩棋。
祭庙人来说，中原正乱离。

正是在“落花流涧水，明月照松林”的隐居山里的修道生活中，杜光庭充分领悟到“身同云外鹤”的自由，同时也在“采药归侵夜，听松饭过时”的情境中似乎达到了与自然融合为一。这种“看云忽见仙”的生活乐趣，却是以“不求朝野知”的淡泊心态换来的。因此，他一旦来到人间社会，就会产生一种“思山”的心理。《思山咏》：“因卖丹砂下白云，鹿裘惟惹九衢尘。不如将耳入山去，万是千非愁杀人。”他因弘道来到红尘滚滚的人间社会，可是“万是千非愁杀人”的情景，又使他不由得思念山中的宁静，“不如将耳入山去”，希望能够离开是非之地而过上一种超凡脱俗的神仙般的生活。

在《题龙鹄山》中，杜光庭则以一种轻松的笔调来描写自己的修道生活：“抽得闲身伴瘦筇，乱敲青碧唤蛟龙。道人扫径收松子，缺月初圆天柱峰。”杜光庭还写有《读书台》一首：“山中犹有读书台，风扫晴岚画障开。华月冰壶依旧在，青莲居士几时来。”据清代彭洵《青城山记》卷上记载：“读书台在白云溪，为杜光庭读书处。”① 这首诗既描绘了读书台如诗如画的景色，也歌咏了作者自己的求道生活与心情。

---

① 但也有学者认为：“实际上，青城山并没有杜光庭读书台。而是《青城山记》的作者把杜光庭咏太白书台一诗错当成陆游咏青城山杜光庭读书台了。结果以讹传讹，误传至今。”（王瑛：《杜光庭事迹考辨》，《宗教学研究》1992 年第 1—2 期）

二

词最初称为“曲词”或“曲子词”，起于唐代，流行于宋代的一种文学体裁，由五言诗、七言诗或民间歌谣发展而来，是诗歌的一种韵文形式，又叫长短句。词是可以配着音乐来加以诵唱的，句的长短也可以随曲调而改变。随着道教的宗教祭祀仪式——斋醮科仪的不断发展，唐末五代时，词也被广泛地运用其中，以增添艺术效果。

身为“道门领袖”的杜光庭对斋醮科仪非常重视，他无论是在长安，还是后来在蜀地，不仅积极参与斋醮活动、制定斋醮科仪，而且还花费了大量的时间编撰了十几种、共两百余卷斋醮科仪的道书，成为继陆修静、张万福之后道教斋醮科仪的集大成者。流传至今的《广成集》十七卷就是杜光庭所写的表章、诗词、序文和碑文的汇集，其中收录了醮词一百八十六通，斋词三十一通。《全唐文》中则收录了杜光庭的斋词、醮词、步虚词、青词等共三百多篇。杜光庭的斋词大多是为帝王、大臣、信徒、道众修斋设醮、选时择日、上章陈词、保生度死、祈福禳灾所作，内容十分丰富，有金箓、黄箓、明真、报恩、三元、受箓等。醮词则有北帝、南斗、九曜、周天、本命、庚中、安宅、三皇、八节、太　、还愿等，带有浓厚的弘道宣法的特点。

杜光庭曾作词《纪道德》，直接表达自己对道教所奉之“道”的理解和感受：

道，德。

清虚，玄默。

生帝先，为圣则。

听之不闻，搏之不得。

至德本无为，人中多自惑。

在洗心而息虑，亦知白而守黑。

百姓日用而不知，上士勤行而必克。

既鼓铸于乾坤品物，信充仞于东西南北。

三皇高拱兮任以自然，五帝垂衣兮修之不忒。

以心体之者为四海之主，以身弯之者为万夫之特。

有皓齿青娥者为伐命之斧，蕴奇谋广智者为盗国之贼。

曾未若轩后顺风兮清静自化，曾未若皋陶迈种兮温恭允塞。

故可以越圆清方浊兮不始不终，何止乎居九流五常兮理家理国。

岂不闻乎天地于道德也无以清宁，岂不闻乎道德于天地也有逾绳墨。

语不云乎仲尼有言朝闻道夕死可矣，所以垂万古历百王不敢离之于顷刻。

这首诗从一字句起笔，十五字句结束，不仅形式独特，而且诗意凝重、涵义深远，表现了杜光庭对现实生活不满，但又无力抗争的矛盾心态。于是，他依于对“道德清虚玄默”的信仰，来幻想、构筑自己生活的蓝图——远离喧闹的世界静以律己，“洗心而息虑”，“知白而守黑”，这当然不是苟且偷生的处世方式，而是通过“曲则全”来实现自己“理家理国”的理想。

杜光庭将斋醮科仪作为道教的救苦度人之法门，一生中还应斋主所请，撰写了大量的青词。青词是道教举行斋醮仪式时献给天神的表章祝文，即荐告词文，也称祷告词文，因为最初是用朱砂写在“青滕纸”上，故谓之青词，或称青辞，亦名绿章。虽然道教在斋醮仪式中一直有向天神献上表章祝文的仪式，但直到唐代时才将表章祝文称为青词。唐李肇在《翰林志》中说："凡太清宫道观，荐告词文，皆用青滕纸朱字，谓之青词。"① 后来人们就用青词来统称斋醮时上奏天神的表章祝文，并不管它是否写在青藤纸上。

道教斋醮科仪中的"读词"或"宣词"的仪节就是向神灵宣读青词。在青词中要讲明斋主建斋设醮的缘起，因此，每一场仪式都要撰写专门的道场青词。唐代道教斋醮科仪频繁举行，许多文人、官吏、道士为祈祷神明而出入道场，并应斋主所请而热衷于撰写青词，既展现了自己的才华，又可以为道场增色，杜光庭也是其中的一位擅写青词的高手。他不仅用青词作为祈祷上天、沟通人神关系的一种方式，而且还通过"如词言理"、"如词言事"、"如词言志"、"如词言诚"等来表达对道教神灵的信仰，因此，所撰写的青词具有浓厚的神明崇拜的色彩，并沿用了官府表奏文体的格式，开头往往要写明斋醮主持者的姓名、官阶和所祈神灵的尊号以及祈祷的人物、时间、地点，然后是词章的内容，或是祈求，或是还愿，最后在"臣某"之下写明祈祷者的名字，文末还要写上"顿首"、"谨词"、"以闻"、"拜"等以表示谦卑、恭敬。例如：

> 臣等依按词诫，辄相携率，考灵仙典格，披黄箓简文，奉为某于某州县宫观，设玄科之式，法象二仪。某所斋灯烛香花，金龙缯彩，本命之信，证质丹诚。以某日子时启斋为首，烧香行道，忏谢玄真，然灯续明，照耀三界，下通九地，上及诸天，济存拔亡，普为家国，若干日夜，行道转经，以某日亥时功成事

---

① 《四库全书·史部·职官类》，第595册，第298页，台湾商务印书馆影印文渊阁本。

立，莲灯息焰，玉磬收音，仙驭返于上玄，法流分于下界，金龙腾景，上奏斋功圣泽，宣慈开度，幽爽酬功，行赏遍及灵司……臣等建斋之始，奉请智慧上品十戒，法事既竟，谒还天宫。臣所修斋，功成事竟，重明功德，拜黄缯朱表一通，在臣玉案之上，请审表文①。

道教科仪中有斋、醮之别，故青词也有斋词与醮词之分。从杜光庭所撰写的斋仪青词和醮谢青词来看，两者在宗教指向上也具有一些不同的特点。斋仪青词主要为修黄箓斋、金箓斋、明真斋、报恩斋、三元斋等所作，由于“斋者，所以斋洁心神，清涤思虑，专致其精而求交神明也”②，因此，斋词的内容主要以祈祷请福为特点。醮谢青词则主要为北帝、南斗、九曜、周天、本命、安宅、三皇、八节、太一、还愿醮仪等所作，以忏悔谢过为主要内容，“扪心省过，惟切忏祈，是敢拜奏宝章，崇修大醮，告虔下土，谓命诸天。伏惟大道垂慈，至真鉴佑，敕灵司而解灾度厄，流神贶而祛疾延生”③，故又有“心词”之称。

宗教与哲学有一个很大的不同之处就在于它不仅有一套解释宇宙、社会和人生的哲理，更有一套沟通人神关系的宗教仪式，通过祈祷上天神明以求满足人们在现实生活中有时无法实现的各种需要，以在心理上得到宽慰，精神上得到力量。青词虽是写给天神看的，但却生动地反映了民间百姓的生活疾苦与精神需要。如果研究一下杜光庭所撰写的青词，就可见涉及的内容十分广泛，求雨、祛水、悼亡、安魂、祛病、消灾、忏悔、祝寿、求官、祈福等，几乎无所不有。凡是

① 《太上黄箓斋仪》，卷四十九，第 327 页，《道藏》，第 9 册。
② 《道门科范大全集》，卷九十七，第 940 页，《道藏》，第 31 册。
③ 《赵球司徒疾病修醮拜章词》，《广成集》，卷十五，第 300 页，第 11 册。

人们生活中所遭遇的各种困难，凡是人们所向往的各种幸福，大都在他写的青词中有所反映。

杜光庭在青词中还探讨人之所以陷于苦难的原因，他在《周常侍序周天醮词》中说："三业构非，六情结郁，前冤未弭，往债所缠。或理务之间，赏刑不当，烹杀之际，故误难明。或天文宿度之中，有逢临照。或三命五行之内，有值刑冲。又今年五鬼在于妻宫，天符入于财位，小运则丙禄值墓，大运则子水向衰。金火行于身宫，罗星加于驿马，皆为厄会，倍切危疑，所以疾苦之时，冥心祷祝，伫其销解，用展效酬。"① 他认为，芸芸众生痛苦的主要原因乃是由人自身的弱点所致，如再加上时运不济，那么，厄运则"倍切危疑"。据此，他提出用"冥心祷祝，伫其销解"的方法来消弭厄运，这也是他重视道教斋醮科仪的原因之一。

在道教诗词中还有一种独特的诗体——步虚词，它也是杜光庭诗词创作中的一项重要内容。步虚词是指道士们在道场上吟唱的赞诵诗歌，内容包括颂神、咏道和记事等，其节奏是以《周易》的八卦九宫方位的阴阳回复韵律为本的②，故其旋律大多舒缓悠扬，平稳优美，以展现众仙缥缈轻举步行于虚空③，故又称步虚声。

步虚词出现于何时历来说法不一，有的说是由汉末三国时的葛玄所创④；有的说是出于魏晋时期，如《太上洞渊神咒经》卷十五中就列有《步虚》一首；有的则认为，北朝道士寇谦之在"专以礼度为

---

① 《广成集》，卷八，第267页，《道藏》，第11册。

② 参见卿希泰主编：《中国道教》第四册，第49页，北京东方出版中心，1994年。

③ 唐人吴竞在《乐府古题要解》中说："步虚词，道家曲也，备言众仙缥缈轻举之美。"

④ 《郡斋读书志后志》卷二说："《步虚经》一卷。右太极真人传左仙公。其章皆高仙上圣朝玄都玉京，飞巡虚空之所讽咏，故曰步虚。"（《四库全书·史部·目录类》，第674册，第408页，台湾商务印书馆影印文渊阁本）

首”清整道教时，比较重视建立规范化且富有艺术性的道教仪式，他汲取了佛教以呗赞和转读的方式来唱诵佛经的音乐形式，改“直诵”为“乐诵”，即诵经时用音乐伴奏，创制出《云中音诵》，其中就包括《华夏颂》和《步虚词》。南朝时，陆修静在《洞玄灵宝斋说光烛戒罚灯祝愿仪》中明确提出“步虚”应是对天宫中神仙巡行时吟诵之声的模仿，并将吟咏步虚词作为斋醮科仪中的一个仪节。

步虚词起先仅用于斋醮活动的“扫坛”、“迎神”、“朝礼”等法事活动，只有配乐而没有伴舞，后来由于道士、女冠将步虚词作为道场歌曲来演唱，到中唐时，又加上了舞蹈动作。以崇道著称的唐玄宗不仅制作“《霓裳羽衣曲》、《紫微八卦舞》，以荐献于太清宫，贵异于九庙也”①，而且还曾于内道场“亲教步虚及诸声赞”②。这样，步虚词不仅与音乐、舞蹈紧密地结合起来，而且在吟咏时还要注意旋律的抑扬顿挫和分辨字的平、上、去、入四声，以成为“正声”。唐代道士在吟咏步虚词时，还要穿上华丽的服饰，奏动听的音乐，再伴上美妙的歌舞，其舞步犹如踏在星斗罡宿上，步行曲折复杂，步态刚柔并济，又称“步罡踏斗”。当“旋行蹑云纲，乘虚步玄纪”成为斋醮科仪中的一个且歌且舞的敬神仪式时，步虚词在唐代也受到从帝王到一般文人的赞赏，以至于出现道士、俗众同唱步虚词的盛况。

杜光庭在整理斋醮科仪时，不仅收集、抄录了一些在道门中广泛流传的步虚词，而且还根据斋醮科仪的需要创作了一些步虚词。一般而言，步虚词作为一种诗体，早期主要以五言为主，后来受唐诗的影响，又出现了七言等不同的形式，但杜光庭所撰写的步虚词在艺术形式上主要是吸收了汉代乐府诗歌的形式，多为五言。例如，据《太上

① 《混元圣纪》卷八，第865页，《道藏》第17册。
② 《全唐文》卷九二七《谢亲教道士步虚声韵表》。

黄箓斋仪》中记载：

始青黎元盖，金香结珠烟。飞晨总翘辔，稽首玉帝前。帝心浩以舒，锡吾太灵篇。是谓不灭道，万天秉吾权。吾行空洞中，下仙昧其渊。

一气化之元，邈在两仪先。实埒驰金马，真香喷玉莲。飞空按龙辔，梵响导芝骈。绵永长春劫，翱翔无色天。初真难晓谕，以此戒中仙。

高真明道德，垂世五千言。解释渐凉薄，殚诚测妙元。霓旌严教典，羽唱彻云骈。瑞鹤仪空际，祥风拂暑烦。穹窿兹回应，宝祚亿斯年①。

这首词既描绘了仙界景象，又写了降神仪式，从某种程度上反映了当时斋醮科仪的实际情形。为了表现“八天如指掌，六合何足辽”的神仙境界，杜光庭还试图通过铺陈“翘辔”、“金马”、“龙辔”、“翱翔”等词汇，再通过“金香结珠烟”、“梵响导芝骈”、“霓旌严教典”等环境描绘，来刻画冉冉飞升的神仙仪态以及美不胜收的巍巍仙境。

三

道教诗词的内容十分丰富，就诗而言，有修道诗、炼丹诗、游仙诗、咒语诗、山水诗等；就词而言，又有青词、斋词、醮词、步虚词等。杜光庭创作的道教诗词大都以精炼的语言、和谐的韵律、鲜明的节奏，来表现超凡脱俗的神仙境界和异乎寻常的修道生活，具有丰富

① 《太上黄箓斋仪》卷三十，第265页，《道藏》第9册。

的想象力和浓郁的抒情感，表现出一种独特的艺术风格。

杜光庭的诗词中往往弥漫着似雾似烟、似仙似灵、幽远寒静的氛围，犹如一幅情景交融的山水画，表现出了物象空灵静谧的意境美。《题福唐观二首》言：

八州物象通檐外，万里烟霞在目前。
自是人间轻举地，何须蓬岛访真仙。

自然景色对生活于红尘喧嚣中的人来说，具有平息心灵的躁动、开拓思想的空间、提升人们的思想境界的效用，使人在感受到一种轻松休闲、返璞归真的仙气时，也体会到道教所追求的人与自然交融的情境。这种通过情景交融之美来体现道教的理想，构成了杜光庭在诗歌创作上的艺术特色。“作诗之妙，全在意境融彻，出音声之外，乃得真味。”① 这是因为艺术表现了“人类的最深刻的旨趣以及心灵的最深广的真理的一种方式和手段”②。杜光庭通过景物描绘，以“诗言志”来表达自己对道教得道成仙信仰和超凡脱俗精神的追求，既展现出道教诗词所具有的意境美，也给人以一种心灵的滋润。因此后人评价说：“杜先生为诗悉去浮游，迥为标准，区分理本，实契真筌。如《山居百韵》云：‘丹灶河车休矻矻，蚌胎龟息日绵绵，驭景必能趋日域，骑箕终拟蹑星躔。’又‘返朴还淳皆至理，遗形忘性尽真诠。’玄妙之门，实为奇句。”③ 正是基于此，杜光庭对当时流行一时的“花间词”并不认同。据《历世真仙体道通鉴》卷四十《杜光庭》

① （明）朱承爵：《存诗堂诗话》。

② （德）黑格尔：《美学》第二卷，第 10 页，北京商务印书馆，1982 年。

③ （后蜀）何光远：《鉴戒录》，《四库全书·子部·小说家类》第 1035 册，第 893 页，台湾商务印书馆影印文渊阁本。

中记载，“相国庄之文集请为序，光庭曰：相国富有文辞，若集中不删落小悼浮艳等诗，不敢闻命。”① 相国指的是当时任蜀国吏部侍郎兼平章事的韦庄（约836－910）。韦庄是五代前蜀诗人、词人，早年曾写过《秦妇吟》等反映民间疾苦的诗歌，但后来则热衷于写闺情离愁和游乐生活的“花间词”，这让杜光庭很不屑，因此，当韦庄请杜光庭为自己的文集写序时，杜光庭表示，如果韦庄不删除文集中的那些“小悼浮艳等诗”，就不愿为之作序，由此可见他在诗词创作中的价值取向。

杜光庭的诗词遣词造句比较精致，具有一种文辞美。青词的文体主要是骈文或诗体。用骈文写成的青词，不仅文辞华丽，而且四六文句，对仗整齐，故道门中又称青词为“四六金文”。杜光庭所撰写的一些青词也采用了骈文这种形式，如《宣醮鹤鸣枯柏再生醮词》：

> 惟彼仙山，奠兹南土，雄盘厚地，秀拱穹旻。控绵洛之川原，总岷峨之形胜。岩峦捧日，洞府栖真。连空之松桧扶疏，千载之威灵肃穆。果闻祥异，显此福庭。垂至阳生化之功，变枯柏凋摧之质。柔条迥茂，洒瑞露以飘香，密叶重荣，动晴风而⿱⿰𠆢𠆢木翠②。

这首青词通过对自然景物的静照观赏与动态描写，不仅展示了鹤鸣仙山的壮丽胜景，而且还描绘了一棵千年古柏如何枯而再生，以至密叶重荣，显示出福庭之祥异，并将这些一切美好的东西归功于上天的“垂至阳生化之功”。杜光庭创作的青词因文体规范、辞语优美，

① 《道藏》第5册，第331页。
② 《广成集》卷十七，第306页，《道藏》第11册。

后成为斋醮科仪中的范文。

诗词最本质的艺术特征是抒情美。杜光庭畅于表达，他写的诗词往往情真意切，似有一种不打动上天誓不甘休的特点。他在《蜀王青城山祈雨醮词》中写道：

> 自青春届序，甘雨愆期，农亩亏功，骄阳害物。虽历申祭祀，遍告神明，密云但布于西郊，膏雨未沾南亩。皇皇众庶，叩向无门。窃惟大道垂文，天师演教，有章奏之品，有祈醮之科。将展焚修，须依灵胜，是用披心云洞，拜手仙峰。伫真侣之感通，冀明诚之御达，赐臣以时和岁稔，拯臣以雨顺风调，驱肥遗于穷荒，舞商羊于中境①。

这篇青词言简意赅地把当时青城山的田野干旱、庄稼枯萎的情况以及老百姓求雨的迫切心情表现了出来，并希望通过祈祷上天，感通神明赐予人间雨顺风调。

杜光庭所创作的诗词平仄韵律使用得当，故读起来琅琅上口，表现出独特的音韵美。杜光庭为配合道场拜神仪式而创作的步虚词，不仅用来宣扬道教的教理、描绘超凡脱俗的神仙和仙界景象的美好，而且韵律错落有致，可让人在吟诵中，不由地步随声转，依八卦九宫的方位，旋绕香炉或法台边歌边舞，以象征天上的神仙旋绕着“玄都玉京山”相会的情景，故称之为“步虚旋绕”：

> 宝箓修真范，丹诚奏上苍。冰渊临兆庶，宵旰致平康。万物消疵疠，三晨效吉祥。步虚声已彻，更咏洞玄章。

---

① 《广成集》卷十四，第296页，《道藏》第11册。

……

水噗魔宫慑，灯开夜府明。九天风静默，四极气澄清。啸咏朱陵府，翱翔白玉京。至诚何以祝，国祚永安荣①。

这首步虚词可配上音乐和舞蹈，在道场上来赞诵神仙的缥缈轻举之美，仙境的奇观异景之妙。由此，步虚词不仅成为展示道教“得道成仙”信仰的一种方式，而且还能起到“娱神”、“颂神”和“降神”的作用。杜光庭创作的步虚词音韵优美，可配上江南丝竹乐器来演唱，形成了独特的“广成韵”。

杜光庭的道教诗词虽然弥漫着一些虚幻、痴迷的成分，但其独有的思想意蕴和艺术特色所唤起的审美感受，又使其成为独特的文学佳作，在漫长的历史中保留了下来，并丰富了中国古代诗词的内容与形式。

（原载：《道家文化研究》，第25辑）

① 《太上黄箓斋仪》卷二十八，第259页，《道藏》第9册。

从三教融合看净明道的特点

宋元时期在江西南昌西山地区兴起了一个奉许逊为祖师、宣扬“由真忠至孝，复归本净元明之境”的道教新派别——净明道，又称净明忠孝道。一般认为，净明道是儒、道思想结合的产物①，笔者通过细究《净明忠孝全书》等道书，认为净明道不但热切地奉行儒家的忠孝观，而且还汲取了佛教的修行解脱论，它是在特定的历史条件下出现的儒佛道相融会的新道派。由净明道产生发展的历史就可见道教本身就蕴藏着更新发展的机制。道教作为中国土生土长的传统宗教，在其历史发展中始终存有建构形而上之理论体系和面向民众传教这两方面的发展倾向。且不说道教在东汉末产生之后，就致力于向理论化、系统化和超越化方向发展，在南北朝时期就建立了自己的教义学理论体系，并以这种教义学理论体系作为支撑，在唐代时甚至发展成为“皇族宗教”。当然，我们并不排斥唐代统治者尊崇道教是出于政治、经济、宗教等目的，但如果当时道教不具备完整、丰厚而系统的教义，它是无法与中国传统的儒学竞争，也无法与外来的佛教相抗衡

---

① 任继愈主编的《中国道教史》就称净明道为“儒道融合的典型”。上海人民出版社，1990年，第568页。

的。虽然，道教在其发展过程中，始终保留了中国古代社会中流传的以鬼神崇拜为基础的民间宗教的成分，并常常以符水治病、炼气养神、祈福禳灾、驱妖捉鬼等道术与民间的巫术、星相、占卜、图谶及泛神论思想相结合，但另一方面，道教在其发展过程中，又以老庄道家思想为基点，汲取了儒家和佛教的思想理论和修行方法不断地丰富和发展自己。正是通过不断地整合儒佛道三教文化，道教才不断地扬弃自己的“巫术理性”，才有可能顺应时代的要求而与时俱进的。本文即以净明道为例，通过对净明道如何以“忠孝”为修道之基、“净明”的内涵以及达到净明之境的途径与方法等问题的分析，以说明净明道是通过对儒佛道三教思想的整合而推进了道教教义之创新的。

一

净明道又称净明忠孝道，由此而凸显出对儒家伦理的核心精神“忠孝”的张扬。净明道之所以将“忠孝”作为修道之基，成仙之据，这一方面是对道教自身传统的继承，另一方面也是对时代发展需要的回应。正是传统与现实的整合，净明道最终选择了以孝道孝行而闻名的历史人物许逊为教主，教义中突出地强调“真忠真孝”、“真践实履”。

“忠孝”本是儒家伦理纲常的核心，它调整的主要是世俗的人伦关系，属于“人道”的范畴，但净明道却对它作了特殊的强调与发挥，并把它作为“仙道”的基础。净明道提出，“忠孝，大道之本也，是以君子务本，本立而道生……有不务本而修炼者，若太匠无材，纵巧何成?”① 追求“仙道”的净明道怎么强调“人道”，以忠孝为修道

① 《净明忠孝全书》卷三，《道藏》第24册，第633页。

之基呢？净明道的解释是“欲修仙道，先修人道”①，人道不成，何以致仙道？“非忠非孝，人且不可为，况于仙乎？”因此“净明之道，必本于忠孝。”②

由于“忠孝”是儒家思想的基本标识，这就使净明道在一开始就与儒家有了割不断的亲缘性。其实，道教与儒家伦理的亲缘性并不自净明道始。从道教自身的传统来看，它在初创之时就将忠孝等儒家伦理的内容融会到了道教思想中来，并将其与道教的修仙之道相结合。现存最早的一部道书《太平经》里就有“人生之时，为子当孝，为臣当忠”③ 的要求。晋末南北朝时出现的天师道的教戒科律《正一法文天师教戒科经》中则说：“道以冲和为德，以不和相克，是以天地和合，万物萌生，华英熟成，国家和合，天下太平，万姓安宁，室家合和，父慈子孝，天垂福庆……事师不可不敬，事亲不可不孝，事君不可不忠。”④ 东晋著名道士葛洪更是提出：“欲求仙者，要当以忠孝、和顺、仁信为本。若德行不修，而但务方术，皆不得长生也。”⑤ 在道教看来，“学道以致仙，仙非难也，忠孝者先之，不忠不孝而求乎道，冀乎仙未之有也”⑥。道教虽然奉老子为教主，并在很大程度上以道家思想为主要理论依持，但将人道与仙道结合，将儒家伦理巧妙地结合到道教的修仙之道中，这形成了道教区别于道家的重要文化特色之一。

从时代发展的需要来看。宋代时，内忧外患的社会现实，特别是尖锐的民族矛盾使统治者一方面希望借助于本民族所崇拜的神灵来保

① 《净明忠孝全书》卷三，《道藏》第 24 册，第 636 页。
② 《净明忠孝全书》序，《道藏》第 24 册，第 620 页。
③ 王明编：《太平经合校》，中华书局，1960 年，第 408 页。
④ 《道藏》第 18 册，第 232 页。
⑤ 《抱朴子内篇·对俗》。
⑥ 《太上灵宝首入净明四规明鉴经》，《道藏》第 24 册，第 614 页。

佑自己，另一方面又希望本朝的人民能够通过忠君孝亲而团结一致，保卫国家。正是在这样的统治意识指导下，北宋皇室中掀起了崇道的狂潮，例如宋太祖利用道士的符命来神化自己为真命天子，宋真宗向辽国纳币屈辱求和后，借道教假造天书行封禅之事，以镇服四海，夸示戎狄。与此相适应地，道教中也出现了一些颇具宋朝特点的新神灵——赵元朗、玉皇大帝等。而在融合儒佛道三教的基础上兴起的理学，将“忠孝”为代表的儒家伦理纲常奉为至上之天理，由于适应了统治者的政治需要而在意识形态中占据了主导地位，这也给予道教的发展以重要的影响。正是在这样的背景下，以许逊为教主的净明道应运而生。

许逊（239－374），一般认为是一个历史人物①，为东晋道士，以真诚的孝行和神异的仙术而著称。据传，许逊祖籍为河南许昌，出生于江西南昌，“逊年七岁，无父。躬耕负薪以养母，尽孝敬之道。与寡嫂共田桑，推让好者，自取荒者，不营荣利，母常谴之：如此，当乞食，无处居。逊笑应母曰：但愿老母寿尔”②。许逊“真君弱冠，

① 对许逊其人，一般认为是一个历史人物，但学术界一直存在着不同的看法。日本学者秋月观瑛最早通过对正、续《道藏》及《太平广记》等材料的考察而认为许逊其人及所谓的传承是后人“虚构”出来的。参见《许逊真君传考——净明道研究序说》，载《集刊东洋学》第15卷；《许真君传考补遗——以〈十二真君传〉为中心》，载《文经论丛》第2－1册，史学篇二。澳大利亚学者柳存仁在《许逊与兰公》一文中则认为，许逊或非历史人物，其事迹“固在疑似之间”，载《世界宗教研究》1985年第3期。台湾学者李丰楙在《许逊与萨守坚：邓志谟道教小说研究》中明确指出：“在许逊传说史上，这位净明道的道师本是一位六朝道士化的文士，后来在教团内部经由长期衍变，才将其当作传说人物、信仰的对象。”台北学术书局，1997年，第12页。郭武在综合前人研究的基础上指出，许逊之所以能成为净明道之祖师，主要是与众人对他的不断“虚构”有关。这种“虚构”，不仅是许氏家族推崇自己祖先的行为，也是唐宋时其他孝道成员乃至其他道派成员的共同努力。载《宗教学研究》2000年第4期。笔者认为，对许逊不仅应研究其人的真实情况及后人对如何对他进行虚构，更应研究这种虚构对净明道的产生与发展所造成的特殊影响。

② 《许逊别传》，《艺文类聚》卷二十一。

师大洞君吴猛，传三清法要，张举孝廉，拜蜀旌阳令”①。西晋“太康元年（280），起为蜀郡旌阳县令，时年四十二”②。后因晋室纷乱，许逊弃官东归，周游江湖，后与吴猛一起以南昌西山为中心传播孝道，在当地留下了许多斗蛟斩蛇、为民除害的神奇故事。相传东晋宁康二年（374）八月十五日③，许逊因修道成功，带全家42人拔宅飞升，鸡犬悉去。这就是脍炙人口的“一人得道，鸡犬升天”成语的由来。许逊仙逝后，其弟子们仍在西山的许宅立祠传道，并将西山许宅的故居改建为游帷观作为祭祠场所。此后，每年许逊升仙之日，“四乡百姓聚会于观，设黄箓大斋，邀请道流，三日三夜，升坛进表，上达玄元，作礼焚香，克意诚请，存亡获福，方休暇焉。”④

随着许逊崇拜在民间影响的日益扩大，其孝行也被蒙上了越来越多的神异色彩。据唐代的《孝道吴许二真君传》记载：

> 孝道本起兖州刚辅县（《玉隆集·诸仙传·兰公传》作“曲阜县”）高平乡九原里，有一至人，姓兰，不示其名，号曰兰公。义居百人，同心合德，志行孝行。时感得斗中真人号孝悌王，即先王之次弟，明王之兄也。《孝经》云：“昔者明王之以孝治天下也”，斯之谓欤？以兰公孝道之志通于神明，遂降示兰公孝道根本。言“先王为日中王，明王为月中王。”又云“先王，玄气，为大道；明王，始气，为至道；孝悌王，元气，散为孝道。此三者起由玄、元、始气也。”孝悌王与先王、明（王）分作铜符铁券，券中征许氏阳。氏阳则晋时征为氏阳县令，氏阳县蜀郡所

① 《许真君》，《太平广记》卷十四。
② 白玉蟾：《玉隆集·旌阳许真君传》，《道藏》第4册，第756页。
③ 据《孝道吴许二真君传》记载则为元康二年（292），《道藏》第6册，第843页。
④ 《孝道吴许二真君传》，《道藏》第6册，第843页。

管，为孝道之师，传袭孝道，诱进后代，除邪去逆，修心炼行，则去仙道不远于旨①。

这段资料一方面虚构了关于孝悌王的神话：玄、始、元三气化生出日、月、星斗中的孝道先王、孝道明王和孝悌王，他们以铜符铁券为凭，将孝道传给许氏阳（即许逊），从而将许逊的孝行神圣化；另一方面，又指出许逊的孝道传自兰公。兰公是孔子的故乡兖州曲阜人，这样，许逊崇拜所宣扬的孝道与儒家之孝似乎就有了某种因缘关系。在《太平广记》卷十五《十二真君传》的《兰公》中也有类似的记载，只是更为明确地说："斗中真人下降兰公之舍……示陈孝悌之教。后晋代尝（当）有真仙许逊，传吾孝道之宗，是为众仙之长"，不仅将许逊崇拜以孝道为核心的特点突现了出来，而且提供了神授的依据，从而为许逊崇拜与道教的结合提供了基础。但此时的许逊崇拜主要还只是突出传"孝道之宗"，为"众仙之长"，还没有与"忠"相联系，也还没有形成净明道派。

大中祥符三年（1010），宋王朝将许逊在西山的故宅游帷观升格为玉隆宫。"本朝太宗、真宗、仁宗皆赐御书。真宗又遣中使赐香烛、花幡、旌节、舞偶、改赐额曰玉隆，取《度人经》太释玉隆腾胜天之义也。仍禁名山樵采，蠲租赋之役。复置官提举，为优异老臣之地。"② 政和二年（1112），宋徽宗遣内史程奇请道士在玉隆宫建道场七昼夜，诰封许逊为"神功妙济真君"，又诰封吴猛和许逊的其他十大弟子为"真人"。在当时金兵不断南侵的形势下，宋徽宗梦想乞求许逊真灵下降，为他除妖治病、翦妖除毒，抵御金兵。他下诏模仿西

① 《道藏》第6册，第842页。

② 白玉蟾：《续真君传》，《道藏》第4册，第716页。

京崇福宫规制修整西山，建造了宏伟壮观的玉隆万寿宫，以张扬许逊的孝道精神。在统治者的支持下，西山地区对许逊孝道的尊崇，为净明道的产生进一步铺垫了道路。

在民间信仰和朝廷的政治需要双重合力下，许逊崇拜的内容经过长期的演变在南宋时开始发生了质的变化，流行于民间的以“孝道”为特点的许逊崇拜在宋元时期演化成为以“忠孝”为重要标帜的净明道。南宋绍兴（1131－1162）年间，玉隆万寿宫道士何守证（净明道信徒称之为“何真公”）鉴于“兵祸煽结，民物涂炭”① 的社会状况，乃假托许逊降授而造作了《净明忠孝大法》等一批经典，倡“太上灵宝净明”大法，以“救度”社会与民众，并特别将“忠”“孝”相提并论，以作为修道之基。《逍遥宫万寿山志》卷十三中说：“何真公，未详其里居名氏，为玉隆宫羽士。建炎中，许都仙尝亲降玉册，授以《净明忠孝大法》及《飞仙度人经》等书，遂立坛度弟子，消禳灾厄，民赖以安。”《净明忠孝全书》中也有类似的记载，并说何真公当时“传度弟子五百余人”②。这表明，何真公在南宋所面临的深刻社会危机中打出了“净明忠孝”旗号，并正式创立了净明忠孝道。“吾之忠孝净明者，以之为相，举天下之民跻于仁寿，措四海而归于大平，使君上安而民自阜，万物莫不自然；以之为将，举三军之众而归于不战以屈人之兵，则吾兵常胜之兵也；以吾之忠，教不忠之人尽变为忠；以吾之孝，教不孝之人尽变为孝，其功可胜计哉！”③ 凸显“忠孝”精神的净明道，适应了统治者在战争烽火四起的社会中“神道设教”的需要。

由此可见，净明道提倡“忠孝”，绝非偶然。而选择许逊作为教

---

① 《净明忠孝全书》卷一，《道藏》第 24 册，第 629 页。
② 《道藏》第 24 册，第 629 页。
③ 《净明忠孝全书》卷五，《道藏》第 24 册，第 646 页。

主，也有其深刻的原因：一是因为净明道正式创立于南昌西山，而许逊就是南昌西山人；二是因为许逊不但有孝道，更有孝行，而净明道的“忠孝”强调的就是“真践实履”：“忠孝只是扶植纲常，但世儒习闻此语烂熟了，多是忽略过去，此间却务真践实履。”① 三是因为许逊的孝道孝行为净明道提倡以“忠孝”为修道之基奠定了基础。忠孝一向关系密切：孝是忠的基础，忠是孝的扩大，忠孝结合，才能更好地发挥作用。当然，有关许逊神异仙术的传说也是他成为一个新道派教主的重要原因。

二

光讲忠孝，并不足以充分展示净明道的基本特色，因为净明道毕竟是一个道教的派别，它以忠孝为修道之基，而“修道”还是为了实现道教的终极理想。从道教的发展来看，净明道实际上是从道教灵宝派中分化出来的一个道派，同时它与天师道也有着密切的关系。南北朝时期，不仅出现了一些倡导“孝”行的道经，如《元始洞真慈善孝子报恩成道经》、《洞玄灵宝八仙王教诫经》及敦煌本《慈善孝子报恩成道经》。而且在南北朝隋唐之际，道教中还出现了与后世净明道有关的两支道派。一支是江西洪州宗奉许逊为祖师的某些民间道派，他们的活动以炼丹、符咒法术为主，常宣扬许逊、吴猛等先师斩蛟除妖、禳灾救民等神话故事。另一支是宗奉“至孝真王”的民间天师道支派，即孝道派。最迟在隋唐之际，孝道派已从山东兖州传到江东丹阳又传到江西洪州，并与在江西洪州流传的许逊、吴猛的神话传说渐

① 《净明忠孝全书》卷三，《道藏》第24册，第635页。

趋融合。其始作俑者，疑即唐初西山道士胡惠超[①]。胡慧超撰有的《晋洪州西山十二真君传》一卷[②]就记载了孝道吴、许派的传法谱系。因此宋元时期的净明派奉胡慧超为“净明法师”。

净明道把忠孝与净明密切结合，将“净明”奉为修道的终极理想之境。何为净明？从现有的资料来看，“净明”一词出现较早，而在净明道书中，则首次出现于何真公托“六真”之神降授的《太上灵宝净明新修九老神印伏魔秘法》之《序》中。何真公在《序》中说：“炎宋中兴，岁在作噩，六真降神于渝川，出示灵宝净明秘法，化民以忠孝廉慎之教。”[③] 可见，“灵宝净明秘法”起先是依附于道教灵宝派的一种“化民以忠孝廉慎”的教法。今天的《道藏》中载有净明道的著作二十多种，其标题大多冠以“灵宝净明”的字样，这也标示出了净明道与灵宝派之间的密切关系。灵宝派是以传《灵宝经》而形成的一个道派，汉末葛玄传古《灵宝经》，经葛洪传葛巢甫，《灵宝经》后继增益繁衍多达五十五卷。南朝陆修静将其中可信的三十五卷加以增修，立成仪规，灵宝之教大行于世，信徒也日益增多。后灵宝派主要以江西阁皂山为本山，运用符箓科教和修斋诵经劝世度人，成为道教三大符箓派之一（上清派、灵宝派和龙虎宗）。净明道与灵宝派在地域上相近，在道法上也有一脉相承之处。《太上灵宝净明道元正印经》中说：“孰为符篆，孰为真经，心定神慧，是为净明。”[④] 即认为符篆真经的精要是助人“心定神慧”，而“心定神慧”也就是“净

---

① 参见王卡：《隋唐孝道宗源》，载陈鼓应主编：《道家文化研究》第九辑，上海古籍出版社，1996 年。

② 《晋洪州西山十二真君传》已佚，但还有部分内容存在于后人的著述中，如（五代）王松年编：《仙苑编珠》、（宋）李昉编：《太平广记》等，《道藏》中也有一些与该书相关的道书。

③ 《道藏》第 10 册，第 547 页。

④ 《道藏》第 24 册，第 612 页。

明”。

既然净明就是“心定神慧”，因而南宋时的净明道在将“忠孝”作为净明教法的主要内容的同时，也比较强调“磨砻智慧”，并有将之与人的心性炼养联系起来的倾向，认为“净明者，无幽不烛，纤尘不污，愚智皆仰之为开度之门、升真之路，以孝悌为之准式，修炼为之方术行持之秘要，积累相资，磨砻智慧，而后道气坚完，神人伏役，一瞬息间可达玄理。”①“净明”既是“无幽不烛，纤尘不污”的极净极明的理想境界，又是助人“积累相资，磨砻智慧”以达到这种境界的津梁，而这种境界的最终实现，还是要在自我心性上下工夫，因为“人禀乎静则性达，得乎明则心通，性达心通，故交感于日月之宫。道本圆虚，圆者气之体，虚者气之用，得圆虚之道，故谓之净明。净明则适正得中，合于有情。”②“净明”就是“性达心通”而“得圆虚之道”。这一观点为从人心性上寻求“升真之路”开辟了道路。

元初时，刘玉、黄元吉和徐慧等人在融会儒佛道三教的基础上对净明道进行了改革，特别是对“净明”之内涵作了进一步的理论开掘，使“净明”具有了更丰富的多重意蕴。

首先，“净明”包含了儒家的名教纲常和道德修养的内容，具有伦理学的意义。刘玉在《玉真先生语录内集》开篇，就针对“或问占今之法门多矣，何此教独名净明忠孝”的疑问而提出“净明只是正心诚意，忠孝只是扶植纲常。但世儒习闻此语烂熟了，多是忽略过去，此间却务真践实履。”③“正心诚意”是得到理学家高度重视的《大

① 《太上灵宝净明法序》，《道藏》第10册，第526页。

② 《灵宝净明新修九老神印伏魔秘法·九老帝君神印总论》，《道藏》第10册，第548页。

③ 《净明忠孝全书》卷三，《道藏》第24册，第635页。

学》中的重要思想，指的是一种内心的道德修养。“净明”只是“正心诚意”，这就意味着净明道将儒家的内心道德修养引进了自己的修道实践和终极理想。“正心诚意”的“净明”与“扶植纲常”的“忠孝”是相表里而存在，并相互为用的，“正心诚意”才能“真忠真孝”以扶植纲常，而极净极明则是人在日常生活中奉行“忠孝”之后所达到的无私欲、心澄明之理想境界。净明主内，忠孝主外，内外相合，反映了道教内以修身养性，追求长生成仙；外以治国经世，追求社会太平的终极理想。这也是净明道之所以被称为净明忠孝大道的原因之所在。刘玉批评世儒虽倡言忠孝，但只是空谈义理，只有净明道这里才不仅高扬忠孝精神，而且还真践实履。这反映了时代的发展对真践实履儒家忠孝名教的需求以及道教对此的积极回应。

其次，净明道对理学“无极而太极”的思想进行了改造发挥，用“无极”来阐释“净明”，使“净明”又具有宇宙本体的特点。宋代理学家周敦颐根据华山道士陈抟的《无极图》而作《太极图说》，提出了“无极而太极”，开宋明理学之先河。但周敦颐认为“太极”是宇宙的本体，“无极”仅是对“太极”特性的描绘。后来，朱熹与陆九渊虽曾就“无极”与“太极”的关系进行过激烈的争论，但都站在儒学的立场上，以“太极”（理或心）为世界本体，淡化道教思想在理学中的地位与影响。净明道则站在道教的立场，对“无极而太极”作了合乎传统道教观点的发挥，认为无名、不动的“无极”才是本体，同时受理学“理一分殊”思想的影响，认为万物各具太极：“无极而太极，无极者，净明之谓也。经云：‘无名天地之始，有名万物之母’，故自太极判，两仪立，人斯生，而人于天地间最为秀，此所以并天地曰三才。”① “寂然不动是无极，感而遂通是太极。无极者，净

① 《净明忠孝全书》卷二，《道藏》第24册，第634页。

明之谓，三界上者也……万物之中，各具太极。非知道之深不可语此。”[①] 净明道不仅将“无极”视为无名无形无象的宇宙之本，而且认为“无极”就是“净明”的另一说法，并沿着老子“复归于无极”的思路，将复归于“净明”作为修道的终极境界。

第三，净明道还沿袭老子的境界论和道气说的理论思路对“净明”作了具体的说明。净明道作为一个道派，它在对“净明”的阐释发挥中更多地采用了先秦道家的名词术语和运思方式。在黄元吉编撰的《玉真灵宝坛记》中，“净明”就被说成是贯串于天地人的“无形大道”，是修行达到的最高境界：“净明者，无形大道，先天之宗本也。在上为无上清虚，在天为中黄八极，在人为丹元绛宫。此三者同出而异名。同谓之玄，玄之又玄，众妙之门。明此理者，净明也。清则净，虚而明，无上清虚之境，谓之净明。”[②] 老子哲学以道为本，以阴阳之气的消长变化来说明道之特质，净明道也认为“净明，先天大道，原于一气，一气运行，昼夜不息，周流升降，物资以始……天地万化，人民品物，自生自化，自存自亡，照然一理，孰为主宰？”[③] 从天人一体同源于道、同化于气的思路出发，净明道将“净明”作为宇宙万物之本，又以气的“周流升降”来解释千姿百态、变幻无穷的大千世界，强调“净明大道，同理同源不同形。同理者，谁能出不由户，何莫由斯道也。同源不同形者，是道生一生二生三，三生万物。万物之中，惟人宝贵，不忠不孝，不如豺狼蝼蚁乎？不能净明者，不如蜣螂饮露乎？”[④] “净明”虽然清虚飘渺，无形无象，先天地而存在，但却是“众妙之门”，它既是万物之本，又是作为万物之灵的人

① 《净明忠孝全书》卷五，《道藏》第24册，第647页。
② 《净明忠孝全书》卷二，《道藏》第24册，第633页。
③ 《净明忠孝全书》卷五，《道藏》第24册，第645页。
④ 《净明忠孝全书》卷二，《道藏》第24册，第633—634页。

复归于道而达到的理想境界——“无上清虚之境”。

最后，净明道深受佛教禅宗心性本净本明之思想的启发而以“净明”二字明教，因而“净明”又具有浓厚的心性论的色彩。禅宗六祖惠能认为“自性常清净，日月常明……世人性净，犹如青天，惠如日，智如月，知惠常明。”① 众生的自心本性是净且明的，而生活于凡尘中人的当下之心却是可正可邪，可净可染的，因此，只有直指人心、明心见性才能顿悟成佛。受此启发，净明道也提出：“人之一性，本自光明”②，“净明道法，忠孝雷霆，心地上顿悟本净元明性。”③ 这种从人的自心本性上来定位“净明”，将复归于“本净元明性”奉为终极理想成为净明道的重要特征。

总之，净明道通过融会儒佛道三教而使“净明”一词具有十分丰富的内涵，但无论是得道反本、复归无极，还是顿悟本净元明性，都是净明道追求“净明”终极理想的不同说法而已，都体现了净明道“于三教之旨了然解悟，而以老氏为宗”④ 的基本特色。

三

基于净明道对终极理想的设计，其所达到终极理想的步骤也分为三：“始于忠孝立本，中于去欲正心，终于直至净明。”⑤ 首先以儒家的忠孝伦理作为修道之基，然后再采用去欲正心的修道方法，最后以复归人的本心净明之境为修道的终极理想和最高境界。在净明道的修

---

① 《坛经》第 20 节，参见郭朋：《坛经校释》，中华书局，1983 年，第 39 页。
② 《净明忠孝全书》卷三，《道藏》第 24 册，第 635 页。
③ 同上，第 636 页。
④ 《净明忠孝全书》卷一，《道藏》第 24 册，第 631 页。
⑤ 《净明忠孝全书》卷五，《道藏》第 24 册，第 647 页。

道三步骤中，以“去欲正心”为核心的修道方法显然深受佛教的影响。

佛教将贪、瞋、痴视为众生沦于生死苦海不得解脱的根本原因，净明道也将“忿欲”看做人达到净明之境的主要障碍，认为人的心性本自净明，但人生活在尘世之中，“渐染熏习，纵忿恣欲，曲昧道理，便不得为人之道……所谓忿者，不只是恚怒瞋恨，但涉嫉妒小狭偏浅，不能容物，以察察为明，一些个放不过之类，总属忿也……所谓欲者，不但是淫邪色欲，但涉溺爱眷恋，滞著事物之间，如心贪一物，绸缪意根，不肯放舍，总属欲也。”这种“忿欲”对人而言，如影随形，难以摆脱，不仅蒙蔽了人的“本净元明性”，而且时刻给人当下的生命存在带来莫名的痛苦。在珍惜生命的同时又要摆脱生命的痛苦，这成为道教追求的理想，净明道也不例外。当有人向刘玉请教净明道之法门的紧要处时，刘玉根据自己的修道体会回答说：“某自初年修学以来，只是履践三十字，年来受用甚觉得力，今奉告。所谓三十字者，惩忿窒欲，明理不昧心天；纤毫失度，即招黑暗之愆；霎顷邪言，必犯禁空之丑。”① 他认为，“忿欲”会使人心蒙昧不明，先天之性难以发扬，从而使生命陷于困顿之中而难以自拔。因此，如何“惩忿窒欲”就成为修道的首要工夫。

在修道的方法上，净明道也深受佛教禅宗影响。从地域上看，与净明道所在地西山相去不远的江西南昌隆兴府黄龙山，曾是禅宗临济宗黄龙派的发源地和主要传播地。黄龙派的开创者慧南（1002－1069），俗姓章，信州玉山（今江西玉山县）人。十七岁出家，十九岁受具足戒。后遍历丛林，皆推上首。景祐三年（1036）始，慧南在黄龙山举扬一家宗风，学徒云集，门庭极盛，世称“黄龙慧南”。黄

① 《净明忠孝全书》卷三，《道藏》第24册，第635页。

龙派继承发挥了临济宗的思想，并以著名的“黄龙三关”接引学人，强调识心见性，自成佛道，在北宋时曾盛极一时，成为当时最活跃、最有影响的禅宗派系。虽然南宋以后，黄龙派逐渐为临济宗的另一支“杨岐派”所取代而趋于衰落，但其影响力却并没有因此而消失，从净明道将“去欲”与“正心”相联系、甚至主张“不用修炼，自然道成”等来看，其受黄龙派的影响还是很明显的①。

禅宗黄龙派比较强调道不可修，佛无待求，无心任自然即一切圆满。受此影响，净明道也对传统道教所执著的种种修道方法作出变革，强调“正心”的重要性，而所谓“正心”，就是“夙兴夜寐存着忠孝一念在心”，认为只要“平居暇日，存守正念”，时刻以忠孝德性立本，就可使“心如镜之明，如水之净”，如此，则欲自然去，道自然成，方寸自然净明。因此，净明道的“去欲”以“正心”为要。心正，欲即可去。正心去欲，即谓解脱真人，所以说：“净明教中所谓真人者，非谓吐纳、按摩、休粮、辟谷而成真也，只是惩忿窒欲，改过迁善，明理复性，配天地而为三极，无愧人道，谓之真人。”②

根据这种“正心”而“明理复性”的内在超越的思想路径，净明道也像惠能禅宗那样，破除对出家、诵经等各种外在化、形式化的修行方式的执著，强调修道应该在心上下工夫，追求心的解脱。“道由心悟，玄由密证，得其传者，初不拘在家出家。”③ 因为在家、出家仅是修道者生活方式的差异，关键在于修道者是否能够以忠孝立本，是否能够“去欲正心”，从而觉悟本心之净明。同样，

人能弘道，非道弘人，要不在参禅问道、入山炼形，贵在乎

① 参见洪修平：《中国禅宗思想史纲》，南京大学出版社，1994年，第235—237页。
② 《净明忠孝全书》卷六，《道藏》第24册，第649—650页。
③ 同上，第652页。

忠孝立本，方寸净明。四美俱备，神渐通灵，不用修炼，自然道成①。

《道藏》诸经，无非教人舍恶归善，弃邪顺正，所以曰：经者，径也。是入道之径路，每见世人不肯力除恶习，克去私已，却于晨昏诵念不辍，此等圣贤，不取譬能言之猩猩也。我诸法子，要得此心，如镜之明，如水之净，纤毫洞照，日以改过，崇行为第一义，积种种方便，去道不远矣。胜如念千百卷经也。若不务修德而求道，前程难忘有成②。

参禅问道、入山炼形、诵念道经等方法，也都不如“忠孝立本，方寸净明”来得重要。即使讲忠孝，也要从“正心”入手，因为“忠者，忠于君也，心君为万神之主宰，一念欺心，即不忠也。”③忠孝等都是“正心”的自然结果，或者说是“正心”的外在表现，心正必然行正，行正才能成道，若能心正，“不用修炼，自然道成”。因此，只有在心上修德求道，舍恶归善，才能“复归本净元明之境”。

同时，净明道又认为，“去欲正心”的修行既是将内在的“净明”之心转化为外在的“真忠真孝”之行，也是以外在的“忠孝”之行来推动内在之心达到“不染不触”的“净明”之境。因此，净明道不仅将忠孝道德修养置于炼精气、诵道经、符箓役使鬼神等道术之前，而且还制定了“日知录”、“功过格”等以作为对信徒日常正心修身的行为的督导，要求于当下的念念之中“去欲正心”，使自己的行为时时处处符合于忠孝之道。“净明大教，大中至正之学也。可以通行天下

① 《净明忠孝全书》卷二，《道藏》第24册，第634页。
② 《净明忠孝全书》卷三，《道藏》第24册，第638页。
③ 同上，第635页。

后世而无弊。紧要处在不欺昧其心，不斫丧其生，谓之真忠至孝。事先奉亲，公忠正直作世间上品好人，旦旦寻思，要仰不愧于天，俯不愧于人，内不怍于心。当事会之难，处处以明理之心处之，似疱丁解牛底妙手，处教十分当理著。步步要上合天心，只凭地做将去，夙兴夜寐，存著忠孝一念在心者，人不知，天必知之也。亦莫妄想希求福报，日久岁深，自然如所愿望，要识得此教门不是蓬首垢面滞寂沉空的所为。所以古人道是不须求绝俗作名教罪人。又道是欲修仙道，先修人道，每见世间一种号为学道之士，十二时中使心用计，奸邪谬僻之不除，险诐倾侧之犹在，任是满口说出黄芽白雪，黑汞红铅，到底只成个妄想，（去）所以千人万人，学终无一二成，究竟何以？云然只是不曾先去整理心地故也。”① 虽然净明道对世俗“忠孝”道德的依持表现出了与禅宗的不同特色，但其“去欲正心”即是要保持无求之心，无欲之心，无作之心，从而使自心不为外物所动，不为喜怒哀乐所主，这却与禅宗的“平常心是道”的精神十分相似。“大道无名无形无情，所以曰：‘平常心是道。’又曰：‘万般祥瑞不如无，平常安稳却合道。’学者但当行持，能净能明能忠能孝，久久至于真净真明真忠真孝。”② 净明道“去欲正心”的修道方法有着浓厚的禅化色彩。

总之，“净明大教是正心修身之学，非区区世俗所谓修炼精气之说也。正心修身是教世人整理性天心地工夫。……此教必欲后之学者，由真忠至孝，复归本净元明之境，修炼之妙，无以易此矣。”③ 这样一个道派，显然是儒佛道三教合一的产物。刘玉在《净明忠孝全书》卷五中曾说：“何谓一？太上之净明，夫子之忠恕，瞿昙之大乘，

① 《净明忠孝全书》卷三，《道藏》第 24 册，第 636 页。
② 《净明忠孝全书》卷六，《道藏》第 24 册，第 651 页。
③ 《净明忠孝全书》卷三，《道藏》第 24 册，第 637 页。

同此一也……立言虽殊，其道则一。”① 由此而道出净明道通过对儒佛道三教的整合，倡导以忠孝为修道之本，以净明为理想之境，既协调了道教与封建国家的关系，也在一定程度上消弭了修道者所面临出世与入世的矛盾。这种宗教伦理在新的时代条件下促进了传统道教的更新与发展。

（原载：《世界宗教研究》，2001 年第 2 期）

① 《净明忠孝全书》卷五，《道藏》第 24 册，第 645 页。

论全真道龙门派在江南地区的传播与发展

宋辽金元时期，中国社会中的民族矛盾与社会矛盾纷繁交织，引发了社会动乱、南北分裂，道教也进入了一个新道派纷立的时期。在纷起的新道派中，影响最大、传播最广的就是王重阳所创的全真道。全真道之所以能够在不长的时间里，广泛传播于大江南北，甚至代表了宋元以后中国道教发展的新走向，其一是因它在信仰和教义上具有新特点①，其二是丘处机西觐成吉思汗扩大了全真道的社会影响，其三则与全真道龙门派的努力分不开。明清时期，龙门派几成全真道之主脉，传遍大江南北，江南地区尤盛。《道藏》与《藏外道书》中保留的一些有关龙门派传承谱系与人物传记的道书，为我们了解并研究龙门派在江南地区的传播与发展提供了重要的资料与线索，但也留下了一些值得进一步研究的问题。

---

① 孙亦平：《论早期全真道心性论的理论旨归》，《南京大学学报》1997 年第 4 期。

一、丘处机与龙门派

丘处机是龙门派的创始人吗？学术界对此有不同的看法。有的认为，“王喆死后，由其弟子马钰、谭处端、王处一、刘长生、郝广宁、丘长春、孙不二等继承其教业……其中以丘长春（处机）开创的全真龙门派最为盛行，累代不衰。”① 但也有的认为，全真道的七个支派其实都是由北七真人门下所创，故丘处机并非龙门派的开创者：“关于全真正宗，自元代以来，‘七真’门下各自开派，分为龙门（丘处机）、随山（刘处玄）、南无（谭处端）、遇山（马钰）、嵛山（王处一）、清静（孙不二）、华山（郝大通）七个支派，以龙门派势力最大。”② 那么，实际情况究竟如何呢？

据龙门派第七代律师王常月《钵鉴》③、清代全真道士闵一得《金盖心灯》、北京白云观藏《龙门传戒谱系》④ 记载，龙门派奉丘处机为祖师，以其门下弟子赵道坚为创始人。在《诸真宗派总薄》中所记载的86个道派中，除龙门派之外，还有与之相关的华山龙门派、丘祖又派、丘祖岔派玄字分支金山派等⑤。这就牵涉到丘处机的生平活动与龙门派的创立及性质问题。

丘处机（1148—1227），山东登州栖霞人，“家世栖霞，最为右族”，自幼父母双亡，由亲族抚养成人。金世宗大定六年（1166），十九岁的丘处机了悟世事空虚，乃弃家学道，潜居昆嵛山。第二年，他

① 李养正：《道教概说》中华书局，1989年，第171—172页。
② 任继愈主编：《中国道教史》上海人民出版社，1990年，第649页。
③ 《藏外道书》第31册，第176页。
④ 尹志华：《北京白云观藏〈龙门传戒谱系〉初探》，《世界宗教研究》2009年第2期。
⑤ （日）小柳司气太：《白云观志》所收录《诸真宗派总薄》，《藏外道书》第20册，第574—581页。

听说王重阳从家乡陕西出发经潼关来到山东半岛传教，就去海宁全真庵拜见求教。“重阳见而爱之，与语终夕，玄机契合”①，收之为徒，训名处机，字通密，号长春子。王重阳似乎早已预料，丘处机日后必大开教门，使全真道名震海内，于是就教他习字读书，使掌文翰。从此，丘处机一直跟随在王重阳左右，成为其高足。王重阳以诗词歌曲等形式来随机化导众人，聚众讲道，在山东创立了一系列以“三教”命名的教团，并以“全真”为旗号，使独具特色的全真道登上了中国历史的舞台。

大定九年（1169），王重阳归返家乡陕西传教，丘处机等人随之同行。途中王重阳不幸病逝。大定十四年（1174）丘处机为师守丧期满，乃告别师兄入关，先隐居于磻溪（今陕西宝鸡市东南）修道，以苦行磨炼心性。大定二十年（1180）丘处机又迁居陇州龙门山（今陕西陇县），潜修七年后。丘处机“住磻溪、龙门十有三年，真积力久，学道乃成”②，不仅练就了超凡脱俗的道风仙骨，而且形成了自己革新传统道教的思想，“远方学者咸依之”③。直到大定二十六年（1186），丘处机应京兆府统军之请，才由龙门山迁居到终南祖庭，结束了漫长的隐修生活。大定二十八年（1188）春，正在积极“博访高道，求保养之术”的金世宗闻丘处机之名，诏至燕京问道，并让其主持“万春节”醮事④。不久，丘处机请辞还山，出燕京，去伊洛，后东归山东栖霞，用所赐之钱财创建了太虚、神清、玄都等道观。丘处机奔走于山东各地，积极传道，普度道士女冠，招收了众多的弟子，使全真道在山东获得了极大的发展。金章宗泰和三年（1203），丘处

① 《长春丘真人》，《金莲正宗记》卷四，《道藏》第3册，第359页。

② 《长春真人西游记》卷上，《道藏》第34册，第481页。

③ 《道藏》第19册，第734页。

④ 《磻溪集》序，《道藏》第25册，第810页。

机继任全真道的掌教。

丘处机一生都生活于民族纷争、政权交错、战争不断、民不聊生的社会中，经历了金朝七帝、南宋五帝、元朝一帝。作为全真道的掌教人，他具有相当的政治智慧和远见胆识。金大安二年（1210），成吉思汗率蒙古军队攻金，金人败退到河南一带，南宋也趁机收复了北方的一些失地。1219 年时，金、南宋与蒙古形成了三足鼎立之势。三方统治者都深知丘处机的社会影响力，纷纷遣使相召。丘处机在与帝王交往的过程中，主要思考的是如何运用道教的“清静无为”思想来有利于治国安民，因此他审时度势，谢绝了金宣宗和宋宁宗的诏请。年底时，元太祖成吉思汗遣侍臣刘仲禄至莱州相诏，丘处机决定不远万里，北上觐见。元太祖十五年（1220）正月，七十三岁高龄的丘处机率赵道坚、尹志平、宋德芳、李志常等十八弟子①，自莱州北行，开始了长达四年、行程数万里的西游壮举。李志常撰《长春真人西游记》就真实而又细致地记述了丘处机率众长途跋涉去西域雪山觐见成吉思汗的历史事件。据说，成吉思汗召见丘处机问治世之方，丘处机对以“敬天爱民为本”；问长生久视之道，则告“以清心寡欲为要”。太祖深契其言，“赐号神仙，爵大宗师”，命其常住北京白云观，掌管天下道教，全真道至此而大盛②。丘处机曾修道的龙门山后来也成为奉他为祖师的龙门派名称的由来。

丘处机创立了龙门派吗？《藏外道书》中的《金盖心灯》、《龙门正宗觉云本支道统薪传》、《长春道教源流》、《长春观志》、《白云观

① 据李志常《长春真人西游记》卷上记载为：“选门弟子十有九人。”（《道藏》第 34 册，第 481 页）

② “道教之兴，以元为盛，其始全真教丘长春子见太祖于西域，赐号神仙，爵大宗师，掌管天下道教。”（陈教友：《长春道教源流》卷一，《藏外道书》第 31 册，第 2 页）

志》及民国时出版的《道统源流志》[1] 中都比较详细地记载了龙门派的传承谱系。《金盖心灯》说，丘处机在世时“乃亲传心印，付衣钵，受天仙戒，赠偈四句”[2]，将龙门心法传给其弟子赵道坚。如据此，龙门派似乎在丘处机时就已初步创立了。但值得注意的是，这些道书大都出现于明清时期，而现存于《道藏》中署名为丘处机著作，如《磻溪集》、《大丹直指》、《青天歌注释》等，还有其弟子及后人所编的道书，如李志常撰《长春真人西游记》，段志坚编《清和真人北游语录》，陈时可撰《长春真人本行碑》，李道谦编《七真年谱》一卷、《终南山祖庭仙真内传》三卷、《甘水仙源录》十卷，刘天素、谢西蟾撰《金莲正宗记》一卷[3]，耶律楚材编《玄风庆会录》一卷，虽然对丘处机的生平事迹思想多有记载，但似乎并没有明确提到丘处机在生前就创立了龙门派。换言之，丘处机虽然被龙门派尊为祖师，但他生前似并没有创立新道派。

二、龙门派的兴起与传承

“全真一派，道为之源，鼻祖其谁，圣哉玄元。谁其导之，重阳伊始。谁其大之，子长春子。”[4] 如果说，王重阳是全真道创立者，丘处机是把全真道推向鼎盛的重要人物，那么，龙门派的兴起及代代传承则标志着全真道的不断发展与广泛传播。

一般认为，龙门派是因丘处机曾于陇州龙门山修道而得名，但也

---

① 此处所引《道统源流志》是由吴兴庄严居士辑、无锡中华印刷局印刷。有关该书的详情，请参见北京大学王宗昱教授著《吴兴全真道史料》。

② 《藏外道书》第31册，第176页。

③ 此书又名《全真正宗仙源像传》。

④ 陈时可：《长春真人本行碑》，《甘水仙源录》卷二，《道藏》第19册，第736页。

有不同的看法。例如有的认为，龙门派兴起于王刁山，此山在华山之东，开山之祖是王、刁二师，故以人名山，丘长春曾主其席，演派至今遍天下也①。也有的认为，“长春曾主华山席，勒贞常当即长春弟子，所以称龙门派者。贞常弟子姜信承世祖宠遇，建龙门建极宫，其后徒众日盛，创此法派，故云龙门也。世或谓长春曾居陇州之龙门，故号龙门派，恐非。”②“此龙门山在山西河津县与陕西韩城县之间，与禹门口隔黄河相对。”③ 还有的认为，丘处机门下弟子众多，龙门派祖庭龙门洞道院，就有“龙门十三房”之口碑④。从以上不同的说法可见龙门派内涵的复杂性，但在各种说法中，影响最大的莫过于闵一得所撰《金盖心灯》。

《金盖心灯》中不仅有《龙门正宗流传支派图》，而且还以纪传体的形式介绍了从第一代龙门律师赵道坚至十四代律师或宗师们的生平事迹和法脉传承，以说明“吕仙之道，传丘长春，长春以不嗜杀人一语感动元世祖，盖本吾儒之说托之道家以救世者。弟子赵虚静克绍厥学，嗣为龙门派”⑤。龙门派尊丘处机为祖师，以其修道的龙门山为名，奉丘处机的弟子赵道坚为创派宗师，形成了独特的“龙门正宗”的传承体系。这既为我们今天了解龙门派的兴起与传承提供了重要的资料与线索，但也留下了一些疑问。

首先，关于赵道坚的生平与事迹。据元代李道谦编《终南山祖庭仙真内传》记载，赵道坚（1163－1221），原名九古，号虚静，家世檀州（今北京密云），父淄州太守，改同知平凉府（今属甘肃）。金大

① 刘献廷：《广阳杂记》卷三，《藏外道书》第31册，第113页。
② 陈教友：《长春道教源流》卷六，《藏外道书》第31册，第114页。
③ 王志忠：《明清全真教论稿》，巴蜀书社，2000年，第4页。
④ 张文、陈法永主编：《丘处机与龙门洞》，陕西人民出版社，1999年，第201页。
⑤ 《金盖心灯》序，《藏外道书》第31册，第160页。

定十七年（1177），赵道坚入道。大定十九年（1179）又拜马钰为师。次年，奉师命前往陇州龙门山师事丘处机。丘处机为其易名“道坚”，大概是希望他弘道志坚吧！大定二十六年（1186），赵道坚随丘处机居终南山祖庭。不久，丘处机奉诏东归，留赵道坚，并让其事奉李灵阳。明昌二年（1191），丘处机还海上，过掖城，又命其谒刘长生。不久，刘长生又令赵道坚到山东栖霞，投丘处机处，“充文侍，掌经籍典教，凡僚庶道流来谒必先参先生，然后入拜丈室”，犹如担任今天所谓的秘书工作。后来“长春赴诏，适西域，选侍行者，先生为之首”。第二年（1221），行至赛兰城（今属哈萨克斯坦国）时，赵道坚途中染疾而逝，享年五十九岁。丘处机命人葬其于郭东原上。元定宗五年（1250），获谥号“中贞翊教玄应真人”[①]。从这段记载中可见，赵道坚死于丘处机之前，也未提他创立龙门派等事宜。

但清代全真道士为了证实赵道坚为龙门派的创建人却另有一番描写。《金盖心灯》卷一《赵虚静律师传》曰：“师姓赵，名道坚，号虚静，南阳新野人（与《终南山祖庭仙真内传》记载的“家世檀州”不同）。初业儒，博闻强记，精于体认，不能为应世学……闻七真演教，独携瓢笠，谒长春邱祖，诚敬精严执弟子礼。邱祖与语而奇之曰：‘此元门柱石，天仙领袖也。他日续心灯而流传戒法者，必此子矣。’遂侍祖游燕阐教，凡有作为，不言自合，或侍终夜，不发一语。祖乃传以清虚自然之秘，栖隐龙门者多载。复出侍祖于白云观，统大众。师于至元庚辰（1280）正月望日，受初真戒、中极戒，如法行持，无漏妙德。祖乃亲传心印，付衣钵，受天仙戒，赠偈四句，以为龙门派

---

① 《终南山祖庭仙真内传》，《道藏》第19册，第528页。另陈教友：《长春道教源流》，《藏外道书》第31册，第61页，也有类似的记载。

计二十字，即，道德通元静，真常守太清。一阳来复本，合教永圆明①。师谨识之，未敢妄泄，是为第一代律师。"② 赵道坚于皇庆壬子年（1312）将"性命双修全诀全法"、"道戒衣钵"传于河南道士张德纯。

比较以上资料，可得如下信息：它们都提到了赵道坚曾随丘处机隐龙门修道，后又跟随其左右，掌管文秘工作，承认赵道坚是丘处机的弟子，但《金盖心灯》还有一些新内容，如丘处机称赵道坚为"元门柱石，天仙领袖"，乃亲授龙门三坛大戒，使之成为龙门派第一代律师③。如据此，龙门派应于元世祖至元十七年（1280）创立于燕京白云观。两者的不同之处有：第一，《金盖心灯》中说丘处机于1280年亲传心印、付衣钵于赵道坚，与史籍中记载的他俩人实际的去世时间（赵1221年，丘1227年）已相距五十多年；第二，说赵道坚于1312年传法于张德纯，与《终南山祖庭仙真内传》中记载赵道坚于1221年在赛兰城去世更是相差了91年。从《金盖心灯》着重描绘丘处机传戒法、付衣钵于赵道坚的事迹中可见，赵道坚创龙门派的说法可能系后人的虚构。那么，其虚构的目的是什么呢？笔者认为，意在说明龙门派是由丘处机授意赵道坚创立的，从而将丘处机奉为龙门派的祖师，将赵道坚作为龙门派的实际创建人，以抬高龙门派在全真道中的地位。

---

① 北京白云观收藏的《诸真宗派总簿》是民国丙寅年（1926）抄录的，其中在介绍龙门派谱系时用了一首五言诗：道德通玄静，真常守天清。一阳复来本，合教永圆明。至理宗诚信，崇高嗣法兴，世景荣惟懋，希微衍自宁。住修正仁义，超升云会登，大妙中黄贵，圣体全用功。虚空乾坤秀，金木姓相逢，山海龙虎交，莲开现实新。行满丹书诏，月盈祥先生，万古续仙号，三界都是亲。其中前二十字与《金盖心灯》中所记载的"龙门心法"基本相似。

② 《藏外道书》第31册，第176页。

③ 《白云仙表》也明确地说：赵道坚"为龙门正宗第一代律师。元至大年间加封为中贞翊教主应真人。"（《藏外道书》第31册，第392页。）

其次，关于前几代龙门律师的生平事迹。《金盖心灯》所记载的前几代龙门律师的传记中也有一些虚构成分。如第二代律师张德纯是河南洛阳人，号碧芝，跟随赵道坚十八年，受法后隐于陕西华山传道，后于元至正二十七年（1367）传于陈通微，“遂遐隐不知所终”①。第三代律师陈通微，山东东昌（今山东聊城）人，名致中，号冲夷子，原为正一道士，先隐华山，拜张德纯为师，后入四川青城山修道，并于明洪武二十年（1387）以戒法传周玄朴。第四代律师周玄朴，陕西西安人，名知生，号大拙，先隐终南山，后避乱去青城山，“皈依陈祖冲夷子，担荷戒法”。其传记中特别写道：“是时元门零落，有志之士，皆全身避咎。师隐青城，不履尘世五十余年，面壁内观，不以教相有为之事累心，弟子数人，皆不以阐教为事，律门几至湮没。”可见，明初时龙门派已衰落到几近湮没的地步。周玄朴后将“道戒衣钵”传于天台人张静定，自己“他适，不知所终”②。以上三位龙门律师都是北方人，都曾在华山或青城山修道③，都在教内秘传“道戒衣钵”与“性命双修功法”，都以隐逸为务，最后都“不知所终”，颇有虚实不定的神秘色彩。

对照元代全真道的发展史，可见这种带有虚构性的传承谱系大概是后人意在为龙门派建立一条神圣的法脉。其实，当时全真道主要以关中重阳宫祖庭和燕京白云观为中心在北方传播。据《终南山祖庭仙真内传》记载，北七真人，尤其是丘处机的众多弟子们都曾力图不断

---

① 《金盖心灯》卷一，《藏外道书》第31册，第177页。

② 20世纪以来，全真道研究也引起了国际汉学界的注意。有法国学者Esposito和Goossaert认为：“全真教龙门派早期传播的中心是陕西华山和四川青城山。‘龙门’名称的来历可能有两个，一是丘处机在陕西龙门（华山地区）的遗迹与传说；二是可能与李八百信仰所在的四川龙门（新都地区）有关。”其资料依据就是《金盖心灯》。（参见张雪松：《法国学界对全真龙门派研究管窥》，《道学研究》2007年第1期）

③ 《金盖心灯》卷一，《藏外道书》第31册，第178页。

向四面八方扩展全真道的势力，如宋德方在山西太原传教，王志谨、姬志真在河北盘山一带活动，于通清则在胶东半岛福山弘道，宋道安随丘长春西行时，即在阿不罕山建起栖霞观，将全真道传到蒙古地区，张志素传教于今辽宁北部一带，全真道第七代掌门李志常奉诏于和林（今蒙古国哈尔和林）建道院，王志坦则十七次从燕京赴和林弘教，使全真道远播北部边疆地区。相比之下，江南地区的武当山虽有鲁大宥、汪贞常、张守清等，苏杭一带有黄公望、罗蓬头、丁野鹤等在传播全真内丹道法，但从总体上看，“元时江南为正一掌教，河北为全真掌教”①。全真道在江南地区，如江、浙、鄂、闽一带的发展并不兴盛。

最后，关于龙门派初传江南。据《金盖心灯》介绍，龙门派第五代由张静定律师和沈静圆宗师并列。张静定（？—1522），号无我子，浙江余杭人，先于天台山修道，精八元阳经及丹诀，著述颇多，因皆不满意而毁弃，后受人指点，乃去四川青城山访道，遇周玄朴。周祖见其向道心诚，遂收为弟子。张静定得戒法后，仍归天台山隐居。沈静圆（？—1465），号顿空，江苏句容人，先在天台山遇张静定，而有修道之志，后于明正统十三年（1448）去青城山，“遇周祖受授宗旨戒律，改名静定矣。”② 明代宗景泰二年（1451），他南行至天台，居桐伯山。明英宗天顺三年（1459），沈静圆至金盖山，居书隐楼修道，后传法于赵真嵩、卫真定。第六代律师赵真嵩又传王常月，第六代宗师卫真定则传沈常敬。“自周律师传张、沈二人，始有律师、宗师之分。”③ 从此，律师与宗师各自传法，使龙门正宗分为两派，且每代都有数人承担，改变了过去“单传秘受，不能广行”的局面，并

① 《长春道教源流考》卷六，《藏外道书》第31册，第118页。
② 《金盖心灯》卷一，《藏外道书》第31册，第179页。
③ 同上，第166页。

使龙门派的传播范围也扩展到江南地区。

龙门正宗第七代有律师王常月（1522－1680）和宗师沈常敬（1523－1653）。第八代共有十五人，其中最知名的是律师伍守阳。伍守阳（1574－1644）号冲虚子，擅长内丹功法，著有多部内丹著作。清乾隆年间，伍守阳将“龙门派”性命双修功法传于在皖水双莲寺落发出家的佛门弟子柳华阳。柳华阳又成为第九代二十一位传人中最著名者。第十代有十一人，第十一代有十人，第十二代有十六人，第十三代有三人，第十四代只记载了潘雪峰律师一人。另外，《金盖心灯》卷六中还有一些零星的传记。从第八代开始，龙门律师或宗师大多是江南人，他们各自在江南地区进行传戒弘道活动，一方面使龙门派进一步分支岔派，另一方面也在客观上扩大了龙门派在江南地区的社会影响，以至于在明清时期出现了“天下道士半全真，天下全真数龙门”的局面。

三、王常月与龙门派中兴

《金盖心灯》在介绍龙门正宗的传承者时，将前五代都称为律师，每代且只有一人，他们的生平事迹比较简略，其中还有一些模糊甚至虚构的成分，这使人不由得思考，从北方传播到江南地区的龙门派究竟在何时兴盛起来？清代全真道士陈教友（？－1881年）在《长春道教源流》中说：

> 今世全真教大抵长春法嗣为多，所谓龙门派也。然询道教中人，云：嗣马丹阳者为遇仙派、嗣谭长真者为南无派，嗣刘长生者为随山派，嗣王玉阳者为昆嵛派，嗣郝广宁者为华山派，嗣孙清静者为清静派。考长春及诸真门人，无有以派名者。诸派之

> 兴，其起于明代欤？惟元时北方全真教长春与诸真递相传授尚可考见，厥后自北而南地，与世相去日远，李道谦后，纂辑无人，世但知为全真教，无有识其渊源者矣。不特此也，当明之世，全真之显著者多出南方而北方无闻焉。岂元末北方大乱，于时宫观残毁，徒众星散，遂尔失传耶？①

他认为，在全真教下的各派之中，丘处机法嗣为多，比较兴盛，但在丘处机及门人时，其实并无龙门派之称。元代时，全真道各派中唯有丘处机一系的传承脉络尚可考见，并由北向南传播。明代时，全真道中的杰出道士大都“出南方而北方无闻”。于是，他明确提出“诸派之兴，其起于明代欤”。笔者认为，龙门派虽起于明代，但真正产生社会影响还是在明末清初第七代律师王常月弘法传戒活动时。

王常月，俗名平，法名常月，号昆阳，山西长治人，“年弱冠而向道之心已笃”，后于王屋山遇赵真嵩，拜之为师。赵真嵩告诫他：“成道甚易，然亦甚难。必以苦行为先，种种外务，切须扫除，依律精持，潜心教典，体道德自然之元奥，探南华活泼之真机，方为稳当。汝当大器晚成。”以后十年间，王常月搜览三教经书，孜孜不倦，参师访道，精勤修习。当王常月再次在九宫山与赵真嵩相见时曾问：“十年之阔，持心应物，何得何失？”赵真嵩历叙七真之后，元风颓弊，邪说流行，罹诸艰苦，叹息良多！王常月则表达了自己的弘道决心。于是，赵真嵩乃说：“吾有三百年来独任之事，当付于子，宝而秘之，时至而兴，大阐元风，是在子矣，遂转授天仙戒。”并告诉他：“于二十年游燕京谒丘祖于白云观，是道行之时也。”② 这段对话为王

① 《长春道教源流》卷七，《藏外道书》第31册，第119页。
② 《金盖心灯》卷一，《藏外道书》第31册，第183页。

常月后来中兴全真道埋下了伏笔。王常月受戒后曾隐居华山修道，直到清顺治十二年（1655）才离华山上北京，先挂单于灵佑宫。当时正值兵荒马乱，白云观的道士避难逃走。不久，王常月移住白云观任主持，并在那里开始传戒收徒。

王常月眼见当时“元门零落”的状况，乃继承丘处机仿照佛教沙弥、比丘、菩萨三戒所制定出初真、中极和天仙“三坛大戒”，并改革过去丘处机“单传秘授”的旧制，实行公开传戒，希望通过严行戒律来阐扬道教信仰的神圣性，提升道士的道德水准，以恢复早期全真道所倡导的“功行俱全”、积极服务于社会的正面形象。这种改革的思路一方面顺应了明末清初处于复杂尖锐的民族矛盾之中的人们希望振兴汉民族宗教与文化的愿望；另一方面，也迎合了清王朝希望利用道教来安抚人心、稳定社会的要求。因此，王常月到北京的第二年，“丙申（1656）三月望日奉旨，主讲白云观，赐紫衣凡三次，登坛说戒，度弟子千余人，道风大振。”① 他以“国师”身份传戒说法，使萧条的白云观逐渐恢复了往日的生气，也使龙门派获得了复兴，更扩大了道教的社会影响。同时，这种弘道活动所具有的维系文化共识，凝聚民族和社会群体的功能，对清初北方地区的社会稳定也起到了一定的促进作用。

然而，王常月并不满足于仅在京城弘道，他认为：“自七真阐教之后，教相衰微，戒律威仪四百年不显于世。”② 道教衰落的原因之一，就在于戒律威仪不显。于是，他于康熙二年（1663），率詹守椿、邵守善等弟子南下，先在南京“说戒于金陵碧苑”，后去杭州宗阳宫、湖州金盖山等地立坛收徒传戒，演说“龙门心法”，努力“将龙门七

---

① 《昆阳王真人道行碑》，载《白云观志》，《藏外道书》第20册，第592页。

② 《碧苑坛经》，《藏外道书》第10册，第168页。

代家风，告诸大众”。几年后，他又到湖北武当山，传“龙门三坛大戒”，度弟子甚众。他的一些弟子再云游传道，使原来主要活动于北方的龙门派得以在南方广泛传播，并形成了众多的支派，其势力远远超过全真北七真人门下其余诸派而一枝独秀。王常月也被誉为龙门派的“中兴之臣”。

王常月的传戒活动之所以能够在短短的时间内在大江南北造成广泛的影响，使全真道在一定程度上得以复兴，这与他以戒弘道的做法有关。王常月撰有《初真戒律》一卷、《钵鉴》五卷、《龙门心法》二卷等。尤其是《龙门心法》二十讲就围绕着一个主题：“戒行精严四个字，降心顺道唤作戒，忍耐行持唤作行，一丝不杂唤作精，一毫不犯唤作严。”① 王常月仿效佛教戒律的做法，希望通过“持戒在心”、“戒律精严”来提升修道者的道德境界，以抑制道门中因过度世俗化而导致的传统被遗忘、神圣被消解、思想变浮浅、生活变随意等腐败现象，使全真道由过去的注重性命双修的内丹修炼转为倡导严持戒律，因此，他所“复兴”的龙门派又被称为“龙门律宗”。

四、龙门派的特点及在江南地区的影响

清代时，龙门派虽然在全国各地都有传播，如在东北，有辽阳道士郭守贞（？－1673）创沈阳太清宫；在四川，有陈清觉（1606－1705）建成都二仙庵，开龙门派碧洞宗支派，后来二仙庵成为龙门派的著名丛林；在广东，有龙门第十一代宗师曾一贯（生卒不详）于康熙年间入罗浮山任冲虚观住持，其徒柯阳桂（1619－1671）度弟子百余人，清末，又有陈教友（1824－？）嗣其传，住持罗浮山酥醪观；

① 《碧苑坛经》，《藏外道书》第10册，第170页。

在西北，有龙门派第十一代刘一明（1734—1821）隐于甘肃榆中县栖云山传道，著书立说，所写丹书被辑为《道书十二种》，流传颇广，成为清代内丹学大家；在云南，有鸡足道者黄守中（生卒不详）开“龙门西竺心宗”，但江南地区则是龙门派的主要传播地。

王常月死后，其弟子们相继在江南各地开山授徒，杭州金鼓洞、余杭大涤山、湖州金盖山、台州天台山，乃至苏州、无锡、茅山等地一时间出现了许多龙门支派，尤以清嘉庆朝之前繁衍传播为最盛，其中不少支派更是流传到近现代，传播到港台以及海外广大地区，以至于“龙门派”几乎成为全真道的代名词，其传播的盛况可与佛教五家禅中的临济宗相媲美，故世有“临济、龙门半天下”① 之说。

据《金盖心灯》记载，第八代律师黄守正（生卒不详），名虚堂，字得一，启苏州浒墅关太微律院支派，门下有孙碧阳律师。第八代律师陶守贞（1618—1673），名陶然、号靖庵，启湖州金盖山云巢支派，为金盖之宗师，门下有陶石庵→徐紫垣→徐隆岩递相嗣传。第八代律师吕守璞（？—1710），名云隐，启苏州冠山支派，著《东原语寔》、《心钱经注》、《复立山房诗》等书，门下有吕全阳、鲍三阳、樊初阳、翁朝阳、金玉衡，徐艮阳、邱寅阳、钱函阳、孙则阳、归南阳、邵悟真、徐鹤岭、潘无尽等，其中邱寅阳启嘉善长春宫支派，钱函阳又启无锡长春宫支派。第八代律师金筑老人盛律师（生卒不详）启余杭金筑坪天柱观支派，门下有潘牧心→王洞阳→潘天厓递相嗣传。与王常月同辈的沈常敬一系，门庭亦盛，其门下有孙玉阳、黄赤阳、林茂阳、程华阳四人。孙玉阳宗师尝居茅山乾元观，门下有阎晓峰，继守茅山。据《诸真宗派总薄》卷十八“阎祖派”记载：“丘祖复字岔派分支，茅山乾元观。”在明嘉靖、万历年间，“阎祖派”就在江苏茅山

---

① 《长春道教源流》卷六，《藏外道书》第31册，第113页。

上传播。阎晓峰下传周明阳、范青云（又名范太青，1606－1748）等。康熙六年（1667）王昆阳律师来游金盖山，授范青云《钵鉴》五卷。范青云又撰《续钵鉴》九卷，继邱、王之绪，述龙门宗律之法脉，后主持天台山桐伯宫讲席，奉敕建崇道观，并开龙门桐柏观支派。黄赤阳曾从王常月受戒，合王、沈二系传承于一身，他曾住杭州大德观，下传周明阳。周明阳律师与王永宁共开杭州栖霞岭金鼓洞支派，又称“金鼓堂”，一时影响颇大，从学者千余人，其中高东篱（1621－1768）晚年继范青云主持天台桐柏观，门下有方锴阳、沈轻云、闵一得等，其中第十一代律师闵一得（1758－1863）所开金盖山支派门庭最盛，阐述龙门派传承历史的《金盖心灯》即为其所作。

“龙门派一以清虚自然为宗，而不事神奇，与老聃庄列之说为近，至其原本，忠孝则其指，并不悖于圣贤矣。”① 在江南传播的龙门派承丘处机之传，以清虚自然为修道之本，倡导以道融会儒佛、惩忿窒欲、遵行戒律、修炼内丹，以传播“龙门心法”为己任，同时又表现出了一些独特的江南文化特点：

第一，以吕祖崇拜为信仰特点。全真道初兴时，就构造了东华帝君→钟离权→吕洞宾→刘海蟾→王重阳的传承体系，称之为“北五祖”。八仙中的吕洞宾因具有誓愿度尽天下人，然后自己再成仙的精神，深得广大民众的喜爱与尊奉，民间扶乩、解梦、灵签等占卜吉凶祸福的活动往往托之吕祖。龙门派继承了道教的多神信仰，尤其突出了对吕祖的崇拜，倡“吕仙之道，传丘长春”，并将金盖山视为“吕仙纯阳子化身所游之地”，因此，在江南地区龙门派道观中大多建有吕祖殿、纯阳宫等。后来，随着龙门派在港台与海外的传播，与广大民众追求祈福消灾的心理需要相关，吕祖往往成为当地最占香火的

① 《金盖心灯》序，《藏外道书》第31册，第161页。

神仙。

第二，倡导精严戒律。王重阳在创教之初，就撰《重阳立教十五论》，对全真道士的宗教生活提出了带有禁忌性的具体要求，希望通过倡导戒律，树立全真道之新风，以与旧道教相区别。丘处机则仿照佛教戒律，立全真道的“三坛大戒”。后来，王常月将持戒与修仙相联系，倡导“学道不持戒，无缘登真仙”，从而使戒律精严作为得道成仙的基本依据。之后，江南龙门派奉“以戒为师”的传统，将持戒精严作为道士必须遵守的行为准则。由于持戒是对修道者言行的一种约束，其目的是促进修道者为善去恶，以提升道德来严肃道门风气，因此，龙门派在当时日益世俗化的江南社会中也一度产生了比较积极的影响。

第三，重视内丹文化建设。江南龙门派道士中出现了一批富有成就的内丹家，他们著书立说，促进了道教内丹学的发展。例如，伍守阳（1565－1644）通过佛仙互释来阐发仙道之宗旨，著《天仙正理》、《仙佛合宗语录》、《金丹要诀》、《丹道九篇》等；柳华阳（1736－?）著《金仙正论》、《慧命经》，形成了以养生却病为内丹修炼重心的“伍柳派”，影响颇大；闵一得编《道藏续编》时收入几十种明清内丹著作，所撰《古书隐楼藏书》则录有三十八种内丹著作。这些内丹著作往往援佛入仙、援易入道，强调丹法步骤应从炼性入手，通过佛仙互释、易道互证，来阐发仙道之宗旨，大大丰富了明清时期道教内丹修炼的形式与内容。龙门派的内丹著作《太乙金华宗旨》与《慧命经》被湛然慧真子合为《长生术·续命方》，后被来华基督教传教士卫理贤（RichardWilhelm，1873－1930）译为德文在欧洲出版，瑞士心理学家荣格（C. G. Jung）专门为之作序加以推扬，对当时欧洲流行一时的宗教心理学产生了一定的影响。

第四，受正一道影响，江南龙门派将持戒、炼丹与符箓斋醮结合起来。以张天师后嗣为首的正一道在江南地区有着悠久的传播史。正一道注重符箓禁咒、斋醮祈禳，以香火道场来传道，在普通民众中有着较大的社会影响。龙门派来到江南之后，自然而然地受到正一道的影响，这不仅表现在龙门派道士中出现了与正一道士相类似的在家修行的情况[①]，从而与早期全真道倡导出家修行的传统形成了鲜明的区别，而且还兼嗣正一教法，将持戒、炼丹与符箓斋醮相结合，开创出带有正一道特色的龙门支派。据《金盖心灯》介绍，龙门第八代律师铁竹道人施道渊，字亮生，本从王常月受初真戒、中极戒，后改皈正一道，善五雷法，驱役百神，为人除祟魅、疗疾苦，不以取利[②]，后启苏州穹窿山支派。十一代嗣师徐隆岩，本"持三戒出之金盖"，后兼传正一法脉，"师精于法，祷雨祈晴，无不立应。"其徒陈樵云、蒋雨苍、朱春阳、史常哉皆得正一法[③]，行祈禳斋醮，建香火道场，使江南地区传播的龙门派具有了与正一道相融合的文化特点。

（原载：《宗教学研究》，2010 第 3 期）

① 王宗昱：《吴兴全真道史料》，Scriptures，Schools and Forms of Practice in Daoism，P215－232. edited by paul Andersen and Florian C. Reiter，Harrassowitz Verlag 2005.

② 《玄妙观志》卷四，《藏外道书》第 20 册，第 467 页。

③ 《金盖心灯》卷四，《藏外道书》第 31 册，第 244 页。

经 典 篇

论《太平经》的妇女观及其对道教发展的影响

综观世界，许多有影响的宗教往往都有轻视或贬低妇女的倾向。佛教在创立之初，就曾认为女性入教将有碍佛教的发展。基督教的原罪论也是将女性视为人类堕落的根源，有的基督教神学家甚至将女人视为“地狱之门，万恶之母”。在中国的儒家思想中也充满了对男尊女卑的强调。而道教却继承了母系氏族社会的文化传统，从阴阳和合的基本理论出发，尊阳而崇阴，对妇女抱有一种宽容甚至尊崇的态度，这在现存最早的道教经书《太平经》中就有鲜明的体现。《太平经》的妇女观不仅使道教与其他宗教相区别，而且对道教自身的发展产生了巨大的影响。探讨《太平经》的妇女观将有助于深化对道教的本质与特征的认识。

一、阴阳和合与妇女地位

道教是中国土生土长的传统宗教，它生长发育于中国传统文化的丰厚土壤中，有着独特的宗教理论和信仰体系。曾对早期道教两大道派——太平道和五斗米道都发生过一定影响的《太平经》，保存了许多反映早期道教基本教义和思想的宝贵资料。

首先，《太平经》从天人合一的基本思路出发，远观天地，近察男女，提出了一个普遍而绝对的"道"，并从"道无奇辞，一阴一阳，为其用也"① 这个特殊的视角来观照妇女问题。"夫道何等也？万物之元首，不可得名者。六极之中，无道不能变化。元气行道，以生万物，天地大小，无不由道而生者也。"② "道"既是"万物之母"，又是"大化之根"，作为宇宙间最根本的存在，它体现在天地万物和人类社会的一切方面，并通过阴阳的运动变化来化生万物。因此，自然界有天有地，人类社会有男有女，这都是阴阳之道在自然和社会中的不同体现。既然有阴有阳是自然和社会的普遍规律，那么，女性作为人类社会中"阴"的象征，也是"道"的体现，其重要地位也就是不言而喻的了。《太平经》的这种思路与观点，具有从宇宙论的高度来为妇女地位定性的意义。

其次，《太平经》从自然生化和生命延续的高度来观照妇女问题，认为天地有阴阳而生化不息，人类有男女而繁衍不绝。"天下凡事，皆一阴一阳，乃能相生，乃能相养，一阳不施生，一阴并虚空，无可养也；一阴不受化，一阳无可施生统也。"③ "一男一女，色相好，然后能生也。"④ 如果缺阴少阳，事物就无法生长；而缺男少女，人类也不能繁衍。"贞男乃不施，贞女乃不化也。阴阳不交，绝灭无世类也"⑤。因此，就人类社会的存续而言，女性与男性一样是必不可少的。特别是女性作为人类中具有生育功能者，是人类生命延续的直接

① 王明编：《太平经合校》，中华书局，1960 年，第 11 页。
② 同上，第 16 页。
③ 同上，第 221 页。
④ 同上，第 44 页。
⑤ 同上，第 37 页。

承担者，子皆“托生于母”①，因而女性的地位和作用更是不应被忽视的。

再次，《太平经》又通过对阴阳和合的强调而表达了男女之间应该和谐与平等的思想，进一步说明了女性的重要地位与作用。重视阴阳的“和合”是《太平经》中一个十分突出的思想。《太平经》认为，孤阴不生，独阳不长，但光是有阴有阳也还不够，还必须“阴阳相与合，乃能生”②，只有阴阳相交，方能生养万物。若天地之间“有阴有阳而无和，不能传其类，亦绝灭”。表现在人类也是一样，不仅要有男有女，而且男女必须相和，“男不能独生，女不能独养”③，“如男女不相得，便绝无后世”④，而“和合夫妇之道，阴阳俱得其所，天地为安”⑤。在《太平经》看来，就人的性别而言，男女都不是完满自足的，都需要在与异性的相合中才能创造出人类美好的社会与生活。因此，《太平经》将阴阳和合、男女相得视为自然和社会得以生化不息的必要条件，从阴阳的和合论证了男女和谐的重要性与必要性，从而把男女的平等与和谐上升到了自然之道的高度，这在客观上将妇女摆到了与男子同等的地位，说明女性不但与男性一样不可缺少，而且两者之间应该是平等的，两者的和谐、协调对于人类社会的发展是至关重要的。

最后，在阴阳和合理论的基础上，《太平经》还提出了一个阴阳、男女“两半共成一”⑥ 的重要思想，视女性为人类整体之“一”必不可少的一半，从而进一步论证了男女之间的辩证关系。经中认为，

---

① 王明编：《太平经合校》，中华书局，1960 年，第 19 页。
② 同上，第 678 页。
③ 同上，第 149 页。
④ 同上，第 44 页。
⑤ 同上，第 17 页。
⑥ 同上，第 715 页。

"天地之生凡物也，两为一合"①，即宇宙间任何事物都是由对立的两个方面构成的。对立的双方互相依存，各出半力，共成为一："天地之道，乃一阴一阳，各出半力，合为一，乃后共成一"②。作为整体的一半，"天地各出半力，并心同欲和合，乃能发生万物"，"男女各出半力，同志和合，乃成一家"③。由于男女双方相反相成，共同构成了人类的整体，不能缺少任何一半，因而男女是平等相依的关系。"男女夫妇者，主传统天地阴阳之两手也"④，两者必须"并力同心"，"夫妇不并力，子孙无从得长，家道无从得立"⑤。正是从男女各为人类之一半的看法出发，《太平经》不仅尊阳，而且崇阴，认为尊阳和崇阴是一个问题的两个方面。如果说崇阴是尊阳的前提，那么，尊阳也是崇阴的基础。尊阳而崇阴形成了道教有别于中国古代其他阴阳观的重要理论特色，并从事物的普遍法则中确立了妇女与男子同等的地位。

《太平经》对阴阳男女的认识与古人对人的生存状态的思考是紧密联系在一起的。古人生活在大自然之中，自然界的一切事物都在不断地影响着人类。人对自然强烈的依赖感，使人在解释世界的奥秘、说明自身的命运时，往往会不自觉地借助于想象力通过自然现象来加以诠释。《太平经》也是如此。例如，天地有着不同的本质特征，男女也有着不同的生理基础，《太平经》将两者相比附，认为"天阳，主生也，地阴，主养也"⑥，并认为，"人象天地，……天地乃人之真本，阴阳之父母也"⑦，"男者，乃天之精神也，女者，乃地之精神

① 王明编：《太平经合校》，中华书局，1960年，第652页。
② 同上，第715—716页。
③ 同上，第715页。
④ 同上，第518页。
⑤ 同上，第519页。
⑥ 同上，第220页。
⑦ 同上，第123页。

也”[①]。就是说，男性秉受天之精神而来，象征着“阳”，其作用在于施生；女性秉受地之精神而来，象征着“阴”，其作用在于顺阳而生养。《太平经》认为，阴阳男女在天地的生化和生命的延续中发挥着各自独特的作用，其中表现为积极、主动的阳的功能通常是显而易见的，而表现为含蓄、柔顺的阴的功能虽然往往隐而不见，但其作用却与阳一样是不可或缺的。天地相配才有绚丽多彩的大千世界，男女相合才能维持生生不息的人类社会。

正如费尔巴哈所说，性别是人类生存的基本特征之一，它使人类生存本质上成为社会的生存。男性与女性并不止是生理上的区别。男人与女人共同组成一个社会，他们之间的差别渗透着人类生活的方方面面，成为人的社会性的表现之一，对女性的看法也就成为社会观的重要内容。《太平经》贵柔崇阴，对妇女抱有宽容的态度，同时，出于对阴阳辩证关系的理解，又将崇阴与尊阳联系在一起，从性别意识的角度强调男女平等，其对男女关系的认识也已远远超出了生理学的范围。

汉代是以男性为中心的社会，男尊女卑已逐渐成为社会上的普遍现象，妇女的社会地位日益低下。基于男女平等的妇女观，《太平经》反对了当时社会上的重男轻女，并特别对歧视妇女、虐杀女婴的社会现象进行了尖锐的批判，认为“今天下失道以来，多贱女子，而反贼杀之，令使女子少于男，故使阴气绝，不与天地法相应”[②]。《太平经》把贼杀女子看做是“绝地统，灭人类”的残酷表现，是“大反天道”的罪过[③]，也是导致社会政治混乱的重要原因，“天地之性，万二千物，人命最重，此贼杀女，深乱王者之治，大咎在此也”，并借

① 王明编：《太平经合校》，中华书局，1960年，第34页。
② 同上。
③ 同上。

神人之口提出“吾所乐也，以救冤女之命”（第34页）。《太平经》从天地之法、从不能灭绝人类的高度提出了保护妇女的思想，这在当时和现代都是具有积极社会意义的。

需要指出的是，《太平经》中也有许多阳尊阴卑、男尊女卑的思想，但它在论述男尊女卑时主要是从男女生理上的差异着眼的。例如它认为：“阴阳男女者，本元气之所始起，阴阳之门户也。人所受命生处，是其本也。故男所以受命者，盈满而有余，其下左右，尚各有一实。上者盈满而有余，尚常施与下阴，有余积聚而常有实。……故阳得称尊而贵也。……阴为女，所以卑而贱者，其所受命处，户空而虚，无盈余，又无实，故见卑且贱也。……今女之妊子，阴本空虚，但阳往施化实于阴中，而阴卑贱畏阳，顺而养之，不敢去也。”① 这种观点从男女生理的不同揭示了男女之间的差异，并从男女施受的互动中暗示了男女间的一种互补性。这在一定意义上也可视为是从另一个角度表达了崇阴尊阳的思想，它与儒家从人的社会地位上强调男尊女卑毕竟是不一样的。

然而，当《太平经》把阳尊阴卑与人性善恶的道德属性联系在一起的时候，客观上又在人的自然性上打上了社会性的烙印，从而为后来道教走向儒家的男尊女卑提供了契机。《太平经》认为，“半阴半阳，乃能相成。故上者象阳，下者法阴，左法阳，右法阴。阳者好生，阴者好杀。阳者为道，阴者为刑。阳者为善，阳神助之；阴者为恶，阴神助之。”② 阴阳本是自然现象，但《太平经》赋予其人性善恶的道德属性，认为阳善阴恶，两者在道德上是截然对立的，并认为“从阳者多得善，从阴者多得恶”③。用之于妇女观，则认为男女生来

① 王明编：《太平经合校》，中华书局，1960年，第386—387页。
② 同上，第12页。
③ 同上，第94页。

也有高低贵贱之别，男者承天统，属阳，故尊；女者承地统，属阴，故卑。甚至认为“阳者尊，阴者卑，故二阴当共事一阳，故天数一而地数二也，故当二女共事一男也”①。这就超越了男女生理的差别而论证了阳尊阴卑、男尊女卑的合理性，迎合了封建的伦理道德，并为魏晋南北朝时儒道的进一步融合提供了可能。

二、贵柔主阴与女性哲学

《太平经》的妇女观有着深刻的思想和文化背景，这与道教深深地扎根于中国传统文化的丰厚土壤中有密切的关系。道教的文化来源很多，既有民间的神仙方术和鬼神迷信，又有黄老道家和阴阳五行的思想，还有儒家的伦理道德观等等。就《太平经》妇女观的思想倾向而言，则主要继承了上古母系氏族的主阴文化传统和老子道家的贵柔守雌思想，并推进了道教特有的女性崇拜的形成。

从直接的方面看，《太平经》重视妇女的倾向是对老子道家贵柔守雌的主阴思想的继承。在中国的文化传统中，一向存在着主阴贵柔和主阳尚刚的不同思想倾向，这是母权制和父权制在文化观念上的不同反映。如果说儒家更多地延续了后者，那么道家则更多地承袭了前者。“从某种意义上说，老子的哲学就是一种女性的哲学”②。老子思想的重要特色之一就是贵柔守雌，他从“弱者道之用”③出发，强调“天下之至柔，驰骋天下之至坚”④，举起了“柔弱胜刚强”的旗帜。他所崇尚的无为而无不为的“道”就是以柔弱顺自然为主要特征的。

---

① 王明编：《太平经合校》，中华书局，1960年，第33页。
② 牟钟鉴等主编：《道教通论——兼论道家学说》，齐鲁书社，1991年，第17页。
③ 《老子》第四十章。
④ 《老子》第四十三章。

"老子说的'柔弱'，不是一般人理解的'软弱'，而是'柔韧'，生命的底蕴深厚，坚毅不拔，对外力的作用有较大的弹性，适应环境的能力特强。"① 正是这种"柔弱"之道却是天下事物生生不息之源。"'道'所表现的柔弱，使万物并不感到是强力被造的，而是自生自长的"②。在《老子》那里，柔弱与刚强相对。以此来观男女，那么，女性为雌、为柔，男性为雄、为刚。从表面上看，女性是柔弱的，但恰恰是柔弱如水的女性，成为世界生殖力量"阴"的象征。因此，《老子》中"负阴而抱阳"、"牝常以静胜牡"、"知其雄，守其雌"等贵柔崇阴的话语比比皆是。《太平经》继承了老子道家的思想，也非常重视"阴"、"雌"、"女"，认为它们虽然具有柔弱的特性，但在阴阳和合的过程中却占有十分重要位置。《老子》贵柔守雌的价值取向成为《太平经》妇女观形成的重要思想来源之一。

从间接的方面看，《太平经》对妇女的看法也来源于上古文化对女性生殖能力的神秘感与崇敬感。人的生命是如何开始的？在古代社会中，由于科学技术不发达，人们并不能很好地认识自己从何而来。人们往往只见母生子，而不知生命在母体中是如何被创造的。凭着直观，人们认为正是靠着母体的生殖力量，人类才得以生生不息地繁衍。对女性生殖能力的神秘感转化为敬畏感，对女性的崇拜感也油然而生。因而女阴崇拜成为原始宗教的特征之一。即使到了汉代，人们对女性的生殖功能仍然十分推崇。对此，《太平经》中也有解释："地为母，父施于母，故于阴中也，其施阳精，同始发于天耳。阳者，其化始气也微难睹，入阴中成形，乃著可见，故记其阴中，不记其阳也。"③ 这种对生殖、母亲、女阴的崇拜在《老子》以"谷神"、"玄

① 牟钟鉴等主编：《道教通论——兼论道家学说》，齐鲁书社，1991年，第76页。
② 陈鼓应：《老庄新论》，上海古籍出版社，1992年，第33页。
③ 王明编：《太平经合校》，中华书局，1960年，第679页。

牝”用作对自然生化之道的譬喻中得到了淋漓尽致的表达。《老子》第六章云：“谷神不死，是谓玄牝，玄牝之门，是谓天地根。绵绵若存，用之不勤。”谷神，一说为“道”，一说为女性生殖之神。牝，母性生殖器的象征。玄牝，则是巨大而不可见，却又神秘而可以生产万物的生殖器的象征。道之所以值得推崇，就在于她犹如母生子般地生养着万事万物，为天地之根。《太平经》对女性地位的肯定，在很大程度上也是受到了这种崇阴主阴文化的影响。《太平经》认为，人的生死，人类生命的延续，都是阴阳二气相互作用的结果，而女性作为阴的象征，是人类生殖能力的直接体现。“天统阴阳，当见传，不得中断天地之统也，传之当象天地，一阴一阳，故天使其有一男一女，色相好，然后能生也”[①]；“子子孙孙，阳入阴中，其生无已”[②]。正是妇女的生殖作用才使人类生生不已，因而妇女是伟大的，是值得崇敬的。沿此思路，《太平经》对妇女在人类社会中不可替代的重要作用作了充分的强调，为道教形成以贵柔主阴为特点的女性哲学奠定了理论基础。

三、尊阳崇阴与道教特色

《太平经》尊阳而又崇阴的妇女观，对道教的发展产生了一定的影响。虽然受儒家伦理的影响，道教在后来的发展中也出现了从社会伦理的角度强调男尊女卑的倾向，但贵柔崇阴的思想一直在道教中占有重要地位，在道教中还出现了“凡有道之士用阴，无道之士用阳，

① 王明编：《太平经合校》，中华书局，1960年，第43—44页。
② 同上，第338页。

阳则可测，阴则不可穷也”① 的说法。对妇女的宽容甚至尊崇则构成道教不同于其他宗教的鲜明特色。

从信仰对象上看，《太平经》的妇女观从理论上为女性神仙的存在和崇拜提供了依据。早在先秦时期，女神崇拜和女仙崇拜就已在社会上十分流行。随着秦汉神仙思想的盛行，道教创立以后也继承了这种本质上为女性崇拜的宗教文化传统，并进一步加以发展，如上清派道书中即有：“元君者，皆女子之神也”的说法②。在后来的道教神仙谱系中，女性神仙都占了一定的比例。先秦时所描绘的神仙大都不为世务所累，自由自在地生活在远离尘世的仙境之中，像《庄子·逍遥游》中的“藐姑射神人”等。而《太平经》中所描绘的则不如这些神仙生活得清闲潇洒。“仙人主风雨”③，“仙人职在理四时”④，就是说，仙人即使生活在天上，却仍然掌管着人间的事务。但正是由于神仙凭借着神通能够有功于人类社会，所以在道教中受到人们特别的崇拜。众多的道教神仙故事和传说，有不少说的都是女性。最早记述神仙故事的《列仙传》、《神仙传》等就已记载了一些女性神仙的事迹。葛洪所撰的《神仙传》卷七大部分都是描述女性神仙故事的，其中的西河少女、太玄女、麻姑、东陵圣母等的神异事迹后来都在民间广为流传。唐代还出现了专门记载女性神仙的道书，像著名道士杜光庭所著的《墉城集仙录》就是专为女性神仙立传的。全书六卷，共收录了汉魏以来广为流传的三十八位女子得道成仙的事迹，成为道教史上第

---

① 《秘藏通玄变化六阴洞微遁甲真经》卷中《六阴隐秘要》，《道藏》第18册，第590页。

② 《洞真高上玉帝大洞雌一玉检五老宝经》，《道藏》第33册，第382页。

③ 王明编：《太平经合校》，中华书局，1960年，第289页。

④ 同上，第88页。

一部较为系统的女性神仙谱系。① 而元代赵道一修撰的《历世真仙体道通鉴·后集》则比较系统地记载了一百多位女仙的事迹。值得注意的是，女仙在道教神谱中并不完全是摆设，并不仅仅是作为男仙的配偶而存在，她们大多具有独立的神格，与男仙相比，女仙更具有绚丽的色彩和吸引人的魅力，如天妃妈祖、碧霞元君等被广大妇女奉为送生保育、婚姻美满、祛病消灾的保护神。众多的女仙与男仙并列而为崇拜的对象，这具体而生动地诠释了道教的信仰特征，也表现了道教对妇女的态度。

从宗教理想上看，道教所追求的最高理想是得道成仙。这种宗教理想的核心在于坚信人可以凭借特定的方法和手段，通过修真悟道来消除自然时空对自己生命的限定，使肉体长生不死，让个体的生命达到永恒。对“生”的追求构成了道教宗教理想的重要特色。《太平经》也大力宣扬“长生久活之道”，认为“延年长寿，精学可得神仙”②。强调学道成仙成为《太平经》的重要内容。由于仙是人通过修炼而成的，而《太平经》认为男女在人格上又是平等的，因此，后来的道教称许多女修道者都修成了正果，成了长生不死、永葆青春的仙人，表明修道成仙并非男子的专利，妇女与男人一样具有得道成仙的可能。从宗教实践上看，《太平经》对妇女重要性的强调，使妇女在道教修行中一直有着一定的地位，后来道教中还形成独特的女性丹法。由五斗米道发展而来的天师道（正一道）一般不讲性禁忌，也不提倡出家修道，他们娶妻室，养后代，认为只要方法得当，这并不妨碍人的修道。到南宋时，全真道南宗门下甚至出现过主张“男女同修”的“阴阳派”。同时，由于妇女与男人一样具有独立成仙的可能，因此在道

① 孙亦平：《论道教女仙崇拜的特点——从杜光庭〈墉城集仙录〉谈起》，载《中国道教》2000年第1期。

② 王明编：《太平经合校》，中华书局，1960年，第4页。

门中还出现了像《女金丹》、《坤元经》、《女丹十则》等这样一些专论女性丹法的道书，它们都是针对妇女生理特点而专为女子修道而作的。清代时，贺龙骧编成《女丹合编》，汇集了女丹功法的宝贵资料，从一个侧面反映了在道教中妇女已形成自己独特的宗教修行方法。

再从女道士在教内的地位看，在历史上，有许多卓越的女道士在道教中担任了重要的职务，有的甚至成为被崇拜的对象。例如五斗米道的祭酒中就有一些是女性，“三张”的夫人也都受到了道徒的尊崇。张衡的夫人、张鲁的母亲卢氏在后世被奉为神仙。晋代女道士魏华存曾为天师道祭酒，她谨修道法，更求神书秘籍。据说她受真人之传而造作了《黄庭经》等上清经系的重要经典，因而被上清派尊为第一代宗师。直到金元全真道，北七真人中依然有着孙不二这样的女性，这些都体现了妇女在道教中的地位及受到的尊重。

（原载：《世界宗教研究》，1998 年第 2 期）

从《上清大洞真经》看上清派的特点

《上清大洞真经》全称《上清大洞真经三十九章》，简称为《洞经》，原来只有一卷，分为三十九章，又称《三十九章经》、《三天龙书》、《大洞玉经》、《九天太真道经》。这部经是生活在东晋时期的杨羲等人托“南岳魏夫人”降旨造作的，是六朝古《上清经》的首经。据《上清大洞真经》介绍，此经在南北朝以后却出现了多种传本。后来在明《道藏》中收有：

1. 茅山宗坛传本《上清大洞真经》六卷，前有上清派第二十三代宗师朱自英序，后有南宋程公端、初明四十三代天师张宇初的后序。各卷首都题有“上清三十八代宗师蒋宗瑛校勘”。

2. 校释本《上清大洞真经玉诀音义》一卷，题为“大洞三景弟子真靖大师赐紫陈景元撰”，经首有《灭魔神慧玉清隐书内祝隐文》，然后列三十九章经文。陈景元是北宋人，他摘取《上清大洞真经》经文中的单字或词句，注释读音词义，校勘文字。

3. 宋元传本《大洞玉经》二卷，题为“太玄赵真人注”。编末有龚德同后序。经文亦分为三十九章，后附《太玄真人咒》、《大洞内炼玉章》、《玉清大洞内炼玉章》三章。全书虽然也倡导存思诵经之法，但篇章经文、祝词符图与茅山宗坛本多有不同。

4. 梓潼文昌经本《太上无极总真文昌大洞仙经》五卷，又名《文昌大洞仙经》共三十八章。此经假托文昌帝君于南孝宗乾道戊子年（1168）降授，故又称南宋传本。该经删去《大洞真经》所倡导的存思之法，而宣扬济生度死，消灾祛祸，将设斋诵经，行善积德作为修仙之要，类似于劝善书。

5. 蜀本《玉清无极总真文昌大洞仙经》十卷，共三十七章。题为元武宗时"卫琪注"，是《太上无极总真文昌大洞仙经》的注本。

南朝茅山道士陶弘景就已知《上清大洞真经》有多种版本："按《登真隐诀》第二《经传条例》云：《大洞真经》今世中有两本，一则大卷，前有回风混合之道，而辞旨假附，多是浮伪；一本唯有三十九章，其中乃有数语与右英（即右英夫从）所说者同，而互相混糅，不可分别，唯亲见真本，乃可遵用。又闻有得杨、许三十九章者，与世中小本不殊，自既未眼见，不测是非，且宜缮写以补品目。又有《玉注》一卷，即是略释《洞经》中旨，亦可录也。"① 陶弘景提到《大洞真经》有大卷本和小卷本之分，认为茅山宗坛传本即由"一杨二许"所传的小卷本，并还指出《玉注》是《洞经》的注释本。陈国符先生认为："疑今《道藏》本《上清大洞真经》出自小本。其大本已亡佚。"② 此说可参考。

在众多的版本中，茅山宗坛本《上清大洞真经》六卷是比较通行的本子。第一卷《诵经玉诀》概述了修炼的要诀，要修炼者依经诵章思神，召神灵真气下降，入布人身，与身中诸神混合，达到镇神固精，以至性命长存的功效。卷二至卷六依次收经文三十九章，以示"上清三十九帝皇回真下映，入兆身中三十九户。于是各由其所贯之

---

① 现存的《登真隐诀》没有这段文字。此文存于《上清大洞真经玉诀音义》，参见《道藏》第2册，第710页。

② 陈国符：《道藏源流考》上册，中华书局，1963年，第18页。

户，著经一章。其辞幽奥，以用领括百神，招真辟非，所谓庆云开生门，祥烟塞死户者此欤。故中央黄老元素道君，总彼列圣之奥旨，集成大洞之真经，故曰《三十九章经》也。”① 每章有《五言韵文》一首，以及思神法、存思图、咒语、祝文和符图等，最后附有《徊风混合帝一秘诀》一篇。

《上清大洞真经》出现与汉魏六朝时期江南地区的文化氛围有关。当时江南流行着偏重玄远的清谈和义理的探讨之学风，也出现了重视生命，以长生成仙为最高修行目标的天师道。一些既爱好玄理又追求长生不死的士族，纷纷奉道入教，在客观上促使天师道的江南社会中得到传播。可是入道士族又对早期道教所呈现的简单的教义、无秩的科仪不满，于是开始了造经的活动。

上清派的创立就是由“好道者”造作道书开始的。东晋中期，博学多才的江苏句容人杨羲、曾跟魏华存的儿子刘璞学道。魏华存(252—334)是天师道女道士，西晋司徒魏舒的女儿。她从小就博览群书，五经、老庄等儒道思想都很精通，又特别爱好仙道，倾慕神仙。虽然她已结婚生子，但心期幽隐，更求神书秘籍。因修道有方，后清虚真人王褒传授给她《太上宝书》、《八素隐书》.《上清大洞真经》、《灵书紫文八道》等三十一卷道书，景林真人传授给她《黄庭内景经》，还有正一真人传授给她一些道术，这使魏华存“修真之益，与日与进”。魏华存在丈夫去世之后，就带着两个儿子南下来到句容。后来两个儿子都做了官，她得以静心修道，成为天师道女官祭酒。据说，魏华存在八十三岁时吞服了两粒仙药，“托剑化形而去”。成仙之后，魏华存在上清宫侍奉玉晨大道君，并受到西王母的接见，被封为紫虚元君，掌管人间南岳，因此，人称“南岳魏夫人”。

---

① 《道藏》第1册，第512页。

杨羲的道法深受魏华存的影响，后来他又与当时东晋护军长史许谧结为神明之交，成为情投意合的朋友。许谧也是一个才子，少年有名，儒雅清素，博学而有才华。杨羲自称能“通灵接真”，就与许谧及他的儿子许翙一起在句容茅山的雷平山上设立了乩坛，许谧做坛主，杨羲做乩手，又做记录，托“紫虚元君上真司命南岳魏夫人”下降，传授上清经法，造作了《上清大洞真经》等三十一卷道书，初创上清经系。据研究，“一杨二许”所造作的道书其实还是具有文化上的承续性：“上清派经典多以众真告诫方式写成，在形式上与神人告诫真人的《太平经》颇为雷同。”①《上清大洞真经》对汉代出现的道书《太平经》有所借鉴与吸收。

学术界一般认为，上清经系所具有的道书，在魏华存时已有一部分问世，这些道书后为杨羲所得，东晋兴宁年间（363－365），杨羲就与许谧、许翙一起托“众神降授”，并以“南岳魏夫人”的名义加以抄录增添，流行于世。正是据于此，陶弘景才在《真诰》中将《上清经》看做是由一杨二许“三君手书”而成的。杨、许所造经的具体情况因年代久远已难以考定，但据陶弘景《真诰叙录》中说，东晋末年，有个“才思绮拔，志规敷道”的茅山道士王灵期，他忿嫉“葛玄甫造构《灵宝经》，风教大行”，于是就与许翙之子许黄民一起，到处求受《上清经》，然后再以增删润色，造作了《上清经》五十余篇，“传写既广，枝叶繁杂，新旧浑淆，未易甄别，自非已现，真经实难证辨。”② 后来上清经系的道书经过道士们不断地增益、扩充，卷帙越来越多，内容也越来越杂。据陆修静《三洞经书目录》介绍：“上清经一百八十六卷，一百二十七卷已行。”也就是说，到南朝时，估

① 李刚：《汉代道教哲学》，巴蜀书社，1995年，第74页。

② 《道藏》第20册，第604页。

计已有《上清经》一百二十七卷在社会上流传。好道者争相传抄，修习上清经法，不仅使上清经法在江苏、浙江、江西一带流传开来，而且在江南道教中形成了传授修习上清经法的上清派。

从上清派创始人的情况可见，上清派与天师道有着密切的关系。像魏华存本人就是天师道徒，还担任过祭酒。杨、许都出身于奉道世家，深受天师道文化的影响。上清派既是由天师道分化而来的，同时又有别于天师道。这是因为上清派的创始人都是士族出身，受过良好的文化教育。他们中有的人还做过官，或曾在官场走运，可他们的仕途都不得意，于是转而信奉以隐逸山林、追求得道成仙为特点的道教。他们信奉道教后，又对其中某些反映下层群众意愿的内容不感兴趣，就依照士大夫的需要来加以改造。以《上清大洞真经》为代表的上清派的出现，在客观上使道教不断贵族化、理论化，并向精致化的方向发展。

上清派奉魏华存为第一代宗师。杨羲被奉为上清派的第二代传人，许谧父子则被奉为第三代。到第四代宗师许黄民时，上清派已发展成为江南地区最有影响的道派之一。以后，代代宗师依经法传授，发展到第九代宗师陶弘景时，他开创了道教茅山宗，从此上清派主要以茅山为基地，依附于茅山宗而传播上清经法。有了固定的宗教活动基地，上清派更是得到了迅速发展，此后高道辈出，经论迭起。从齐梁到北宋，上清派鼎盛数百年，社会影响很大，不仅在唐宋元时期成为中国道教的主流，而且随着历史的发展一直保持着自己的特色延续下来。

为什么上清派能够具有如此强盛的生命力？原因是多方面的，但一种文化要得到持续不断的发展动力，必须要有一定的理论内涵。以《上清大洞真经》为代表的上清经所蕴含的丰富的文化意义，为上清派的持续发展提供了丰富的文化养料。

首先，《上清大洞真经》表达了独特的成仙思想，使上清派对道教终极理想的阐释富有特色。道教倡导“得道成仙”，这是它为人类设计的最具有魅力的目标之一。为了实现这一理想目标，道教发明了种种道术，鼓励道士通过修炼来夺天地造化之功，达到与天地之道共存的境界。《上清大洞真经》作为早期上清派的根本经典，它以“存心养性以事天，聚精会神而合道”① 为宗旨，倡导以存思神真，吟诵宝章为主，同时辅以服食金丹、导引行气、召神伏魔、遁甲隐景、踏罡频道斗、高奔日月、吸云餐露等道术，这与当时流行的丹鼎派和符箓派奉行的道术都有所不同，不仅内容丰富，适应了人们多方面的需要，而且存思术与诵经术既简单易行，又具有神秘色彩和浓郁的宗教韵味，反映了人们希望借助神真之力来排除种种鬼魅对生命的干扰，以达到长生久视的理想目标。

其次，《上清大洞真经》所构想的身中之神，使上清派在一定程度上满足了人们自我拯救的需要。《上清大洞真经》从天人合一的思维方式出发，认为既然宇宙大天地中存在着无数的神灵，那么，人体内部也应该有与之相对应的各种神灵，从而构想出形形色色的身中之神。身中之神遍在全身各处，“二十四真，回入黄庭，口吐黄气，二十四星，灌我命门，百神受灵，体充骨强，魂魄安宁，五脏受符，天地无倾。”② 这些身中之神各有姓字、服色，他们掌管着人体的不同器官。《上清大洞真经》宣称，学道者若能守一存真，思神诵经，佩符念咒，即可使身中各种神灵安然守护着身体的各个部位，开生门，塞死户，从而使五脏六腑安康，五官七窍清明，最终达到延生益寿、长生不死的目的。《上清大洞真经》还设计了种种与身中之神相沟通

① 《道藏》第1册，第554页。

② 《上清大洞真经》卷一，《道藏》第1册，第519页。

的方法，“平坐诵经，存帝一尊君，对兆面前，空玄中坐，尊君之口，正对兆口，听兆所读真经。”① 通过存养神气，吟咏真经，使天真下降，与兆身中神气混融，在一定程度上满足了人们希望能够自我拯救的需要，因而得到了人们的喜爱。

第三，《上清大洞真经》将“存思诵经”作为主要的修炼方法，表达了上清派对个人身心修炼的重视。存思，又称存想，即要求修炼者闭目静坐，控制呼吸，内观某一物体或神真的形貌、特征、活动等，以期达到去除杂念，集中思想，最终进入与存思对象融为一体的境界。这是在“天人合一”思想指导下而形成的一种简单易行的修炼法，故“此法每日行住坐卧，皆可修之”。在《上清大洞真经》中，因存思的对象不同，存思法有别：如存思五方之气法、存思日月法、存思二十四星宿法、存思身中之神法。如存思二十四星宿法的具体做法为：

> 毕口吸二十四星，一“息”气，咽津二十四过，时觉吞一星从口中径至脐中，又觉星光映照于一腹之内，洞彻五脏，又存星光化为二十四真人，并口吐黄气如烟，以布脐中，郁郁然洞彻内外，良久，用“呼”字吐息。心拜三十九过，次思兆身三十九户，逐一分明，各有神真，严固守之，存三十九君各降真气，来灌兆身三十九户②。

《上清大洞真经》认为，若在存思法中再配合请神、思神、诵经、服气、咽津、叩齿、佩符等一系列动作，即可达到成仙的最高理想。

① 《上清大洞真经》卷一，《道藏》第1册，第519页。
② 同上。

上清派还将《上清大洞真经》奉之为“仙道之至经”，宣称“若得《大洞真经》者，复不须金丹之道也，读之万过毕便仙也。”① 认为只要奉诵《上清大洞真经》即可乘云驾雾，登上清之仙境：“读经万遍，云驾来迎，携宴五帝，日月九君，得为仙公，上清真人。”② 这对一般人来说是具有多么大的吸引力啊！故《上清大洞真经》被奉为上清经系的诸经之首，历代传衍不绝。

最后，《上清大洞真经》在客观上使上清派在道教向理论化方向发展过程起到了积极的促进作用。从表面上看，《上清大洞真经》是一部修真之书，正如四十三代天师张宇初所说：“《大洞真经》凡三十九章，皆修炼之旨。”③ 然而其中所包含的对终极目标的设立，对神人关系的构想，对修真方法的阐述，则从不同的侧面推动了人们进一步探索道教奥秘的兴趣。上清派在后来的发展中，聚集了许多具有一定文化素质的道士，他们对经教科仪的重视，对成仙之道所进行的理论阐释，使道教逐渐脱去了民间宗教的外衣而从内容到形式都越来越丰满、成熟。

以《上清大洞真经》为主要理论依据的上清派因拥有丰厚的理论，到唐代时又发展成为道教中最上乘的道派，不仅为道教在唐宋时期的兴盛奠定了基础，而且也为自身的传播发展提供了持续不断的动力。

（原载：《中国道教》，1999 年第 2 期）

① 《真诰》卷五，《道藏》第 20 册，第 519 页。
② 《上清大洞真经》卷六，《道藏》第 1 册，第 553 页。
③ 《道藏》第 1 册，第 555 页。

论汉唐《道德经》注疏与老学思想的发展

——以杜光庭《道德真经广圣义·序》为中心

唐末五代时期的道教思想家杜光庭（850—933）的代表作《道德真经广圣义》五十卷①是依据唐玄宗《道德经》注疏的“圣义”而发挥己见所作的一部《道德经》注疏，因释义详尽而在历代《道德经》各注疏本中篇幅最大、内容最丰，以至于被后人誉为汉唐注老著作的集大成者。该书在理论建构上有一个重要特点，就是作者在前人的《道德经》注疏的基础上，通过“以理说经”的方式而建构起一个精致的、着意探究事物本体的思想体系，从而为人的存在提供意义世界，为道教的进一步发展提供理论基础。值得注意的是，杜光庭在《道德真经广圣义》的《序》中，不仅详细记述了从汉至唐历代六十余家《道德经》注疏本，而且对历代注疏本的名称、作者、卷数及宗旨意趣作了独到的分析与评价，《道德真经广圣义》的思想体系正是在此基础上建构起来的。本文将这篇《序》文所提供的《道德经》注疏目录放到中国思想文化发展的历史背景中钩沉索隐，既展现老学思

① 《道德真经广圣义》原作为三十卷，后收入《道藏》时析为五十卷。

想通过注疏的方式曲折发展的基本理路，也阐明杜光庭是如何在评判前人注老的宗旨意趣的基础上，在自己的《道德真经广圣义》创作中别立新解，将道教老学推向了一个新的理论高度，从而为道教的跨时代发展提供了理论准备。

一

如果回视历史就可见，在先秦诸子百家中，对后世影响最大的是儒道两家。在道家著作中，影响最大的无疑是老子《道德经》。虽然道家作为一个学派在汉代以后就日趋衰微，但其思想却通过一代代学人对老庄等道家著作的注疏与诠释而保存了下来，并对中国文化产生了深远的影响。那么，在汉唐时期，老子之学又是通过怎样的注疏和诠释而获得持续发展的理论动力的呢？

杜光庭的《道德真经广圣义》的《序》中有一份记载甚详的《道德经》诠疏笺注目录，可以给我们有益的提示。由于这份目录对汉唐历代六十余家注老著作的情况作了基本总结，因此，虽然篇幅较长，仍引用如下：

> 此《道德经》自函关所授，累代尊行，哲后明君，鸿儒硕学，诠疏笺注六十余家，则有节解上下（老君与尹喜解）、内解上下（尹喜以内修之旨解注）、想尔二卷（三天法师张道陵所注）、河上公章句（汉文帝时降居陕州河滨，今有庙见存）、严君平指归十四卷（汉成帝时蜀人名遵）、山阳王弼注（字辅嗣，魏时为尚书郎）、南阳何晏（字平叔，魏驸马都尉）、河南郭象（字子玄，向秀弟子，魏晋时人）、颍川钟会（字士季，魏明帝时人）、隐士孙登（字公和，魏文、明二帝时人）、晋仆射太山羊祜

（字叔子，注为四卷）、沙门罗什（本西胡人，苻坚时自玉门关入中国，注二卷）、沙门图澄（后赵时西国胡僧也，注上下二卷）、沙门僧肇（晋时人，注四卷）、梁隐居陶弘景（武帝时人，贞白先生注四卷）、范阳卢裕（后魏国子博士，一名白头翁，注二卷）、草莱臣刘仁会（后魏伊州梁县人，注二卷）、吴郡征士顾欢（字景怡，南齐博士，注四卷），松灵仙人（隐青溪山，无名氏年代）、晋人河东裴楚恩（注二卷）、秦人京兆杜弼（注二卷）、宋人河南张凭（字长宗，明帝太常博士，注四卷）、梁武帝（萧衍注《道德经》四卷，证以因果为义）、梁简文帝（萧纲，作《道德述义》十卷）、清河张嗣（注四卷，不知年代）、梁道士臧玄静（字道宗，作疏四卷）、梁道士孟安排（号大孟，作经义二卷）、梁道士孟智周（号小孟，注五卷）、梁道士窦略（注四卷，与武帝、罗什所宗无异）、陈道士诸糅（作玄览六卷）、隋道士刘进喜（作疏六卷），隋道士李播（注上下二卷）、唐太史令傅奕（注二卷并作音义）、唐嵩山道士魏征（作要义五卷，为太宗丞相）、法师宗文明（作义泉五卷）、仙人胡超（作义疏十卷，西山得道）、道士安丘（作指归五卷）、道士尹文操（作简要义五卷）、法师韦録（字处玄，注兼义四卷）、道士王玄辨（作河上公释义一十卷）、谏议大夫肃明观主尹愔（作新义十五卷）、道士徐邈（注四卷）、直翰林道士何思远（作旨趣二卷、玄示八卷）、衡岳道士薛吉昌（作金绳十卷、事数一卷）、洪源先生王鞮（注二卷，玄珠三卷，口诀二卷）、法师赵坚（作讲疏六卷）、太子司议郎杨上善（高宗时人，作《道德集注真言》二十卷）、吏部侍郎贾至（作述义十一卷，金钮一卷）、道士车（玄）弼（作疏七卷）、任真子李荣（注上下二卷）、成都道士黎元兴（作注义四卷）、太原少尹王光庭（作契源注二卷）、道士张惠超（作志玄疏四卷）、龚法师

（作集解四卷）、通义郡道士任太玄（注二卷）、道士冲虚先生殿中监申甫（作疏五卷）、岷山道士张君相（作集解四卷）、道士成玄英（作讲疏六卷）、汉州刺史王真（作论兵述义上下二卷）、道士符少明（作道谱策二卷）、玄宗皇帝所注道德上下二卷（讲疏六卷），即今所广疏矣①。

如果我们考之于史籍，就可见杜光庭所记载的《道德经》诠疏笺注目录无论在种类上，还是在卷数上都超过了后来出现于宋代的《旧唐书·经籍志》和《新唐书·艺文志》，也比明版《道藏》中所收录《道德经》注疏要多。明版《道藏》的“太玄部”主要收录的就是老子《道德经》以及注疏《道德经》而形成的道书，大约有五十余种，三百多卷。这是我们今天能够看到的情况②。这说明随着时间的流逝，许多注老著作因种种原因而佚失了，杜光庭《道德经》诠疏笺注目录却为后人保留了一份弥足珍贵的老学史料，其中透露出的许多信息都具有重要的学术价值，例如：

第一，杜光庭所记载的六十多家注经者具有复杂的身份。其中有三分之二是道士，余下的三分之一：有隐士，如严君平、孙登等；有佛教僧人，如鸠摩罗什、佛图澄、僧肇等；有玄学家，如王弼、何晏、郭象等；有官吏，如傅奕、魏征、贾至等；还有梁武帝、梁简文帝、唐玄宗这样的一代君王。这说明，推动汉唐老学思想发展的主力是道教学者。道教学者对老子之道进行宗教性诠释以作为道教信仰的理论依据无疑成为汉唐老学思想发展之主脉。同时，具有各种社会身份和文化背景的人参加到注老解老的队伍中，又显示出注疏《道德

① 《道德真经广圣义》序，《道藏》第14册，第309页。
② 参见朱越利：《道藏分类题解》，华夏出版社，1996年。

经》并非是道教的专利。

第二，杜光庭指出汉唐历代六十余家《道德经》诠疏笺注具有不同的指归意趣。“所释之理，诸家不同；或深了重玄，不滞空有；或溺推因果，偏执三生；或引合儒宗，或趣归空寂。莫不并探骊室，竞掇珠玑；俱陟钟山，争窥珪瓒。”① 杜光庭认为，这与《道德经》本身包含众义，内容十分丰富，从而为后人的注疏留下广阔的阐释空间有关。他说：

《道德尊经》，包含众义，指归意趣，随有君宗。河上公、严君平，皆明理国之道；松灵仙人、魏代孙登、梁朝陶隐居、南齐顾欢，皆明理身之道；符坚时罗什、后赵图澄、梁武帝、梁道士窦略，皆明事理因果之道；梁朝道士孟智周、臧玄静、陈朝道士诸糅、隋朝道士刘进喜、唐朝道士成玄英、蔡子晃、黄元赜、李荣、车玄弼、张惠超、黎元兴，皆明重玄之道；何晏、钟会、杜元凯、王辅嗣、张嗣、羊祜、卢氏、刘仁会、皆明虚极无为、理家理国之道。此明注解之人意不同也②。

从杜光庭显示的“汼解之人意不同”这一文化现象中，可见汉唐老学中形成了道家派、道教派、玄学派、佛学派、重玄派等不同的流派，这是由历代注老者从自己特定的知识背景和文化视角出发，根据自己的理解而通过注疏来呈现《道德经》的“指归意趣”而造成的。杜光庭进一步指出，“注解之人意不同”并非是随意的发挥，而是与当时中国思想文化发展中出现的“诸家禀学立宗不同”相联系的。

---

① 《道德真经广圣义》序，《道藏》第14册，第310页。
② 《道德真经广圣义》卷五，《道藏》第14册，第340—341页。

又诸家禀学立宗不同：严君平以虚玄为宗；顾欢以无为为宗；孟智周、臧玄静以道德为宗；梁武帝以非有非无为宗；孙登以重玄为宗。宗旨之中，孙氏为妙矣①。

杜光庭特别采用了“虚玄”、“无为”、“道德”、“非有非无”、“重玄”等名词术语来分判各家立宗之旨趣，从而在客观上展示了汉唐老学在理论上多向度发展的实情。

第三，从杜光庭的《道德经》诠疏笺注目录中可见，汲取道家、玄学、儒学、佛教等思想来诠释《道德经》已构成了汉唐老学思想发展的一种学术特色，只不过“禀学立宗”之倾向各有不同罢了。汉唐老学思想中呈现出的各种异质文化的相互碰撞与融合在客观上成为促进汉唐老学思想繁荣与发展的动因。

但需要说明的是，《道德经》注疏卷帙浩繁，撰者众多，杜光庭的记载难免有纰缪疏误，例如，对孟安排等个别注疏者的生活年代把握得就不够准确，对松灵仙人、王弼、何晏、钟会、郭象、孙登等人注疏的名称和卷数也未能标明。另外，还有个别注疏者的身份也值得再推敲，例如，杜光庭认为，“隐士孙登，字公和，魏文、明二帝时人”，而据今人蒙文通先生考证，“杜以孙登为魏人，殆疑为与嵇(康)、阮(籍)同时居苏门之孙登，此为大谬。注《老》之孙登乃东晋人。”② 究竟如何，因缺少资料佐证，学术界至今仍有争议，需要作进一步研究。这些都要求我们在引用杜光庭的著录时必须详加明辨。

① 《道德真经广圣义》卷五，《道藏》第14册，第341页。需要说明的是，初唐道教学者成玄英也有类似的说法：“夫释义解经，宜识其宗致。然古今注疏，玄情各别。而严均平《旨归》以玄虚为宗；顾征君《堂诰》以无为为宗；孟智周、玄静以道德为宗；梁武帝以非有非无为宗；晋世孙登‘托重玄以寄宗’。虽复众家不同，今以孙氏为正。”（《老子道德经开题序诀义疏》，敦煌经卷，第2353页）杜光庭在此可能参考了成玄英的说法。

② 《道教史琐谈》，《中国哲学》第四辑，北京三联书店，1980年。

二

杜光庭在《序》中详载汉唐《道德经》注疏目录的目的并非是要作经籍志，而是要在梳理老学发展之理路的基础上，以凸现各种注疏“所释之理，诸家不同”，通过对各家宗旨意趣的分判而将唐玄宗的注疏奉为圭臬，从而为自己撰写《广圣义》提供一种理论依据。这就决定了他的注疏必然要反映汉唐老学思想如何通过注疏的方式而曲折发展。如果我们将杜光庭的这篇《序》文所提供的《道德经》注疏目录放到中国思想文化发展的历史背景中钩沉索隐，就可以看到言简意赅的《道德经》从汉代始就受到了“哲后明君，鸿儒硕学”们的喜爱，由“累代尊行”而推动了老学思想持续而多向度的发展。

从历史上看，道教在创立之初就奉老子为教主，与老子思想结下了不解之缘。“东汉以来，《老子》一书注本繁多，仅在道教徒中流行的，就有《老子河上公章句》、《老子想尔注》、《老子五千文》、《老子节解》等。”① 有关这几本书的作者及创作的年代，至今学界仍是众说纷纭。但值得重视的是，杜光庭明确指出了它们的作者，是为一家之说，可供参考。

杜光庭认为，汉代出现的《道德经》注本《河上公注》② 和《老子指归》在“指归意趣”上具有共同特征，就是“皆明理国之道”。这就凸显出汉代老学注重治世理国的特点。但同时杜光庭又进一步指出两书之间的差异：“蜀严道德沈冥，言其识量深厚，玄德隐微非

① 王卡：《〈老子道德经序诀〉考》，载《世界宗教研究》1983年第3期。

② 唐代陆德明在撰写《经典释文·叙录》时，著录《河上公注》四卷，并叙述了该书的来历，但却谓其作者“不详其名”。后刘知几提出《河上公注》为伪书以来，关于《河上公注》的产生年代和作者，可谓众说纷纭，至今未有定论。

常”，故俗人难以理解，未得广传。而《河上公注》二卷“以为道德尊经并包万法，囿制三才，理国理家之宗，修身修道之要，无所不摄，无所不周”①，它既注重理国理家，又有利于修身修道，从而与道教的终极理想不谋而合。杜光庭一语道出以理国修身为指归是《河上公注》的重要特点，因此他认为，“河虽或略，亦足明其至妙”②。

而在早期五斗米道中，比较流行的是《老子想尔注》。《老子想尔注》虽以老子为旗号，但从道教的基本宗旨出发，曲解《老子》，自立教义，以为建构道教信仰提供理论论证。杜光庭明确指出，早期五斗米道造作的、并奉为道徒必读之书的《老子想尔注》为“三天法师张道陵所注”，具有“述修身”的特点③。

杜光庭对汉代比较流行的一些注老著作的指归意趣的看法虽为一家之言，但由此却显示出道家思想向道教的过渡是将“道”之内涵由学术转向宗教，其契机就是对“修身”炼形的重视。而最早促成这一转化的直接原因则是对《道德经》所进行的宗教性诠释。在这种转化过程中，道教老学也随之而诞生。道教老学是道教学者站在信仰的立场上，用道教的得道成仙的思想来诠释《道德经》而逐渐形成的一门学问。这种诠释不仅将老子的哲学之道演化为宗教之道，而且也为道教的创立与持续发展奠定了思想和信仰基础。

杜光庭又列举了魏晋南北朝时期的注老著作。他指出“松灵仙人、魏代孙登、梁朝陶隐居、南齐顾欢，皆明理身之道”，而玄学家何晏、王弼、郭象和钟会的注老著作的“指归意趣”是“皆明虚极无为、理家理国之道”。这就展现出魏晋时期的道教与玄学从不同的角度发挥《道德经》义旨而形成了两大学派。从玄学的角度来看，无论

---

① 《道德真经广圣义》卷一，《道藏》第14册，第311页。
② 同上。
③ 同上，第310页。

是何晏著《道德论》、王弼著《老子注》和《老子指略》倡导的"以无为本"，钟会《老子注》提倡"有无相资，俱不可废"，还是郭象融会老庄而提出的"独化于玄冥之境"，以他们为代表的魏晋玄学主要是融合儒道而发展了老庄道家的自然人生论，因而被称作新道家。特别是王弼的《老子注》倡"贵无论"而开魏晋玄学的"虚极无为"之先风，对后世影响极大。它与《河上公注》一起，成为自古以来最受重视的《道德经》注本。从道教的角度看，随着魏晋玄学在江南的盛行，东晋时期，江南地区出现了以造作经书、传授经法为首务的道教经箓派和以追求烧炼服食丹药而达到长生不死之境的道教丹鼎派。经箓派由上清、灵宝和三皇三大经系组成，它在创立之初曾力图抛开《老子》而借鉴佛教教义创立自成一体的道教信仰体系，因此，在经文中出现了贬低《老子》，抬高自身的倾向，而最终也没有把《老子》收入三洞经书之中。以葛洪为代表的丹鼎派则明确地认为，"五千文虽出老子，然皆泛论较略耳。其中了不肯首尾全举其事，有可承接者也。但暗诵此经，而不得要道，直为徒劳耳，又况不及者乎？至于文子庄子关令尹喜之徒，其属文笔，虽祖述黄老，宪章玄虚，但演其大旨，永无至言。或复齐死生，谓无异以存活为徭役，以殂殁为休息，其去神仙，已千亿里矣。岂足耽玩哉？"[①] 不仅认为《老子》"泛论较略"，不宜修仙，而且认为《庄子》等道家之书所倡导的"齐生死"的精神与道教的神仙之旨差异千里。

当时道教中出现的明贬老庄、暗学佛教的做法，虽然促进了道教从依附老庄思想中独立出来而自创理论体系，但其理论体系的基点仍然是依据道教的得道成仙思想而对老庄作宗教性的发挥。当时一些著名道士都力图以"理身之道"来诠释《道德经》义旨，以期使之与道

① 《抱朴子内篇·释滞》。

教所追求的炼形成仙的终极理想相契合。

炼形成仙既是道教信仰的核心，也是道教解决人的生命问题时所提出的一个美好理想。道教为了实现这一理想而发明了种种道术，希望以技术性的方法来无限地延长人的生命。问题在于，人虽然可以采用种种方法来延长生命，但人有生必有死，这是不以人的意志为转移的客观规律。道教丹鼎派企图"假外物以自坚固"来无限地延长生命，这就在客观上使无限之道与有限之肉体的矛盾凸现出来。"道本无象，仙贵有形。以有契无，理难长久。"① 如何解决这一矛盾？

随着佛教理论的发展和宗教势力在中土的扩大，南北朝时，社会上出现了沙门道士激烈交锋、相互弹射的局面。佛教对道教的肉体长生说大加攻击，并特别指出道教得道成仙的理想与老庄思想的相违背，认为"若乃炼服金丹，餐霞饵玉，灵升羽蜕，尸解形化，斯皆尤乖老庄立言之本理。"② 道教这才逐渐意识到，托神所造作的道书虽然种类繁多，卷帙庞大，但巫觋之术弥漫，理论上难以精圆，真正能够与佛教相抗衡的，还是具有浓厚思辨性的《道德经》。

值得注意的是，佛教在批评道教的同时，却在悄悄地汲取着中国传统文化。这是因为佛教在两汉之际传入中国后，就面临着一个如何适应中土社会的精神与文化需要的问题。佛教的中国化，"从思想理论上看，大致可以概括为佛教的方术灵神化、儒学化和老庄玄学化等三个方面。"③ 在佛教中国化的过程中，蕴含着中国传统文化精神而极具思辨性的《道德经》引起了佛教徒的广泛关注。杜光庭打破了宗门之见，不仅记载了佛教高僧鸠摩罗什、佛图澄、僧肇等人的《道德经》注疏，而且还指出这些注疏的主要特点是"皆明事理因果之道"，

---

① 《宗玄先生玄纲论》，《道藏》第23册，第681页。

② 《广弘明集》卷八，道安《二教论》。

③ 洪修平：《禅宗思想的形成与发展》，江苏古籍出版社，2000年，第2页。

简要地概括了佛教徒注老的指归意趣。据《旧唐书·经籍志》中记载，鸠摩罗什有《老子注》。而罗什的弟子僧肇早年“志好玄微，每以庄、老为心要”①，但僧肇是否曾注有《道德经》四卷，学术界至今还有争论。汤用彤先生通过考证就认为，“所谓肇公之《老子注》，同是伪书也。”② 但僧肇的代表作《肇论》一书具有浓厚的老庄化色彩却是无可置疑的事实。此外，杜光庭还将虔信佛教的梁武帝萧衍的《道德经注》四卷和梁简文帝萧纲的《道德经述义》十卷与佛教徒注老著作的宗旨意趣归为一类。杜光庭的这些记载显示出佛教徒在推进中国佛教发展时，自觉与不自觉地对中国传统文化的吸收与依附。这种以佛解老的思路不仅给老学发展带来了方法论上的启迪，而且提醒道教去珍视自家宝藏。

当南北朝道教兴起改革浪潮时，北魏道士寇谦之托太上老君之名而造作《老君音诵诫经》作为改革的理论依据。南朝宋朝道士灵宝派的代表性人物陆修静在搜集道经，建立三洞体系，对道教进行自我改革以求更新发展时，也重新回视老子，著有《道德经杂说》③，以提升道教的理论水平。这样，如何融合各种道书之教义而建立一个以老子思想为核心的经教体系就成为当时道教理论发展的重心。

“在南北朝道教教义学之风日盛的氛围中，阐释《道德经》便顺理成章地成为道教的重要学术形式。”④ 在当时众多的道教流派中，比较重视阐释《道德经》义理的有太玄派，而灵宝派也把目光转向了《道德经》。“灵宝派、太玄派的动向促进了隋代重玄派的成立，对于

---

① 《高僧传》卷六《僧肇传》。

② 《汉魏两晋南北朝佛教史》，中华书局，1983年，第235－236页。

③ 此书早已佚失，杜光庭也没有记载。虽然今天我们已无从详知该书的内容，但透过书名，还是可知该书大概是依据《道德经》而发的议论。

④ 卢国龙：《道教哲学》，华夏出版社，1998年，第235页。

《道德经》在唐代被尊崇的情势的形成，也给予了有力的影响。”① 据杜光庭记载，“梁朝道士孟智周、臧玄静、陈朝道士诸糅、隋朝道士刘进喜、唐朝道士成玄英、蔡子晃、黄元赜、李荣、车玄弼、张惠超、黎元兴，皆明重玄之道。”这就呈现了一个历史事实，南朝道教中出现了以“重玄之道”注疏《道德经》的思潮，这一思潮发展到初唐很快进入了高潮。杜光庭在《道德真经广圣义·序》中就记载了臧玄静《道德经疏》四卷、孟安排《道德经义》二卷②、孟智周《老子注》五卷等颇具重玄学意味的著作。所谓“重玄”语出于《道德经》第一章“玄之又玄，众妙之门”。“重玄之道”通过两个思想主题道体论和道性论和一个双遣兼忘的方法来形容“道”的幽冥玄远的状态③，标示出当时的道教希望通过吸取佛教“非有非无”的中观思想来注释老庄，以促使道教思想发生转型——从注重探索、实践形而下之术，转到建构形而上之道，从而促进了道教从人的内在心性中去开拓生命超越的新理路。这就为道教老学理论在唐宋时期的转型及繁荣奠定了理论基础。

唐代道教之所以大规模地注疏和研究老庄，与唐王朝的倡导分不开。唐王朝尊奉老子，将《老》、《庄》、《列》、《文》等道家著作升格为“经”，甚至规定“道士通《道德经》者，给地三十亩”④，以经济为导向来促进道教学术的繁荣。据《旧唐书》记载，唐太宗不仅令颜

---

① （日）砂山稔：《道教与老子》，载（日）福井康顺等监修《道教》第二卷，上海古籍出版社，1992年，第28页。

② 杜光庭认为孟安排为大孟，是南朝梁代人。朱法满编《要修科仪戒律钞》卷十五云：“大孟先生，讳景翼，字辅明。”（《道藏》第6册，第993页）陈国符先生据此认为孟安排应为南朝道士孟景翼。参见《道藏源流考》，中华书局，1963年，第2页。近年来，随着对孟安排编集的《道教义枢》研究的展开，现在学界一般认为，孟安排应为唐代人。参见王宗昱：《〈道教义枢〉研究》上海文化出版社，2001年，第1—3页。

③ 卢国龙：《道教哲学》华夏出版社，1999年，第242页。

④ 道宣：《集古今佛道论衡》卷丙，《大正藏》第52册，第386页。

师古考订、统一儒家《五经》的文字字义，而且还令傅奕和魏征注《老子》。据杜光庭记载，“傅奕注二卷并作音义”，“魏征作要义五卷”，都反映了唐太宗对《道德经》的重视。唐高宗在仪凤三年（678）下诏：“自今以后，《道德经》并为上经，贡举人皆须兼通。”①唐玄宗不仅让道士司马承祯刊正《老子》的文句，而且自己还亲自为《道德经》作注，颁令让天下士人奉读，甚至将其列为崇玄馆的教材，建立道举制度。这样，注疏《道德经》在唐代成为由官方发起的一项文化运动。杜光庭记载的书目中唐代注疏就有三十家，又以“玄宗皇帝道德上下二卷（讲疏六卷）”为终结，这绝不是偶然的。

杜光庭在辨析诸家“指归意趣”之后，并没有站在道教的立场排斥异说，而是以一种十分开放的心态来对待之，认为各家学说“莫不并探骊室，竞掇珠玑”，都是探究《道德经》奥秘之成就。但杜光庭着力强调的是，“横亘古今，独立宇宙，虽诸家染翰，未穷众妙之门，多士研精，莫造重玄之境”②，认为在各家各派之中，孙登开创的重玄学的义旨最为精妙，“孙登以重玄为宗，宗旨之中，孙氏为妙矣”③，而唐玄宗依“重玄之道”所作的《道德经》注疏，则代表了以重玄学注老的最高水平。杜光庭的这种观点实际上表明，内蕴丰富的汉唐老学是他撰写《道德真经广圣义》的文化背景与理论基础。

三

如果说唐玄宗的《道德经》注疏标志着官方对老学思想的一个阶

① 《旧唐书·礼仪志》，第3册，第918页。
② 《道德真经广圣义》卷一，《道藏》第14册，第310页。
③ 《道德真经广圣义》卷五，《道藏》第14册，第340—341页。

段性总结[①]，那么杜光庭的《道德真经广圣义》则是对唐玄宗"圣义"的进一步发挥。虽然杜光庭所记录的《道德经》注疏目录只到唐玄宗的注疏为止，但如果我们再考之于唐玄宗之后的注老著作及其他史料，仍然可以见到唐代老学思想阶段性发展的全貌，以及注老诸家宗旨意趣的进一步丰富化对杜光庭思想所产生的影响。

唐初统治者出于治理国政的需要，首先推行"明理国之道"的《河上公注》，傅奕和魏征的注本都是以《河上公注》为依据，着重阐发《道德经》中经邦治国的思想，这是唐代老学的第一个阶段。随着唐代佛教的兴盛，道教运用佛教中观学"非有非无"的方法来注老，佛道的融合提升了唐代老学的思辨水平。第二个阶段的代表作就是成玄英的《道德经疏》和李荣的《道德真经注》，他们将颇具思辨色彩的重玄学推向了高潮。第三个阶段以唐玄宗的《道德经》注疏为代表，强调内以修身，外以治国，用重玄学的方法进一步发挥《河上公注》的精神。杜光庭将唐玄宗的《道德经》注疏奉为注老的最高典范，称之为"冠九流而首出，垂万古而不刊"[②]，故其后出现的一些注老著作就没有收录。第四个阶段，注老著作的指归意趣呈现出多向度发展的趋势：有的讲"清心养气，安国保家之术"，如李约《道德真经新注》[③]，不仅否认道教的肉体长生不死之说，而且对"寿"字进行了新的诠释；有的将修身理国扩大到用兵之道，如王真《道德经论兵要义疏》[④]；有的放弃以佛解老，转而以儒解老，如陆希声《道德真经传》[⑤] 引用唐代儒家的"性情"思想去注《老子》，将老子之

① 《唐玄宗御制道德真经疏》十卷和《唐玄宗御注道德真经》四卷，见《道藏》第11册。

② 《道德真经广圣义》序，《道藏》第14册，第310页。

③ 《道藏》第12册。

④ 《道藏》第13册。

⑤ 《道藏》第12册。

道归结为“性情”，从而塑造出一个披上儒服的老子；还有的依据清净无为思想来讲理身理国，如强思齐的《道德真经玄德纂疏》①。第五个阶段以唐末杜光庭的《道德真经广圣义》为代表。杜光庭以唐玄宗《道德经》注疏为文本而总结前人的注老思想，在汇集、评判各种老学思想的基础上别立新解，使《道德真经广圣义》成为唐代老学思想的集大成著作②。

那么，杜光庭是如何在评判前人注老的宗旨意趣的基础上，在自己的《道德真经广圣义》创作中别立新解，从而将道教老学研究推向了一个新的理论高度的呢？

理论的发展首先在于方法上的创新。从注老的方法上看，杜光庭不仅对各家的注老方法做了总结，而且他在以道教的理念进一步发挥唐玄宗《道德经》注疏的义理时，既沿用老庄的思维方法，又引玄学之思辨，还采用佛教之中观来诠释老子之道，融合儒佛道三教来发挥道教之学，例如，他以“本迹”、“理教”、“境智”、“人法”、“生成”、“有无”、“因果”等“七义”来通释“道德义”，强调“以上七义，互相交络，二而不二，一而不一，是知道德为正体”③，其中就包含着浓厚的玄学和佛学的色彩，他对老子的思想所作的独到阐发，其论证之详细，引文之丰富，使《道德真经广圣义》成为唐代各《老子》注本中篇幅最大、内容最丰的著作。特别是他站在道教的立场上，在玄学与佛学中寻找道教可资借鉴的理论资源，自觉地将融会各种思想作为自己进行理论创新的方法，才使自己成为唐代老学思想的集大成者。

---

① 《道藏》第13册。

② 关于唐代老学思想的发展，学者们曾做过一些研究：如李申先生提出唐代老学思想发展的“四阶段说”。参见《唐代的〈老子〉注疏》，《道家文化研究》第二辑，上海古籍出版社，1992年，第304页。（日）中岛隆藏：《从现存唐代〈道德经〉诸注看唐代老学思想的演变》对唐代老学思想演变的情况也作了疏理，载《宗教学研究》1992年第1—2期。

③ 《道德真经广圣义》卷五，《道藏》第14册，第338页。

从注老所依据的文本看，杜光庭采用了唐王朝认定的标准注本，即“从创业到开元年间的《河上公注》和其后的《玄宗注疏》”①，这是别有深意的。版本的选择是为了更好地表达他对老学义旨的理解和发挥。《河上公注》在《老子》注本中成书较早，影响较大，成为后世比较通行的《道德经》注本，也是唐玄宗注老和杜光庭写作《道德真经广圣义》所采用的文本。《河上公注》“主要内容是以汉代流行的黄老学派无为治国、清静养生的观点解释《老子》经文。天道与人事相通，治国与治身之道相同，二者皆本于清虚无为的自然之道。”②然而在唐初时，《老子》注疏应当采用什么注疏本还曾引起过争论。开元七年（719），唐玄宗特别向臣下询问《道德经》注疏本应采用河上公注本还是王弼注本，《史通》的作者刘知几在比较了两者的优劣之后认为“王弼所著，义旨为优”，主张推行王弼注本，而《史记索隐》的作者司马贞则认为，由于《河上公注》“小足以修身洁诚，大可以宁人安国”③，既具有养神修身的作用，又具有安邦治国的政治价值，故更优。这一争论的结果当然是司马贞的意见占了上风。但唐玄宗既不满王弼注，也不满《河上公注》，杜光庭写道：“圣旨叹，道德隐奥之文，上下玄妙之趣，未有了达解释之人，自蜀严、河公之后，注疏者去圣越远。”④于是，唐玄宗亲自作注，让近臣作疏释。从开元二年（714）到二十三年（735），花费了二十年的时间才得以完成。这样，唐代虽然出现了众多的《老子》注本，但真正有影响的主要是两个本子，即《河上公注》和唐玄宗的注疏本。这两个本子的

---

① （日）中岛隆藏：《从现存唐代〈道德经〉诸注看唐代老学思想的演变》，《宗教学研究》1992年第1—2期。

② 参见王卡点校：《老子道德经河上公章句》，《前言》，中华书局，1993年，第8页。

③ 《唐会要》卷七七《论经义》。

④ 《道德真经广圣义》卷一，《道藏》第14册，第311页。

共同特点是都将经国理身奉为圭臬，而后者又融儒佛道三教为一炉。杜光庭正是通过对这两个文本的义释来进行理论创新的。

从注老的宗旨意趣上看，杜光庭是通过凸显“经国理身”的思想来推动道教理论更新发展的，因此他特别推崇唐玄宗的注疏，这其中除了有推崇皇旨的意图外，更与他赞赏玄宗皇帝以“修身理国为宗”的解经倾向有关。杜光庭说：

> 躬注八十一章，制疏六卷，内则修身之本，囊括无遗；外即理国之方，洪纤毕举。宸藻遐布，夺五云之华；天光涣临，增两曜之色。

杜光庭在唐末动荡社会中，既强调通过修身养性以得道升玄，又十分向往一种合道而太平的理想社会。他沿着唐玄宗的思路，对“经国理身”作了进一步的阐释。他的“经国”思想中所表现出来的济世利人的精神，在金元时期兴起的全真道的“真功”中得到了充分的体现，而他从“身国同构”出发，将“理身”作为“经国”之本，主张通过“反本复性”，即回归人的内在的“真性”来寻求超越之途，强调“性命双修”，又促进了唐宋道教的理论转型，推动道教追随中国哲学发展的趋势而完成了本体论向心性论的过渡，从而为宋代道教老学的新走向开拓了道路。

（原载：《中国哲学史》，2002年第4期）

从《墉城集仙录》看道教女仙崇拜的特点

世界各国的宗教都崇神，唯独中国道教才拜仙。仙——《庄子·天地篇》中说：“千岁厌世，去而上仙，乘彼白云，至于帝乡。”许慎的《说文解字》则释为“长生仙去”。可见，仙是中国古人运用浪漫的幻想手法所塑造出的一种生命长存的形象，它特别表达了有限之人对生命永恒的向往。与许多宗教歧视妇女不同，道教从阴阳和合出发，倡导男女在修道上具有平等权利，对妇女抱有一种宽容甚至尊重的态度，从而吸引了众多的女性。与此相应，在宗教信仰上形成了特有的女仙崇拜。“从东汉以后，女性崇拜的传统主要是在道教中得到继承和发展的。首先，道教对女性崇拜的继承就表现在它不仅以秦汉之际女神崇拜和女仙崇拜的融合为起点，而且把原来社会上具有一定影响的女性神仙基本上搜罗并置于自己的体系中。”① 中国道教史上现存的最早的一部女仙传记，就是唐末道士杜光庭的《墉城集仙录》。

杜光庭一生著述甚丰，被收入《道藏》的就有二十多种，内容涉

① 詹石窗：《道教与女性》，上海古籍出版社，1990 年，第 28 页。

及道教的方方面面，杜光庭也由此而成为唐代道教学术的集大成者。在杜光庭众多的著作中，《墉城集仙录》六卷①，因专门记载了古今历史上三十七位女子成仙（因“湘江二妃”内含二人，实际为三十八人）的事迹，而特别富有浪漫色彩和仙灵意蕴。杜光庭在此书的《序》中说：“此书记古今女子得道成仙者事迹，取材于仙传道经。”杜光庭所记载的这些女仙或出于民间神话传说，或出于史料记载，或由道教人物演化而来，但他纂集众说，合为一家，以神话传说中西王母在昆仑山上的仙宫——墉城为名而建构了一个美妙的世界作为女仙的归宿②，并表示古今女仙皆归西王母所统辖，同时，他依据道教的理念而将女仙的事迹汇集起来，也为道教营构了一个色彩斑斓的女仙谱系。

“男子得道，位极于真君。女子得道，位极于元君。”③ 在道教中，女仙一直是神仙体系中的重要部分，男性的高仙称为“真人”，女仙的高仙则称为“元君”。“元君的称呼，是道教对于女性神明的尊称，故圣母元君、金母元君之称显示至唐时，道教对于仙界体系已具有完备的说法。”④ 在民间传说与道教史上，影响最大的“元君”一般公推是西王母，俗称“王母娘娘”，《墉城集仙录》中尊称为“金母

---

① 关于该书的卷数，历代有不同的看法。宋代张君房编的《云笈七签》收录了此书，但所记载的女仙从数量到仙名都与《墉城集仙录》有异。故《四库提要》认为，“疑君房所录为原本，而此本为后人杂摭他书砌合而成编。”《云笈七签》卷一一四所收录的杜光庭为该书所作的《叙》中说：“此传以金母为主，元君次之，凡十卷矣。”据此可知，该书原应为十卷。《通志·艺文志》中也明确地说：“《墉城集仙录》十卷，杜光庭集古今女子成仙者百九人。”由此推论，现存的六卷本《墉城集仙录》可能为原书的节录本。另有《云笈七签》本三卷，所录女仙有二十七人。北宋的《太平广记》收录此书所载女仙二十六人。以上诸本皆非全本，内容互有异同。

② 据《汉武帝内传》记载：“至四月戊辰，（汉武）帝夜闲居承华殿，东方朔、董仲舒侍，忽见一女子着青衣，美丽非常。帝愕然问之，女对曰：‘我墉宫玉女王子登也，向为王母所使，从昆仑山来。’”（《道藏》第5册，第47页）

③ 《云笈七签》卷一一四，《道藏》第22册，第792页。

④ 李丰楙：《西王母五女传说的形成及其演变》，《东方宗教研究》1987年第1期。

元君”。但值得注意的是，受唐代道教尊奉老子的影响，《墉城集仙录》也将老子的母亲神化为“圣母元君”而置于众女仙之首，从而迎合了唐代社会崇老的风尚。

在《墉城集仙录》开首的《圣母元君传》中，就特别指出了圣母元君非同寻常的来历和作为老君之母的尊贵身份：“圣母元君者，乃洞阴玄和之气凝化成人，亦号玄妙玉女，为上帝之师。”接下来又说：“老君乘日精，驾九龙，氤氲渐小，如九色弹丸，自天而下，托孕于元君之胎。”圣母无婚而孕，这与基督教的圣母玛利亚藉圣灵而孕何其相似。元君怀孕八十一年后，“因攀李树而生诞于左胁”。“元君以其生而白首，故号老子”。“老君既生，能行九步，步生莲花，以乘其足。”“左手指天，右手指地，言曰：天上天下，唯我独尊，世间之苦，何足乐闻。”① 这些记载又都与佛教对释迦牟尼出生的神化如出一辙。

《墉城集仙录》通过对老子之母“圣母元君”的塑造，既赋予了老子创生天地、叱咤风云的英雄形象，又将“圣母元君”奉为比老子还要至尊的最高神，“元君之位，至尊至大，统制天地，调和阴阳，役使风雨，进退五星，斟酌寒暑，秉握乾坤，三界众仙，皆仰隶焉。人之生死，世之盛衰，咸由之矣。所以为老君之圣母者，示天地万物必有禀生之由，师资之本尔。”② 同时，杜光庭还以“元君曰……”的方式，借圣母元君之口来宣扬道教的基本教义。杜光庭将圣母元君置于女仙传记之首的做法，是唐代社会推崇老子、风行女仙崇拜的生动反映，但《墉城集仙录》所营构的女仙谱系实际上仍然是以西王母为核心而展开的。

---

① 《墉城集仙录》卷一，《道藏》第18册，第165页。
② 同上，第167—168页。

西王母，民间称之为“王母娘娘”，《墉城集仙录》则称其为“金母元君”，她既是中国神话的主角之一，千百年来中国社会广泛流传的“嫦娥奔月”、“牛郎织女”、“蟠桃献寿”等脍炙人口、妇孺皆知的神话传说都与王母娘娘有关，同时她又被道教奉为具有消灾致福能力的女性神仙。杜光庭依照道教传统，将西王母与东王公相对应来加以介绍，从性别的角度来展示“金母元君”这一女性神仙的特质。杜光庭说：“西王母乃西华之至妙，洞阴之极尊，在昔道气凝寂，湛体无为，将欲启迪玄功，生化万物，先以东华至真之气化而生木公焉。木公生于碧海之上，苍灵之墟，以生阳和之气，理于东方，亦号曰王公焉。又以西华至妙之气化而生金母焉。金母生于神洲伊川，厥姓缑氏，生而飞翔，以主阴灵之气，理于西方，亦号王母。”就其本源而言，东王公与西王母都是由道气凝寂而成，故有着难以分割的共性①。但由于道气之阳化生出东王公，道气之阴化生出西王母，因此，在两者出现之际，性别上就有了对立。这种对立同时又使两者共同成为宇宙中辩证统一的创造力量。西王母“于西方渺莽之中，分大道醇精之气，结气成形，与东王木公共理二气而养育天地，陶钧万物矣。”② 杜光庭认为，西王母“体柔顺之本，为极阴之元位配西方”，故成为阴性势力的代表，女性神仙的班首，“母养群品，天上天下，三界十方，女子之登仙得道者，咸所隶焉。”③

现存的《墉城集仙录》共分六卷，记载了古今历史上三十七位女

---

① 这种说法并非杜光庭的创造。李丰懋先生就认为，“有关东王公、西王母的联为一体，源诸汉人的旧说；至于六朝，笔记小说承续其说，而道书更予以道教化。最具代表性的是梁时编成的《元始上真众仙记》将元始天王、太元圣母作为天地开辟、阴阳和合的象征，为宇宙构成的原始；接下来就安排扶桑大帝东王公、太真西王母，为始阳之气，分治东方、西方。”（《西王母五女传说的形成及其演变》，《东方宗教研究》1987年第1期）

② 《墉城集仙录》卷一，《道藏》第18册，第168页。

③ 同上。

传记。

卷一：圣母元君、金母元君

卷二：上元夫人、照灵李夫人、三元冯夫人、南极王夫人

卷三：云华夫人、太微玄清左夫人、东华上房灵妃、紫微王夫人

卷四：太真夫人、麻姑

卷五：云林右英王夫人、婴母、钩弋夫人、湘江二妃、洛川宓妃、阳都女、杜兰香

卷六：盱母、九天玄女、孙夫人、蚕女、弄玉、园客妻、昌容、汉中酒妇、女几、河间玉女、采女、太阳女、太阴女、太玄女、樊夫人、东陵圣母、西河少女

如果细究杜光庭《墉城集仙录》所列女仙的次序，可见其形成了不同特色的“女仙群”。首先是昆仑系女仙：上元夫人、九天玄女、南极王夫人、云林右英王夫人、云华夫人、紫微王夫人、太真夫人等。其中有西王母的五个女儿：如南极王夫人，名林，字容真，是西王母的第四女；云林右英王夫人，名媚兰，为西王母的第十三女；紫微王夫人，名清娥，字愈音，为西王母的第二十女；云华夫人，名瑶姬，为西王母的第二十三女；太真夫人，名婉罗，为西王母的小女等。由此可见西王母的女儿至少有二十多个。其次是道教上清派所崇奉的女仙：照灵李夫人、三元冯夫人、太微玄清左夫人、东华上房灵妃、婴母等。“西王母之广收女儿是祠庙信仰的相关传说，而上清经系道书也在这风尚之下逐渐结构，并完成其组织化的诸女谱系。”① 杜光庭的《墉城集仙录》中收录了众多的上清派所崇奉的女仙就是其具体表现。最后则是采自一些民间传说和神仙传记中的女仙：麻姑、钩弋夫人、湘江二妃、洛川宓妃、阳都女、杜兰香、盱母、孙夫人、

① 李丰楙：《西王母五女传说的形成及其演变》，《东方宗教研究》1987年第1期。

蚕女、彭女、弄玉、园客妻、昌容、汉中酒妇、女几、河间玉女、采女、太阳女、太阴女、太玄女、樊夫人、东陵圣母、西河少女等。以上"女仙群"又共同形成了一个以西王母为核心的有序的女仙谱系。有人认为这个谱系的一个重要的特点就是以"母—女"关系为纽带而建立起来的。"在这种意义上，三界十方的得道女性都可以说是西王母的女儿；西王母则是她们共同的母亲。从这一角度疏理和强化道教神仙中的女性传统，也正是杜光庭编撰这部女仙专辑的目的之一。"①

"唐代道教发展的一个重要特点是女仙崇拜的兴盛。就道教自身的发展说，这和当时茅山派道教的发达与受到重视有关系。"② 如果将杜光庭在《墉城集仙录》中所编排的女仙谱系与魏晋南北朝时期流行于江南地区的道教上清派的神仙谱系相对照，就可见两者之间存在着密切的关系③。陶弘景的《真灵位业图》是一部系统而完整的神谱，它不仅在神谱的第二阶位设置了"女真位"，而且还记载了一些女仙的名号，其中包括了西王母的四位担任着上清仙官的女儿：太真王夫人、沧浪云林右英王夫人、紫微左宫王夫人、后圣上保南极元君紫元夫人④。可以说，杜光庭的《墉城集仙录》正是从一个侧面反映了汉魏到隋唐这数百年间，社会上女子修道风气的盛行以及以西王母为代表的女仙在民间所受到的普遍崇拜。墉城女仙身世各异，修道方法各不相同，但在杜光庭的笔下，却都表现出了美、善、寿、神等特点，形象而生动地诠释了道教的终极理想。

在《墉城集仙录》中，杜光庭花费了大量的笔墨来描写女仙超凡

---

① 杨莉：《墉城中的西王母：以〈墉城集仙录〉为基础的考察·续》，《宗教学研究》2000年第4期。

② 孙昌武：《道教与唐代文学》，人民文学出版社，2001年，第360页。

③ 石井昌子在《真诰と墉城集仙录》一文中认为杜光庭所集的仙传资料多取自《真诰》等一类道书。(参见《东洋学术研究》第15辑)

④ 《洞玄灵宝真灵位业图》，《道藏》第3册，第274页。

脱俗的美丽，这不仅使美丽成为女仙不可或缺的表相特征，以与男仙相区别，而且还迎合了人们对女性一以贯之的审美心理。例如，西王母的原型本来有着十分恐怖的形象，《山海经·大荒西经》中说“有人，戴胜，虎齿，豹尾，穴处，名曰西王母”，“玉山，是西王母所居也。西王母其状如人，豹尾，虎齿而善啸，蓬发戴胜（戴胜为有花纹的首饰），是司天之厉及五残。”① 可见，在《山海经》中，西王母是半人半兽的凶神，主管着上天的灾厉和五刑残杀之气②。后来，随着人们理性思维能力的提高，对生与死进行了一种辩证性的理解，死亡也就意味着再生，因此，凶杀之神有时也就转变为创生之神，西王母也就被描绘为掌管着不死之药的吉祥之神。正是依于这样的观念，慢慢出现了仙化、美化西王母的倾向。晋代时，从战国墓葬中出土的《穆天子传》，以纪传体的形式记载了穆天子去昆仑山拜见西王母的故事。值得注意的是，这时的西王母已是容颜美貌，雍容华贵，年方三十的天界女仙了。在后来的《淮南子》、《汉武帝内传》中，以及在道教上清派的著作《真诰》中，西王母被进一步美化、神化、仙化。

杜光庭正是在前人的基础上进一步提出，“王母蓬发戴胜，虎齿善啸者，此乃王母之使金方白虎之神，非王母之真形也”③。那么，王母之真形如何呢？杜光庭作了生动而形象的描绘：“王母乘紫云之辇，驾九色斑麟，带天真之策，佩金刚灵玺，黄锦之服，文彩明鲜，金光奕奕，腰分景之剑，结飞云大绶，头上大华髻，戴太真晨缨之冠，蹑方琼凤文之履，可年二十许，天姿晻蔼，灵颜绝世，真灵人也。”④ 豹尾虎齿、半人半兽的西王母最终被改造成年轻貌美的女仙

① 《山海经·西山经》。
② 袁珂校译：《山海经校译》，上海古籍出版社，1985年，第50页。
③ 《墉城集仙录》卷一，《道藏》第18册，第168页。
④ 同上，第169页。

首领，从而进一步突出了道教女仙的唯美主义倾向。杜光庭在《墉城集仙录》中不仅将西王母与东王公相配，“共理二气，而养育天地，陶钧万物矣”①，而且还以西王母为中心建立了一个汇集了古今众多女仙的谱系。这些女仙都以美丽而著称。我们可以从杜光庭对上元夫人出场的描绘中看到女仙无与伦比的美貌。上元夫人是西王母的弟子，其“玄古以来得道证仙位总统真藉，亚于龟台金母。金母所降之处，多使侍女相闻，以为宾侣焉”②。后来汉武帝好神仙之道，祷醮名山，以求灵应，西王母就于半夜降至汉宫。汉武帝拜迎稽首，侍立久之，王母乃邀上元夫人前来。夫人“来时，亦闻云中箫鼓之声。既至，从官文武千余人，并是女子，年皆十八九许，形容明逸，多服青衣，光彩耀日，真灵官也。夫人年可二十余，天姿清耀，灵眸艳绝。服赤霜之袍，云彩乱色，非锦非绣，不可名字。头作三角髻，余发散垂至腰，戴九灵夜光之冠，带六山火玉之佩，结凤文琳华之绶，腰流黄挥精之剑，上殿向王母拜。”③ 好一幅生动美丽的女仙降临图！这群容貌俊美绝伦、体态婀娜多姿的女仙使道教得道成仙的宗教理想更加富有美感。

在《墉城集仙录》中，女仙的美丽往往是与青春联系在一起的。人有生必有死，这是不可抗拒的自然规律，但希望永葆青春乃至长生不死却是道教永恒的理想，这也成为道教建构其终极信仰的基点。杜光庭在《墉城集仙录》中就记述了许多通过修道而永葆青春的女仙。例如，商王的女儿昌容“修道于常山，食蓬虆根，两百余年颜如二十许”④。商王的宫女采女“少得养神之道，年二百七十余，视之如十

① 《墉城集仙录》卷一，《道藏》第18册，第168页。
② 同上，第172页。
③ 同上。
④ 《墉城集仙录》卷六，《道藏》第18册，第197页。

五六岁耳”①。太阴女“得仙时已二百岁矣，有小童之容也。②”青春就意味着美丽。太阳女因修道有方，“年二百八十岁，颜如桃花，口如含丹，肌肤充泽，眉鬓如画，光彩射人，视之如十七八者”③。道教的终极理想就是希望借助于种种道术来超越有限生命的束缚，以达到与永恒之“道”的合一。为了表明这种理想并非虚幻，杜光庭通过文学的手法塑造了一系列富有青春气息的女仙形象来说明，女子通过修道可以达到高寿，但容貌却能始终定格在二十岁左右的妙龄少女。这在一定程度上迎合了人们寿而美的心理需求。

如果女仙仅仅是永葆年轻美貌，那么她只能令人羡慕、赞赏，而并不能引起人们的崇拜之心。因为审美体验必须以道德评价为基础，将美的追求与善的目的相一致，才能真正打动人心，引发人们敬畏感和崇拜感。道教与其他世界性宗教的一个重要区别，就在于它重视人的现世生活，善待生命，并希望无限地延长生命以享受生活。如何延长生命呢？方法虽有多种，但都需要一个道德上的补充。道教现存的最早的一部经典《太平经》就提出，“寿最为善”、“善自命长，恶自命短”，因此想要长生成仙就必须先修善行。这种将寿与善相联系的思想在《墉城集仙录》中得到继承和发扬。杜光庭借圣母元君之口强调了“长生之本，惟善为基也”，女仙品位的大小也是根据行善的高低来确定的。“万善之基，亦在三业，十善相生，至于万善。行善益算，行恶夺算，赏善罚恶，各有职司，报应之理，毫分无失。”④行善可以增寿，行恶则要减寿。杜光庭通过善恶对人生命的不同影响之对比，强调了为善去恶的重要性。但他所说的“善”并非抽象，除了

---

① 《墉城集仙录》卷六，《道藏》第18册，第197页。
② 同上，第199页。
③ 同上。
④ 《墉城集仙录》卷一，《道藏》第18册，第166页。

遵循忠孝仁义等社会伦理道德准则之外，还必须救世济俗，助人为乐，“夫修道者，在适而无累，和而常通，永劫无穷，济度一切。此之长生乃可为重。长生难得，由忠孝仁义。忠孝仁义立者，功及于物，生自可延。”① 这种对“善”的追求构成了女仙崇拜的社会基础。

在《墉城集仙录》中，女仙们虽不食人间烟火，但却能以自已之善来泛爱众生，乃至于“功及于物”，而且还能以自己的特异之神术服务于人间。西王母不仅是女仙之首，也是帝王之师，“昔黄帝讨蚩尤之暴威所未禁，而蚩尤幻化多方，征风召雨，吹烟喷雾，师众大迷，帝归息太山之阿，昏然忧寐”②，西王母乃遣使以“广三寸，长一尺，青莹如玉，丹血为文”之符授予黄帝，使黄帝能力大增，最终战胜蚩尤；汉武帝好神仙之道，西王母专门下降汉宫，教以长生之道。九天玄女谙熟兵法，经常以救助危难、替天行道的形象出现，以至于成为黄帝之师。一些普通女仙更是将自已的神异之术服务于人间。在恒山修道的昌容，“能致紫草卖与染家，得之者色加倍好，得钱以救贫病者。”③ 蚕女“食桑叶吐丝成茧，用织罗绮衾被以衣被于人间。”④ 西王母的女儿紫微王夫人曾降临上清道士杨羲家中授以上清经书，劝善引导杨羲，使之修道成真。这些女仙因造福于人间而受到人们普遍的崇敬和爱戴。

杜光庭运用形象思维的方法构造了一个超验的女仙世界，他大力张扬女仙的美、善、寿、神等特点，鼓励人们以她们为榜样努力追求个人的完善和生命的长存。值得注意的是，他在搜集魏晋时期民间广为流传的女仙事迹时，对其中女仙与凡男相恋的浪漫故事，像南极王

① 《墉城集仙录》卷一，《道藏》第18册，第166页。
② 同上，第168页。
③ 同上，第197页。
④ 《墉城集仙录》卷六，《道藏》第18册，第196页。

夫人与杨羲、云林右英夫人与许谧、云华夫人（其原型为巫山神女）与宋玉、杜兰香与张硕等，却都作了纯化处理，去除了其中的仙人之恋等艳情，而改为女仙借助于神诰的方式降授道术和道书等，以助凡男成仙等，从而大大增强了女仙的神圣性。例如，南极王夫人于汉平帝时，降于阳洛山石室之中，授清虚真人小有天王王褒《太上宝文》等经三十一卷。后又于晋兴宁三年，降真人杨羲之家与八真同会，授予杨羲多种道经①。樊夫人“有道术，能檄召鬼神，禁制变化之道，亦潜修密证，人莫能知。为理尚清静简易而政令宣行，民受其惠。”其丈夫刘纲与她比试道术，“纲每共试术，事事不胜”，最后，在她的带动下，夫妻双双一同升天而去②。在《墉城集仙录》中，青春美丽的女仙并不是一种摆设，更不是作为男仙的配偶而存在，她们大多具有独立的神格和高超的神术，甚至成为帝王之师。与男仙相比，女仙的神术使她们更具有绚丽的色彩和吸引人的魅力。

今天，当我们以科学的眼光来看，长生不死仅是人们的一种美好的愿望而已，它处于人们生活的经验世界之外，是世俗之人难以达到的境界。虽然杜光庭借用“圣母元君”之口，对如何长生契道而成仙的方法与途径作了细致的解说，认为“道之无形，用术以济人。人之有灵，因修而契道。人能学之，则变化自然矣。道之要者，在深简而易矣。功术之秘者，唯符、药与气也。”③ 强调仙道虽然是无形的，但却可以凭借特定的方法和手段，通过修真悟道来消除自然时空对生命的限定，使个体生命达到永恒。因此，得道成仙的理想在一定程度上反映了人们对生命永存的一种向往和追求。

从人类历史上看，女性的寿命普遍长于男性这个事实，就足以引

---

① 《墉城集仙录》卷六，《道藏》第18册，第177页。
② 同上，第200页。
③ 《墉城集仙录》卷一，《道藏》第18册，第168页。

起重视生命者的注意，更何况女性还是母爱的象征，是人类生殖繁衍能力的直接体现，并表现出了与刚阳相对的阴柔之美的特征，因此，道教从重视生命出发而形成特有的女仙崇拜是有着一定的现实基础的。如果将崇拜“女仙”理解为人类力图运用种种方法来揭示男女不同的生理和心理特征，通过掌握生命运动的奥秘，以超越自然规律对生命的限制，来发挥生命的潜能，表达人类对真、善、美的追求，那么，女仙崇拜中所包含的真理性颗粒，就是很值得我们重视的了。

(原载:《中国道教》，2000年第1期)

《道德真经广圣义》新探

那些仍然能够被人们反复阅读并重新诠释的古籍都有其独特的思想魅力。《道德真经广圣义》是唐末五代时期的“道门领袖”杜光庭(850—933)的代表作，也是历代众多的《道德经》注疏本中篇幅最大、内容最丰的一部。今天，随着对道家和道教研究的不断深入，《道德真经广圣义》也受到了人们越来越多的重视与研究。

杜光庭学识渊博，一生著述甚丰，被时人誉之为“词林万叶，学海千寻，扶宗立教，天下第一”①。据宋人张唐英的《蜀梼杌》卷上记载，杜光庭曾“有文千余卷，皆本无为之旨”②。笔者在拙著《杜光庭评传》(南京大学出版社 2005 年版)中曾对杜氏著作进行了统计。保存到今天的杜光庭著作共有三十多种，《道藏》中收入了他的二十八种著作，其中《太上灵宝玉匮明真大斋忏方仪》与《太上灵宝玉匮明真斋忏方仪》为两仪同卷，实为二十七种、两百多卷。另外，《全唐文》收入了杜光庭三百二十篇文章(与《道藏》中有的内容重复)。《全唐诗》收入了杜光庭三十余首诗文。《全五代文》、《通

① 《道藏》第 32 册，第 8 页。

② 《蜀梼杌》卷上，载《四库全书·史部·载记类》，台湾商务印书馆影印文渊阁本，第 222 册，第 230 页。

志·艺文略》、《宋史·艺文志》、《十国春秋》等史籍对杜光庭的生平事迹与著作多有介绍，可见杜光庭的学术成就及其在历史上的地位与影响。

杜光庭的著述内容广泛，既有对宇宙起源的形而上之探究，也有对老君创世的神话式描述；既有对人的生命本真的细致分析，也有对太平社会理想的美好设计和热切追求；既有对道教信仰对象——“道”的重玄学的解说，也有对道教斋醮科仪的系统整理；既有如《洞天福地岳渎名山记》对神仙胜境洞天福地的地理学专论，也有如《墉城集仙录》对道教女仙谱系的首次营构；既有为阐扬道教信仰而创作的意境幽远的诗文，也有人物个性鲜明、故事情节生动的神仙故事《神仙感遇传》、《道教灵验记》、《录异记》和侠客小说《虬髯客传》。在杜光庭内容丰富的著作中，最具有代表性的是他依据唐玄宗注疏《道德经》的“圣义”而发挥己意所作的《道德真经广圣义》。

杜光庭在唐天复元年（901）完成《道德真经广圣义》，但直到蜀永平三年（913）才进呈前蜀皇帝王建。该书问世后，就以巨大的篇幅和睿智的思想独树一帜，引起世人的瞩目。前蜀任知玄专门拿出自己的俸钱，雇用良工，开雕印制，从武成己巳（909），终永平癸酉（913）之春，共成四百六十余板，该书开始在社会上流通。宋布衣道士王洞应再刻之于宋初。崇福观周观复三刻于嘉定甲申（1224）年间。宋代出现的一些公私书目中已有对该书的记载，例如，宋人高似孙著《子略》中就有“杜光庭《广圣义》三十卷”，《宋史·艺文志》也记载了此书。《道德真经广圣义》的抄本还曾流传到日本。日本学者森立之《经籍仿古志》、岛田翰《古文旧书考》（后更名为《汉籍善本考》）① 都对之作了专门的介绍，可见其在文化传播与交流中所产

① 任继愈主编：《道藏提要》，中国社会科学出版社，1991年，第518页。

生的影响。

《道德真经广圣义》原为三十卷，收入《道藏》时依体例需要析为五十卷。这样，《道德真经广圣义》主要有两个版本，一是旧抄本三十卷，署“广德先生杜光庭述”；二是《道藏》本五十卷，今存《道藏》第 14 册，题为“唐广成先生杜光庭述”，属“洞神部玉诀类”。

据岛田翰研究，旧抄本三十卷，首有《新编连相搜神广记》（淮海秦子晋编，是后人所加），次颜真卿书唐开元御赞太上老君，次宋真宗皇帝御制老君画像赞并序，次老君度关铭并序，次宋孝宗皇帝御制原道论辨，次侍讲程尚书《易老通言摘要》，次嘉定甲申崇福观保宁大师赐紫周观复序、次永平三年杜光庭进《广圣义》状奏，次蜀永平三年杜光庭自序，次王洞应后序，次天复元年杜光庭序。卷尾有永平三年特进检校太保前守眉州保胜军团练使上柱国乐安县开国子食邑五百户任知玄《广圣义》印板后序，后列有左街天长观内殿讲论大德赐紫张延光、右街内殿讲论首座鉴微大师赐紫唐洞卿、左街内殿讲论首座得一大师赐紫张茂卿、右街道门威仪弘微大师赐紫何冲微、左街道门威仪紫虚大师赐紫任可言等官衔，次有嘉定十七年李刘、嘉定癸未徐天麟、嘉定甲申韦兴宗及张洽等后序①。

《道藏》本五十卷，只在卷首列天复元年杜光庭序，除此并无其它序跋，故岛田翰在《汉籍善本考》中特将《道藏》本缺失的各类序跋列出，以资考镜。该本的卷一《叙经大意解疏序引》介绍了撰写此书的缘由，并将《道德经》的“大略宗意”析为三十八条。三十八条大纲主要是围绕着“理（经）国理身”而展开，在每一条之后大都引

① 序跋的具体内容请参见日本学者岛田翰：《汉籍善本考》，北京图书馆出版社，2002 年，第 204—223 页。

经据典对什么是理（经）国，什么是理身细加说明。正是基于对“理（经）国理身”的关注，杜光庭在梳理历代《道德经》注疏时，特别推崇唐玄宗的注本。卷二有《释老君事迹氏族降生年代》、《释老君圣唐册号》两篇，前者着重于神化老子，后者则记载了老君的历代名号及唐朝历代统治者崇老、封老的情况，反映了唐代社会对太上老君的尊崇，以及道教在当时社会中传播的一些情况。卷三、卷四为《释御疏序》，主要是介绍唐玄宗《道德经疏》之大义；卷五为《释疏题明道德义》，不仅介绍了《道德经》的形成及意义，而且还在前辈道教学者对“道德不同不异，而同而异”的重玄学阐释的基础上，又提出用“本迹”、“理教”、“境智”、“人法”、“生成”、“有无”、“因果”等七义来重新诠释“道德义”，并强调“以上七义，互相交络，二而不二，一而不一，是知道德为正体”①，其中包含着浓厚的佛学和重玄学的色彩，反映唐代道教对儒、玄、佛等思想吸收与融会。卷六到卷五十均为对《道德经》经文的释义。

岛田翰曾将日本足利学校所藏的《道德真经广圣义》旧抄本与《道藏》本相比较，认为天复年间，王建尚未叛唐，故旧抄本《道德真经广圣义》避唐讳之词不时出现，例如，世字、民字作代字、人字，避恒作常（第六十章），改渊字、治字作泉字、理字，而犹称之《广圣义》，实乃广唐玄宗之圣义，可见旧抄本具有唐文化之特色。《道藏》本则不避唐讳，例如，第三十六章，泉改渊，旧抄本治皆作理，《道藏》本改作治；旧抄本避民作人，《道藏》本多改作人，而宋讳回避皆与旧抄本符。从内容上看，“有藏本优而旧抄本所缺者”，如卷一比之秋毫万分未下，藏本有“得其一也。《礼记》云：道也者，不可须臾离，可离非道”十九字。第二十一章注：“甫，本始也下。

① 《道德真经广圣义》卷五，《道藏》第14册，第338页。

藏本有‘言至道应用度阅众物本始，各遂生成之用，疏：阅，度阅也。甫，本始也’二十六字。”等等。据此，岛田翰认为，《道藏》本“出于嘉定本以下也明矣。大抵《道藏》所收，其卷篇则分析增多，而其首尾则却删去之，若以其无首尾宋人序跋，疑其出于任刻”①。

值得注意的是，两个版本都列有天复元年的杜光庭《序》。杜光庭在《序》中，从道教的基本信仰出发，对老君的事迹，《道德经》产生的社会文化背景作了介绍，其中不仅详细记述了从汉至唐历代六十余家《道德经》注疏本，而且对历代注疏本的名称、作者、卷数及宗旨意趣作了独到的分析与评价，既为后人了解汉唐几百年间纷繁复杂的《老子》注疏的情况提供了一篇弥足珍贵的史料，实际上也是对汉唐道教老学作了一个全面的总结，故具有较高的学术价值。

如果将《序》文所提供的《道德经》注疏目录放到中国思想文化发展的历史背景中钩沉索隐，不仅可以展现汉唐老学思想通过注疏方式而曲折发展的基本理路，而且也可阐明杜光庭是如何在评判前人注老的宗旨意趣的基础上，在《道德真经广圣义》中别立新解，将道教哲学推向了一个新的理论高度，从而为道教的跨时代发展提供理论准备的。这说明，任何思想理论的出现与发展都不可能孤立地进行。就诠释者而言，杜光庭“以疏注之中，引经合义，周书鲁史，互有发明，四始漆园，或申属类，后学披卷，多瞢本源，辄采摭众书，研寻篇轴。随有比况，咸得备书，纂成《广圣义》三十卷”②，对老子《道德经》思想作了独到阐发，其论证之详细，引文之丰富，使《道德真经广圣义》成为唐代道教的经典之作。尤其是杜光庭站在道教的立场上，在儒学、玄学与佛学中寻找道教可资借鉴的理论资源，自觉

① （日）岛田翰：《汉籍善本考》，北京图书馆出版社，2002年，第201页。
② 《道藏》第14册，第310页。

地将融会各种思想作为自己进行理论创新的方法，才使自己成为唐代道教思想的集大成者的。就诠释对象而言，经典文本的意义与价值正是通过不断地发掘与诠释而推陈出新的。

从体例上看，《道德真经广圣义》每半页十四行，行十九、二十字，疏义并同经文大书，首载《道德经》文，次列唐玄宗注，再列唐玄宗疏，最后是杜光庭的释义。杜光庭在引录唐玄宗的注疏后，在兼采众说、引经合义的基础上，以“义曰”标出自己的见解。这样，《道德真经广圣义》在体例上一般以“经”、“注”、“疏”、“义”区别之，例如：

玄之又玄，众妙之门。

注：意因不生，则同乎玄妙，犹恐执玄为滞，不至兼忘，故寄又玄以遣玄，示明无欲。于无欲能如此者，万法由之而了出。故云众妙之门。

疏：摄迹归本，谓之深妙。若住斯妙，其迹复存。与彼异名，等无差别，故寄又玄以遣玄。欲令不滞于玄，本迹两忘，是名无住，无住则了出矣……

义曰：夫摄迹忘名，已得其妙，于妙恐滞，故复忘之，是本迹俱忘，又忘此忘，总合乎道。有欲既遣，无欲亦忘，不滞有无，不执中道，是契都忘之者尔。

疏：正观若斯，是为众妙其妙，虽众皆出此门，故云：众妙之门。

义曰：众妙之门者，天门也。天门者，万法所生之总名也。言万物出乎，无有入乎，无有聚散隐显，故有出入之名尔。徒有其名，实无其门，故谓之无为之门，则无门也。无门无房，四达之皇皇，是如于妙道矣①。

《道德真经广圣义》因释义详尽而在历代《道德经》各注疏本中篇幅最大、内容最丰，以至于被后人誉为“是当时道教徒对《道德经》研究的总结性巨著”②。该书在理论建构上有一个重要特点，就是作者在前人的《道德经》注疏的基础上，通过“以理说经”的方式而建构起一个精致的、着意探究事物本体的思想体系，从而为人的存在提供意义世界，为道教的进一步发展提供理论基础。因此，该书虽然有时义解得有点繁琐，但其中对宇宙观、形神观、重玄学、心性论、修道论、经国理身等思想的论述，特别是运用重玄学的思维方法对老子思想所作的独到发挥与深刻辨析，不仅使之颇具哲学意味，既奠定了杜光庭在道教思想史上的重要地位，也在一定程度上提高了唐代道教的理论思维水平。

从思想史的角度看，《道德真经广圣义》以义释《道德经》的方式推广唐玄宗注疏《道德经》的“圣义”来发挥道教思想，“形成了‘以道教解老子’与‘以老子解道教’的双向并作的特有风格。”③ 尤其是它对《道德经》的基本义旨：“夫此道德二字者，宣道德生畜之源，经国理身之妙，莫不尽此也”④ 的界说，经常被后世道教学者引用，故产生了较大的影响。杜光庭在《道德真经广圣义》中，在总结汉唐老学思想的基础上，吸取玄、儒、佛的思想和方法来关注宇宙、社会和人生问题，在宇宙论上提出自然无为的道气论，运用重玄学的

---

① 《道德真经广圣义》卷七，《道藏》第14册，第344页。

② 孙昌武：《道教与唐代文学》，人民文学出版社，2001年，第25页。

③ 郑志明：《杜光庭〈道德真经广圣义〉的神人观》，《道家与道教·第二届国际学术研讨会论文集（道教卷）》，广东人民出版社，2001年，第224页。

④ 《道德真经广圣义》卷一，《道藏》第14册，第314页。

有无双遣的方法来说明修道就是复归于人本有的自然清静之心，在道性论的基础上提出性命双修说，并将这种性命双修说运用于修道实践，促进了内丹心性学成为宋代道教思想与实践的主流，在融合儒佛道三教的基础上所建构的即世而超越的人生理想，又为宋代以后道教神仙思想与民间信仰的进一步结合，并与民众生活打成一片开辟了道路。杜光庭思想在唐宋道教思想的发展与转型过程中起到了承上启下的重要作用①。

今天，在中国社会在经济发展和改革开放的新形势下，重新阅读《道德真经广圣义》，既可促进我们加深对杜光庭思想的认识与研究，以更好地了解唐代道教思想的特点，并进而把握唐宋道教的转型及宋代道教的发展趋势，也有助于我们从中吸取一些思想智慧，为建设有益于现代社会与人生的新文化服务。

（原载：《上海道教》，2008 年第 1 期）

① 参见孙亦平：《杜光庭思想与唐宋道教的转型》，南京大学出版社，2004 年。

从《录异记》看道教生态思想之特色

唐代道教思想家杜光庭（850—933）的思想虽然是通过诠释老子之道而建构起来的，但他在对自然、社会和人生的关注中又将“道”推向了宗教化的道路。为了论证道教得道成仙信仰的真实性，杜光庭搜集民间与道门中流传的各种奇闻逸事编撰成了《录异记》。明人沈士龙认为，《录异记》“大都捃拾他说，间入神仙玄怪之事，用相证实。”① 由于《录异记》是通过记录人世间和自然界的种种神异玄怪之事来宣扬为善去恶、以求善报的思想，因此在文体上可以归属于道教志怪小说中的地理博物体小说，即以地理方位为基本框架，以叙述诸方名产、珍贵物品以及人与万物之关而演成的奇闻异事为主要内容②。法国学者傅飞岚先生在《蜀——杜光庭〈录异记〉里的“圣地”》一文中也认为，《录异记》“意在‘记录奇异’，在文体类型上可以归属于中国中古时期‘神怪文学’（mirabilialiterature）中的‘志怪’类。”同时，他对《录异记》所收故事的地理方位进行了研究，

---

① （明）沈士龙：《题〈录异记〉》，《秘册汇函》，明万历中刊本。

② 参见卿希泰主编：《中国道教》第四卷，东方出版中心，1994年，第56页。

认为“在162则故事中，大约有70－80则的内容和蜀有关，其中有一些虽然和蜀不是直接相关，但其内容却能增加那些有关蜀地王朝正统地位的故事的说服力，这些都是一些前例以及发生在其他地方的类似故事，很明显的是来自唐朝宫廷。”① 笔者认为，《录异记》以“志怪小说”的形式，通过完整的故事情节、真实的时空背景、生动的人物形象、“纪实”的表达方法来宛转地叙述一个个灵迹异闻，记录的自然界和人世间的一些怪异现象，读后常常给人以惊奇、甚至荒诞之感，但其所包含的道教宫观圣地和道教人物事迹的故事、古老的神话和历史、与当地自然地理有关的民族志和传闻轶事，又使之成为一部百科全书式的著作，其中闪现的生态思想对现代人协调人与自然万物的关系仍具有一定的启发意义。

道教将自然万物纳入到一个超然的想像世界之中作一种伦理性的解释，由此而赋予自然万物以神圣性，以此为基点而形成了尊重万物的生态思想。杜光庭在《叙》中认为，《录异记》所记载的各种怪异现象，如“田鼠为鴽，野鸡为蜃，雀化为蛤，鹰化为鸠，星精降而为贤臣，岳灵升而为良辅”等，并非凭空捏造而是有根据的。他说：“怪力乱神，虽圣人不语，经诰史册往往有之。前达作者《述异记》、《博物志》、《异闻集》皆其流也。”② 《录异记》的体例与内容虽与张华的《博物志》和干宝的《搜神记》相类似，但它却以小说的形式来反映蜀地的风土人情和文化习俗，表达道教神仙崇拜的特色和善待生灵的慈悲情怀，以至于北宋李昉等人在编撰小说总集《太平广记》时就收录了《录异记》一半以上的内容，可见其在当时社会文化中所产生的影响。

---

① （法）傅飞岚、林富士主编：《遗迹崇拜与圣者崇拜》，台北允晨出版公司，1999年，第300、301页。

② 《录异记叙》，《道藏》第10册，第856页。

《录异记》原本十卷，保留在今天《道藏》中的《录异记》尚存八卷，收录了 162 则神异故事，“若再加上《太平广记》所收录的故事，大约可以恢复《录异记》的全貌达百分之九十四。”[①] 杜光庭将八卷的内容依照如下的次序排列：

卷一：仙
卷二：异人
卷三：一、忠
　　　二、孝
　　　三、感应
　　　四、异梦
卷四：鬼神
卷五：一、龙
　　　二、异虎
　　　三、异龟
　　　四、异鳖
　　　五、异蛇
　　　六、异鱼
卷六：洞
卷七：一、异水
　　　二、异石
卷八：墓

---

① （法）傅飞岚：《蜀——杜光庭〈录异记〉里的“圣地”》，载《圣迹崇拜与圣者崇拜》，台北允晨出版公司，1999 年，第 304 页。

以上八卷共分为十七类，每一类皆由一些主题相近、但内容不相同的故事组成，因此每个故事不列标题。杜光庭由仙起笔，再讲述异人、鬼神，然后再对龙、虎、龟、鳖、蛇、鱼等动物和洞、水、石等自然物的神异现象进行描绘，最后以“墓”来表达死亡，以守墓人的孝行来体现道教趋生恶死的伦理思想。杜光庭从珍惜人的生命出发，发展到崇拜直接赋予自己生命的父母以及祖先，再扩大到敬拜养育人的自然界。杜光庭将自然物加以分类，并将它们纳入道教以及国家祀典的信仰系统中，通过对神异之物的崇敬来弘扬道教信仰的神圣性与丰富性，并教化民众要善待自然，珍视生命，由此而反映了他作为一个“道门领袖”的立场。

在古代社会中，因生产力水平低下，人类面临的主要问题是人与自然的关系。人们生活在自然世界中，既时刻接受着大自然的无私奉献，也不时地遭遇着自然灾害的无情袭击，由此而对周围世界中令人惊异恐惧或令人赏心悦目的自然现象产生疑虑，并作出思考。在杜光庭的笔下，《录异记》中所关注的主要是山水石洞、动植物等自然物，而那些能够操纵自然的罗真人、庐山九天使者、杨尊师等，追求长生成仙的鬼谷先生、许君等仙人、异人也就受到了特别的崇拜。例如，《录异记》中记载说，“主水旱之事”的罗真人在鄂州化举行大设时，于人群中认出了化身为俗人“潜欲害此城”的江中白龙，并将它赶回了江中，避免了一场灾难，从而受到了当地人的崇拜。

同时，在《录异记》中，山水石洞等自然现象都隐有一种神异之象，例如，“浙唐县西百二十里，有清潭在漳浦溪源，极深，常有白龙藏此中，天旱，令人取猪羊粪掷潭中，即有洪雨大水，至今有验。”① 再例如，“蜀州晋源县山亭中有两大石，各径两尺已来，出地

① 《录异记》卷七，《道藏》第10册，第876页。

七八寸，人或坐之，心痛往往不救。又是落星石，东边者生，即灵验，西边者死。与诸石无异，色并带青白也。”① 杜光庭在《录异记》中通过对种种奇异事物的介绍，不但描绘了奇异的地质景观、赞赏了大自然的神奇，也往往以此来表现道教神仙与自然山水的密切关系。例如，“道长山扬谟洞在峭壁之中，上下悬险，人所不到。洞中原有神仙，或三人，或五人，服饰黄紫，往往出见，是时所见，人数稍多。”② 永平四年（914），利州刺史王承赏将这一异象上奏，后道门与朝廷共同前往举行醮仪，这种情形又“复出见如初”。“恩州大江之侧，崖壁万仞高处有洞门，中有仙人。江中船人叫声呼之，往往即出，多著紫衣，下窥江岸，踌躇久之，方去洞下。”③ 青城县老君观东边有一马跑泉，“其泉水味甘，四时不绝。春夏如冰冷，秋冬即温。”据说，这是“太上老君与天真皇人于此会真之所，其泉是老君所乘者马跑成泉焉”④。

人们对自然环境采取何种态度，往往取决于对人与自然关系的思考。在《录异记》中最为精彩的大概要算是关于人与动物关系的描写了。杜光庭认为，人要得道成仙，不仅要珍爱自己的生命，而且还应当泛爱各种有生命的动物，因此，人与动物的关系就成为《录异记》的重要内容。《录异记》中的“毛意欢修道”、“景知果驯兽”、“山虎为阴玄之助哭”等故事就讲述了修道者与动物之间所建立起的亲密伙伴关系。杜光庭写道，“景知果亦有道者也。居窦圌山与虎豹同处，驯之如家犬焉，鸦数只集其肩臂之上，鸣戏为常。”⑤ 还有个叫毛意

---

① 《录异记》卷七，《道藏》第10册，第878页。
② 《录异记》卷一，《道藏》第10册，第858页。
③ 同上。
④ 《录异记》卷七，《道藏》第10册，第877页。
⑤ 《录异记》卷二，《道藏》第10册，第861页。

欢的人，咸通年间（860—874）就住在绵州（今四川绵阳）昌明县窦圌山修道。这座山没有山路，在当时基本上与外界隔离，但山顶上却有一座不知建于何时的“天尊古宫”。毛意欢“人幼而为道，常持五千言，诵不辍口”。白天，他会穿着破旧衣服到集市上去“诵经乞酒”，喝醉之后，便“登山攀缘峭险，以绝道为桥焉”。山顶长着许多白松树。由于山路断绝，峭崖难攀，毛意欢便以绳梯系在白松树上，结绳做桥。后来他隐于洞穴中读经，逾旬而出。人们经常看到他出来时，“多持灯碗度绳桥”而下山。由于“山多毒蛇猛虎，里中人莫敢独往。意欢夜归，亦无所畏焉。常有二鸦，有客将至，鸦必飞鸣，意欢整饰宾阶坐榻未毕，客果至矣。”① 毛意欢在山中修道日久，不仅自己练就了一套神异之术，而且还与鸦鸟达到相契的地步。杜光庭通过这个故事描绘了一幅生动的人鸟交际图，反映了人与动物和谐相处时所具有的乐趣。

《录异记》中还描绘了许多具有灵力的动物。例如，蜀江大鳖被人捕获后，放到锅中煮了一个晚上，仍然不死，投入江中，还能够“浮泛而去”。汴河巨龟的壳被烧焦了，但还能“伸颈足动”，投于江中，竟然也能游泳而去。杜光庭对这些神奇动物充满着敬畏之情。他在“郫县小蛇”的故事中还写道：“郫县有民于南郭渠边得一小蛇，长尺余。刳剔五藏，盘而串置于烟火之上，焙之数日。民家孩子数岁，忽遍身肿赤，皮肤泡破，呻吟痛楚异常。因自语曰：‘汝家无状杀我，刳剔肠胃，置于火上，且令汝儿知此痛苦。’民家闻之惊异，取蛇拔去刬竹，以水洒之，焚香祈谢，送于旧所。良久，蜿蜒而去，民家儿亦平愈焉。”② 当人在无意中伤害了小蛇之后，小蛇以其特殊

① 《录异记》卷六，《道藏》第10册，第874页。
② 《录异记》卷五，《道藏》第10册，第872页。

的手段来报复人。杜光庭以伤害动物必将受到严厉惩罚的故事来警告世人，动物也有灵有肉，人不可随意冒犯之、伤害之。人只有善待动物，自己才能得到健康和安宁。

道教生态思想的一个重要特点就是它的实践性。杜光庭从尊重生命出发而主张禁止杀生。例如，“崔道纪”的故事说：崔道纪在科举及第后，游于江淮，因醉酒而卧于客店中。此时，仆人在井中汲水，有一鱼随桶而上。崔道纪得知，喜曰：鱼羹甚能醒酒！然而，当崔道纪吃下鱼羹后，过了一会，就有黄衣使者自天而降并宣敕：崔道纪本来官至宰相，寿年七十，但由于吃了化身为鱼的龙子，故被削除。崔道纪当晚暴卒，年仅三十五岁①。杜光庭强调，人如果胡乱地捕杀动物就会受到神灵的惩罚，甚至要以命偿命。对重视生命的道教来说，“偿命”应当是对人的最大惩罚。

在杜光庭的笔下，动物不仅具有灵性，有时还比人更具有道德水准，甚至就是道德的化身。他在“异虎”的故事中说：“剑州永归葭萌剑门益昌界嘉陵江侧有妇人，年五十已来，自称十八姨，往往来民家，不饮不食，每教谕于人，但作好事，莫违负神理，居家和顺孝行为上，若为恶事者，我常令猫儿三五个巡检汝来。语毕遂去，或奄忽不见。每岁约三五度，有人遇之。民闻知其是虎所化也，皆敬而惧之。”② 老虎本来是凶猛的动物，并不知人事，但在杜光庭的笔下，却化为老虎精，老虎精又化身为妇人，并成为对人类行为进行劝善的道德化身。这种对虎“敬而惧之”的做法，不仅使“虎”类似于“图腾”，提高了人们对虎的敬畏感，而且对制止人们猎取虎类等野兽，从而在客观上对保持生态环境和物种之间的平衡起到了积极作用。

---

① 《录异记》卷五，《道藏》第 10 册，第 872 页。
② 同上，第 870 页。

杜光庭为了说明动物并非是与人无关的另类，他在讲述“忠”、“孝”故事时，经常渲染有孝行的人会得到神异动物的特殊帮助。例如资州人阴玄之，“少习五经，尤精左史”，颇有孝行。父丧之后，阴玄之就住在父亲墓旁的草庐中守孝。他的孝行感动了山中的动物，据说，每当他“六时临哭”时，常有溪龙、山虎和鬼神为之助哭。每天晚上还“常有二灯来照墓前，至明乃息”①。杜光庭还写道：资州人杨太博也是因守父母之丧而住墓庐三年，由于他的孝行诚敬，“有神灯照墓，猛虎驯伏，有白兔之异”。蜀相王公听说其事迹后，特“降敕褒奖，表其门闾”②。在杜光庭的笔下，那些有孝行德行的人，不仅会受到人间帝王的嘉奖，而且还会得到神异动物的帮助。杜光庭认为，人为万物之灵，如果人有善行，那些神异动物就会来殷勤相助；如果人做了坏事，就会受到惩罚，甚至会变为动物。例如，吉阳治有一女子，是涪州裨将蔺庭雍的妹妹，她“因过化中，盗取常住物，因即迷路，数日之内，身变为虎，其前足之上银缠金钏，宛然犹存。每见乡人，隔树与语云，我盗化中之物，变身如此，求见其母，托人为言之。母畏之，不敢往。虎来往郭外，经年渐去。”③ 杜光庭以这位因偷东西而变身为虎的女子对人世的眷念之情来说明变成动物的可悲下场，并以此来劝谕人们应当时时为善，不做坏事，以追求生命的最好结局。

杜光庭虽然将仁爱精神和悲悯情怀贯串于对动物乃至对自然万物的态度之中，但对于那些害人的野兽，他却决不心慈手软而主张为民除害。杜光庭记载的“廓蒲除虎”的故事就是讲的这方面的事。廓蒲看见“有鸷兽暴害于人，渔樵不通，道途断绝”，他就于数年之内，

---

① 《录异记》卷五，《道藏》第10册，第865页。
② 同上。
③ 同上，第870页。

“剿戮猛虎不可胜数”，尤其是除掉了那只“其形伟博，便捷异常，身如白锦，额有圆镜，光彩闪烁，害人最多”的食人虎之首帅，最终使“生众顿安”。廓蒲杀除恶兽的惠民行为得到了当地人的敬仰。后来人们专门立庙纪念他“捍大灾，御大患，功及于民”①。

杜光庭还通过讲述鬼谷先生教导生活于战国时期“不慕神仙，好纵横之术”的张仪、苏秦的故事而表达了道教的人生理想：“二君足下功名赫赫，但春到秋，不得久茂，日既将尽，时既将老。君不见河边之树乎？仆驭折其枝，波浪激其根，此木非与天下人有仇怨，所居者然也。子不见嵩岱松柏华霍之树，上叶陵青云，下根通三泉，上有玄狐黑猿，下有豹隐龙潜，千秋万岁，不逢斤斧之患，此木非与天下人有骨血，盖所居者然也。今二子好云路之荣，慕长久之功，轻乔松之永延，贵一夕之浮爵，痛焉！”听了鬼谷先生的一席话，张仪、苏秦赞叹地说：“伟哉先生，玄览遐鉴，兴亡皎然，二子不能抑志退身，甘蓼虫之乐，栖竹苇之巢，自掇泯灭，悲夫！痛哉！”② 道教的人生理想不在仕途得意，而在于顺应自然，乔松永延，这也成为《录异记》的主题之一。

著名的物理学家卡普拉（FrijofCapra）曾说：“在伟大的诸传统中，据我看，道家提供了最深刻并且最完善的生态智慧，他强调在自然的循环过程中，个人和社会的一切现象和潜在两者的基本一致。”③ 杜光庭所讲述的志怪神异故事，其中经常潜隐着“普天之内，皆为造化。蠢动含生，皆有道性”的思想，强调自然界中的一切事物各有其

① 《录异记》卷四，《道藏》第10册，第868页。

② 《录异记》卷一，《道藏》第10册，第858页。

③ Frijof Capra，Uncommon Wisdom，P. 36，Simonand Schuster，1989. 参见董光璧：《道家思想的现代性和世界意义》，载陈鼓应主编：《道家文化研究》第一辑，上海古籍出版社，1992年，第71页。

灵性与存在的价值，人可以赞天地万物之化育，但不可为了自身的利益来扼杀、甚至毁灭各种自然物。《录异记》通过对神奇事物的描绘，赋予了山水洞石等自然景色和动物植物以精神灵性，使它们超越原来纯粹的自然属性，体现出了道教对生命和自然的独特看法，其中所深蕴的尊重自然、效法自然以达到天人和谐共处的生态智慧，应特别值得生活环境正日益遭到破坏的现代人所珍视。

（原载：《中国道教》，2006 年第 5 期）

论全真道对老庄思想的诠释向度

——以《丹阳真人语录》为例

全真道作为金元时期出现的新道派，其主要特色就是以“真性本体论”为理论基础，以“性命双修”为主要修仙方法，从而使唐代以来道教仙学内部的不同倾向，逐渐归于由“性命双修”而臻“全真而仙”的内丹心性学。全真道摆脱了传统道教追求肉体成仙的价值取向，力图从人的本真的生命存在中去追求生命的超越，具有回归老庄道家的思想倾向，但其对老庄思想并非简单接受、照搬照抄。那么，早期全真道是如何对老庄思想进行诠释的？这种诠释向度又如何奠定了全真道理论与实践的特色？本文以《丹阳真人语录》为例，来说明马钰将“清净无为”视为“最上乘法”，并站在道教的立场上，借鉴、吸收佛教，尤其是禅宗思想与方法，对老庄道家思想进行再诠释，从而促进了全真道修行理论与实践的更新与发展。

一

全真道“北七真人”之一马钰（1123－1183）一生著有《洞玄金玉集》、《神光灿》、《渐悟集》、《丹阳真人语录》等道书，其中《丹阳真人语录》[1] 是弟子金颐中（生卒不详）对马钰晚年言论的记录或摘录[2]，共有五十多条，以一种生动活泼的问答形式，比较本原地记录了马钰对全真道教义与修行实践的陈述，反映了早期全真道的修心养性理论是以清净无为、柔弱谦下为要，表现出浓厚的老庄道家思想。

马钰对"清净无为"的重视及其诠释，都与其借鉴和吸收佛教来诠释老庄思想有关。在道家传统中，一般比较强调"清静"[3]，无论是《老子》，还是《庄子》，都将自然清静无为作为"道"的本性。然而，老、庄道家仅将"道"视为宇宙之本源、万物之本根和为人处事之准则，道教则进一步发挥了"道"的超越性与内在性，将之作为人修道而能够得道成仙的根本依据。如果说，超越性是指以"清静"为本的道性，在本质上具有形而上的属性和普遍的广在性，那么，内在性则强调"元本清静"的道性是人本有的属性。一切众生皆有道性，但由于后天生活的污染，又需要依靠修道来复归于"元本清静"的道性。马钰就是依此为思路来诠释老庄道家思想并立身行事的，他认为，道的根本特征就是清净无为，修道就是要去除染欲，做清净无为工夫："夫道但清净无为，逍遥自在，不染不著，此十二字若能咬嚼得破，便做个彻底道人。"马钰之所以对"清净无为"如此重视，与其生活经历及对老庄思想的欣赏有关。

马钰原名从义，字宜甫，入道后更名为钰，字玄宝，号丹阳子，山东宁海（今山东牟平）人，出身于家世大族，为当地有名的富豪，

---

① 《丹阳真人语录》，《道藏》第 23 册，第 701—706 页。以下凡引之《语录》就不注出处了。

② 据《丹阳真人语录》记载，王颐中是在大定癸卯（1183）三月间在山东牟平范明叔庵拜马钰为师，不久马钰就仙化了。

③ 在先秦和两汉的典籍中，也有"清净"一词，但主要表示不受外物干扰、不烦扰，如《后汉书》卷二十九《鲍昱传》："政化仁爱，境内清净。"而不像佛教那样从染与净的角度来解说清净。

人称“马半洲”。马钰虽然富甲一方，但却轻财好施，喜爱读老庄之书，探求人生意义。大定七年（1167），王喆从家乡陕西出发经潼关来到山东半岛，以诗词歌曲等形式随机施化。马钰初见王喆，见其颇有“仙风道骨”，乃问之：“何为道?”王喆答曰：“五行不到处，父母未生前。”马钰听闻这句颇有禅意的话，即有所悟，乃在自家南园建全真庵让其居住。王喆住在马钰家时，用“分梨十化”的方法来开导马钰及妻子孙不二看破红尘，出家修道①。马钰遂明性命祸福生死之机，晓天地阴阳奇偶之数，最终抛弃了万贯家产，皈依其道，其妻孙不二也随之出家。马钰自此倡导清净无为，励志苦行。马钰出家是经历了一个巨大的人生转变。他曾自言：“予年四十余方遇师入道，所以鬓皤然，腹中别有一绀发者，何由致之?向往关中十余年，所养神与气耳。”马钰入道后，就将“清净”作为修道之基，这既表达了自己对过去世俗生活的否定，也反映了全真道的修道功夫，应从抛却对尘世名利的追求，保持心地“清净”开始，可谓“不得无明暂起，逍遥物外闲居。常清常净是功夫，相称全真门户。”② 这里，马钰还特别引用佛教的“无明”来说明人不得清净的根源，以强调《庄子》所说的“逍遥物外”的境界，应当以“常清常净”为功夫，由此而将佛道相会通。

马钰对“清净”的倡导其实也是对全真道北宗家风的继承。王喆在传教之初，就对“清净”十分重视。他说：“诸公如要修行，饥来吃饭，睡来合眼，也莫打坐，也莫学道，只要尘冗事屏除，只要心中清净两个字，其余都不是修行。”③ 这里，王喆采用了禅宗话语“饥来吃饭，睡来合眼”，只要“心中清净”就是修行，这种修行观既是

① 《重阳分梨十化集》二卷，《道藏》第25册，第790页。
② 《渐悟集》卷上，《道藏》第25册，第462页。
③ 《重阳全真集》卷十《玉花社疏》，《道藏》第25册，第747页。

惠能主张的自净其心①、随缘任运精神的体现，也与王喆以老庄的自然无为、适性逍遥思想为基点分不开。王喆临死之前，将全真秘诀传与马钰，并让其掌管教门。

马钰先在关中终南山地区传道，十年之间，历尽艰辛，矢志弘道，将全真道的离尘去欲的清净精神发扬光大，吸引了众多社会人士的皈依。马钰所创全真道遇仙派在当地得到了迅速发展，以至于金朝当局担心其势力过大会危及自己的统治，乃加以禁制②。于是，马钰于大定二十一年（1181）“以关中教事付丘长春为主张焉，仙杖东归”③。《语录》就是马钰回山东后传道的记录，其中反映出马钰仍以“清静”修道相号召：“学道专一，则人人可以为仙。不同世俗之进取有黜落也。儒则博而寡要；道则简而易行，但清净无为最上乘法也。”马钰比较了儒、道之异同，又将颇具佛教意味的“清净无为”奉为修道的最上乘法，并以此来整顿全真教风。

据《语录》记载：马钰从关中回到山东后，将佛教的“绝嗜欲、断荤酒”等戒条作为清净修行的重要内容。“马师在登郡时，会众百余人，白师曰：‘弟子等，各沐浴静居，及戒断荤酒，已七日矣。愿随清会祈福，以消来业。’师曰：‘善公等清净七日，尚言有福。马风门人，个个终身清净，绝嗜欲，断荤酒，福且多矣。’会众皆礼拜，叹曰：‘清净之教。实不可思议。’自是，三州之人，比屋受教，渐及十方，闻风信向，大教重兴，自师而始。”马钰正是站在道教的立场上，援佛诠道，以“清净无为”相号召，在短短的时间里，使全真道在山东又兴盛了起来。

---

① 惠能说：“迷人念佛生彼，悟者自净其心。”（敦煌本《坛经》第35节）

② 金世宗先于大定十八年（1178）下诏“禁民间创兴寺观”，后于大定二十一年（1181）下诏禁止道士游方，并“遣发道人各还本乡”。（参见《金史》卷七《世宗纪》）

③ 《甘水仙源录》卷一，《道藏》第19册，第730页。

二

马钰对“清净”十分重视。据初步统计，《语录》中十五次使用“清净”，只有一处使用“清静”：“清静之道，人能辨之，则尽善尽美矣。故经云：‘人能常清净（静）。天地悉皆归。’”如果联系文中所引的《常清静经》就可见，《语录》中将《常清静经》中的“清静”又写成了“清净”，这是记录者偶尔的笔误，还是与马钰及其弟子比较倾向于使用“清净”一词有关呢？

从词源学上看，清静与清净在内涵上存在着差异。“静”的本义是安定不烦。“清静”一词来源于《老子》。《老子》中有“我无为而民自化，我好静而民自正”（第五十七章）、“清静可以为天下正”（第四十五章）等说法，并将“清静”与“无为”相联系，强调清静无为之道是治国与理身的最好方法。“清静”是从动静的角度来诠释的道性。动静是道家的一对重要哲学范畴，动起于静，又复归于静，故曰：“夫物芸芸，各复归其根，归根曰静，是谓复命。”（第十六章）万物变化无常最终能复归于虚静之根，那么，人通过修道也就有可能使自己的生命复归于与道相冥之境。道家对归根复命的论述，为道教的修道提供了理论依据。早期五斗米道的道书《老子想尔注》中就明确地提出：“道常无欲乐清静，故令天地常止。”“人法天地，故不得燥处，常以清静为务。”人若效法天地，做到清静无为，“则道自来居”。这反映早期道教对《老子》的诠释向度：一是将清静视为道之本性；二是将清静视为人修道的进路。

“净”的本义为洁净，后引申为不受外物干扰的心地洁净。佛教就用“清净”来形容远离恶行烦恼的状态：“离一切恶行烦恼垢，故名为清净。"[①] 魏晋南北朝时期，随着外来佛教传入中土并盛行发展，道教的心性论受佛教的影响而发展出日益理论化的道性论。唐代时，"清净"一词也越来越多地在道书中被运用，例如，唐玄宗在《道德经义疏》中就提出："法性清净，是曰重玄。"这里，既借用佛教名词"法性"[②] 来指称"道性"，又运用了重玄学的方法来诠释道性。后来，唐末五代时道教思想家杜光庭在《道德真经广圣义》中，又对"法性清净"作了进一步的发挥，认为"法性"即为道性，通过"返性归元"即可契合本来清净的道性，从而为个体生命的超越提供了理论依据。杜光庭特别用"清净"一词来说明道本有的特征，并将"清净"与"染欲"对立起来，强调用遣之又遣的重玄方法去除染欲、修复其性是"复归元本"的主要进路[③]。

道性的"清静"是从动与静的角度上说的，而"清净"则是从净与染的角度上说的，以净染诠道性在很大程度上受到了佛教的影响[④]。佛教将净、染与心相联系，将去除烦恼客尘的污染，保持自性

---

① 《阿毗达摩俱舍论》卷十六，《大正藏》第29册，第84页。

② 法性本为佛教名词，与实相、真如、佛性、涅槃等概念具有同等性质，"佛性、法性、真如、实际等，并是佛性之异名。"（吉藏《大乘玄论》卷三，《大正藏》第45册，第41页）着重事物恒常不变的本质、本体。唐玄宗借用佛教的"法性"来是指称"于诸法中体了真性"（参见《道德真经广圣义》卷二十三，《道藏》第14册，第420页），又称"正性"、"道性"。

③ 参见孙亦平：《杜光庭思想与唐宋道教的转型》，南京大学出版社，2003年，第216页。

④ 净，指远离烦恼，清净之义；染，指烦恼污秽之义，故又称不净。佛教常用净染来说明心性问题，如大乘佛教基本上采用了"心性本净"的看法，但各派对此的解释却有很大的不同。空宗主张用"性空"来解说"心的本净"，有宗以"真如"体性清净来说"心的本净"。而佛性-如来藏系的思想，则把"心"与法性、佛性、解脱等联系在一起，作出了新的发挥。这样，早期佛教"假说"为业报与解脱主体的清净心经过与虚构的绝对精神实体佛性-如来藏合而为一，也就具有了精神实体的意义，从而把心抬高到了宇宙人生之本体的地位。就人生而言，它是"真我"；就万法而言，它是真如、法性；就解脱而言，它又是菩提、法身。这种思想对中国佛学的影响很大（参见洪修平：《禅宗思想的形成与发展》（修订版）第一章，第三节，江苏古籍出版社，2000年）。

清净之心作为修道的重要方法，这种“修道即为修心”的思想也为全真道内丹心性论继承与发展。

马钰认为，全真道的修道功大是从去除染欲、抛却对尘世名利的追求、保持心地“清净”开始，可谓“不得无明暂起，逍遥物外闲居。常清常净是功夫，相称全真门户。”① 这里，马钰还特别引用了佛教的“无明”来说明人不能清净的原因，强调《庄子》所说的“逍遥物外”的境界，应当以“常清常净”为功夫。马钰曾教导徒众说：“道以无心为体，忘言为用，以柔弱为本，以清净为基。若施于人，必节饮食，绝思虑，静坐以调息，安寝以养气。心不驰则性定，形不劳则精全，神不扰则丹结，然后灭情于虚，宁神于极，可谓不出户庭，而妙道得矣。”马钰将道家的无心、忘言、柔弱等思想运用到全真道心性修养之中，又援佛诠道，将“清净”为修道之基，贯彻到全真道以“性命双修”为进路的内丹修炼之中。

在马钰提倡的性命双修中，“性”被视为是人的精神、意识，是人先天具有的一种清净、纯而不杂的本性，它是既真又善的，称为“真性”；“命”是指由精气神有机而成的躯体、形体，既是人的生命存在的物质基础，也是一种人们无法摆脱的先天规定性。简言之，性就是神，命就是气，性命和合，人得以生，性命离异，人得以死。“道无形名，是神气之祖也。元气降化，神明自生。炼神合道，乃是修真。”既然人的生命是以性命和合的形式而存在，那么，在修命的同时，还要修炼性功。在《丹阳真人语录》中，马钰倡导内丹修炼“清净”就不仅要“清其心源”，还要“净其气海”：

清净者，清为清其心源；净为净其气海。心源清，则外物不

---

① 《渐悟集》卷上，《道藏》第25册，第462页。

能挠，故情定而神明生焉。气海净，则邪不能干，故精全而腹实矣。是以澄心如澄水，养气如养儿。气秀则神灵，神灵则气变，乃清净所致也。若行有心有为之功，则有尽之术法也。若行无心无为之理，乃无尽之清虚也。

心源、气海作为本真的生命状态是恒常而清净的，但又会被世俗的情欲和妄念所蒙蔽，从而对人的生命成长产生直接的影响。修道就是要去除妄念的蒙蔽，做到心不起杂念、外不染世尘的内外清净，若能如此，才能体悟到人本有的“真性”。马钰强调，只有将“清净”贯彻到颐神养气之中，再静坐调息，使呼吸绵绵细长，道气贯通于心性，神气相合而成仙。

这样，马钰主张的“性命双修”就是以清净之心来颐神养气：“道人要妙不过养气，夫人汩没于利名，往往消耗其气，学道者别无他事，只在至清至净，颐神养气而已。心液下降，肾气上升，至于脾，念绝想，神自灵，丹自结，仙自做。”① 这种以“清净”为基，通过炼精化气，炼气化神，炼神还虚的内丹修炼，从人的本真生命存在中去追求生命的超越，表现出无为而无不为的道家精神。

在老庄道家那里，“无为”本指“道常无为而无不为”，人也应当效法天道，顺应自然，清心寡欲，与世无争，不妄自作为，才能远离是非祸患。马钰用“不思不虑”来诠释“无为”，其中就借鉴了惠能禅宗所倡导的“但行直心，于一切法，无有执著”② 的思想：“无为者，不思不虑也，爱欲嗔怒积蓄利害其间。虽有为而常无为，虽涉事而常无事。何况专一清心净意，养气全神，飘游于逍遥之地，入于无

① 《真仙直指语录》卷上《丹阳语录》，《道藏》第32册，第432页。
② 敦煌本《坛经》第14节。

何有之乡。”马钰将“无为”视为人对世间的“爱欲嗔怒”的“不思不虑”后所达到的清净状态。这种“不思不虑”是去除内心一切执著、欲念之后，所呈现的“妄念不生”的“无心”状态，故修道者的无心“非同猫狗蠢然无心也，务存心于清净之域，而无邪心也。故俗人无清净之心，道人无尘垢之心，非所谓俱无心，而与木石猫狗一般也。”这种“无心”是无邪心、无尘垢之心，是心存于清净之域，清净妙明之真性的自然显露。

与惠能禅宗有所不同的是，马钰在强调“心无为”时，还主张“身无为”，保持了道教关注身体的传统。因此，修道之要就在于通过“清净”，使“身中之气不可散，心中之神不可昧。”有人问马钰：“‘何由得气不散？’师曰：‘身无为。’又曰：‘何由得神不昧？’师曰：‘心无事。’又曰：‘身心如是可住庵否？’师曰：‘既处置得下，便好休歇去。’”人虽然生活于世俗世界中，但只要使心无事、身无为，就可不为世俗的名利声色等欲念所动，无论身置何处，都可常处无尽之清净中，从而“飘游于逍遥之地，入于无何有之乡”。马钰的“清净无为”思想中闪现出佛教禅宗所倡导的“一切法自在性，名为清净法身”① 的色彩，但其中又增加了道教的修命的成分。这样，全真道主张的“性命双修”就是以至清至静来颐神养气，通过炼精化气，炼气化神，炼神还虚，由此而与那些追求肉体成仙的传统道教有了根本区别。

三

马钰倡导“清净无为”，既是对老庄思想的继承，也反映了全真道对佛教，尤其是对禅宗心性论的借鉴与吸收。据《语录》中记载，

---

① 敦煌本《坛经》第20节。

马钰在东牟时路上行走，凡是遇到僧人，无论认识与否，必先行礼致拜："从者疑而问之曰：'彼此俱昧平生，何用拜之?'师曰：'道以柔弱谦下为本，况三教同门异户耳。孔子言：虽执鞭之士，吾亦为之。未闻一拜之为一过。'"马钰这样做的依据，一是老庄道家所倡导的"道以柔弱谦下为本"；二是儒佛道三教同门异户，应平等共处、相互借鉴。马钰正是站在道教的立场上，援佛诠道，以"清净无为"为修道的"最上乘法"，也促进了全真道修行理论与实践的更新与发展：

第一，马钰用禅宗的自心清净、净心解脱思想，来改造道家的"清静无为"，将"清净无为"视为全真道修行的根本，从"净心"出发追求精神的超越。马钰受惠能主张的自心清净，依持本有清净之心，即可觉悟成佛的思想影响，将"清净无为"作为修道之本："凡学道之人，切须法天之道，斡旋己身中造化。十二时中，常清常净，不起纤毫尘念，则方是修行。日就月将，无有间断，决做神仙。"强调只有向内体悟自己本有的清净本心，使妄念不生，才能了悟本有的"真性"，故"欲净其土，当净其心。若心清净，轮回自息"。如何做到自心清净呢？马钰说："无为者，不思不虑也，爱欲嗔怒积蓄利害其间。虽有为而常无为，虽涉事而常无事。何况专一清心净意，养气全神，飘游于逍遥之地，入于无何有之乡。"马钰将"无为"视为人对世间的"爱欲嗔怒"的"不思不虑"，是一种去除了内心一切执著、欲念之后，所呈现的"妄念不生"的"无心"状态。但同时马钰也指出，修道者的无心"非同猫狗蠢然无心也，务存心于清净之域，而无邪心也。故俗人无清净之心，道人无尘垢之心，非所谓俱无心，而与木石猫狗一般也。"这种无心是无邪心、无尘垢之心，是心存于清净之域的状态。只有当物欲尽净，心性空寂，清净妙明之真性才能自然显露，故曰："若云游、住、坐，亦澄心遣欲，无挂无碍，不染不著，真清真静，逍遥自在，如同一日存思于道，如饥思饭，如渴思浆，稍觉偏颇，即当改正。依此修行，决做神仙矣。”① 与惠能禅宗有所不同的是，马钰在强调“心无为”时，还主张“身无为”，保持了道教关注身体的传统。有人问马钰：“‘何由得气不散?’师曰：‘身无为。’又曰：‘何由得神不昧?’师曰：‘心无事。’又曰：‘身心如是可住庵否?’师曰：‘既处置得下，便好休歇去。’”人即使生活于世俗世界中，只有做到身无为、心无事，才可不为世俗的名利声色等欲念所动，无论置身何处，都可常处清净之域中。马钰通过援佛诠道，借助于这种颇具禅味“清净无为”促进了全真道又重新回归老庄道家追求精神超越的理路。

第二，马钰从“清净无为”出发，借鉴惠能禅宗的“明心见性”思想，又将“悟”贯穿于道教的心性修养之中。“明心见性”本为禅宗的用语，指以自心本有之“般若智慧”去觉知“自心真性”的一种内省修行方法。全真道将它吸收过来，强调“修行之士，必先明心悟性。”② 在《丹阳真人语录》中，马钰多次提到了“悟”：“师每垂语曰：‘学道者，必在自悟。不悟者，昏蒙所致故也。欲发昏蒙，先涤其心，在乎澄湛明了而已，功到而成，不必叩请于他人。”学道的关键在于自悟本心，这就具有了禅宗的“明心见性”色彩。有一次，马钰呼叫一仆人。过了好半天仆人才来。马钰问他那里去了。仆人回答说：“午睡才醒，神情湛然，床头有一本《庄子》，就拈而读之，所以没有听见。”马钰说：“夫道要心契，若复以文字系缚，何日是了期?所以道，悟彻《南华》迷更迷。”从“道要心契”出发，马钰倡导读经不能执著于文字，不能被文字牵着走，而应了悟经书中所蕴含的义旨。从借鉴禅宗的读经是方便、悟宗才是根本的思想出发，马钰高唱

① 《丹阳真人直言》，《道藏》第32册，第155页。
② 《析疑指迷论》，《道藏》第4册，第949页。

"清净"："学道者不须广看经书，乱人心思，妨人道业。若《河上公注道德经》、《金陵子注阴符经》，二者时看，亦不妨。亦不如一切不读，匍卢都地，养气最为上策。故道家留丹经子书，千经万论，可一言以蔽之，曰清净。"道不在文字，故须离言相、清净自心、明心见性，才能得道悟宗，由此提升了全真道注重心性修养的水平。

第三，在老庄所倡导的"清心寡欲"的基础上，借鉴佛教禁欲修行的做法，将清净修行作为教门的根本宗旨。在马钰看来，世俗的欲望虽然很多，但主要表现为酒色财气，而酒色财气又常常是与人的家庭生活联系在一起的："一切男女，从无始已来，为有种种恩爱贪欲，不出轮回。世界一切胎卵湿化，种种性相，皆因爱欲而生性命。性因爱而生，命因欲而有。皆因爱欲，而起逆顺生嫉妒，从此轮回绵绵不断。"为摆脱轮回的痛苦，就应当出家清净修行，以割断世俗的恩爱贪欲。也正是基于这种思想，全真道创立之初就一改传统道教的在家修行方式，模仿佛教而提倡离家居观的修行，要求修道者不娶妻生子，不吃荤腥，不饮酒，不杀生，不偷盗，宣扬禁欲苦行，保全真性。马钰经常教导徒众：

> 酒为乱性之浆，肉为断命之物，直须不吃为上。酒肉犯之犹可恕，若犯于色，则罪不容于诛矣。何故？盖色者，甚于狼虎，败人美行，损人善事，亡精灭神，至于殒躯，故为道人之大孽也。

《语录》中还记载了一些马钰以身作则、禁欲苦行的例子："师父冬夏披一布，懒衣食，粗取足。隆冬雪寒，庵中无火，兼时用冷水。其神气和畅，殊无寒意。如此十年，非腹中有道气，则不能枝梧矣。"马钰在出家修道之前过着相当优裕的生活，他自言："我尝在俗中时，秤肉斗酒，今已戒之十数年矣。若食酒肉，亦做神仙，只是较迟了些。若心不怀道，又嗜酒贪膻，徒羡口腹，罪报难逃，终为下鬼之类也。”马钰出家以后，奉行佛教五戒，实践清净修道：“道人不厌贫，贫乃养生之本。饥则餐一钵粥，睡来铺一束草，褴褴褛褛，以度朝夕，正是道人活计。故知清净一事，豪贵人不能得。学道人，行住坐卧，不得少顷心不在道，行则措足于坦途，住则凝情于太虚，坐则匀鼻端之息，睡则抱脐下之珠，久而调息，无有间断，而终日如愚，方是端的功夫。”马钰从行住坐卧心不离道出发，把老庄所倡导的“寡欲”发展为“禁欲”，并以“清净”作为修道之基：“薄滋味所以养气，去嗔怒所以养性，处污辱低下所以养德，守一清净恬澹所以养道。名不著于簿籍，心不系于势利，此所以脱人之壳，与天为徒也。”通过养气、养性、养德、养道这样全方位的清净修行，从而超脱生死轮回之苦。“清净无为”不仅成为马钰所创全真道遇仙派的重要标志，也促进了全真道的修行方法的更新发展。

第四，马钰吸取佛教的人生皆苦和涅槃解脱的思想，宣扬以“清净无为”为特征的“性命双修”，用内丹修炼来改造传统道教的肉体长生说，为全真道建构“全真而仙”的宗教理想奠定了基础。从生命的本真中寻求超越之途，本是老庄道家的特色，例如：“全真”一词就来自于《庄子·盗跖》：“子之道，狂狂汲汲，诈巧虚伪事也，非可以全真也，奚足论哉!”其意为摒弃虚伪，保全真性，是为真道，但后来魏晋神仙道教摒弃老庄思想，而以肉体为生命之本，希望借助种种道术来保持肉体的永存。受佛教人生皆苦思想的影响，马钰将肉体的存在以及所产生的种种生理欲望视为修道的障碍，并将人间由声色衣食而来快乐视为痛苦，认为世人以妄为真，以苦为乐，实在是太可悲了！既然人生是苦，那为什么还要追求肉体长生？更何况肉体是由地水火风四大和合而成的，因而也不可能长存。据此，马钰把传统道教所看重的导引、还丹、炉灶等视为“性上添伪”之渐门小术：“三十六道引，二十四还丹，此乃入道之渐门，不可便为大道。若穷于炉灶，取象于龟蛇，乃无事生事，于性上添伪也，此皆误人之甚矣。”他主张既然人的生命是由身心、神气有机结合而成，神气、性命既相互依存，又统一于道，那么，归根复命就应当以“性命双修”为进路。马钰在临终前说：

> 道无形名，是神气之祖也。元气降化，神明自生。炼神合道，乃是修真。其余名相纷纭，难为凭准。我念为汝举其大纲，夫修此之要，不离神炁。神炁是性命，性命是龙虎，龙虎是铅汞，铅汞是水火，水火是婴奼，婴奼是真阴真阳，真阴真阳即是神炁。种种名相，皆不可着，止是神气二字。

马钰一方面将“真性”视为人身中的金丹，炼丹须以肉体为鼎器，因此在追求生命超越的过程中，炼精化气的保命修行，是非常必要的：“学道者无他，务在养气而已。夫心液下降，肾气上升至于脾，元气氤氲不散，则丹聚矣。若肝与肺往来之路也，习静至久，当自知之。苟不养气，虽挟泰山超北海，非道也。”另一方面，又借鉴了佛教的人生观，引导人们看破肉体的虚幻，致力于心性修炼，以追求超越生死的精神解脱。这样就把“清净无为”以求明心见性贯彻到了“性命双修”的过程中去，以复归于“真性”相号召：“净意清心耕种丹田，更常常炼息绵绵。命灯灿烂，性月团圆，待行功成，超达去，得升天。”① 这种“性命双修”，既重视肉体的修炼，更注重在修心养性上下功夫，从本真生命存在中追求超越，不仅促进了内丹道的兴盛

① 《洞玄金玉集》卷七，《道藏》第25册，第597页。

与发展，而且比传统道教所宣扬的肉体长生不死说在逻辑上更加精致。

需要说明的是，马钰在借鉴佛教来诠释老庄思想时，依然保守着他的道教立场，他所倡导的“性命双修”中对命功的重视，使之与佛教修行形成了鲜明的区别，但即便如此，全真道对佛教思想的借鉴与吸收，使道教的修行理论在质上产生了一个飞跃，由对形而下之术的探求转向了对形而上之心性的修养，推动了道教内丹道的兴盛和中国传统心性哲学的发展。

（原载：《全真道与老庄国际学术研讨会论文集》2008 年）

人 物 篇

论葛洪对推动道教仙学发展的贡献

道教追求的“得道成仙”虽渊源于中国古老的神话传说，但后来却成为道教独特的信仰目标。道教鼓励人们利用自己的聪明才智，发明种种道术来巧夺天地造化之功，促使个体的生命无限延长，由此而形成了道教的修仙之学。道教仙学既是一种哲学思考模式，它从天人一体同源的基本思路出发，从人自身来探讨生命无限存在的可能性；也是一种经验性的修道方法，希望通过探究宇宙起源和生命构成，积极地追寻生命长存之道，由此改变人类必然走向死亡之宿命。葛洪(约 283－363)为东晋道教学者、炼丹家和医药学家，一生精研儒道，学贯百家，著述甚丰，其代表作《抱朴子内篇》就反映了他对道教“得道成仙”的理论论证和具体践行。本文将东晋道士葛洪在《抱朴子内篇》中对神仙存在的论说，对得道成仙途径与方法的介绍，放到道教仙学的历史中来加以考察，以期展示他对推动道教仙学发展所作出的贡献，并深化对道教仙学的认识。

一

道教的“得道成仙”信仰虽然渊源于中国远古时代种种关于神仙的神话传说，其中包含有一定的巫术迷信气息，但它在后来的发展中，却逐渐吸取了哲学的形态和实证的方法来探索生命之真谛，形成了以追求长生不死为主要特征的仙学。从表面上看，道教仙学追求生命之“长存”似乎是虚幻之学，但实际上它却以一种关注人的生命的姿态契入了人们的生活，表达了人们对一种绝对完满的生命境界的向往与追求。

东晋道士葛洪著有《抱朴子》。该书分内外篇，《内篇》讲“神仙方药，鬼怪变化，养生延年，禳邪却祸之事，属道家”；《外篇》讲“人间得失，世事臧否，属儒家”。这反映出葛洪是依照魏晋时期士人的思想来改造早期道教，宣扬“欲求仙者，要当以忠孝仁信为本，若德行不修，而但务方术，皆不得长生”①，从而将儒家的忠孝仁信等纲常名教纳入道教仙学之中，不仅形成了“内道外儒”的特征，而且还推动了道教仙学向贵族化、理论化、技术化的方向发展。

葛洪在《内篇》中对神仙实有、长生可致的论说，对炼丹之方的记录和修仙之道的践行，既是对晚周仙道、战国时期“方仙道”和汉代神仙方士的传统的继承，又有所发展。“神仙”信仰虽然是道教魅力四射的根本，但“神仙”并非为道教所创造，这一特殊的文化现象之形成，与生活在远古时代的人们对其生存状况及生命的强烈关注是联系在一起的，其中对“长生不老”和“自由自在”的精神的追求，不仅形成了中国文化中特有的“神仙”观念，而且还发明了修仙方

① 《抱朴子内篇·对俗》。

法。蒙文通先生在总结晚周仙道时曾说："是古之仙道，大别为三，行气、药饵、宝精，三者而已也。"① 战国时期出现的方仙道，更是以追求肉身不死成仙为最高宗旨，传播各种"却老之术"，并伴有祠灶祭神、望气导引、烧炼制药等方术活动。虽然这些成仙之术带有浓郁的原始宗教巫觋气息，但它却满足了人们那种求健康长生的心理，这不仅吸引了像秦皇、汉武这样具有雄才大略政治家的向往，以至于当时"海上燕齐之士，莫不搤捥而自言有禁方，能神仙矣"②，而且也为后来葛洪建构神仙道教信仰提供了栩栩如生的形象和一定的社会心理基础。

如果将葛洪放到汉唐道教仙学的历史发展中加以考察，就可见其所倡导的神仙道教具有承上启下的作用。道教在创立之初，在把"保性命之真"的神仙作为自己宗教信仰的核心时，就力图从哲学上来论证"得道成仙"的可能性与现实性。汉代哲学比较注重对宇宙和生命的起源进行探讨，"道"为万物生成之本，"气"为万物变化之机，这不仅成为汉代宇宙起源论的主要思维模式，而且也成为修仙之士所应遵循的原则。如《老子想尔注》曰："古之仙士，能守信微妙，与天相通，深不可识。人行道奉诫，微气归之，为气渊渊深也，故不可识也。"东汉时出现的道书大都从道与气的辩证关系出发，对人如何通过"保性命之真"而成仙的内外根据进行理论上和实践上的探索，促成了道教仙学的形成。

人依据什么可以使自己的生命生命永恒存在？换言之，长生成仙的主体是什么？一般来说，古今中外一切宗教都将精神与形体（或称之为灵与肉）相区别，将灵魂不死、精神不灭作为一个最基本的宗教

---

① 《晚周仙道分三派考》，《蒙文通文集》第一卷，巴蜀书社，1987年，第335页。
② 《史记·孝武本纪》。

观念，道教也不例外。但道教不仅强调灵魂（神、心）不死，而且也强调形体（形、身）永生，这就导致了在道教内部出现了成仙的主体是精神，还是精神所附着的形体等不同观点。如果说，现存最早的道书《太平经》主要以“精神主生”的哲学观念为指导，将生命与精神的守道联系起来，将仙学落实到如何保持精神的长存，并使之始终与形体相合为一的基础上，那么，汉代道教的另一部重要著作《周易参同契》则比较注重通过精气神的修炼来达到“保形”，追求的是如何达到形体的永固。可见，坚信人可以凭借特定的方法和手段，通过修道来消除自然时空对个体生命的限定，就成为汉代道教仙学思想的基点。这种从人的身体内部寻求长生成仙的可能性，为道教仙学的性质起到了定位作用。然而是追求形体的永固，还是由追求精神的超越与升华，却演化为道教仙学中不同的发展倾向。葛洪的神仙道教在仙学的两种发展倾向中选择了追求形体的永固，这不仅与生活在动荡社会中的人对生命的深深眷恋有关，而且与魏晋玄学已离开宇宙起源论而转到对本体论的探讨相联。

二

魏晋时期哲学的主流是玄学。玄学是对动荡的社会现实的反思，它的主题虽然是自然与名教的关系问题，但其实质却是从本体论的角度来探讨人如何生活才有意义和价值、人如何才能超越世俗社会的束缚而获得自由的问题，其中既包括对精神自由的追求，也包括对形体生命自由的向往——在时间上无限延长，在空间上自由自在。也许真正的自由在世俗社会中是根本无法实现的，因此，一些玄学家常常将自己的生命理想寄托于神仙世界，从而推进了以形体的长生不死、自由愉悦为宗旨的神仙说在社会上流行，以至于魏晋名士从“形恃神以立，神须形以存”

的形神观出发，既注重“修性以保神，安心以全生”，又以服药行散，养形以求长生为时尚①，这不仅导致了形体长生成仙说在社会上盛行，而且在客观上也将神仙道教的生命理想凸现了出来。

受玄学的影响，葛洪在《抱朴子内篇》中力图从宇宙本体论的理论高度来论证神仙之实存。他在开篇《畅玄》中就说：

> 玄者，自然之始祖，而万殊之大宗也。眇眛乎其深也，故称微焉。绵邈乎其远也，故称妙焉。其高则冠盖乎九霄，其旷则笼罩乎八隅。光乎日月，迅乎电驰。……胞胎元一，范铸两仪，吐纳大始，鼓冶亿类，……故玄之所在，其乐不穷。玄之所去，器弊神逝。

葛洪将“玄”描绘为宇宙生发之源，万物存在之本，它无所不在，无所不能，无所不为，又所在皆无，其性质与功能与“道”相似：“道者，涵乾括坤，其本无名。论其无，则影响犹为有焉；论其有，则万物尚为无焉。”②“道”是万物的本源，故又称为“一”。“道起于一，其贵无偶，各处一处，以象天地人，故曰三一也。天得一以清，地得一以灵，人得一以生，神得一以灵。”③“玄”、“道”、“一”作为名异而实同的概念，既有陶冶万物，范铸二仪，胞胎万类的功能，又是宇宙天地间万物运行的唯一法则，同时还是生命存在的基础。就人的生命成长而言：“其唯玄道，可与为永。”④

---

① 鲁迅：《魏晋风度及文章与药及酒之关系》，《鲁迅全集》第三卷，人民文学出版社，1981 年，第 506 页。

② 《抱朴子内篇·道意》。

③ 《抱朴子内篇·地真》。

④ 《抱朴子内篇·畅玄》。

这样，要想使形体永存，就必须修习玄道或守一之道。“夫玄道者，得之乎内，守之者外，用之者神，忘之者器，此思玄道之要言也。得之者贵，不待黄钺之威。体之者富，不须难得之货。高不可登，深不可测。乘流光，策飞景，凌六虚，贯涵溶。出乎无上，入乎无下。”① 葛洪从生命存在的角度来强调长生久视是符合“道”的：“若夫仙人，以药物养身，以术数延命，使内疾不生，外患不入，虽久视不死，而旧身不改，苟有其道，无以为难也。”② 由此，神仙形象中就隐含着葛洪希望采用种种技术方法来保全生命，以使自我能在时间上达到永恒，在空间上消除任何束缚，永远过着自由自在、恬静愉快生活的人生理想。

葛洪认为，神仙不是天生的，而是人经过长期修炼而成的。“旧身不改”，使神仙与人不再是异类。既然“仙化以变形为上”，那么，人变成神仙就只是一个采用什么方法来炼形以保持形体永存的问题。葛洪之所以选择形体作为长生成仙之基，这与他对有无、形神的看法有关。有和无是玄学本体论的核心概念，以此来观照形神，葛洪提出：“夫有因无而生焉，形须神而立焉。有者，无之宫也。形者，神之宅也。故譬之于堤，堤坏则水不留矣。方之于烛，烛糜则火不居矣。身（一作形）劳则神散，气竭则命终。”③ 这里，葛洪先以“有无”这对哲学范畴来说形神，使形神具有了本体论的基础，再以堤水、烛火来喻形神，使人对生命现象能够获得比较直观的认识。以此说明，生命是由形体和精神相互配合而成的，形神相合才能使生命焕发出光彩。葛洪主张“形须神而立”，但更强调“形者神之宅也”，“身（形）劳则神散，气竭则命终”，因而将保持形体长存作为个体生

① 《抱朴子内篇·畅玄》。
② 《抱朴子内篇·论仙》。
③ 《抱朴子内篇·至理》。

命超越的先决条件，促成了魏晋时期道教仙学的重点放在追求形体长生。

葛洪在《神仙传》中，特别介绍了彭祖的养生方法。彭祖少好恬静，不恤世务，“善于补养导引之术，并服水桂、云母粉、麋角散，常有少容。然性沉重，终不自言有道，亦不作诡惑变化鬼怪之事，窈然无为。[①]”彭祖唯以养生为事，尤其是通过行气导引、房中摄养等道术来保养身体，故七百六十岁而不衰老：“常闭气内息，从平旦至日中，乃危坐拭目，摩搦身体，舐唇咽唾，服气数十，乃起行，言笑如故。其体中或有疲倦不安，便导引闭气，以攻所患，心存其体、头面九窍、五脏四肢，至于毛发，皆令其存，觉其气行体中，故于鼻口中，达十指末，寻即平和也。”[②] 彭祖还指出长寿的关键在于遵循自然规律进行日常调养：“夫冬暖夏凉，不失四时之和，所以适身也。美色淑姿，幽闲娱乐，不致思欲之惑，所以通神也。车服威仪，知足无求，所以一其志也。八音五色，以玩视听，所以导心也。凡此皆以养寿，而不能斟酌之者，反以速祸。”只有“避众伤之事，得阴阳之术，则不死之道也。”[③] 葛洪认为，彭祖以“爱精养体，服气炼形，万神自守”为养生宗旨，以“但知房中之道、闭气之术，节私虑，适饮食，则得道也”[④] 为养生方法，这些都是道教仙学的重要内容。

从“寿命在我”出发，葛洪认为，“所为术者，内修形神，使延年愈疾；外攘邪恶，使祸害不干。”[⑤] 修习长生之道的途径无非是“内修外攘”，方法却是种类繁多，有思神、守一、行气、导引、服食

---

① 邱鹤亭注释：《列仙传今译·神仙传今译》，中国社会科学出版社，1996 年，第 216 页。

② 同上书，第 216—217 页。

③ 同上书，第 218 页。

④ 同上书，第 219 页。

⑤ 《抱朴子内篇·微旨》。

等，但“欲求神仙，唯当得其至要，至要者，在于宝精行气，服一大药便足，亦不用多也。”① 从保养形体出发，葛洪重视行气：“夫吐故纳新，因气以长气，而气大衰者则难长也。服食药物者，因血以益血，而血垂竭者则难益也。……苟能令正气不衰，形神相卫，莫能伤也。”② 行气是身体内部新陈代谢之运动，葛洪对行气的方法——“胎息”作了细致的介绍，以强调“善行气者，内以养身，外以却恶”③。如果说，行气还主要是养生健体、治疗百病，那么，服药才为最高的成仙之道。“知上药之延年，故服其药以求仙。”④ 葛洪认为，要超越生命之局限，既要行气炼养，也要“假求于外物以自坚固”，这个“外物”，就是通过炼制金石药物而制造的一种长生之药——金丹。“长生之道，不在祭祀事鬼神也，不在道引与屈伸也，升仙之要，在神丹也。”⑤ “若金丹一成，则此辈一切不用也。”⑥

东汉两晋时期是炼丹术的发展期，其中对后世影响最大的是魏伯阳的《周易参同契》。如果说，《周易参同契》将周易学说、图纬之词、黄老之术汇于一炉，主张内以养性，外炼服食，以求安稳长生，甚至变形而仙，从而奠定了后代丹鼎派的理论基础，那么，葛洪不仅在理论上，更在实践上推动了道教丹鼎派的发展。因为魏伯阳虽然对汉以前的炼丹技法进行了总结和取舍，对使用的药物（主要为黄金、水银、铅汞等）及其化学特性、鼎器和火候做了详细的描述，但他运用《周易》爻象为象征符号，运用天文律历、图谶、乃至房中的术语来假借、比喻炉火炼丹之事，语言又是“词韵皆古，奥雅难通”，故

---

① 《抱朴子内篇·释滞》。
② 《抱朴子内篇·极言》。
③ 《抱朴子内篇·至理》。
④ 《抱朴子内篇·对俗》。
⑤ 《抱朴子内篇·金丹》。
⑥ 《抱朴子内篇·遐览》。

使人难明其真意。葛洪则在考览数以千计的养性之书、久视之方的基础上，改变了这种隐喻式的做法。在《金丹》、《黄白》篇中，葛洪不仅从理论上说明服食还丹金液是仙道之极，而且还第一次直接陈述了炼丹的药物性质、鼎器尺寸、火候进退、变化过程和金丹名称，尤其是对丹药的品种、剂量、比例和炼制方法作了详细的说明，将神秘的丹方经诀向社会公开，希望以有形之“药”来帮助人实现形体长生成仙的生命理想，从而使金丹道成为魏晋道教仙学的核心内容。

从这种生命理想出发，葛洪自然摒弃了《太平经》“精神主生”的思路，而以延续《周易参同契》的“保形体之真”为目的，以服药养气为得道成仙的根本方法，其他斋戒、拜神等宗教活动和遵循儒家忠孝仁信等伦理行为，都是围绕着形体长生而展开的。葛洪那经过形上哲学洗礼的仙学，不仅为道教的修道生活提供了理论指导，而且也凸显出魏晋道教仙学追求形体长存的特点。经过葛洪的哲学论证，神仙超越了神话传说式的非逻辑、非实证的特点，成为具有一种丰厚哲学意蕴的宗教信仰与实践而在社会上广为传播，这在客观上促进了道教仙学的发展。

三

以葛洪为代表的金丹道所倡导的服食金丹以求形体长生之风，在唐代时达到高潮。然而，就在各种炼丹术在理论上不断发展的同时，其实际使用中出现的种种弊端也越加明显。服食金丹，不仅不能“假外物以自坚固”，延长生命，有时反而会加速死亡。外丹服食所带来的副作用，使人们逐渐认识到肉体成仙的虚幻性。有形肉体的有限性与无形之道的无限性之间的分裂，使道教仙学的成仙理想与现实之间存在着难以克服的矛盾，促使人们开始重新寻求长生之路。

如何解决这一矛盾？南北朝时期，道教仙学从重视“神”在人的生命中的作用出发而提出了道性观念，并将道性作为成仙之本，认为人心中有道性，迷其本性的是凡人，悟其本性的便是仙人，因此，修道的关键不在于保养肉身，而在于从人的心性层面去追求生命的超越之道。这种心性论在人与万物的共同本质——“性”上，将修道者与道联系了起来，把抽象、虚无之道诉诸于现实之人的心性，认为凡圣、人仙、隐显的区别，就在于对道性的体悟不同，强调在人的心性层面上来提升生命的境界，为促进道教仙学从追求肉体长存向注重精神超越的方向转变提供了重要的哲学依据。唐代道教中出现的以心性、性命等哲学范畴来解释、会通传统道教的形、神、精、气、道、玄等思想，特别是通过对《老子》、《庄子》中提出的玄、道、自然、阴阳、清静、养生、心斋、坐忘等概念的再阐释，促进了道教从人的内在本性，即“不灭的心性”中，去寻找人与道可以相沟通的本质，以求解决形体不死与道的永恒之间的紧张关系，在客观上又导致了“以身为炉鼎，心为神室”的内丹学的迅速发展，为道教仙学的发展别开一路径。道教仙学的修行方式也由葛洪倡导的繁杂的烧铅炼汞的外丹，逐渐转化为“性命双修”的内丹修炼，其解脱方式也由过去追求形体不死的长生成仙，调整为内在的精神超越。

内丹又称“性命之学”，它虽以修炼人身体内部精气神来达到“神形俱妙”、出神入化之境为主要特征，但其哲学基础依然是对形神关系的辩证思考，由此而连带出的道、一、玄、有无、阴阳、动静、太极、无极、精气神等一系列哲学范畴，都是围绕着挺立道教仙学的特质——神仙实在、修仙可得等问题而展开。内丹最大的特色并不在于它具有多么丰富深奥的思辨性，而在于它将形而上的哲学思考最终落实在形而下的修仙之术上。道与术紧密地连接，成为引导人获得生命超越的保证。需要指出的是，内丹虽然采用了葛洪所倡导的外丹的思路和术语，但其中所包含的修道不必外求，只须反身内求，以“不灭的心性”作为修仙之本，强调“仙者心学，心诚则成仙”等，不但标示出与葛洪为主要代表的外丹的根本分歧，而且也体现了唐代以后道教仙学的发展方向，并对金元时期全真道内丹心性学的兴盛并占领主导地位开辟了道路。

但即便如此，葛洪基于“玄道”而建立的神仙道教思想与实践，在推进道教仙学以及中国古代科学技术的发展中所做出的贡献，仍然是值得重视的。首先，葛洪的行气胎息法成为道教仙学中必不可少的重要方法；其次，葛洪所倡导的外丹烧炼着重探讨的是物理现象，以物理变化的规律来比拟人的生命现象；后来出现的内丹则着重认识人的生理和心理现象，特别重视人的精神在修炼中的主导作用，两者虽然在内容与形式上存在着差异，但内丹仍然围绕着得道成仙的信仰而展开，并采用了外丹的理论和术语。第三，葛洪为研制金丹所进行的自然观察和科学实验，促使以追求形体飞升、不死成仙的道教仙学中生发出科学萌芽，促进了中国古代化学、冶金学、地理学、天文学、医药学、养生学等的发展。最后，葛洪对个体生命的重视，也推动了道教从注重拯救苦难的社会转向追求个体生命的超越。这种以对个体生命存在的真切关注为特征的神仙道教，不仅在当时社会上得到了广泛的传播，而且为唐代道教的兴盛奠定了基础。如果没有葛洪对神仙信仰的大力弘扬与亲身实践，中国道教的历史发展大概会呈现出另外一种面貌。而葛洪的道教仙学对人类生命奥秘的探究——人类如何通过养生来延缓衰老，甚至超越生命的极限？在二十一世纪的今天，已成为现代基因遗传工程、生物化学、医药学、保健学等有关生命科学重点研究的问题。

（原载：《葛洪研究二集》，华中师大出版社 2008 年版）

杜光庭与天台山道教

天台山虽然以中国佛教天台宗的主要活动地而闻名天下，但其实该地从汉末以来就一直流播着道教文化的传统，唐代时还出现了独特的南岳天台派。唐末五代时的著名道教思想家杜光庭（850－933）就与天台山有着密切的关系。据史料记载，年轻的杜光庭在唐懿宗时代应九经举不第①，乃弃儒入道，师事天台山道士应夷节。杜光庭在天台山入道，自称“华顶羽人”，不仅成为司马承祯的五传弟子，而且也被认为是天台山道教的重要传人。唐僖宗时，杜光庭被举荐入朝，得到了帝王的崇信，有“道门领袖”② 之称。中和元年（881），杜光庭随唐僖宗避黄巢之难至成都，遂留于蜀，后受到前蜀高祖王建的赏识，曾为金紫光禄大夫、左谏议大夫，封蔡国公，敕号广成先生。后主王衍立，亲受道箓，以封杜光庭为传真天师、崇真馆大学士。杜光庭晚年隐居青城山白云溪。杜光庭精通儒道经典，学识渊博，著述甚丰，对道教的教理教义、思想源流、神仙传说、修道方法、斋醮科仪等都做过比较系统的整理和阐发，是一位在唐宋道教理论建设上起着

① “九经举”乃是以儒家的九种经典为考试内容的一种科举。
② 《历世真仙体道通鉴》，《道藏》第5册，第331页。

承上启下作用的重要思想家。但由于年代久远，资料匮乏，对杜光庭及天台山道教的研究却显得很不够。杜光庭是否是天台人、他在天台山的活动情况究竟如何、天台山道教有哪些特点并对杜光庭的思想与实践产生了哪些影响、天台山道教在杜光庭之后是否还有发展等许多问题，都有待于进一步研究。

一

杜光庭，字宾圣（一作宾至），号东瀛子①。杜光庭虽然在生前就被誉为“道门领袖”，是一位颇具社会影响力的人物，可是在以儒家为本位的正统史观的影响下，流传到今天的有关杜光庭生平事迹的资料却十分有限。他出生在何地？他的家庭状况如何？他于何时入京？又于何时入蜀？对这些问题，有的存在着不同的说法，有的却因没有资料而显出一片空白。这就给人们的研究带来了一定的难度。

关于杜光庭的出生地，从宋代开始，史籍中就有不同的说法。宋人张唐英的《蜀梼杌》卷上称杜光庭是“京兆杜陵人，寓居处州，方干见之曰：‘此宗庙中宝玉大圭也’。与郑云叟应百篇举不中，入天台为道士。”② 宋人陶岳的《五代史补》卷一和宋居白的《幸蜀记》均记载杜光庭为“长安人”。宋人陈耆卿的《赤城志》卷三十五则认为，杜光庭是“天台人，或曰括苍人”③。据元代道士赵道一编撰的《历世真仙体道通鉴》记载，杜光庭“本处州人。《青城山记》云：京兆

---

① （清）吴任臣撰《十国春秋》卷四十七则写为“登瀛子”，中华书局，1983年，第二册，第674页。

② 《四库全书·史部·载记类》，台湾商务印书馆影印文渊阁本，第464册，第230页。

③ 《四库全书·史部·地理类》，台湾商务印书馆影印文渊阁本，第486册，第905页。

杜陵人。"① 编于清代的《全唐文》卷九二九则说："光庭，字宾至，缙云人，一曰长安人。"据清代吴任臣撰《十国春秋》记载，杜光庭"或曰缙云人，或曰长安人"②。《宣和书谱》则明确认为，杜光庭是"括苍人"③。按道理讲，一个人的出生地只能是一个，但各种史籍对杜光庭的出生地的记载却是众说纷纭，概括起来有位于北方陕西的京兆杜陵（今陕西长安县东北）、长安（今西安）和位于南方浙江的处州（治所在今浙江丽水）、缙云（今浙江缙云）、括苍（今浙江丽水）和天台（今浙江天台）。一南一北，相距千里，到底哪一种说法准确呢？

值得注意的是，清光绪年间修编的《缙云县志》卷九说杜光庭是"处州缙云人"，却又引用了《宣和书谱》的资料说杜光庭是"括苍人"。地方志一般是当地人记录当地的历史、地理、风俗、人物、物产、文化等情况的书，具有一定的可靠性。那么，《缙云县志》为什么要引用"括苍人"的资料来证明杜光庭是"处州缙云人"呢？"处州缙云"与"括苍"究竟是什么关系呢？如果我们考之于当地的行政建置沿革的记载，就可见实际情况的复杂性。

浙东临海县与缙云县、丽水县之间有括苍山。据《隋书·地理志》记载："隋开皇九年（589）置处州，十二年（592）改为括州。"④ 括州的治所在括苍县（今浙江丽水县东南）。据《括苍旧记》记载："隋开皇九年（589）废二郡为县，分松阳之东乡，置括苍县，

---

① 《历世真仙体道通鉴》卷四十，《道藏》第5册，第330页。
② 《十国春秋》卷四十七，中华书局，1983年，第二册，第674页。
③ 《宣和书谱》卷五，《四库全书·子部·艺术类》，台湾商务印书馆影印文渊阁本，第813册，第232页。
④ 《隋书》卷三十一《地理志》。

以括苍、松阳、永嘉、临海四县置处州，十二年（592）改为括州。”①《旧唐书》卷四十《地理志》则记载：“武德四年（621）平李子通置括州……括州领括苍、丽水二县。七年（624）改为都督府。八年（625）废松州为松阳县，来属，省丽水入括苍。”“万岁登封元年（696），分括苍及婺州之永康置缙云县。”“天宝元年（742）改为缙云郡。乾元元年（758）复为括州。”大历十四年（779）夏五月，为避唐代宗李适的讳，改括州为处州，改括苍县为丽水县②。处州下辖六县：丽水、松阳、缙云、青田、遂昌、龙泉。这一建置后来基本上延续了下来。从隋末唐初行政郡县建置的频繁变化中可见，缙云县先是括州，后是处州的属县。丽水县原称括苍县，是处州府的治所，这说明缙云与丽水是不同的地方。

《历世真仙体道通鉴》直接称杜光庭为“处州人”。但笔者考之于《浙江通志》，该书在《仙释》中比较系统地介绍了历史上浙江籍道士的生平事迹，其中杜光庭被列入“处州府”中，但在具体解说其生平时，采用的却是《宣和书谱》的资料，说杜光庭是“括苍人”③。依此资料，关于杜光庭的出生地，是否可以这样看，就大的范围来说应当是“处州人”，如果再具体落实下去，是否就应当是“括苍人”，即今浙江丽水人了呢？至于说杜光庭是缙云人，大概与括苍曾一度属于缙云郡有关。

对史籍中记载的杜光庭是“长安人”或“京兆杜陵人”又该作何

---

① 《四库全书·史部·地理类》，台湾商务印书馆影印文渊阁本，第519册，第290页。

② 《旧唐书》卷四十《地理志》。

③ 《浙江通志》卷二〇一，载《四库全书·史部·地理类》，台湾商务印书馆影印文渊阁本，第524册，第446页。

解释呢？京兆杜陵，在今陕西长安县东北①，故史籍中又说杜光庭为长安人。京兆杜陵是否是杜氏家族的郡望所在地②？说杜光庭为京兆杜陵人是否与此有关呢？笔者查阅了清代刘於义等监修的《陕西通志》就记载了杜光庭是杜陵人③。

那么，杜光庭是“天台人”又该如何解释呢？王瑛先生认为：“至于说杜光庭是长安人或天台人，是因为杜光庭曾在长安应九经考试，科举落第后又到天台山学道，使得一些人误把其应举和学道之地当做他的籍贯了。”④ 此说可以参考。但也不排除杜光庭的祖籍是京兆杜陵人，后迁徙到浙江。但为什么迁徙，以及如何迁徙？因资料不足，仅是一种推测而已。杜光庭在长安应举不第，乃入天台山为道士。由于杜光庭在浙江天台山生活了一段时间，故人们就认为他是天台人了。这至少说明，杜光庭与天台山道教是有着十分密切关系的。

二

唐懿宗于咸通年间（860—874）“设万言科选士”⑤。年轻的杜光庭满怀信心地去参加了“九经举”，希望以此为契机进入仕途，报效

---

① 杜陵，本名杜原，秦时置杜县。西汉宣帝在此筑陵，改称杜陵。（参见《中国历史地名辞典》，江西教育出版社，1986年，第383页）

② 郡望指在魏晋至隋唐时，每郡中显贵的世族，意思是世代居住于某郡而为当地人所仰望。西晋时，以著《春秋左氏传集解》而闻名的杜预（222—284），字元凯，官至河南尹、度支尚书，就是京兆杜陵人。唐太宗时，尚书仆射杜如晦（585—630）也是京兆杜陵人。他与房玄龄共掌朝政，史有“房谋杜断”之说。杜陵东南十余里有小陵，为杜家后人的葬处，称少陵。唐代大诗人杜甫（712—770）曾居住于此，自称“杜陵布衣、少陵野老”。

③ 《陕西通志》卷六十五，《四库全书·史部·地理类》，台湾商务印书馆影印文渊阁本，第321册，第980页。

④ 《宗教学研究》1992年第1—2期合刊。

⑤ 《宣和书谱》卷五，《四库全书·子部·艺术类》，台湾商务印书馆影印文渊阁本，第813册，第232页。

国家。杜光庭在考试中，才情勃发，赋洋洋万言，以表达自己独到的经国治世之理念。然而，由于种种不得而知的原因，他没能中举。杜光庭经历了这场考试，深刻体会到人生的沉浮、儒学的迂阔和政坛的黑暗。《历世真仙体道通鉴》在记载他参加科举之事时，用了“赋万言不中，乃奋然入道，事天台道士应夷节”[①]。这“奋然”两字，特别表达了杜光庭由儒入道时的一种毅然决然的心情。

杜光庭在参加科举失利后，来到天台山拜天台山道士应夷节为师学习上清经箓，成为唐代著名的上清派宗师司马承祯的五传弟子。杜光庭以自己的学识才华和勤奋努力最终成长为名重一时的“道门领袖”。杜光庭之所以选择去天台山学道，大概有多种原因：天台山是其家乡，其师应夷节具有高超的道行，天台山在数百年的历史积淀中形成了富有特色的道教文化传统所产生的吸引力。

杜光庭学道虽然是跟随师父从上清经箓入手，但却深受天台山道教文化的浸淫。天台山位于今浙江省天台县境内，最高峰海拔一千多米，山峰秀丽，深幽清静，飞瀑泉流，白云缭绕，是一修道之佳地。虽然天台山后来是以中国佛教天台宗的主要活动地而名遐天下，但在东汉时天台山就为道教所开发。相传，东汉光和年间（178－180）方士左慈为避乱世来到天台山，后将“《九丹金液仙经》、炼气保形之术、治病劾鬼秘法、三元真一妙经”[②] 授予葛玄，开出天台山道教文化之先风[③]。葛玄（164－244）少好学慕道，曾居于天台山，拜左慈为师，精思苦炼，曾炼丹于华顶峰、桐柏山、赤城山等地，成为天台山道教的实际开创者。葛玄在天台山得道后，又去周游天下，因道术

---

① 《道藏》第5册，第330页。

② 《历世真仙体道通鉴》卷二十三，《道藏》第5册，第229页。

③ “三国时，吴主孙权赤乌之年（238－251），有琅琊葛玄，字孝先，……入天台山学道，精思遐彻”。（《云笈七签》卷三《灵宝略记》，《道藏》第22册，第15页）

高超既得到百姓的崇拜，也深得喜好道术的三国吴大帝孙权的欣赏与器重。葛玄曾在天台山以《灵宝经》授孙权。后来，杜光庭在《历代崇道记》中写道："吴主孙权于天台山造桐柏观，命葛玄居之。"① 可见，孙权尊崇葛玄而促进了天台山道教的发展。相传为葛玄炼丹处的天台山华顶峰，峰麓灵墟后来成为道教的第六十福地。因此，天台山首先是道教名山，然后才成为佛教圣地，以至于后来佛教天台宗在创立与发展过程中也深受道教文化的影响②。

天台山作为杜光庭的学道之地一直流播着葛玄开出的道教文化传统③，既重视道教理论建设，又重视养生之道，还重视符箓召神驱鬼之术。东晋末年，造作《上清经》的杨羲、许谧、许翙均已去世，许翙的儿子许黄民为躲避战乱携带经文来到浙江剡县天台山④。从此，《上清经》在天台山浓厚的道教文化氛围中开始传播。当时，江东许多道士和好道士族争相传抄《上清经》，在传抄过程中又伪造增益。陶弘景在《真诰叙录》中就写道："有王灵期者，才思绮拔，志规敷

---

① 《道藏》，第11册，第1页。

② 被佛教天台宗奉为三祖的慧思（515—577）曾把道教修仙的思想与实践融会到佛教的禅修之中，他说："我今入山修习苦行，忏悔破戒障道重罪。……为护法故求长寿命，不愿生天及余趣，愿诸贤圣佐助我，得好芝草及神丹，疗治众病除饥渴，学得经行修诸禅，愿得深山寂静处，足神丹药修此愿。藉外丹力修内丹，欲安众生先自安。"（《南岳思大禅师立誓愿文》，载《大正藏》第46册，第791页）天台宗的实际创始人智顗（538—597）在《修习止观坐禅法要》中阐述止观禅法时也吸收了道教的炼丹方法。其中既有修炼内丹的方法，如"脐下一寸名忧陀那，此云丹田，若能止心守此不散，经久即多所治"；还有修炼外丹的方法，如："金石草木之药，与病相应，亦可服饵。若是鬼病，当用强心加咒以助治之。"（《大正藏》第46册，第471—472页）天台宗九祖湛然（711—782）在《止观辅行传弘决》中也有类似的论述（参见卿希泰主编《道教与中国传统文化》，第五章"道教与儒释"，福建人民出版社，1990年）。以上这些都反映了天台山道教对佛教天台宗的影响。

③ 许尚枢：《天台道教发展简述》，《宗教学研究》1998年第2期。

④ 东晋元兴三年（404），京畿纷乱，许黄民奉经入浙东剡县，为马朗、马罕所敬重。宋文帝元嘉六年（426），许黄民欲返回钱塘，封其先真经一橱子，且付马朗净室之中，嘱勿外泄。不久，许黄民病逝。经书就留在了马朗处。（参见陶弘景《真诰》卷十九《真诰叙录》，《道藏》第20册，第605页）《茅山志》卷十中也有类似的记载。（参见《道藏》第5册，第598—599页）

道。见葛巢甫造构《灵宝》，风教大行，深所忿嫉。于是诣许丞（即许黄民）求受上经……乃窃加损益，盛其藻丽……并增重诡信，崇贵其道，凡五十余篇。趋竞之徒，闻其丰博，互来宗禀。传写既广，枝叶繁杂，新旧浑淆，未易甄别，自非已现，真经实难证辨。”① 南朝道士陆修静在编《三洞经书目录》时说：“《上清经》一百八十六卷，一百二十七卷已行。”《上清经》的大量出现与传播为唐代道教上清派的支派——南岳天台派的出现奠定了文化基础。

天台山道教在南北朝时就开始与在江南地区广为传播的上清派、灵宝派和天师道的思想和实践相融合。南朝时，道教思想家顾欢在“剡天台山开馆聚徒，受业者常近百人”②。顾欢曾作《老子义疏》而大力传播老子之道，又因与奉行《上清经》的士族交往而得以阅览杨羲、许谧等人托神造作的上清经诀，并编成《真迹经》一书。顾欢晚年隐居天台山，服食养生，后卒于山中。顾欢著有《夷夏论》，提出“道则佛也，佛则道也，其圣则符，其迹则反”③，表面上主张佛道并列，实际上扬道抑佛。后来，上清派茅山宗师陶弘景（456—536）为搜寻道经，也“到始丰天台山，谒诸僧及诸处宿旧道士，并得真人遗迹十余卷，游历山水二百余日乃还”④，并依顾欢的《真迹经》编成一部专门记述道教上清派早期历史、教义和道术的重要著作——《真诰》。陶弘景在天台山生活的时间并不长，但他也大力倡导佛道双修，主张儒佛道三教合一，这后来发展成为天台山道教的重要特点之一，对杜光庭的思想产生了重要的影响。

---

① 《道藏》第20册，第604页。

② 《南齐书》卷五十四《顾欢传》、《南史》卷七十五《顾欢传》。

③ 《南齐书》卷五十四《顾欢传》。

④ 《云笈七签》卷一〇七引陶翊：《华阳隐居先生本起录》，《道藏》第22册，第732页。

三

唐代时出现的南岳天台派就是“以居住于南岳、天台，或在南岳、天台受道而得名”，该派以“传授上清大洞秘法或三洞经箓”① 而成为上清派茅山宗的支派，同时也形成了自己独特的传统。据《历世真仙体道通鉴》卷四十《应夷节》记载，“上清大法，自陶隐居传王远知，王传潘先生，潘传司马炼师，司马传薛季昌，薛传田良逸，田传冯惟良，冯传应夷节也。”② 杜光庭就是入天台山跟随应夷节开始学道，并成长为南岳天台派的重要传人。但实际上，对杜光庭思想有着更为深刻影响的则是南岳天台派的创立者、上清派第十二代宗师司马承祯（647—735）③。司马承祯继承天台山道教的传统又融会儒佛道三教义旨，著《坐忘论》、《修真秘旨》等道书，将老庄清静无为之道转化为具体可操作的身心修炼，不仅开创了天台山道教的新道风，而且促进了道教仙学由追求肉体长存转化为以性命双修为进路的修炼，由此而名盛一时，受到了武则天、唐睿宗、唐玄宗等帝王的赏

① 卿希泰主编：《中国道教史》第二卷，四川人民出版社，1996 年，第 401 页。

② 《道藏》第 5 册，第 329 页。

③ 司马承祯，河南温县人，字子微，法号道隐，出身于贵族之家，祖、父辈皆为官宦，然而他却对老、庄、杨（义）、许（谧）之学情有独钟，或默而识之，或引而伸之，极尽精微，发挥光大。二十岁时，他服巾褐入道，师事嵩山道士潘师正，后云游名山而来到天台。见天台山风景优美，气候宜人，利于修道，就自号“白云道士”，隐居于天台山玉霄峰。司马承祯道行高超，才情绮丽，其为人学识深得时人的景仰。一代名流陈子昂、李白、孟浩然、宋之问、王维、贺知章等都争相来到天台山与之交游，人称之为“仙踪十友”。（张联元《天台山全志》卷八）武则天欣闻其名，亲降手敕，召他入京。唐睿宗也向他请教阴阳术数之事，并为之在天台山上重建了桐柏观。唐玄宗还专派使者接他入宫，亲受法箓，成为道士皇帝。后来，唐玄宗嫌天台山离长安太远，迎请不便，于是就在开元十五年（727）特将司马承祯召至长安，命其在附近的王屋山自选地形，筑阳台观以居之，又命玉真公主拜司马承祯为师，一起修金箓斋。司马承祯最后卒于王屋山。唐玄宗不仅赐谥号贞一先生，而且还特地为之制碑文以示恩宠。

识。虽然司马承祯得到了皇帝的赏识，但他却摒弃这一“终南捷径”①，而始终以弘道为立身之本而无意于仕途。他的这种精神直接影响到后人，其中包括杜光庭。杜光庭曾在《天坛王屋山圣迹记·序》中对司马承祯在王屋山修道的事迹作了比较详细的介绍。如果综观杜光庭的一生，其立身行事与精神境界都与司马承祯非常相似。

司马承祯因道行高超而门下弟子众多，其中最著名的有李含光和薛季昌，其上清派经法传李含光而延续了茅山宗一系，传薛季昌则形成了南岳天台派一系。由于薛季昌以后众多道士的努力，使颇具地域文化特点的南岳天台派盛极一时，并形成了自己的传道世系：

司马承祯→薛季昌→田虚应→冯惟良→应夷节→杜光庭
冯惟良→叶藏质
冯惟良→沈　观
田虚应→徐灵府→左元泽→闾丘方远→聂师道→王栖霞等
田虚应→陈寡言→刘　介

司马承祯初创南岳天台派后就去北方传道，薛季昌力弘天台道旨，后传田虚应，田虚应则传冯惟良、徐灵府、陈寡言等三人。冯惟

① “终南捷径”的成语比喻谋取官职或求得名利的方便之径，来自于司马承祯。据《旧唐书》记载，司马承祯有一朋友叫卢藏用，很会写文章，但早年参加科举却没中第。于是他就隐于京城附近的终南山等待机会，后终于登朝做了高官。司马承祯在受到唐睿宗的召见后，准备返归天台山。卢藏用就指着终南山劝他说：“此中大有佳处。何必天台。”司马承祯听后乃说：“以仆所观，乃仕宦之捷径耳！”卢藏用听罢，顿时面有惭色！（《旧唐书》卷一百九十二《司马承祯传》）

良有弟子应夷节、叶藏质和沈观。叶藏质先应夷节升化①。杜光庭就是应夷节门下的弟子，在师从应夷节时，叶藏质可能已不在人世。杜光庭既属于茅山上清派道士，也是南岳天台道教的重要传人。

杜光庭在天台山的活动情况，史籍中少有记载，我们只能通过传续南岳天台派的代表人物的情况而略知一二。题为“门人广成先生刘处静撰”② 的《洞玄灵宝三师记》记述了田虚应、冯惟良、应夷节三师的事迹③。杜光庭的师父应夷节（810－894），字适中，赐号紫应、道元先生。祖籍汝南人，东晋时迁居东阳郡（今浙江东阳）。唐宪宗元和十二年（817），七岁的应夷节就赴婺州兰溪灵瑞观跟观主吴玄素学道，既学《南华》、《冲虚》、《通灵》等道经，也学《周易》、《孝经》、《论语》等儒典。应夷节“讽读专勤”，学力大进。“十三岁，备冠褐三衣、五戒，只禀恭修，师友仰之肃如也”④。唐敬宗宝历元年（825），十五岁的应夷节入天台山，师事冯惟良。⑤

冯惟良（生卒年不详），浙江长乐人，字云翼。其先修道于衡岳中宫，与徐灵府、陈寡言结为“烟萝之友”。后师事田虚应，“禀真诀三洞幽奥，咸得参授”⑥，成为上清大洞弟子。唐宪宗元和年间（806

---

① 《洞玄灵宝三师记》中说：“刘（处静）叶（藏质）已先升化，先生（应夷节）后方登遐。”认为刘处静、叶藏质早于应夷节而卒。据《历世真仙体道通鉴》卷四十《叶藏质》记载，“唐懿宗优诏石门山居为玉霄观。（叶藏质）忽命酒，召其友应夷节同饮，语及生平事，然后告以行日及期。”（《道藏》第5册，第329页）

② 据《道藏提要》考证，从唐末到五代有两位“广成先生”，一为广成先生刘处静，一为广成先生杜光庭。另据《仙都山志》记载，刘处静卒于咸通十四年（873）。他早于应夷节二十一年而卒，是不可能记录应夷节升仙之事的。因此，《道藏提要》认为，《道藏》的原题有误，“门人广成先生”应为杜光庭。（参见任继愈主编《道藏提要》（修订本），中国社会科学出版社，1991年，第329页）

③ 参见《道藏》第6册，第751－753页。

④ 《洞玄灵宝三师记》，《道藏》第6册，第752页。

⑤ 有关应夷节的生平事迹可参见《洞玄灵宝三师记》，《道藏》第6册，第752页；《历世真仙体道通鉴》卷四十《应夷节》，《道藏》第5册，第329页。

⑥ 《洞玄灵宝三师记》，《道藏》第6册，第752页。

—820)，冯惟良入天台山桐柏观，以三洞之道传授弟子，弘宣大教，“以三洞之道行于江表”①。著名诗人元缜闻其风而悦之，缄词致敬，执弟子之礼。唐宪宗、唐敬宗均降征诏，召其入京，但冯惟良不应。他只愿在深山弘教修行，而无意于出入京城宫廷。冯惟良年九十而卒。“传授弟子仅百数，唯应夷节、叶藏质、沈观，外他无得其要。”② 其中，应夷节为其接续传人。

应夷节跟从冯惟良参正一法箓后，于十七岁时，授佩高玄紫虚，亦称“受正一紫虚都功箓”③。十八岁“诣龙虎山系天师十八代孙少任受三品大都功”。二十四岁“参灵宝真文洞神洞玄之法”。二十九岁进升玄法师。三十二岁受上清大洞秘旨内法④。在掌握了多种道法后，应夷节于会昌三年（843）在天台桐柏观西南翠屏岩建坛传道，因影响甚大，观察史李褒特向朝廷奏请院额，唐武宗赐以“道元院”。应夷节栖真此地精勤修炼五十余年。由于他“禀持大教，日无旷时”⑤，且道行高洁，“吴越之人瞻风稽首，愿侍巾几者莫知其数。每入静行道，登坛阅箓，或为人致福，数有感应。居常诵《黄庭》、《大洞》二经，至于八道望云，三元受事，回风隐地，攀斗藏天之术，尤勤行之。”⑥ 从应夷节的学道与弘道经历可见，他一生虽然学习了不同道教的道法，但重点却在弘传上清经箓和正一法箓上。他的道学倾向对其弟子杜光庭产生了不可低估的影响。应夷节尝谓门弟子曰，“吾以维持教法，不能灭迹匿端，虽道不违人而勤行方至，然玉京金

---

① 《历世真仙体道通鉴》卷四十《冯惟良》，《道藏》第5册，第328页。
② 同上。
③ 《历世真仙体道通鉴》卷四十《应夷节》，《道藏》第5册，第329页。
④ 《洞玄灵宝三师记》，《道藏》第6册，第752页。
⑤ 同上。
⑥ 同上。

阙，泉曲丰都，相去几何？唯心所召，尔等勉之。”① 应夷节于唐昭宗乾宁元年（894）无疾而终，享年八十五岁。杜光庭在天台山跟随应夷节勤奋学道，既“奉行上清紫虚吞日月气诸法”，又沿袭重视正一法箓的传统，并将上清经箓与正一法箓融会贯通到自己的理论与实践之中，从而成为应夷节的上首弟子。

杜光庭曾隐居于道元院潜心修道。当时的道元院有一座藏经楼，这是唐睿宗在景云二年（711）为司马承祯整理三国葛玄以来的道经而下敕修建的桐柏崇道观藏经殿，其中收藏有大量道书。这些道书为后来修编《桐柏道藏》奠定了基础。唐末时，战乱频繁，而天台山地区相对安宁，道士叶藏质又把七百多卷道书移置于玉霄宫钟楼，史称为《玉霄道藏》②，陈国符先生据此而在《历代道书及道藏之纂修与镂板》一文中说：“天台山，唐代有经一藏，道士叶藏质造。”③ 由于天台山上收藏有大量的道书，杜光庭在此学道，得以博览众经，他“常谓道法科教自汉天师暨陆修静撰集以来，岁月绵邈，几将废坠，遂考真伪，条列始末。”④ 于是，他积极地研习道法，整理道经，这为他日后编集《道藏》并成为道教学术的集大成者打下了基础。

杜光庭作为南岳天台派的传人，他在天台山学道时，就自称“华顶羽人”，后来在成都玉局化编录《洞天福地岳渎名山记》时，在《序》中还特别署上“天复辛酉（901）八月四日癸未华顶羽人杜光庭于成都玉局化编录”，以示对天台山学道经历的一种纪念。

---

① 《历世真仙体道通鉴》卷四十《应夷节》，《道藏》第5册，第329页。

② 据明初纂《天台山志》记载：“唐咸通间，道士叶藏质尝于玉霄峰创道斋，号石门山居。后奏乞为玉霄宫，懿宗许之。”叶藏质在此建藏经楼。（参见陈国符：《道藏源流考》上册，中华书局，1963年，第125页）

③ 《道藏源流考》上册，中华书局，1963年，第125页。

④ 《历世真仙体道通鉴》卷四十《杜光庭》，《道藏》第5册，第330页。

四

值得研究的问题是，天台山道教有哪些特点及其对杜光庭的道教思想与实践产生了哪些影响？从唐代道教发展的情况看，当时道教的派别按其所传经箓的文化内涵而有道品高下之分，“正一派最低，依次为三皇派、高玄派（授习《道德经》、《老子西升经》等）、升玄派（授《升玄内教经》）、灵宝派、上清派。其中上清派是经箓道教中品级最高的道教……上清派在社会上层传播，正一派则主要在民间传播”①。也就是说，在唐代的各道教中，由于上清派的道品最高，故社会声望也最高。唐代帝王对上清派道士格外垂青，多次诏见著名上清派高道王远知、潘师正、吴筠、司马承祯、李含光、应夷节、冯惟良等人入京，探玄问道，从而大大提高了上清派的社会声望。上清派道士在京城出入宫廷、建醮传道、备受礼遇的同时，也将上清经法传到了嵩山、王屋山、青城山、庐山、衡山、九嶷山、天台山等地，以江苏句容茅山为本山的上清派还形成了南岳天台派等具有地域文化特点的支派。天台山道教具有重视道教理论建设，重视炼气养生，重视经箓传授，重视符箓召神驱鬼之术等特点，这些特点所表现出的圆融精神、开放精神和进取精神从不同的方面对杜光庭的道教思想和实践产生了重要的影响。杜光庭在天台山生活的时间并不长，但他却以自己的学识才华和勤奋努力为日后成长为“道门领袖”打下了基础。

首先，杜光庭重视道教理论建设源于天台山道教文化传统的影响。杜光庭少年习儒，勤奋好学，喜读经史，“博极群书，志趣超

① 胡孚琛、吕锡琛：《道学通论》，人民出版社，1999年，第316页。

迈”①。在天台山入道以后，受天台道风的影响，勤奋学习，阅读了大量的道书，对各派道法进行了深入的研究，这为他日后成为圆融各派教理的道教思想家奠定了理论基础。“光庭博学，善属文”②，有鉴于道教经籍因战乱而大量散失，杜光庭离开天台到长安后就致力于整理道经，弘道扬德。入蜀以后，他更是将精力集中于此事。在青城山隐居时，杜光庭利用搜集到因战乱而散失的三千多卷道经，编成了《三洞藏》。陈国符在《道藏源流考》中特别写道：“至五季重建《道藏》，其可考者，一在蜀中，杜光庭建。一在天台桐柏宫，吴越忠懿王建。”③ 杜光庭一生著述甚丰，今天的《道藏》中就保留了他的著作二十多种，两百余卷。其中最为重要的就是他依据唐玄宗注疏《道德经》的“圣义”而发挥己解所成的《道德真经广圣义》五十卷④。这部发挥道教思想而富有哲理的著作成为杜光庭的代表作，奠定了他在道教思想史上重要地位。杜光庭在天台山道教重视教理建设的理念影响下，一生为弘道而孜孜以求，在学术上取得的不同凡响的成就，不仅得到了帝王的赞赏，而且“当时推服，皆曰‘学海千寻，辞林万叶，扶宗立教，海内一人而已’。”⑤

其次，天台山道教的上清经箓与正一法箓互渗的特点也成为杜光庭建构斋醮科仪的基本思路，这是杜光庭深受师父应夷节影响的结果。应夷节曾在江西龙虎山“受正一紫虚都功等箓”，后又跟从冯惟良受“昇玄上清迴车毕道及紫文素带藉地腾天符”等“上清大法”⑥，

---

① 《历世真仙体道通鉴》卷四十，《道藏》第5册，第330页。

② 《十国春秋》卷第四十七，中华书局，1983年，第二册，第674页。

③ 陈国符：《道藏源流考》，中华书局，1963年，第127—128页。

④ 据杜光庭《自序》，该书原为三十卷，但收入《道藏》时依体例的需要，析为五十卷。参见任继愈主编：《道藏提要》（修订本），中国社会科学出版社，1991年，第518页。

⑤ 《历世真仙体道通鉴》卷四十，《道藏》第5册，第330页。

⑥ 《历世真仙体道通鉴》卷四十，《道藏》第5册，第329页。

因此，应夷节在天台山所传之道是以上清经箓与正一法箓之互渗为特色的。杜光庭学道就是从上清经箓入手的，同时又对传统天师道的正一法箓十分重视，他曾受其师影响而编有《太上三洞授道德经紫虚箓拜表仪》一卷①。正一法箓又称正一盟威箓。据传，张道陵“与弟子入蜀，住鹄鸣山，得正一盟威之道，能治病，百姓奉之为师。”② 正一法箓是张道陵借太上之威教化民众的一种手段。“太上……授天师正一盟威之道，禁戒律科，检示万民逆顺祸福功过，令知好恶。……使民内修慈孝，外行敬让。佐时理化，助国扶命。”③ 正一法箓有两种，其一为遣使鬼神的“治箓”，其二为正一道士入道、传道的凭证和行法的依据。两种法箓都起源于五斗米道，因此，正一法箓作为道教最早形成的法箓体系，在道门中的影响至深且大。正一法箓作为人与神相沟通的一种神秘凭证，在道教的各种法箓中是最基本、最重要的，使用正一法箓构成了道教斋醮科仪的一项基本内容。杜光庭在考订道教斋醮科仪时，将茅山上清经箓与正一法箓分门别类，加以条理化，整理成《道门科范大全》八十七卷。同时还将道教科仪的程式——表奏、词章、疏启、颂赞、咒语、发愿文等规范化，艺术化，使修道者有法可依，有章可循，并在宗教仪式的过程中得到一定的艺术熏陶。特别是杜光庭将上清经箓中简便易行的存思术，运用到天师道的正一法箓中，配合着动静有序的宗教礼仪，使修道者“心神开悟，通达玄微，上仙都太上神明，上灵官中宫六阴六阳，成身吏各十二万人出主，为臣某调理阴阳，延年保命，成身合道，通神接真”，天上之神下降到人体之内，成为身中之神。身中之神为人调理身心，

① 《道藏》，第18册，第327－333页。
② 《神仙传·张陵传》。
③ 《陆先生道门科略》，《道藏》第24册，第779页。

以达到“灭祸禳灾，驱除鬼贼”① 的目的。这在一定程度上满足了人们希望能够自我拯救的心理需要。杜光庭对斋醮科仪的整理使“天下羽属永远受其赐”②。“杜光庭是道教斋醮仪式的集大成者，也可以说是完成者，他所制定的道门科范，道教至今依然沿用。”③

第三，杜光庭在天台山道教“神仙即人”的仙道精神熏陶下，以一种即世而超越的心态，将炼心作为得道的根本进路。杜光庭既放弃老子的冷眼旁观、批判现实的态度，也不学庄子的逍遥山林、与世无争的隐逸做法，更转移了魏晋神仙道教以炼制服食丹药而追求肉体长生为理想的仙道内涵，而是在老子清静无为思想的基础上强调“理身之道，先理其心，心之理也，必在乎道。得道则心理，失道则心乱。”④ 杜光庭的这种仙道思想为人们从心性上追寻超越之道开辟了新思路。北宋时，天台人张伯端著《悟真篇》，晚年曾在天台山桐柏观修道，倡导“性命双修”，被尊为全真道金丹派南宗的祖师，一方面接续了天台山道教的传统，另一方面，对宋元以后中国道教的发展产生了深远的影响。

最后，杜光庭继承了天台山道教融合儒佛道三教的传统。翻开杜光庭的著作，不仅可以看到他经常引用孔孟的话语、玄学家的范畴，而且还强调，“凡学仙之士，若悟真理，则不以西竺东土，为名分别。六合之内，天上地下，道化一也。若悟解之者，亦不以至道为尊，亦不以象教为异，亦不以儒宗为别也”，要求打破宗门之见，甚至强调“三教圣人，所说各异，其理一也……但能体似虚无，常得至道归身，内修清静，则顺天从正，外合人事，可以救苦拔衰，以此修持，自然

---

① 《道藏》第 18 册，第 285 页。
② 《历世真仙体道通鉴》卷四十，《道藏》第 5 册，第 330 页。
③ 李养正：《道教概说》，中华书局，1989 年，第 129 页。
④ 《道德真经广圣义》卷十九，《道藏》第 14 册，第 404 页。

清静。”① 杜光庭认为，儒佛道三教的圣人虽然各自建构了自己的理论，但从终极层面上看，它们所说的道理则是相通的，皆可归于自然清静之道。正是以这种思想为指导，杜光庭站在道教的立场上，积极融会与吸收儒、玄、佛思想来诠释《道德经》，发挥老子“自然清静无为”之旨，从而推进了唐代道教的思辨化、哲理化，追随中国哲学的发展趋势完成了宇宙本体论向心性论的过渡。

南岳天台道派在天台山的发展到杜光庭就传承不明了。一个曾兴盛一时的道派很快就趋于消寂，原因何在？大概原因也是多方面的，既可能与杜光庭在天台山生活的时间不长，很快就去了长安，在他稍后的闾丘方远、聂师道等人又将道向南岳弘传，而天台山道教的后继者中却缺少有号召力的人物相关，也可能与佛教天台宗的迅速传播，以教义的精圆和实践的优势而社会影响力大增相关，还可能与唐末五代社会的急剧动荡变化相关。但天台山的道教活动并没有停滞。“五代相竞，中原多事，吴越钱忠懿王，为道士朱霄外新之。遂筑室于上清阁西北，藏金篆字经二百函，勤其事也。”② 五代时，天台地区未受到战争的扰乱，处于相对平静的状态，喜好佛道的吴越王钱俶特别在天台山桐柏观重建藏经殿。入宋以后，天台山就成为全真道南宗的主要活动地之一，并沿着注重文化建设和心性修炼的进路发展出新景象．天台山道教的传统一直延续到今天。

（原载：《浙江社会科学》，2003年第6期）

① 《太上老君说常清静经注》，《道藏》第17册，第187页。
② 宋夏竦：《重建道经藏记》，载《天台山志》，《道藏》第11册，第94页。

杜光庭的重玄学思想初探

在唐代，重玄学在道教学者那里被纯熟地运用着①，成为道教理

---

① 对重玄学的内涵与性质究竟应当如何界定，学术界至今看法不一：有的称之为“道教‘重玄’哲学”（任继愈主编：《中国道教史》，上海人民出版社，1990年，第六章“隋唐道教‘重玄’哲学”、李大华：《道教‘重玄’哲学论》，《哲学研究》1994年第9期），有的称之为“道教重玄学”（卢国龙：《中国重玄学》，人民中国出版社，1993年，第3页），有的称之为“老学重玄学”（詹石窗：《“老学重玄学”简论》，《世界宗教研究》1987年第3期），有的称之为“道家重玄学”（何建明：《道家思想的历史转折》，华中师范大学出版社，1997年，第13页），有的称之为“重玄派”（（日）麦谷邦夫：《南北朝隋唐初道教教义学管窥》，《日本学者论中国哲学史》，中华书局，1986年），有的称之为“重玄学派”（蒙文通：《校理老子成玄英疏叙录——兼论晋唐道家之重玄学派》，《蒙文通文集》第一卷《古学甄微》，巴蜀书社，1987年，第343－360页），有的称之为“重玄宗”（“重玄宗是道教中以‘重玄’思想注解《道德经》而闻名于世的一个学派。”卿希泰主编：《中国道教史》第二卷，四川人民出版社，1992年，第171页）。种种看法，可谓见仁见智，莫衷一是。这种争论恰恰反映出重玄学本身的复杂性。笔者认为，从重玄学的倡导者来看，既有道家学者，如张志和、无能子（何建明先生认为，“中唐张志和、唐末无能子等都阐明重玄之道。”《道家思想的历史转折》，华中师范大学出版社，1997年，第27页），也有道教学者，如杜光庭就指出，在孙登“以重玄为宗”之后，又有“梁朝道士孟智周、臧玄静、陈朝道士刘进喜，唐朝道士成玄英、蔡子晃、黄玄颐、李荣、车玄弼、张惠超、黎元兴，皆明重玄之道”（《道德真经广圣义》卷五，《道藏》第14册，第340页）。虽然道教学者在重玄学中占大多数，但只要有例外存在，那么，在重玄学前无论是冠之以“道家”还是“道教”都不太合适。从重玄学的内涵来看，重玄学是以“重玄”为宗旨对老子的“玄之又玄”进行的哲学思辨与义理探究，特别是采用佛教的中观学“非有非无”的思辨方法来阐释道体有无、道性自然、性命修炼等问题。重玄学既以《老子》为解释对象，也以《庄子》为基本文本。例如，唐人成玄英既作《老子道德经注》、《老子开题序诀义疏》，也作《南华真经注疏》，其中对“重玄”思想都作了精妙的阐发，因此以“老学重玄学”来概括重玄学显然也不周当。从重玄学的学术传承看，重玄学只是在魏晋南北朝到唐宋这段历史时期内，人们比较热衷于采用的一种解释老庄思想的一种思维方法，它虽然形成了一股带有时尚特点的学术思潮，但并没有建立一个严密的学术传承系统，也没有形成有组织形式的道派，可见，用“重玄宗”或“重玄派”来称呼这一学术思潮显然也不太贴切。因此，本书只以“重玄学”称呼之。

论中一股独特的学术思潮。唐末五代的道教学者杜光庭（850—933）曾运用“有无双遣”的重玄学方法来说明主体之人应当如何通过修心、忘言而在当下心境上来实现精神超越。如果说，唐玄宗御制的《道德真经》注疏是重玄学的佳作，那么，杜光庭在推广唐玄宗注疏“圣义”时所作的《道德真经广圣义》在这方面也毫不逊色。从表面上看，杜光庭的重玄学思想是零碎而散乱的，并没有建立起一个完整的重玄学理论体系，但他在义疏《道德经》时，像大多数唐代道教思想家那样自觉地运用重玄学的理论与方法来沟通宇宙论和心性论，从而追随哲学由宇宙本体论转向心性论的发展趋势，促进并完成了唐代道教宇宙本体论向以道性论为核心的心性论的转型。同时，杜光庭还以重玄学为中介将心性论与修道论结合起来，使心性论成为修道论的理论基础，从而促进了道教从向外追寻长生之路，回归到从自我心境中来探求如何实现生命的超越。本文认为，重玄学是杜光庭思想体系中的一个不可或缺的重要环节。杜光庭通过重玄学而引导人们在心境上去追求精神超越，一方面为道教内丹心性学的建构提供了理论进路，另一方面，也对唐宋道教的理论转型产生了重要影响。

一

杜光庭是唐末五代著名的道教学者，因得到帝王的崇信而一度成为“道门领袖”。杜光庭一生勤奋，学识渊博，著述甚丰。今天的《道藏》中就保留了他的二十多种著作，其中最为重要的就是他依据唐玄宗注疏《道德经》的“圣义”而发挥己解所成的《道德真经广圣义》五十卷。杜光庭的重玄学是对前人思想的继承与发展。

极具思辨性的重玄学有着丰富的思想养料和深厚的理论渊源，其中既包括《庄子》“坐忘”、“无心”等心悟思想，又有魏晋玄学有无之辨的哲学精神，还有佛教般若学的有无双遣说和三论宗的中道实相论，同时，它的形成还与道教上清派、灵宝派及太玄部经典有关。可以说，“重玄”一词是综合了以上数种思想与方法来阐释《老子》第一章“玄之又玄”的句义时所形成的一个内蕴极为丰富的术语。《老子》所说的“玄之又玄”是玄妙又玄妙、幽深又幽深的意思，以此来形容道的玄妙和幽深以及道与天地万物的微妙关系。然而，重玄学家诠解“玄之又玄”则另辟蹊径。《太玄真一本际经》提出，“如是行者，于空于有无所滞著，名之为玄；又遣此玄，都无所得，故名重玄，众妙之门。”① 认为既不执著于有，也不执著于无，最终连不执著于有无也要遣除，这才叫做重玄，由此而彰显出重玄学最重要的特点就是通过“有无双遣”而达至玄道自至的境界。这样，“重玄”既是一种“有无双遣”的思维方法，也是一种通过修道所达到的理想境界。重玄学是以“重玄”为宗来阐发道教义理的，它在理论渊源上表现出了两个重要特点：一是受玄学的影响，解庄诠老；二是受佛教的影响，援佛入道。这两者水乳交融般地体现在杜光庭的重玄学之中，复归老庄与采用中道成为杜光庭重玄学的理论基点。

杜光庭在撰写《道德真经广圣义》时，曾对重玄学的形成与发展作了历史回顾。他指出，生活于魏文、明二帝时的孙登是重玄学的开山祖，孙登“以重玄为宗”解释《老子》，从而奠定了重玄学发展的基石。汉唐注老者有六十余家，其宗旨意趣可归为六宗，其中“孙登以重玄为宗，宗旨之中，孙氏为妙”②。这里，杜光庭明显地表现出对重玄学的欣赏。杜光庭还指出，在孙登之后，又有“梁朝道士孟智周、臧玄静，陈朝道士刘进喜，唐朝道士成玄英、蔡子晃、黄玄颐、

---

① 黄永武编：《敦煌宝藏》第128册，台湾新文丰出版社公司，第243页。

② 《道德真经广圣义·序》，《道藏》第14册，第309页。

李荣、车玄弼、张惠超、黎元兴，皆明重玄之道”。① 通过介绍魏晋南北朝到唐代的老学思想家的《道德经》注疏，杜光庭不仅大致勾勒出重玄学的发展脉络，而且还指出在重玄学中还有宗重玄明理身之道和宗道德明重玄之道的差异。杜光庭的这些看法至今仍为人们所重视，以至于有人认为：“最早对道教重玄学作界定的是唐末五代的杜光庭。”② 那么，杜光庭又是如何在继承前人思想的基础上，通过注释《道德经》而进一步推动重玄学发展的呢？

重玄学虽然萌芽于魏晋时期，但直到隋代《本际经》的出现才标志着重玄学理论体系的初步建立，后经唐代学者成玄英、李荣、王玄览、唐玄宗等人的努力而逐渐兴盛，成为唐代道教哲学中最富有思辨性的部分。虽然有人认为“唐玄宗集诸臣僚道士作《道德经》注疏，则完成了重玄家《老子》学的终结”③，但笔者认为，事实上，唐玄宗喜好重玄学，导致了重玄学的兴盛而并非“重玄家《老子》学的终结”，因为在唐玄宗之后，直到唐末，重玄学依然以注老的形式在继续发展。最为典型的例子有两个：一是生活于唐末的道士强思齐所撰的《道德真经玄德纂疏》；二是与强思齐大约同时代的杜光庭所著的《道德真经广圣义》④。

如果读一下杜光庭在前蜀王衍乾德二年（902）专为强思齐的《道德真经玄德纂疏》所作的《序》，就可见强思齐对前人重玄学的总结与发展。杜光庭在《序》中写道，在生前就曾得到唐僖宗宠赐紫

① 《道德真经广圣义》卷五，《道藏》第14册，第340页。

② 李刚：《道教重玄学之界定及其所讨论的主要理论课题》，载陈鼓应主编：《道家文化研究》第十九辑，北京三联书店，2002年，第91页。

③ 卢国龙：《中国重玄学》绪论，人民中国出版社，1993年，第4页。

④ 李刚先生也曾认为：“重玄派自梁陈以来渐兴，至唐初而达于高峰，宗奉重玄的学者人数也最多，唐天宝以后余绪犹存，直到杜光庭仍主张以重玄之道解老。”（《道教重玄学之界定及其所讨论的主要理论课题》，载陈鼓应主编：《道家文化研究》第十九辑，北京三联书店，2002年，第92页）

衣，后来又受到前蜀高祖王建赐予“玄德大师”称号的强思齐“每探讨幽玄，发挥流俗，期以谭讲之力，少报圣明之恩，手攒所讲《道德》二经，疏采诸家之善者”，在多年讲论《道德经》的基础上，强思齐按照自己对《道德经》不同章节的理解而对诸家注疏作了选择，他在历代众多的注老著作中选择了六种，即《河上公章句》、《老子节解》、严君平的《老子指归》、李荣的《老子注》、成玄英的《老子疏》和唐玄宗的《道德真经注疏》，最后以“明皇御注为宗，盖取乎文约而义该，词捷而理当者，勒成二十卷”来阐发“重玄至道”之旨趣。成玄英、李荣、唐玄宗等都是唐代重玄学的主唱者，强思齐通过对他们注疏的汇编并采诸家之善，显然推进了重玄学的发展。杜光庭也认为，由于该书“揽之易晓，传之无穷，后之学者知强君之深意焉”①，并乐意为之题名《道德真经玄德纂疏》。

杜光庭的《道德真经广圣义》所“广”的虽然是唐玄宗的“圣义”，但实际上却包含了对成玄英、李荣、王玄览、唐玄宗、强思齐的重玄学的“接着说”，他在综合前人思想的基础上的创新之处主要表现在：

第一，杜光庭通过解庄诠老而进一步在重玄学中融人了心性论的内容。杜光庭不仅采用重玄学的方法来帮助世俗之人消除偏执，而且还通过弘扬老庄哲学的内在超越精神，以帮助人们在心性上寻找“与道为一”之路。杜光庭一方面运用老子的“正言若反”的否定性思维方式，来帮助人们来理解一切外在的东西都是虚幻的假相，有所执著即有所偏废，只有无所偏执，才能契人中道，“执者失之，但无偏执，自契中道，便入玄妙正观之门矣。”② 另一方面，他又吸取了庄子的

① 杜光庭：《道德真经玄德纂疏·序》，《道藏》第13册，第357页。
② 《道德真经广圣义》卷七，《道藏》第14册，第346页。

"无心"、"坐忘"等思想，他说：

> 修道之士，黜嗜欲，隳聪明，凝然无心，淡然无味，收视返听，万虑都冥，然后虚空生胎，吻合自然，观化之初，穷物之始，浩然动息，与道为一矣①。

杜光庭要人放弃对外物的追求而"收视返听"，回归于内心世界，再通过内不资于心、外不资于物的"凝然无心"的"心斋"功夫，以使心保持寂然不动的状态。一旦心"万虑都冥"，即是达到"与道为一"的境界了。杜光庭通过复归于老庄思想中寻找理论资源，又加以贴近时代需要的理论阐发，使重玄学与心性论有机地结合起来。

第二，杜光庭运用重玄学"有无双遣"的方法来深化玄学谈有论无的哲学思辨，并期望以此来解决无限之道与有限之肉体的矛盾。如果说魏晋玄学从王弼的贵无论、裴頠的崇有论到郭象的独化论，都是以有无问题为基点而展开理论探究，都力图建立一种能够统一有与无的理论体系来克服现实生活中名教与自然相背离的矛盾，那么，唐代重玄学家成玄英则通过非有非无的方法，来破除玄学家对有与无的执著，他说："有欲之人，唯滞于有；无欲之士，又滞于无。故说一玄，以遣双执。又恐行者，滞于此玄，今说又玄，更祛后病，既而非但不滞于滞，亦乃不滞于不滞，此则遣之又遣，故曰玄之又玄。"② 成玄英用重玄学的方法破除了玄学家对有无的执著之后，又将"道"释为"虚通之妙理，众生之正性"，不仅沟通天人关系，而且为人的"穷理

① 《毛仙翁传》，《全唐文》卷九四四，上海古籍出版社，1990年，第四册，第4351页。

② 参见强思齐：《道德真经玄德纂疏》卷一，成玄英疏，《道藏》第13册，第361页。

尽性”提供了理论依据。杜光庭站在道教的立场上，继承成玄英的思路，用重玄学的方法继续探讨有无的关系问题。他一方面强调道的非有非无，认为“道之为无，亦无此无。德之为有，亦无此有。斯则无有，无无，执病都尽，乃契重玄，方为双绝”，但另一方面，如果说，玄学家所说的“无”是无规定性的“无”①，那么，杜光庭同时又强调了道对有无的统合，从而在他那里，“无”也就成了“不无之无”，他说：“道是不无之无，既能理有，亦能理无。”② 杜光庭用重玄学的方法将有无辩证地统一起来，进一步深化了玄学的哲学思辨，但他又不像玄学家那样以哲学来关注社会问题，而是依据唐玄宗提出的“法性清净，是曰重玄”③ 的看法，力图通过对有与无的思辨来解决人所面临的无限之道与有限之肉体的矛盾。他从“仙道无不无，有不有”④ 出发，希望破除对有与无的任何执著，以自然无为的态度通过有无双遣以直契重玄。他说：“至道自然，亦非有为，亦非无为。故至道自然，湛寂清静，混而不杂，和而不同，非有非无。凡学仙之士，无以执非，俱无执见，则自达真道。”⑤

第三，杜光庭采用了佛教般若学非有非无的中道观，主张以“有无双遣”的方法，建构一条有别于传统道教丹鼎派通过服食丹药以求长生不死的修仙新路径。显然，这不是对佛教般若学中道观的简单运用。在佛教中，“中道”意指脱离“两边”，即两个极端，而走不偏不倚道路的观点或方法。虽然，印度大小乘佛教对“中道”的解释并不

---

① 汤一介先生曾认为，“成玄英的本体论与王弼的本体论最为显著的不同在于，王弼以无规定性的‘无’作为天地万物的本体，而成玄英以有规定性的‘理’（虚通之实理）作为天地万物之本体。”（见其著：《论魏晋玄学到初唐重玄学》，载陈鼓应主编：《道家文化研究》第十九辑，北京三联书店，2002 年，第 17 页）

② 《道德真经广圣义》卷五，《道藏》第 14 册，第 338 页。

③ 《道德真经广圣义》卷二十三，《道藏》第 14 册，第 420 页。

④ 《道德真经广圣义》卷五，《道藏》第 14 册，第 338 页。

⑤ 《太上老君说常清静经注》，《道藏》第 17 册，第 188 页。

一致，但都认为它是佛教最高的“真理”，有时与真如、法性、实相、佛性同义①。佛教传入中土后，中国佛学家僧肇一方面接受了鸠摩罗什所传的大乘中观般若学的思想，另一方面又借助于《老子》的有无思想来解释“中道”，著《肇论》而主张非有非无的中道空观②，通过非有非无的双重否定，得意而忘言，以直契中道实相，体悟涅槃之真谛。这种中道空观所包含的有、无、亦有亦无、非有非无等“四句”，乃是为了泯除众生执著于有、无对待的迷执邪见，以凸显真谛的不可言说性，后来成为中国佛教三论宗的中道实相说的基本主旨。③ 道教重玄学在理论建构中也大量地借鉴了佛教“离四句，绝百非”的思想，建立起自己的中道观。如成玄英在《庄子·大宗师疏》中说：“夫道，超此四句，离彼百非，名言道断，心知处灭。虽复三绝，未穷其妙。而三绝之外，道之根本，所谓重玄之域，众妙之门，意亦难得而差言之矣。”成玄英所谓的“三绝”，乃是“一者绝有，一者绝无，三者非有非无，故谓之三绝也。夫玄冥之境，虽妙未极，故

---

① 任继愈主编：《宗教词典》，上海辞书出版社，1981 年，第 188 页。

② 僧肇认为，从根本上说，万物因众缘会聚而有，也因众缘离散而无，其有其无，都如梦如幻，毫无真实性可言。万法并无自性，万物也没有内在不变的规定性，故自性空。“欲言其有，有非真生；欲言其无，事象既形。象形不即无，非真非实有。然则不真空义，显于兹矣。”（《肇论·不真空论》，石峻等编：《中国佛教思想资料选编》第一卷，中华书局，1981 年，第 146 页）“有者有于无，无者无于有。有无所以称有，无有所以称无。然则有生于无，无生于有，离有无无，离无无有。有无相生，其犹高下相倾，有高必有下，有下必有高矣。然则有无虽殊，俱未免于有也。”（《肇论·涅槃无名论》，石峻等编：《中国佛教思想资料选编》第一卷，中华书局，1981 年，第 161 页）

③ 三论宗以“空”立论，强调诸法性空的中道实相说，它强调诸法都是因缘和合而生，故没有自性，无自性故性空无所得，但为了引导众生明白而用假名以说有。这样，不离性空而有缘起诸法，虽有缘起诸法，只是假法，故仍无所得，毕竟是空。空，被认为是一切事物的真实本相，是超越有无的中道，即中道实相。吕徵先生认为：“三论的立说则更发扬了性空而无碍于缘起的中道精神。”（吕徵：《中国佛学源流略讲》，中华书局，1979 年，第 312 页）

至乎三绝，方造重玄也”①，表达了只有用绝有绝无、非有非无的方法遣除偏执，才能符合“中道”的精神。杜光庭也认为，只有既不执于有，亦不执于无，有无双遣，方能与之言道：“合乎阴阳天地，非无非有，非有非无，无所局滞，始可与言道矣。”② 但他虽然采用了“离四句，绝百非”的中道观，却不是对它简单地运用，而是通过将道内置于人心，认为“心之理也，必在乎道”③，强调“明妙道常在，不始不终，了悟玄言，即契中道矣”④。由于杜光庭在“非有非无”的思辨方法中加入了心悟的成分，因此，修仙的路径也就通过重玄学的“有无双遣”的方法，而落实到了复归于了悟“湛寂清静”之真道的心性修炼上来。

二

杜光庭对重玄学的重视也受到了整个唐代道教思想文化发展的影响。从思想发展史上看，重玄学作为唐代道教中具有创新意识的一种学术思潮，其新颖的观点，独特的思维方式，直接促进了道教理论与实践上的变化。唐代道教学者大都运用重玄学的方法来重新阐释人的生命现象，使传统道教所宣扬的肉体成仙说急剧衰落。在这种形势下，杜光庭从重玄学出发，通过宣扬“修道即为修心”来积极促进道教仙学的转型。他运用重玄学的方法对传统道教执著于肉体成仙进行了大胆的否定，与此同时，他又强调“修心之法，执之则滞著，忘之

---

① （清）郭庆藩辑：《庄子集释》卷三上《大宗师第六》，中华书局，1961 年，第 257 页。

② 《道德真经广圣义》卷三十六，《道藏》第 14 册，第 494 页。

③ 《道德真经广圣义》卷十九，《道藏》第 14 册，第 404 页。

④ 同上，第 403 页。

则失归，宗在于不执不忘，惟精惟一尔。”① 从追求肉体长生到关注心性修炼，这就促进了道教哲学大踏步地向内丹心性论方向迈进，为唐末五代道教内丹心性论的兴起并在宋代之后迅速发展并主导了道教发展的方向开拓了道路。

从政治上看，杜光庭之所以重视重玄学，与唐玄宗全力提倡崇道尊老，要求大家奉读《道德经》，并积极地以重玄学为指导来注疏《道德经》也有密切的关系。唐玄宗注《老》当然不纯是个人喜好，他实际上还希望借助于老子之道来为自己的政治统治服务。唐末时，作为“道门领袖”的杜光庭面对着唐王朝日益衰微的事实，也希望借助于弘扬老子思想来收笼流散的民心，重振社会的纲纪，复兴初唐的太平盛世，因此他在“广”唐玄宗“圣义”时，也自觉或不自觉地沿用了唐玄宗的重玄思想。重玄学在杜光庭的手中有一定的“神道设教”的政治目的，更是他实现“经国理身”理想的重要理论工具。

从文化交流上看，重玄学出现与发展既是多种文化因素融会的产物②，也是道教面对佛教的挑战而奋起反击的结果。杜光庭的重玄思想也深受这样的文化背景的影响。值得探讨的问题是，唐代佛教宗派林立，佛学的内容十分丰富，道教为什么偏偏选用了三论宗所弘扬的般若学中道观？笔者认为，这既与“中道观”以非有非无的双重否定直契实相的理论特点以及其“破邪显正”的方法在论辩中的作用有关，也与它的文化传播的地域性特点相联。从重玄学的传播地域看，

---

① 《道德真经广圣义》卷四十九，《道藏》第 14 册，561 页。

② 汤一介先生就曾从文化融合的角度提出唐初重玄学是道家思想第三期发展的观点。他说：“如果说先秦道家（老子、庄子等）是道家思想的第一期发展，魏晋玄学为道家思想的第二期发展，意欲在道家思想的基础上调和儒道两家思想，那么唐初重玄学或可以被视为道家思想的第三期，它是在魏晋玄学的基础上吸收当时在中国有影响的佛教般若学和涅佛性学以及南北朝道教理论所建立的新的道家（道教）学说。”（《论魏晋玄学到初唐重玄学》，载陈鼓应主编：《道家文化研究》第十九辑，北京三联书店，2002 年，第 21 页）这一观点可以帮助我们更好地认识重玄学的特点。

南朝时，倡扬重玄学的道教学者主要活动在南方的江浙一带。唐初以后，重玄学者主要在长安和巴蜀一带活动。这与佛教般若三论思想的传播地域的流变密切相关。佛教三论宗虽然由僧人吉藏于隋大业年间（605－618）创立于长安，但其宗源则可追溯到古印度。三论宗以古印度龙树的《中论》、《十二门论》和提婆的《百论》为基本经典而得名，又以主张“诸法性空”、“中道实相”为理论特点。后秦时，鸠摩罗什（344－413）将此三论传入中国，其学经其弟子僧叡、僧肇、竺道生等人弘传，在当时一度成为显学，此为北地三论学。南北朝时，南朝宋、梁时僧人僧朗从北地南下，来到江南，住在建康（今江苏南京）郊外的摄山大弘三论之学，经其弟子僧诠，再传弟子法朗、慧布、智辩、慧勇等人的传承，三论学在江南一带得以流行①，从而影响到道教学者宋文明、臧玄靖、孟智周等人的思想。三论宗的创始人吉藏生于金陵（今江苏南京），早年主要在江浙一带活动，曾在会稽（今浙江绍兴）嘉祥寺讲经说法，被问道者尊称为“嘉祥大师”。后来，吉藏来到扬州，住慧日寺，与时为晋王的杨广交往密切。隋朝建立后，他移居长安日严寺，完成了“三论”的注疏并著有《三论玄义》、《中论疏》、《百论疏》、《十二门论疏》、《大乘玄论》、《二谛义》等著作，立“破邪显正”、“真俗二谛”等来发挥“中道实相”说，创立了三论宗。唐初，长安成为三论宗的主要传播地。值得注意的是，此时道教重玄学的一些代表人物如蔡晃、成玄英等也在长安活动。唐太宗时，曾下诏让道士蔡晃、成玄英与佛教唯识宗的创始人玄奘共同合作将《老子》翻译成梵文。蔡晃、成玄英还特别提出，应该引用《中论》和《百论》的思想来对译《老子》。“诸道士等并引用佛经

① 参见洪修平：《中国佛教文化历程》，江苏教育出版社，1995年，第223页。

《中》、《百》等论，以通玄极”[①]，但却遭到固守佛教经典原义的玄奘的强烈反对，最终译事未成。从这一事件中可以看到，当时的道教学者对三论思想的重视。随着唐王朝的日益强盛，长安与巴蜀之间的交流也逐渐增多。据史料记载，唐代的著名道士李荣、王玄览、黎元兴、张君相都是巴蜀人，又都曾在长安和蜀地活动，弘扬重玄学，因此，蜀地也成为重玄学的重镇。唐末，杜光庭先在长安，后又入蜀，他在撰写《道德真经广圣义》对老学思想进行理论总结时，受到地域文化的影响而推崇重玄学也就成为情理之中的事了。

从重玄学的内容上看，如果说，重玄学可以概括为道体论和道性论这两大主题以及展示这两大主题的双遣兼忘的方法，那么，在杜光庭那里，虽然“双遣”与“兼忘”的方法经常相联使用，但由于“双遣”本身所具有的辩证特点，故多用于道体论，即通过有无双遣，遣之又遣以至于无为来彰显道之本体；而“兼忘”所具有的修持证悟的特点，则多用于道性论，即通过“兼忘”来泯灭是非，齐一物我，复归于清静本性。杜光庭的重玄学不仅采用了佛教的中道观，而且还大量使用了老庄的名词术语，特别是复归到老庄从人的心境上追求精神超越的思想上。因此，在杜光庭的重玄学中，心境与重玄是不可分离的。从杜光庭对“有无双遣”的运用中可以看出，他希望依托于重玄学来强调心寂境忘，以建立一种有别于传统道教仙学的思想与修道实践。在他的理论体系中，他的重玄学也成为一种在人的心境上展开的体道、悟道的方法。杜光庭对境与心关系的探讨，一般并不涉及宇宙的生成或构成问题，而主要是在缜密精妙的重玄学的逻辑思辨中，关注现实之人如何通过“心寂境忘”来泯灭是非，齐一物我，超越生命的局限，以达到“玄道自至”的境界。

---

① 道宣:《集古今佛道论衡》卷丙,《大正藏》第52册,第386页。

三

杜光庭不仅运用重玄学"有无双遣"的方法来深化玄学的哲学思辨，以解决无限之道与有限之肉体的矛盾，而且还运用"有无双遣"的方法来彰显道体的非有非无、既有既无的特性，由此而说明道体所具有的超越性和现实性两个层面，并吸取了佛教有关"空"的思想，用"二空俱无"、"非空为空"来深化道教的道体论。

就道体的现实性层面看，杜光庭用"既有既无"来论述道与万物既有本源生成的关系，也有本体的关系，从而将道与现实之域联系起来。他说："夫道之无也，资有以彰其功，无此有则道功不彰矣。物之有也，资道以禀其质，无此道则物不生矣。"① 道同时具有"无"与"有"两种基本属性，这是老子思想的本有特征，老子由此而沟通了道与万物之间的关系。"无"是指道本身所具有的无限性与超越性，"有"则是强调虚无之"道"作为万物的本源性和本体性。由此而衍生出的道体有无的问题为后来历代注老家所关注。

汉代哲学元气自然论流行，思想家在注释老子《道德经》时，经常采用元气来理解老子所说的"有生于无"，认为元气是一种最原初、最根本的物质，元气分为阴阳二气，阴阳二气的相互运动而产生了天地万物。由于这种宇宙生成论仅局限在现象界考察问题，因而到魏晋时期，玄学家就不再满足于这种认识，他们注老或偏重于有或偏重于无，力图运用本末体用等范畴深入到事物内部，探究事物之本、万物之性究竟如何。例如，王弼就认为道是无，他说："道者，无之称也。

① 《道德真经广圣义》卷十二，《道藏》第 14 册，第 370 页。

无不通也，无不由也，况之曰道。寂然无体，不可为象。"① 道正因为是没有任何规定性的"无"才能成为有规定性的万物的本体。王弼通过"以无为本"而将老子之道进一步本体化，但他对"无"的过分推崇又引发出人们不同的看法。裴頠在《崇有论》中就认为，"夫总混群本，宗极之道也。"道作为天地万物的本体并不是绝对的虚无，而毋宁就是万物本身，因为"至无者无以能生，故始生者自生也，自生而必体有，则有遗而生亏矣。"② "无"不能生"有"，只有"有"才能生"有"。如果"无"是空无一物的虚无，那么，这种空无一物的"无"是无法生成万有并成为万有存在的根据的。裴頠对"有"的推崇和对贵无论的批评，导致了玄学中形成了贵无论与崇有论之别。贵无论与崇有论在道体有无的问题上各执一端而难以达成一致，曾遭到时人的批评。孙盛在《老聃非大贤论》中就指出，"昔裴逸民作《崇有》、《贵无》二论，时谈者或以为不达虚胜之道者，或以为矫时流遁者。余以为尚无既失之矣，崇有亦未为得也。"③ 孙盛认为，无论是"贵无"，还是"崇有"，都是各执一方，不达圆化之道。据此，唐代道教学者在批评"魏晋英儒，滞玄通于有无之际"④ 时，又希望超出玄学执著于"有"与"无"的对立，而以重玄学的方法来说明道体既是非有非无，又是既有既无的存在，力图在某种程度上消弭长期以来的争论，并凸显出道体有无浑然一体的玄妙性。

杜光庭继承并发展了唐代重玄学家的思想，不仅以"既有既无"来说明"道"的本源性、本根性，更强调作为本体的道虽然具有超越于一切事物的特征，但却是最真实、最终极的永恒存在。他说："自

① 楼宇烈校释：《王弼集校释》上册，中华书局，1980年，第110页。
② 《晋书》卷三十五《裴秀传》。
③ 《广弘明集》卷五，《大正藏》第52册，第120页。
④ 李荣：《道德真经注·序》，《道藏》第14册，第37页。

上而下谓之降，妙本之道，出乎虚无。虚无之体，清浮在上，欲生化品物，运道神功于妙无之中而生妙有。妙有融化，自上而下，降于人间，兆见物象。妙无为本，妙有为迹。本则澹然常存，迹乃资生运用，由是言之，一切物象，皆出道生，一切形类，皆道之子矣。”① 这里，杜光庭既从本源论的角度谈到了“妙无之中而生妙有”，以强调道与万物的生成关系；同时又以“妙无为本，妙有为迹”来强调道是天地万物乃至于人的存在的本体，用有无、本迹来说明道是超绝名相的终极本体，以解决“妙本”在“从本降迹”化生万物之后，万物如何继续保持并体现道的本性。杜光庭努力将“道”放到万物之本的位置上，通过强调其妙本之真性，不仅为天地人的存在提供了最终极的依据，而且也为人的存在及修道成仙提供了依据。

就道体的超越性层面看，杜光庭强调道体是“非有非无”的，无可执著、不可言说。他说：“非无非有非名为道，道本无形之形，真之能名。德本无象之象，是谓真象。杳杳冥冥，其中有精，其精甚真，非无为也。万法俱无，是为空无。空无之道，亦非自然。破此空无，还归于无也。”② 只有通过“有无双遣”、不执言象的方法才能彰显道体的超越性，杜光庭说：“道之至也，微妙玄通，不可以有推，不可以无喻，去此之外，不名为道。”③ 在他看来，任何有为、有执的做法，都是对道的遮蔽。因此，执著有或无，就无法使修道者得道。“世人不能知道，妄动营为，非道营为，必至隳败，或妄于教体，执著有无，不能任以自然。守常知分，有执必失，有为必败，此乃常理也。欲使化理之君，无为则无败。修道之士，无执则无失也。”④

---

① 《道德真经广圣义》卷十九，《道藏》第 14 册，第 402 页。
② 《太上老君说常清静经注》，《道藏》第 17 册，第 186 页。
③ 《道德真经广圣义》卷一九，《道藏》第 14 册，第 403 页。
④ 《道德真经广圣义》卷四十三，《道藏》第 14 册，第 534 页。

这种“有执必失”、“有为必败”的思想是基于杜光庭对道体非有非无之特性的理解，而杜光庭的这种理解，实际上也与他当时对世态人情的看法有关。生活在唐末五代的杜光庭深感“世态纷纶，真心难固，嗜欲牵役，妙道易忘，始从事而立功，忽进退而生惑，亦缘有为、有执，所以败于垂成尔。”① 面对纷纷扰扰的世俗世界，面对欲望无边的世人之心，如果采用重玄学“有无双遣”的方法，就能帮助人们彻底破除对世俗的种种执著，走出日常经验性的思考范围。只有不执著，超越分别，才能直契无所不在，所在皆无的真道。

在杜光庭的重玄学中，道体既是非有非无，同时又是既有既无，道本身是超越性与现实性的辩证统一。“道者，若执有见有名，即非上德也。本不有不无，不虚不实，应用即有，昧用即无。”② 杜光庭在诠释老子的“道可道”时，还通过有无体用来说明道体的这一特性，他说：“标宗一字是无为无形道之体也。可道二字是有生有化道之用也。三字之中，立自体用。体则妙不可极，用则广不可量，故为虚极之妙本也。”③ 这里，杜光庭通过对“常道”（标宗之道）和“可道”的讨论来说明道具有“虚极”和“生化”两方面的含义，由此而展示了两种对道的理解。前者为“向上”一路，通向超越之境，为人修道成仙指明了方向；后者为“向下”一路，联通现实之域，展现了道生万物并为万物乃至人之本的特性。

杜光庭对道体的理解在很大程度上沿袭了《本际经》的思路，吸收了许多佛教中观学派关于“空”的思想和论证方法。《本际经》中说：

---

① 《道德真经广圣义》卷四十三，《道藏》第14册，第535页。
② 《太上老君说常清静经注》，《道藏》第17册，第188页。
③ 《道德真经广圣义》卷六，《道藏》第14册，第342页。

所言道者，通达无碍，犹如虚空，非有非无，非愚非智，非因非果，非凡非圣，非色非心，非相非非相，即一切法亦无所即，何以故？一切法性即是无性。法性、道性，俱毕竟空，是空亦空，空空亦空，空无分别，分别空故，是无分别，亦复皆空。空无二故，故言其即①。

《本际经》运用“非有非无”的方法来说明，道的体性虽为一切诸法存在的根据，但却是不落两边、超越了一切有无、智愚、凡圣、因果、色心的“毕竟空”，这显然大量地借鉴吸收了佛教的思想。但《本际经》又将这种“毕竟空”放到道教的语境中来加以表达，认为道性即是自然，即是“毕竟空”。“道性者即真实空……而为一切诸法根本。无造无作，名曰无为。自然而然，不可使然，不可不然，故曰自然。悟此真性，名为悟道。”② 由此而将佛教的“空”与道教的“自然”观念结合起来。

把佛教的“空”与道家的“自然”联系起来的做法在汉代佛经翻译中就已出现了。在东汉译出的《光赞般若经》中就用“自然”来解释“空”，认为“一切诸法为无所有，则谓自然”③。如果说，佛教在初传时期是用中国传统的“自然”概念来帮助人理解佛教的“空”，那么，唐代道教则是借助于佛教“空”的思辨来发挥“自然”的内涵。《本际经》用“空”来彰显道体的“非有非无”的超越性，又用“自然”来突显道体的无造无作、自然而然。《本际经》不仅将“自

① 敦煌道经 P3280 号《本际经》卷九《秘密藏品》，黄永武主编：《敦煌宝藏》第 127 册，台湾新文丰出版公司，第 284 页。

② 敦煌经卷 P2806 号《本际经》卷四《道性品》，黄永武主编：《敦煌宝藏》第 124 册，台湾新文丰出版公司，第 264 页。

③ 《大正藏》第 8 册，第 172 页。

然”视为是道体的根本属性，而且将道体与人性联系了起来，认为“悟此真性，名为悟道”，从而将悟道视为人通过“非有非无”方法摒弃种种烦恼，在自然而然的无执著状态中恢复人的本来清静之性。《本际经》的这种思想影响了唐代许多道教重玄学家，也成为杜光庭重玄学的主要内容。

杜光庭在注释《太上老君说常清静经》中的“观空亦空，空无所空”时，曾进一步采用佛教的“空”来形容道体的无名无象，无可执著。他说：“空者，真空也。空法之相，乃有二种。有大空，有小空。大空者，无为不为之理。小空者，破有归无，以无为为无，是名小空。此二空俱无，即自然不染正性，乃成真道也。”① 杜光庭认为，“空法之相”有“大空”与“小空”之分：小空为遣有，“破有归无，以无为为无”；大空为遣无，追求“无为不为之理”，但它们仍处于遣有遣无的层次，因此，人需要摒弃小空、大空，由“二空俱无”，才能体悟道体本有的“自然不染正性”。

在遣有遣无之后，杜光庭又借注释“所空既无，无无亦无”而强调破斥空无也只是化导众生的一种手段而已。他说：“空者，亦非大非小，喻如道性，本无长短，亦无尘垢，悟即谓之真空，不悟谓之假相，非为至道。……道法自然，本无空假。天尊慈悲，乃立空假之相。”道体本来是没有长短、空假之分的，用“空”来诠释道体真性，乃是一种“善巧方便，随机应化，教导人天，皆归至道”的比喻，实际上，“所说空相，亦非空相，空相是道之妙用，应道用即有，不用即无。非无非有非名为道。道本无形之形，真之能名。德本无象之象，是谓真象。杳杳冥冥，其中有精，其精甚真，非无为也。万法俱

① 《太上老君说常清静经注》，《道藏》第17册，第186页。

无，是为空无，空无之道，亦非自然。破此空无，还归于无也。"① 这样，杜光庭通过"有无双遣"来破此空无，对"二空俱无"也不能执著，从而进一步强调了道体空无所空，无无亦无，不可执著的道理。

杜光庭认为，前面所说的是"空寂之理"，但对道体把握还必须通过遣有、遣无、又遣中的重玄学方法来破除对有、无、非有非无、亦有亦无等种种执著。这样，杜光庭所说的"有无双遣"就不仅是一种形而上的玄思，一种哲学思考的维度，更是要人从清理自己的日常生活的思维模式和经验习惯入手，以摆脱有为、有执而走出本性沉沦之困境。但即使"二空俱无"仍然是有所执著，杜光庭又用"非空为空，谓之真空"进一步排遣对"二空俱无"的执著。在他看来，先明"空寂之理"，再明"空寂俱无"，这样才能"自然无欲，即成真道"。

杜光庭作为一名道教思想家，他用"有无双遣"的重玄学方法彰显道体的最终目的还是为了说明修道得道的问题。因此，他在以"空"诠道的基础上，还将"空"与人的"性命"相结合，从而强调了"有无双遣"的方法在人的修道中的作用。他认为，"空无大小，亦无所去。有著即显，无著即隐。空法之相，即随影而见形，若言无见，即断灭其法，长存如水似镜，在人之身，掌人之性命。"② 人只要用"二空俱无"、"非空为空"的方法来体悟这种"空法之相"，就能了悟人本有的道性。这样，他随顺着唐代道教思想的发展趋势，进一步将道体引入心性，运用重玄学的方法强调修道即是修心。他说："道性既清静，乃得真性，既得真性，返归于无得之理也。"他不仅将"清静"作为道性的根本特征，而且用"有无双遣"的方法要求心性

① 《太上老君说常清静经注》，《道藏》第17册，第186页。
② 同上。

清静，认为只有这样，才能得道成仙："既入真道，名悟修真，炼凡成真，炼真成神。神真者，道也。故与天地同寿，日月齐明，造化万物，故名为得道也。"① 这样，杜光庭不仅丰富了重玄学的内容，而且推进了道体重玄向道性重玄的演化，为道教的长生成仙说开出了新的路径，从而促进了唐宋道教的理论转型。

（原载：《南京大学学报》，2003年第4期）

① 《太上老君说常清静经注》，《道藏》第17册，第187页。

杜光庭与钟吕内丹道

杜光庭与钟离权、吕洞宾都生活于唐末五代。杜光庭曾提出过一些有关内丹修炼的理论，而与他同时代的钟、吕却有着比较完整的内丹理论体系和具体的操作方法。本文将通过杜光庭与钟吕内丹道的比较研究，以说明杜光庭对“性命双修”的强调，在某种意义上，为内丹心性学在唐末五代的迅速发展，并在宋代以后成为道教思想与实践的主流奠定了基础。

一

道教的内丹修炼术虽然以人体为炉鼎，以身体内部的精、气、神为药物，以在人体内炼成丹为基本特征，但其哲学基础却是对性命关系的辩证思考，这种思考所涉及的道、一、玄、阴阳、有无、太极、无极、精气神、性命等一系列哲学范畴都是围绕着挺立道教信仰的特质——神仙是存在的、人是可以成仙的等问题而展开。内丹心性学的特色并不在于它具有多么丰富深奥的思辨性，而在于它将形而上的哲学思考最终落实到形而下之术上，通过“性命双修”而使“道”与“术”紧密地连接，使之成为引导人获得生命超越的理论与实践的保证。杜光庭对“性命双修”的倡导为道教内丹心性学提供了基本思路与方法。

哲学寻求理解而宗教则是按一个人所理解的那样生活，因此，一切宗教问题最终都将归于实践。对于杜光庭来说，纯理论地言说“道”并不是他的目的，事实上道也不可言诠，言也无法尽意，只有在修道的过程中才能体道悟道，而修道悟道是为了经国理身，实现生命的超越，这就使他对道教的理论探讨，最终落实到对社会的完善和对人的生命永恒的追求上。从杜光庭对炼心修性的重要性的强调中可见他对烧炼五金八石的外丹术的强烈失望感，他正是由此而回归到人自身去寻找内在超越之路，提倡性命双修，从而促进了道教修炼术由外丹向内丹的转化，并对道教仙学内涵之转型也起到了重要作用。

如果追索内丹道的产生之源，一般认为，它肇始于先秦神仙家所发明的各种养生延年术。从历史上看，先秦至汉代是内丹道的准备期，从东汉道教的创立到隋唐是内丹道的形成期。隋代罗浮山道士青霞子苏元朗被认为是真正意义上的内丹道的创立者。中唐以后，内丹道在叶法善、罗公远、僧一行以及元阳子等人那里得到了进一步发展。他们将古代长生成仙的观念、传统道教的行气、服饵、存思、辟谷、导引、房中等诸种养生术与中医学的脏腑经络之学相结合，进行了创造性的阐释而形成了以人体内的精气神为药物、以性命双修为理论内涵和具体操作进路的内丹道。唐末五代时，以钟离权、吕洞宾为代表的钟吕内丹道的出现标志着内丹道的发展进入了新的时期。

杜光庭生活的年代正是钟吕内丹道开始兴起之时。要弄清杜光庭的思想在内丹道的成长过程中起着什么样的作用，杜光庭与钟吕内丹道的关系，就需要先简要地考察一下钟吕内丹道的主要内容和特点。

钟吕内丹道的代表人物是钟离权和吕洞宾。钟离权，据元代赵道一所撰的《历世真仙体道通鉴》卷三十一记载，姓钟离，名权，后改名觉，字寂道，号和谷子，一号正阳子，又号云房先生，燕台人也，一云京兆咸阳人①。但金末元初秦志安所作的《金莲正宗记》却说钟离权是京兆咸阳人，并对钟离权的籍贯、名号、身世等有不同的说法②。由于钟离权后被奉为道教的“八仙”之一，因此，历史上有关钟离权的传说很多，有的说他是汉代武将，有的说他是晋人周处的偏将，《宋史》则认为他是陈抟的朋友，但一般都认为是唐末五代人。据《历世真仙体道通鉴》说，钟离权曾在终南山遇东华真人王玄甫，得授长生真诀、金丹火候及青龙剑法。后又遇华阳真人，传太乙刀圭，火符内丹，洞晓玄玄之道，自称“天下都散汉钟离权”，最后在崆峒山得道成仙。宋钦宗封为“正阳真人”。后全真道尊之为北宗五祖中的第二祖——“正阳祖师”。钟离权传道予吕洞宾。

吕洞宾，姓吕，名嵒，字洞宾，号纯阳子，以字行世。其生平未入正史，加上被后世道教徒奉为吕祖，成为民间广为流传的道教的“八仙”之一，因而其生平事迹历来众说纷纭，莫衷一是，但各种不同的说法都披上一层扑朔迷离的神秘色彩。据《历世真仙体道通鉴》卷四十五记载，吕洞宾在“武宗会昌（841－846）中，两举进士不第，因于长安道中，拟游华山。酒肆憩息，俄有一人，长髯碧眼，自西而来，亦憩此肆，遂与共饮”，此人即是居于终南山的钟离权，吕洞宾“于是弃儒业而从游，师事之而得道”③。后又于唐僖宗广明元年（880）从崔希范学道。崔希范（生卒年不详），号至一真人，著有《入药境》专述内丹，该书在内丹史上影响甚大。崔希范将《入药境》传给吕洞宾，吕洞宾“即知修行性命，不差毫发”④。据《宋史·陈

① 《道藏》第5册，第276页。
② 《道藏》第3册，第344-345页。
③ 《道藏》第5册，第358页。
④ 同上。

抟传》记载，陈抟在隐居华山时，与吕洞宾有过交往①。由此推论，吕洞宾大约生于唐末，活动于五代至北宋初年。吕洞宾能诗好剑，据说其曾自云："实有三剑，一断烦恼，二断贪嗔，三断色欲，是吾之剑法也。"② 后传道予施肩吾，最终羽化而登仙。

钟离权和吕洞宾与杜光庭大约是同时代人。杜光庭只是提出了一些有关内丹修炼的理论，而钟离权和吕洞宾留下的内丹著作却有着完整的理论体系和具体的操作方法。如成书于唐末五代，题为钟离权述、吕嵒集、施肩吾传的《钟吕传道集》，其主要内容就是钟离权向吕洞宾传授丹法的问答记录，其中分别论述了真仙、大道、天地、日月、四时、五行、水火、龙虎、丹药、铅汞、抽添、河车、还丹、炼形、朝元、内观、魔难、证验等丹法要旨。其中强调，修丹应当效法天地阴阳之化，五行生克之则，日月交合之度，取肾水中所藏先天元阳真气以为丹本，以真阴真阳交媾合和，以阳炼阴，三田返复，使精合于气，气合于神，神合于道，以修成金丹，阳神超脱而成仙。该书将修丹的程序分为：匹配阴阳、聚散水火、交媾龙虎、烧炼丹药、肘后飞金精、玉液还丹、玉液炼形、金液还丹、金液炼形、朝元炼气、内观交换、超脱分形等十二科③，从而对内丹道作出了的新发展。

钟吕内丹道的丹法具有可操作性，这大概是它能够很快得以广行的重要原因之一。据文献记载，唐末五代至宋初道教中有名有姓的内丹家多达百余人，而他们的内丹学说大多宗承钟离权、吕洞宾而来。从历史上可以看到，从唐末至宋代，内丹道异军突起，日益兴盛，几乎取代了所有的传统道教的修仙炼养术而一枝独秀。随着道士们对内丹的热情关注、理论探讨和实际践行，修炼内丹的方法种类繁多，研

① 《宋史》卷四百五十七《隐逸传》。

② 《道藏》第5册，第358页。

③ 《修真十书》卷十四《钟吕传道集》，载《道藏》第4册。

讨内丹的著作也纷纷问世，主要有还阳子撰《大还丹金虎白龙论》一卷、柳冲用撰《巨胜歌》一卷、张元（玄）德撰《丹论诀旨心鉴》一卷、寒山子撰《大还心鉴》一卷、陈朴撰《陈先生内丹诀》一卷、钟离权述《破迷正道歌》一卷、钟离权述、吕喦集、施肩吾传《钟吕传道集》三卷、施肩吾撰《学仙辨真诀》一卷。还有一些撰者不详的著作，如《金液大丹诗》一卷、《秘传正阳真人灵宝毕法》三卷、《固气还神九转琼丹论》一卷、《太初元气接要保生之论》一卷、《养命机关金丹真诀》一卷等。其中最为重要且又系统论述内丹修炼的著作是《灵宝毕法》和《钟吕传道集》。这些炼丹者或内丹著作大多与钟、吕有关。例如，《陈先生内丹诀·序》在介绍陈朴的生平时就说：

> 先生名朴，字冲用。唐末五代初人也。五代离乱，避世入蜀，隐居青城大面山，受道于钟离先生，与吕洞宾同师也。先生才质奇伟，德行高妙，积年累功，今不知其几百岁，或出世间，为性不常，以歌酒为乐。元丰戊午间（1078），游南都，宋城张方平宫保以其年高，传接气之术，延寿一纪，盘桓南都，不啻半载，携一无底土罐，游于市，人少有识之者。淮南野叟敬信尊崇，或师事之，先生怜其至诚，授以内丹诀，因以记之。先生内丹之诀，直指玄关，九转成道。每一转，先述短歌，又托意于望江南，欲后来学方外之道者易晓也①。

陈朴与杜光庭大约同时活动于青城山，由“受道于钟离先生，与吕洞宾同师”可以推论，那时钟、吕内丹道可能已在蜀中青城山流传

① 《陈先生内丹诀》，《道藏》第24册，第225页。

开来了①。

在钟吕内丹道出现之前，内丹道已显雏形。但当时虽有内丹之称，但尚未形成系统的理论与方法。钟吕内丹道与中唐时期的各种原初的内丹道形态相比，有明显的不同，其中突出的一点可以说是将内丹道奠基于形而上之道的基础上，使丹道与道性、心性相贯通②。唐末五代以来流行的钟吕内丹道在总结前人思想的基础上建立了比较完整的理论体系，这里所说的前人主要是指谭峭、陈抟"逆以成丹"的思想、陈抟《无极图》中所包含的丹法次第，但似乎还应该包括杜光庭等人的有关性命双修的学说。如果说，钟吕内丹道探天地造化之理，探究人的生命之道，开辟了道教修道论发展的新阶段，使内丹修行不再局限于一种内修方术，而是建立起一种体系化的内丹之道，那么，杜光庭对"性命双修"的强调以及对内丹修炼的有关论述不仅可以看做是对"各种原初的内丹道形态"的一种历史终结，而且还促进了传统仙学的转型。

① 在宋代，道教中还出现了以内丹修炼为特色的青城派，相传起始于青城丈人，又有李八百等人习传之。此派论著有《青城秘录》、《大道玄指》等。据说，北宋时，张伯端"游成都遇青城丈人，得金液还丹之妙道"（见薛道光：《悟真篇三注》卷一，《道藏》第2册，第974页）。张伯端曾师事青城丈人，后创立全真道南宗。青城派的丹法修炼最重一个"无"字，要人于"守无致虚"处去体悟，在"清静无为"中突出地讲求心性清静无为，并主张无修而有修，斯为大修（参见胡孚琛主编：《中华道教大辞典》，中国社会科学出版社，1995年，第52页），与杜光庭心性清静的思想颇为契合。

② 张广保先生曾认为，钟吕内丹道与中唐时期的各种原初的内丹道形态相比有三个重要的特点：其一是将内丹道奠基于形而上的天道的基础之上，使丹道与天道相互贯通。其二是通过对各种原初内丹流派的整合，建立起一种体系化的内丹之道。其三是通过对道教各种传统内修方术的尖锐批评，将内丹道与道教各种传统内修方术严格区分开来（《唐宋内丹道教》，上海文化出版社，2001年，第161—162页）。

二

在内丹道的成长过程中，人们一般都比较关注唐末五代宋初的道士钟离权、吕洞宾、施肩吾、陈抟、彭晓等人在其中的努力，而并不提及同时代的“道门领袖”杜光庭。但实际上，从杜光庭的著作中，不仅可以看到他对“性命”的重视与阐释，而且还可以看到他对“三丹田”之类修炼方法的简要介绍。他说：

> 人能保精养气爱神，调和于元气，填补于脑，烹炼神水，变化精神，神气若全，即得上升三界，朝礼太上高尊。凡学仙之士所说朝元即有二种：一论天地，二论人身，即明三丹田且三界。朝元者，即上中下是三元也。上元者，上应玉清始气所化，号天宝君，理玉清圣境清微天，总一十二部圣行之经，为洞真教主，下于人身中为上丹田，脑宫亦号泥丸宫，帝君以主于气。中元者，上应上清元气所化，号灵宝君，理上清境禹馀天，总一十二部真行之经，为洞玄教主，下于人身中为中丹田，心府绛宫，帝君主于神。下元者，上应太清玄气所化，号神宝君，理太清仙境大赤天，总一十二部仙行之经，为洞神教主，下于人身中为下丹田，气海肾宫，帝君主于命。此三元、三官、三宝者，天地得之以成，失之以倾，人身得之以生，失之以死。故《黄庭经》云，一身精神慎勿失，故要保爱也。又云，仙人道士，非有神积精累气以成真。凡学道之人，若能运用精华，存想神气，朝拜三元，修功不退，久而行之，自得真道。故圣人云，心为使气神，若知

行气主，便是得仙人。此明存想之道皆以心而使之也①。

有人认为，内丹术的产生与丹田学说密切相关②。杜光庭在这里吸收了《黄庭经》的内修思想，明确提出了上中下“三丹田”的修炼，并将它与人的精气神修炼和对道教的三清神的崇拜结合起来。虽然杜光庭主要还是把这种修炼方法定位在“存想之道”，这反映了他对上清派道法的继承和对唐代刚刚兴起的内丹道的初步阐发，但值得注意的是，“在钟吕内丹道的几乎每一步功夫中都离不开存想。这些现象使人不得不怀疑钟吕内丹道与早期道教的存想术有着直接的渊源关系，系由存想术为基础发展而来。到了宋代以后，内丹功法中的几乎所有的关乎存想的内容都被一一删弃。内丹道至此具有更为纯粹的形式。”③ 对照杜光庭的有关论述，即使就内丹的修炼术而言，仍然依稀可见杜光庭在内丹道成长过程中的过渡性特征和作用。

杜光庭思想在内丹道成长过程中的地位与作用主要表现为：第一，以“性命双修”作为修炼内丹的基本内容。杜光庭认为，“三元掌人性命，且上元主泥丸脑宫，为上丹田；中元主心府绛宫，则为中丹田；下元主气海属肾宫，为下丹田。此之三元，上主于神，中主于气，下主于精，故乃掌人之性命也”④。他所说的修性是指修心养神，修命是指炼精化气。从阳动阴静的思想出发，杜光庭认为，动中修性要虚心，静中修命要炼气，静气以存神明，以此作为性命双修的主旨。他说：“圣人虚心以原道德，静气以存神明，实其聪听于无声，

---

① 《太上老君说常清静经注》，《道藏》第17册，第193—194页。

② 李零先生认为：“对于研究内丹术的起源，我以为丹田学说的提出是一种关键。”（《中国方术考》，东方出版社，2001年，第380页）

③ 张广保：《唐宋内丹道教》，上海文化出版社，2001年，第191页。

④ 《太上老君说常清静经注》，《道藏》第17册，第185页。

杜其明视于无形，览天地之变动，睹万物之自然，以是而知有为者乱，无为者理，所以至柔之性本无为也。”① 据此，杜光庭所说的修道就与传统的从外部的物质世界中去寻找灵丹妙药以求长生不死而有了很大的不同。他从“有形之物，有情无情之众，禀冲和道气则生，失冲和道气则死也”② 的思想出发，主张从人体内部去寻找先天的道气，以炼精化气为主要内容的命功成为追求长生的重要方法，同时，他又特别强调了性功，将修心炼性放到了炼气修命的前头。这种具有浓厚的心性论色彩的性命双修成为以后内丹心性学的基本特征。

第二，提出了内丹修炼的果位。杜光庭曾说：“其人有形有气有神，三者周备，虽变化不测，坐在立亡，隐显自由，神通无碍，须待炼形为气，方出三界之外。然无年寿之数，尔其炼神成气，已为真人。炼气成神，即为圣人。其真人圣人永超数运，无复变迁，以亿劫为斯，须以万天为指掌。道果所极，皆起于炼心。”③ 这里，杜光庭提出了内丹修炼的次第，并确立了出三界、为真人、成圣人等不同的仙道果位，要人依此而不断地努力修行。比较而言，这与钟吕内丹道对仙道果位的论述是很相近的。《钟吕传道集》中说：“仙非一也。纯阴而无阳者，鬼也；纯阳而无阴者，仙也；阴阳相杂者，人也。惟人可以为鬼，可以为仙。少年不修，恣情纵意，病死而为鬼也，知之修炼超凡入圣而脱质为仙也。仙有五等，法有三成，修持在人而功成随分者也。”④ 人处于仙鬼之间，是一种具有两种可能性的生命存在，或修道而成仙，或纵情而成鬼。就内丹修炼的效果来说，“法有三成者，小成、中成、大成之不同也。仙有五等者，鬼仙、人仙、地仙、

① 《道德真经广圣义》卷三十四，《道藏》第14册，第483页。
② 《道德真经广圣义》卷三十一，《道藏》第14册，第466页。
③ 《道德真经广圣义》卷四十九，《道藏》第14册，第561页。
④ 《修真十书》卷十四《钟吕传道集》，《道藏》第4册，第657页。

神仙、天仙之不等。皆是仙也，鬼仙不离于鬼，人仙不离于人，地仙不离于地，神仙不离于神，天仙不离于天。”① 这五等仙代表了内丹修证的不同果位，使得修炼成为一种不断晋升的过程，最终位登天仙，跻升于三清之境。内丹修炼果位的确立，明确强调了仙是由人修炼性命而成的，是人“穷理尽性以至于命”的结果，“万物之中最灵最贵者人也。惟人也，穷万物之理，尽一己之性，穷理尽性以至于命，全命保生以合于道，当与天地齐其坚固而同得长久。”② 这些思想，为后来的全真道进一步继承和发展。

第三，对内丹修炼所采用的药物作了说明。内丹所采用的药物实际上是出于人体中的精、气、神，对此，钟吕内丹道有比较清楚的说明，他们认为，所谓的炼内丹的药物出于人的心肾之中，是人生之初禀于父母的先天元阳之气。元阳之气发自于人的二肾之中，既是生命之本，也是内丹之源。“父母之真气，即精血为胞胎，造化三百日，胎完气足，而形备神来，与母分离，形外既合，合则形生形矣。奉道之人，肾气交心气，气中藏真一之水，负载正阳之气，以气交气，水为胞胎，状同黍米，温养无亏始也。即阴留阳，次以用阳炼阴，气变为精，精变为汞，汞变为珠，珠变为砂，砂变为金丹。金丹既就，真气自生，炼气成神，而得超脱。”③ 钟吕内丹道不仅认为内丹修炼的药物出于人的心肾之中，而且还具体描述了如何通过修炼精气神而得圣胎。而关于这方面的思想，杜光庭其实也已有所说明，例如他曾说：“所生我身，大约有三：一曰精，二曰神，三曰气。……三者相合而生其形，人当受精养气存神则能长生。”④ 而且，如本文第五章

① 《修真十书》卷十四《钟吕传道集》，《道藏》第4册，第657页。
② 同上，第659页。
③ 同上，第668页。
④ 《道德真经广圣义》卷四十六，《道藏》第14册，第549页。

中所述，杜光庭还特别联系修心来谈精气神的修炼，以从心性中寻求实现生命超越的途径。杜光庭的这些思想为后来的内丹心性学提供了重要的资源。

第四，将修仙的进路定位于“炼阴为阳”[①]，最终炼成纯阳之体。杜光庭认为，“仙与阳为徒也。炼阳气尽，则沦于九泉而为鬼，鬼与阴为徒也。故当保守阳魂，营护阴魄，以全其生”[②]，表现出了浓厚的“尚阳”思想。值得注意的是，老子思想以贵柔崇阴尚和为特征，杜光庭的尚阳思想可能是受到了唐玄宗的影响。唐玄宗在疏《老子》“载营魄抱一，能无离乎”时说：“人初载虚魄，当营护阳气，常使盈满，人则生全。若动用不恒，败散阳气复成虚魄而死灭矣。”[③] 其中所表现出的尚阳思想为杜光庭所发扬。杜光庭进一步认为，阳气为神，阴气为形。人之所以具有灵明智慧，之所以能够成仙，都在于阳气的作用。阳气为性命之根蒂，阳气绝就神亡形散，因此，“世之得道者，炼阴而全阳，阴渣都尽，阳华独存，故能上宾于天，与道冥合”[④]。杜光庭认为，修道的过程也就是通过“炼阴为阳”来维护身体的健康，最终祛除阴气成就纯阳之体，从而与道冥合。杜光庭所宣扬的“炼阴气尽，即超九天而为仙”[⑤] 的尚阳思想对后世内丹心性学的纯阳崇拜应该是有所影响的。有学者认为，钟吕内丹道的纯阳观念之缘起，一是受《周易》卦象思想的影响，二是受外丹道尚阳观念的影响。[⑥] 笔者在赞同此说的同时还认为，如果联系唐代道教思想的成

---

① 《太上老君说常清静经注》，《道藏》第17册，第184页。

② 《道德真经广圣义》卷十一，《道藏》第14册，第365页。

③ 《道德真经疏》卷三，参见杜光庭《道德真经广圣义》卷十一，《道藏》第14册，第365页。

④ 《毛仙翁传》，《全唐文》第九四四卷，上海古籍出版社1990年，第四册，第4351页。

⑤ 《道德真经广圣义》卷十一，《道藏》第14册，第365页。

⑥ 张广保：《唐宋内丹道教》，上海文化出版社，2001年，第183页。

长，就可见尚阳观念已经有了一条较为明显的发展线索，这条线索发展到杜光庭时已形成了比较明确的思想，反映了道教仙学理论发展的一种转型轨迹。与杜光庭差不多同时的钟吕内丹道，也有明显的尚阳思想，其重要特点就是以人体为炉鼎，通过修炼精气神，炼成纯阳之质而结成内丹，认为“以心肾之间而有真气真水，气水之间而有真阴真阳，配合为大药”①，内丹修炼就是通过真阴真阳的交合以炼成圣胎，“当取日月之交会，以阳炼阴，使阴不生，以气养神，使神不散，五气朝元，三花聚顶，谢绝俗流，以归三岛。”② “炼阴为阳”，“以阳炼阴”，最终炼成纯阳之体，这成为后来内丹心性学的基本修仙进路。

从上可见，杜光庭虽然已经多次提到了“性命”、“丹田”、“精气神”等，但与钟吕内丹道相比还没有系统地建立起实现其理论的修炼方法。值得重视的是，杜光庭以不灭的心性为修仙之本，他所说的神仙已不是简单的肉体不死，而是一个保全性命之真的精神超越者。他对神仙内涵的界定，以及对修道不必外求，只须反身内求的强调，不仅使道教仙学在理论上产生了一个质的飞跃，而且也使神仙的内涵有了根本性的变化。因此，杜光庭的思想在内丹道的成长过程中有着重要的影响，在一定意义上起着一种承上启下的作用，这种承上启下更多地表现为对唐代道教思想的终结，其所开启的宋代以后道教发展的内丹心性学的新走向，在钟吕内丹道中也有特别的展开。虽然与杜光庭思想相比，钟吕内丹道的修学体系显得更为系统而全面，更适合在广大道徒中传播和发展，但杜光庭思想在道教仙学内涵的转型中所起的作用也是不能忽视的。

---

① 《修真十书》卷十四《钟吕传道集》，《道藏》第4册，第667页。

② 《修真十书》卷十五《钟吕传道集》，《道藏》第4册，第661页。

三

修道即是修心，修心即是要依自己心中的道性而性命双修以实现返性归元、得道成仙，从而实现生命的超越，杜光庭的这些思想促进了道教仙学内涵的转型，而钟吕内丹道则从实证内修的角度，对顺应时代需要的道教新仙学做了发挥，它从天人合一的观念出发，以《周易参同契》为基点，吸收唐代以前道教的各种修仙法，并博采佛教禅、密诸家的法门，更多地从术的层面为后世的内丹心性学奠定了基础。在这方面，钟吕内丹道也有许多创新之处，这主要表现在：

第一，对外丹的名词术语作了新的解释。内丹与外丹虽然有着共同的理论基础，也采用了相同的名词术语，但却有着许多新的内涵。《钟吕传道集》作为系统的内丹著作，将玉液、金液、神水、琼浆、华池、黄芽、黄婆、金翁、姹女、金乌、玉兔、青龙、白虎、朱雀、玄武等外丹常用的名词术语放到内丹的背景下加以解释，从而使之与外丹具有了根本不同的内涵。钟离权说："先曰玉液，次曰金液，皆可以还丹。抽添有度，以应沐浴，先曰中田，次曰下田，皆可以炼形。玉药金花，变就黄白之体，醍醐甘露，炼成奇异之香，若此水之功效及，夫民火上升，助肾气以生真水，肾火上升，交心液而生真气，小则降魔除病，大则炼质烧丹，用周天则火起，焚身勒阳关，则还元炼药。别九州之势，以养阳神烧三尸之累，以除阴鬼，上行则一撞三关，下运则消磨七魄，炼形成气而轻举如飞，炼气成神而脱胎如蜕。"① 钟吕内丹道之所以能确立内丹发展的新理路，很大程度上就在于它利用外丹的名词术语来附会人体的脏腑器官和描绘修行所达到

① 《修真十书》卷十五《钟吕传道集》，《道藏》第4册，第665页。

的境界，正是通过对术语内涵的新阐释而建构起了内丹道的理论体系。

第二，对内丹修炼的阶次作了系统的论述。钟吕内丹道将修炼的阶次分为“炼形成气、炼气成神、炼神合道”[①]三个阶段。为了使内丹修炼更具有可操作性的进路，钟离权在《灵宝毕法》中又将修炼的阶次分为三乘十门：小乘安乐延年法四门：匹配阴阳第一、聚散水火第二、交媾龙虎第三、烧炼丹药第四；中乘长生不死法三门：肘后飞金晶第五、玉液还丹第六、金液还丹第七；大乘超凡入圣法三门：朝元第八、内观第九、超脱第十[②]。如果据此三乘十门而依次修炼，循序渐进，就可以使生命得到超脱。这种修道次第对后世影响深远。

第三，以心肾相交作为丹法之秘诀。钟、吕认为，后天的坎（☵）、离（☲）两卦是由先天的乾（☰）、坤（☷）两卦中间的阴阳两爻互换位置造成的。在他们看来，坎为水，为人体之肾，肾主气，气中包藏真一之水。离为火，为人体之心，心主液，液中包藏正阳之气。“人之长生者，炼就金丹。欲炼金丹，先采黄芽。欲得黄芽，须得龙虎。所谓真龙出于离宫，真虎生于坎位。离坎之中而有水火。”[③]因此，心肾相交就意味着内丹修炼乃是使人体内部的心肾气液能够顺利地交往循环。“故知肾中真一之水，心中正阳之液，二者交焉，在人生人，在身生神，其名曰内丹。”[④]心肾相交，肾气上升，“液中有真气，气中有真水，互相交合，相恋而下，名曰交媾龙虎。若以火候无差而抽添合宜，三百日养就真胎而成大药。”[⑤]心肾相交又可谓取

---

① 《修真十书》卷十六《钟吕传道集》，《道藏》第4册，第672页。

② 《秘传正阳真人灵宝毕法》，《道藏》第28册，第350－364页。

③ 《修真十书》卷十五《钟吕传道集》，《道藏》第4册，第664页。

④ 《道枢》卷四十二《灵宝篇》，《道藏》第20册，第842页。

⑤ 《秘传正阳真人灵宝毕法》卷上，《道藏》第28册，第353页。

坎填离，或抽铅添汞，这其实是一种“还精补脑”的功夫。“始也得汞须用铅，用铅终是错，故以抽之，而入上宫。元气不传，还精入脑，日得之汞，阴尽阳纯，精变为砂而砂变为金，乃曰真铅。真铅者，自身之真气合而得之也，真铅生真气之中，气中真一之水。五气朝元而三阳聚顶。”① 从现代医学的角度来看，内丹修炼中的“还精补脑”实际上是从调整人的内分泌入手来改善人体整个神经系统的状况，协调人体性腺和丘脑的功能，由生理的和谐来推进心理的和谐，以恢复大脑的青春活力，开发人体的潜能，由此而达到延年益寿的功效。② 这也是内丹道能够为人普遍接受的重要原因。

第四，对炼丹的火候进行了详细的说明。内丹以火比喻修炼的功力，以候为修炼的次序，以元神与精气相合于任督二脉运转烹炼叫火候。火候为内丹道之秘要，以至于有“圣人传药不传火”③ 的神秘说法。钟吕内丹道特别强调参照宇宙天地的生成造化来把握人体内部的真龙真虎的修炼火候，此谓“火候取日月往复之数”④。钟离权不仅用十二地支来度量人体中阴阳二气的循环，而且还用来描述炼丹过程中火候的进退，“子之时，肾之气生。卯之时，其气至于肝。肝，阳也，故其气盛。于是阳升而入于阳位，春分之比也。午之时，气至于心，积气生液，斯盖夏至阳升于天而阴生者也。心之液既生，至酉之时，其液至于肺。肺，阴也，故其液盛，于是阴降而入于阴位，秋分之比也。子之时，液至于肾，积液生气，斯盖冬至阴降于地而阳生者也。日用如循环焉，其能无亏，可以延年矣！”⑤ 在火候的把握中，

---

① 《修真十书》卷十五《钟吕传道集》，《道藏》第4册，第670页。

② 参见胡孚琛主编：《中华道教大辞典》，中国社会科学出版社，1995年，第1251页。

③ 《陈虚白规中指南》卷下，《道藏》第4册，第390页。

④ 《修真十书》卷十五《钟吕传道集》，《道藏》第4册，第668页。

⑤ 《道枢》卷四十二《灵宝篇》，《道藏》第20册，第840页。

钟、吕认为，人体十二时的修炼可以夺天地一年之造化，而在十二时中，子、午、卯、酉四时最为重要，因为它们与宇宙中的春夏秋冬四季相配。这样，在炼丹中把握这四候就成了把握火候的关键。

钟吕内丹道以祛病健身为初效，以延年益寿为中效，以阳神飞升为最高目标。虽然它最终以长生成仙为宗旨，但由于它建立在古代中医学的基础之上，并集古代炼养术之大成，因此，它的出现不仅对后来全真道的内丹心性学产生了很大的影响，而且对民间的气功与养生术的发展也有着相当广泛的辐射。南宋时李简易编《玉溪子丹经指要》时在卷首列有“混元仙派之图”①，详细地记载了宋代专主内丹修炼的道派的代表人物和递嬗演变的情况。该图以太上老君为始祖，钟、吕为首传，下列了九十余位道教内丹修炼家，所提及的人物及传承虽难以尽信，但它作为全面记述宋代钟吕内丹道派的最早资料，“亦可供研究道教宗派源流者取资”②。从此图可见，到宋代时，钟吕内丹道已形成了一定的规模，并产生了一定的社会影响。这种社会影响从宋代兴起的吕祖崇拜及八仙崇拜中都可见一斑。这也是后来的全真道依附于它的主要原因之一。钟吕内丹道的崛起虽然意味着以杜光庭为集大成的唐代道教思想走向终结，但他们又以各自不同的方式影响到宋元道教的新发展。

元代全真道士彭志祖在撰写《通真观碑》时，简要地追溯了道教的源流及对金元全真道创立的影响，其中特别提到了杜光庭，他说：“窃尝谓全真之教，自开辟两仪，此理已具，凡主盟斯道者，代不乏人。我□□□祖立言垂训之后，文、庚、庄、列四子翼而张之，汉魏唐宋以来，张道陵、寇谦之、杜光庭、陈图南辈，迭起而弘畅之。至

---

① 《道藏》，第4册，第404—405页。

② 任继愈主编：《道藏提要》，中国社会科学出版社，1991年，第176页。

金源氏，重阳王祖师度高弟曰丹阳、曰长真、曰长生、曰长春、曰玉阳、曰太古，相继而布护之，其教遂大行于世。”① 总之，全真道是在继承杜光庭的性命双修、陈抟的“逆以成仙”和钟吕内丹道的基础上发展起来的道教改革派。

（原载：《世界宗教研究》，2004 年第 1 期）

① 陈垣编纂：《道家金石略》，文物出版社 1988 年，第 602 页。

论杜光庭对蜀地道教发展的贡献

杜光庭于中和年间（881－885）随唐僖宗避黄巢之难至成都，遂留于蜀，后受到前蜀高祖王建的赏识，曾为金紫光禄大夫、左谏议大夫，封蔡国公，敕号广成先生。后主王衍立，亲受道箓，封杜光庭为传真天师、崇真馆大学士。杜光庭晚年隐居青城山白云溪。杜光庭在蜀地度过了后半生五十余年的岁月，不仅成为一位在唐宋道教理论建设上起着承上启下作用的重要思想家，而且对蜀地道教乃至中国道教的发展作出了重要的贡献。

一

杜光庭少年习儒，勤奋好学，喜读经史，“博极群书，志趣超迈”[1]。唐懿宗咸通年间（860－874）“设万言科选士”[2]，他曾满怀信心地去参加“九经举”，希望以此为契机进入仕途。杜光庭在考试中，才情勃发，赋洋洋万言，以表达自己独到的经国治世之理念。但由于

---

① 《历世真仙体道通鉴》卷四十，《道藏》第5册，第330页。

② 《宣和书谱》卷五，《四库全书·子部·艺术类》，台湾商务印书馆影印文渊阁本，第813册，第232页。

种种不得而知的原因，他没能中举。杜光庭经历了这场考试，深刻体会到了人生的沉浮、儒学的迂阔和政坛的黑暗。元代赵道一撰《历世真仙体道通鉴》在记载杜光庭参加科举之事时写道，“赋万言不中，乃奋然入道，事天台道士应夷节”①。这“奋然”两字，特别表达了杜光庭由儒入道时的一种毅然决然的心情。

杜光庭在参加科举失利后，来到浙江天台山学道，拜天台山道士应夷节为师学习上清经箓，成为唐代著名的上清派宗师司马承祯的五传弟子。杜光庭在天台山入道后，受天台道风的影响，阅读了大量的书籍，对各派道法进行了深入的研究。杜光庭在天台山生活的时间并不长，但他却以自己的学识才华和勤奋努力为日后成长为“道门领袖”打下了基础。

乾符元年（874），唐僖宗即位。第二年，黄巢领导的农民大起义爆发。僖宗急于挽救唐王朝的颓势，乃求助于圣祖老子，崇奉道教，多次下诏赐封道士。据《历世真仙体道通鉴》记载，杜光庭就是由礼部尚书集贤殿大学士郑畋②推荐进京的。“郑畋荐其文于朝，僖宗召见，赐以紫服象简，充麟德殿文章应制，为道门领袖。”③郑畋向朝廷推荐了杜光庭的文章，僖宗读后非常欣赏，乃召见了杜光庭。两人相见，言谈甚欢。僖宗因此而封杜光庭为“道门领袖”，并赐予他“麟德殿文章应制”的官职。《宣和书谱》卷五也有类似的记载，“僖宗临御，光庭始充麟德殿文章应制”，为“上都太清宫内供奉”④。太

① 《道藏》第5册，第330页。

② 郑畋对道教十分崇敬。杜光庭的《道教灵验记》卷三有《郑畋相国修通圣观验》，讲述的就是郑畋因梦神仙而受命修缮宁州真宁县通圣观之事迹。（参见《道藏》第10册，第811页）

③ 《历世真仙体道通鉴》卷四十，《道藏》第5册，第330页。

④ 杜光庭撰写的《广成集》就署名“上都太清宫内供奉应制文章大德赐紫杜光庭撰”。（《道藏》第11册，第231页）

清宫是一所具有唐王朝宗庙性质的道观，是朝廷进行宗教祭祀的场所。作为长安太清宫的紫衣道士，杜光庭还具有“内供奉”的头衔。内供奉是对在皇帝左右供职的人的一种称呼，这说明杜光庭得到了在皇帝身边工作的官职，可以在宫廷中比较自由地走动。可见，杜光庭来到长安后，因其所具有的才华受到了僖宗的重视而被封官赐爵，成为朝廷御用的宗教职业者，获得了相当高的社会地位，以至于法国学者傅飞岚称杜光庭为“宫廷道士”①。

杜光庭来到长安后，就以弘传道教为己任。他撰写的《历代崇道记》以夸张的笔法记述了自周穆王以来历代帝王崇奉道教，建观开度道士之事，以为帝王崇道提供历史依据。同时，他还通过帝王崇道而获得灵验之事来宣扬道教具有协助朝廷治国安邦、稳定民心的社会功能。杜光庭出入宫廷，不断地向王公贵族传教，希望以此来提醒统治者继续给予道教以大力的支持。

杜光庭有鉴于道教经籍因战乱而大量散失而对道教的进一步发展所产生的阻碍作用，来到长安之后，就利用“朝廷典籍，省府图书，两街道官，二京秘藏”，致力于整理道经，著书立说。杜光庭因弘道有方，不仅得到了帝王的嘉奖，而且“一时流辈为之敛衽，皆曰：‘咸谓学海千寻，辞林万叶，扶宗立教，海内一人而已’。”②可能就在此时，名重一时的“道门领袖”杜光庭还得到了“弘教大师”称号，因为在以后的岁月中，他经常把“弘教大师”的称号作为一种荣誉头衔署在自己的名字之前。例如，他在《历代崇道记》的自序末尾署上：“中和四年（884）十二月十五日上都太清宫文章应制弘教大师

① “杜光庭在僖宗登基不久，约于公元875年便被召入宫，于此亦开展了他作为宫廷道士的一生。”（傅飞岚：《道教视野中的社会史：杜光庭（850—933）论晚唐和五代社会》，香港文星图书有限公司，2001年，第2页。）

② 《历世真仙体道通鉴》卷四十，《道藏》第5册，第330页。

赐紫道士臣杜光庭上进谨记。”在《广成集》卷十四《蜀王青城山祈雨醮词》中也写道：“左右街弘教大师赐紫杜光庭虔诚章醮。”杜光庭在蜀中，甚至在为前蜀皇帝王建写祈雨醮词时，仍然使用了在唐朝得到的称号，可见他对“弘教大师”这一称号的珍视。

二

但杜光庭在长安的这种弘道生活并未能继续下去。公元 880 年十一月，黄巢起义军一举攻入了洛阳，不久又破潼关，入长安，从根本上动摇了有着两百多年历史的唐王朝的统治。十二月，僖宗在掌权宦官田令孜的挟持下出离长安，仓促南逃凤翔。次年春至兴元（今陕西汉中市）。七月，僖宗来到成都，改年号，是为中和元年（881）。

据《历世真仙体道通鉴》说，杜光庭于“中和初，从驾兴元，道游西县”①。故现在一般认为，杜光庭是随僖宗避黄巢之难一同入蜀，遂留成都的②。光启元年（885）初，黄巢之乱平定，僖宗即将返回长安。杜光庭为继续自己在蜀地的弘道事业，向皇上“奏置玄元观”，获得允诺。“光启年，大驾还京，奏置玄元观，宠诏褒允，至今郡中水旱祈祝，灵验益彰矣。”③ 杜光庭深“知国难未靖，上表匄游成都，喜青城山白云溪气象盘薄，遂结茅居之溪，盖薛昌真人飞升之地也”④。实际上，杜光庭可能已预感到大唐王朝如夕阳西下，即将衰亡，而作为皇族宗教的道教也将日益衰微，因此他不愿随僖宗再回到动乱的长安，乃恳请辞去官职，留住青城山，并希望在相对安宁的蜀

① 《历世真仙体道通鉴》卷四十，《道藏》第 5 册，第 330 页。
② 参见卿希泰主编：《中国道教史》第二卷，四川人民出版社，1996 年，第 415 页。
③ 《道教灵验记》卷六《阆州石壁成文自然老君验》，《道藏》第 10 册，第 821 页。
④ 《历世真仙体道通鉴》卷四十，《道藏》第 5 册，第 330 页。

地以重振道教的雄风。

但关于杜光庭何时入蜀，史料有不同的记载，学界对此也有不同的看法。据《五代史补》卷一记载，杜光庭是在僖宗从蜀地返回长安后，才被派到蜀地去主持道门事务的。"杜光庭，长安人，应九经举不第，时长安有潘尊师者，道术甚高，为僖宗所重，光庭素所希慕，数游其门。当僖宗之幸蜀也，观蜀中道门牢落，思得名士以主张之。驾回，诏潘尊师使于两街，求其可者。"潘尊师遂向僖宗大力推荐了杜光庭："'臣观两街之众，道听途说，一时之俊即有之，至于掌教之士，恐未合应圣旨。臣于科场中识九经杜光庭，其人性洁而气清，量宽而识远，且困于风尘，思欲脱屣名利久矣，以臣愚思之，非光庭不可。'僖宗召而问之，一见大悦，遂令披戴，仍赐紫衣，号曰广成先生，即日驰驿遣之。及王建据蜀，待之愈厚，又号为天师。"[①]《十国春秋》虽然也有潘尊师推荐杜光庭的说法，但却明确记载了杜光庭是随僖宗"从幸兴元，竟留于蜀"的："长安有潘尊师者，道术甚高，雅为僖宗所重，时时以光庭为言。僖宗因召见，大悦，已而从幸兴元，竟留于蜀。"[②]那么，杜光庭究竟是跟随僖宗入蜀而留下的呢。还是他并没有随僖宗入蜀，是僖宗从蜀地返回长安后，才被派到蜀地去主持道门事务的呢?

杜光庭著作中的有关记载也许可以帮助我们更好地了解这一问题。在《道教灵验记》卷二《青羊肆验》中，杜光庭在介绍青羊肆创置的历史时也间接地说出了自己在蜀地活动的情况：

成都青羊肆在正见坊罗城之外，乃太上老君自终南与尹喜相

---

① 《四库全书·史部·杂史类》，台湾商务印书馆影印文渊阁本，第407册，第649页。《旧五代史》卷一百三十六《僭伪列传第三》也有类似的记载。

② 《十国春秋》卷四十七，第二册，中华书局1983年，第674页。

别将适流沙会期之所也……丙申年（876）春，余（杜光庭）诣陈（评事）访其地，已有此宫，因问其所以，陈为余道之。不二年陈随相国高燕公下江陵，其地属随军兰肇。辛丑年（881）大驾到蜀。壬寅年（882）八月获灵砖之瑞。九月十二日敕置青羊宫，赐钱二百千，收赎其地，一千八百贯制屋宇。圣驾三幸其中，丙申到此七年（882）耳，其验昭然……自是明年，收宫阙。后年诛黄巢。乙巳年（885）驾还京师，斯则太上玄祖为中和圣孙荡寇平灾之验信也①。

从杜光庭的自述可见，他在丙申年（876）春就已来到成都，并实地考察了青羊宫。后来僖宗于中和元年入蜀时，杜光庭又伴驾而行，曾奉诏去青城山为僖宗做道场。杜光庭在《青城山记》中写道："僖宗幸蜀之年，山中修灵宝道场，周天大醮，神灯千余，辉灼林表"②，并具体而生动地描绘了这次道场的壮观场面。僖宗避难入蜀之后，一心想早日回师长安，他在用加官晋爵的方法调兵遣将围攻长安的同时，又在蜀地大修道场，希望太上老君能够保佑他平安返回。杜光庭在《道教灵验记》卷十四《僖宗封青城醮验》中还写道："僖宗皇帝中和元年（881）幸丑七月十五日，诏内臣袁易简、刺史王滋、县令崔正规与余（杜光庭）诣山修醮，封（宁先生）为五岳丈人希夷真君。"可见，当时正遇上境内大旱，禾苗枯焦，杜光庭就与一些官吏在青城山行斋醮之仪，据说，"封醮之夜，龙吟于观侧溪中，风雨大至，枯苗载茂，县乃大丰。以事上闻，编于国史矣。"③ 八月，成

① 《道藏》第10册，第806－807页。

② 杜光庭：《青城山记》。（清）董浩等编《全唐文》卷九三二，中华书局，1983年，第9710页。

③ 《僖宗青城斋醮验》，《道藏》第10册，第850页。

都又突然出现被人认为是不祥的天象，“中和幸丑岁（881），僖宗驻跸成都。八月，有大星流出虚危犯清庙历坟墓哭泣之星，……余奉敕与高品赐紫郭遵泰奏于丈人观修周天大醮，宗玄观置灵宝真文道场。”另外，在《全唐文》中，既收录了僖宗的《祭丈人山文》（道士杜光庭参与其事）、《赐杜光庭诏》等诏令、疏文，也收录了杜光庭专为僖宗写的斋醮词。“既然僖宗在成都时，杜光庭奉诏去青城山做斋醮法事，则足以证明杜光庭是随僖宗入蜀，而不可能为僖宗后再派来蜀。”① 后来，僖宗“驾将复都，召光庭醮二十四位会”②，杜光庭应诏专门在青城山为僖宗建醮作会，保佑其一路平安。据僖宗《赐杜光庭诏》说，由于杜光庭在青城山做的“宗元道观，灵宝斋场”，“验兹祥应，自帅精虔，追纵于五利文成，事美于文皇汉武”，僖宗“嘉叹所至，寤寐不忘，故兹诏示”，不仅对杜光庭及修斋道士等十七人表示了感谢，而且还下诏让杜光庭主持蜀地的道教事务③。

另外，据《新唐书》卷九《僖宗本纪》记载，僖宗曾在中和元年（881）和光启二年（886）两次到过兴元、成都④，据此又有学者认为，杜光庭中和元年那次逃遁并没有留居成都，因为杜光庭自己就在《太上黄箓斋仪》中说“余属兹艰会，漂寓成都，扈跸还京”，意即他在唐军收复长安之后即返回了京都，大概光启二年（886）再随僖宗从驾兴元后，遂留事成都，再也没有返回京都。⑤ 这种看法，也可供参考。

---

① 卿希泰主编：《中国道教史》第二卷，四川人民出版社，1996 年，第 385 页。

② 《历世真仙体道通鉴》卷四十《杜光庭》，《道藏》第 5 册，第 330 页。

③ 《全唐文》卷八十七，第一册，上海古籍出版社，1990 年，第 399 页。

④ 僖宗于光启元年（885）从成都返回长安后不久，宦官田令孜和河中节度使王重荣因争夺河东盐池的利益发生冲突，王重荣联合河东节度使李克用进兵攻打长安。这年冬天，田令孜劫持僖宗逃往宝鸡。光启二年三月，僖宗又被田令孜劫持到兴元。

⑤ 李大华等：《隋唐道家与道教》，广东人民出版社，2003 年，第 521 页。

综合以上各种史料记载与看法，笔者认为，杜光庭曾三次入蜀：第一次是在丙申年（876）之前，第二次是中和元年（881）随僖宗入蜀，第三次则是在光启二年（886）再次随僖宗从驾兴元，后留在了蜀地，主要是在青城山度过了后半生的悠悠岁月。

杜光庭入蜀时正值精力充沛的壮年，他足迹踏遍蜀中各地①，积极开展各种弘道活动，以充分地发挥他久蓄的“扶宗立教”之志。中和四年（884）十二月十五日，杜光庭向当时壁州（今四川通江）刺史王建进呈了早已写就的《历代崇道记》。但由于王建正忙于同唐王朝委派在四川的陈敬瑄、顾彦朗等其他人作战，以图将蜀地统归己有，还无暇顾及道教。杜光庭在亲眼目睹了唐王朝的衰亡和五代十国的军阀混战之后，十分重视蜀地道教的建设，希望能够根据道教的理念在蜀地营造一方乐土。

杜光庭喜爱青城山的灵山秀水，带领当地人要将青城山建设为道教圣地。青城山“一名赤城山，一名青城都，一名天国山，亦为第五大洞宝仙九室之天”②。据《后汉书·刘焉传》和《三国志·张鲁传》记载，东汉末年，张道陵曾由鹤鸣山来青城山上设坛传教，修建宫观。据此，青城山也是早期道教的发源地之一，被誉为道教的第五洞天——宝仙九室洞天。晋代时，山上始建道观，以后历代道人增修之，青城山遂发展成为道教名山。据杜光庭于唐昭宗乾宁二年（895）九月二十日撰写的《修青城山诸观功德记》介绍，他自唐僖宗中和元年（881）到唐昭宗乾宁二年（895）的十多年时间里，在青城山上与当地的一些官员和崇道之士筹集资金，动员劳力，依山之势，修复了丈人、常道、威仪、洞天等早已颓毁的道观，使青城山逐渐成为“或

① 王瑛：《杜光庭事迹考辨》，《宗教学研究》1992年，第1—2期。

② 杜光庭：《青城山记》，载《全唐文》卷九三二，上海古籍出版社，1990年，第四册，第4305页。

周天展醮，或黄箓开坛，报国为时，惟严与敬，固可以会真灵而福邦国”① 之地。从《广成集》的《代陶福太保修涺口化请愿表》、《谢新殿修金箓道场表》、《谢恩宣示修丈人观殿功毕表》、《告修青城山丈人观醮词》、《紫霞洞修造毕告谢醮词》等文中，都可以清楚地看到杜光庭在为修建宫观而操劳。杜光庭久住青城山，对山上的“细户贫民”都关爱备至。为了建设一个富裕而美丽的青城山，他引导崇道的县令莫廷乂树立了“功德者，在道则功及幽明，德兼覆育”的思想，不仅在山民中建立起“恤孤茕，抚羸弱，惩奸宄，戢豪强，冤讼平，逋窜服，彰善瘅恶，徇公灭私”② 的社会道德规范，以促进社会风气的好转，而且还鼓励山民修渠垦田，种植农作物，以促进经济的繁荣，从而使青城山成为“神仙之窟宅”。青城山作为道教圣地也逐渐繁荣起来。青城山上原有宫观七十多座，保留到今天的古老宫观主要有：长生观、常道观、建福宫、上清宫和祖师殿等，从这些宫观的历史中都可以寻觅到当年杜光庭活动的足迹。

正当杜光庭在青城山中大力弘道时，龙纪元年（889）唐昭宗李晔即位，藩镇割据进一步加剧，中原地区的政局也更加混乱。借朝廷无暇西顾之际，王建在四川发动了全面的进攻。在激烈的战斗中，王建开始利用道教的理论和神异之术来为自己服务。由于杜光庭“非止善辞藻而已，有经国之大才”③，因此他的道士身份和经国治邦的远见卓识受到了王建的赏识。891 年，王建终于打败了敌对势力，把四川大部分地区占为己有，并建立了独立王国——前蜀政权。903 年（前蜀天复三年）唐王朝封王建为蜀王。907 年（后梁开平元年）朱晃称帝，改国号为梁，史称后梁。是年，唐王朝灭亡，但中原大地上

① 陈垣编：《道家金石略》，文物出版社，1988 年，第 193 页。
② 同上。
③ 《历世真仙体道通鉴》卷四十《杜光庭》，《道藏》第 5 册，第 331 页。

继续着诸侯纷争的局面。同年九月，王建以成都为都城，自称皇帝，建立蜀国，史称前蜀。

王建称帝后，对道教非常重视，特命杜光庭为太子元膺之师。据《十国春秋》说："高祖（王建）常命为太子元膺之师。光庭荐儒者许寂、徐简夫以侍东宫，颇与议政事，相得甚欢。久之，迁户部侍郎。"① 王建对杜光庭十分尊重，曾特降恩旨，让他每遇朝贺，独入引对，不必与"道众僧人齐班"，因此事属于"礼加异等，事越常伦"的特例，故杜光庭专门写了《谢恩奉宣每遇朝贺不随二教独入引对表》② 以表达自己的感激之情。王建又下令让史官将此谢恩表编入国史，以示对杜光庭的尊敬。王建之所以如此礼遇杜光庭，是因为"光庭博学，善属文，蜀主重之，颇与议政事"③。王建对杜光庭的经国治世的才能十分赞赏，他曾得意地说："昔汉有四皓，不如吾一先生足矣"④。过去汉孝惠帝虽有商山四皓，即四位德高望重、智广谋深的隐士，但还不如我只有一位杜先生就足够了。据此，王建又封杜光庭为上柱国蔡国公、金紫光禄大夫户部侍郎、左谏议大夫，又赐号"广成先生"，这就大大提高了杜光庭在蜀国中的社会地位。杜光庭作为蜀国主要的政治参谋，虽为青城山道士，实则位极人臣，故人称"山中宰相"。在王建统治时期，杜光庭弘扬道教的"经国理身"思想，积极辅佐徐宰相，使蜀地经济开始发展，社会相对稳定，文化逐渐繁荣，百姓生活得到改善，从而在前蜀的政治事务中发挥了一定的作用。

---

① 《十国春秋》卷四十七，第二册，中华书局 1983 年，第 674 页。
② 《广成集》卷一，《道藏》第 11 册，第 232 页。
③ 《资治通鉴》卷二百七十一。
④ 《历世真仙体道通鉴》卷四十《杜光庭》，《道藏》第 5 册，第 330 页。

三

杜光庭虽然受到前蜀统治者王建的敬重，经常参与朝政，但他的兴趣却在如何更好地弘扬道教的“经国理身”的精神以回应道教面临的各种挑战上。

首先，杜光庭在入蜀之后就继续开展在长安时就着手的整理道经、创作道书的工作。他在成都玉局化整理《太上黄箓斋仪》时就深为感叹地说：

> 自三古以降，迄于巨唐，宝轴灵文，或隐或见，或出于史册，或著在别传。至宋朝简寂先生校雠之际，述《珠囊经目》万八千卷。其后江表干戈，秦中兵革，真经秘册，流散者多。后周武帝，立通玄观，收集众经，犹及万卷。洎隋火版荡，唐室龙兴，剪扫氛祆，底宁寰宇。至开元之岁，经诀方兴，玄宗著《琼纲经目》，凡七千三百卷。复有《玉纬》别目，记传疏论，相兼九千余卷。寻值二胡猾夏，正教凌迟，两京秘藏，多遇焚烧。上元年中，所收经箓六千余卷。至大历年。申甫先生海内搜扬，京师缮写，又及七千卷。长庆之后，咸通之间，两街所写，才五千三百卷。近属巨寇凌犯，大驾南巡。两都烟煤，六合榛棘，真宫道宇，所在凋零，玉笈琅函，十无三二。余属兹艰会，漂寓成都。扈跸还京，淹留未几。再为搜捃，备涉艰难。新旧经诰，仅三千卷，未获编次。又属省方所得之经，寻亦亡坠。重游三蜀，更欲搜扬。累祖兵锋，未就前志。时大顺二年（891）辛亥八月

三日庚辰，成都玉局化阅省科教，聊记云耳①。

这段记载不仅反映了《道藏》的修编与散失的过程，而且也反映了杜光庭在动荡年代急于搜集、整理道书的迫切心情。前蜀高祖王建在立国后，就“作新宫，集四部书于中”，并听从宰相王锴的建议，“兴用文教”②，推行以文治世的政治方略，重视文化典籍的收藏与整理在蜀地蔚然成风。这种文化氛围正好为杜光庭整理道经创造了条件。后来杜光庭隐居青城山，更是利用搜集到的三千多卷道经，编成了《三洞藏》。陈国符先生在《道藏源流考》中特别写道：“至五季重建《道藏》，其可考者，一在蜀中，杜光庭建。一在天台桐柏宫，吴越忠懿王建。”③ 杜光庭正是通过修建《道藏》而阅读了大量的道书，对各派道法进行了深入的研究，从而才成为圆融道教各派教理的一代宗师。

其次，杜光庭积极开展斋醮科仪活动。斋醮科仪是道教所特有的一种集体性的宗教崇拜活动，其目的在于为人祈福消灾。僖宗入蜀后，特别希望太上老君能够保佑他重返长安，因此对道教的斋醮科仪十分重视，经常下诏让内臣、道士共修斋醮。杜光庭作为“道门领袖”积极参与其中，这从《广成集》中所收录的众多的斋醮词就可见一斑。值得注意的是，杜光庭所制定的斋醮科仪不仅简单易行，便于操作，而且还吸收了蜀地的民间信仰，特别关注人们所面临的现实问题，故备受教门内外人士的欢迎。在唐僖宗及后来蜀主王建、王衍的大力支持和杜光庭的积极努力下，道教的斋醮科仪活动在蜀地得到了充分的展开，既适应了社会的需要，也促进了道教自身的发展。这与

---

① 《太上黄箓斋仪》卷五十二，《道藏》第9册，第346页。
② 《十国春秋》卷四十一，第二册，中华书局，1983年，第605页。
③ 陈国符：《道藏源流考》，中华书局，1963年，第127—128页。

杜光庭利用斋醮科仪弘法传教的努力不无关系，其结果是大大地推动了道教在社会中的传播。

第三，杜光庭在积极开展斋醮活动的同时，还专注于整理道教的斋醮科仪。这是因为，在杜光庭生活的时代，张天师、陆修静所搜集的道门科教，由于年代久远，散落各处，找寻困难，几将废坠，特别不利于道教的发展。据金允中的《上清灵宝大法》卷四十记载：

> 广成先生编集斋科之时，身居翰苑，任兼执正，朝廷典籍，省府图书，两街道官，二京秘藏，悉可指索，皆得搜扬。所以著书立言，各有经据，天下后世，无不遵行①。

杜光庭为振兴道教，在长安时就利用自己“身居翰苑”的工作条件，广搜道经，考核真伪，条理始末，开始整理“几将废坠”的斋醮科仪。到蜀地后，杜光庭不仅积极参与斋醮科仪活动，而且还在整理道经的过程中，撰集修订道教的斋醮科仪，以将各道派的斋醮科仪统一起来。据初步统计，杜光庭一生撰集修订的斋醮科仪仅《道藏》中就保留了十多种，近两百卷。其中《太上黄箓斋仪》五十八卷始编于长安，完成于四川成都，前后花费了二十多年的时间，可见他一生对斋醮科仪的倾心和用力的程度。后人整理成的《道门科范大全集》八十七卷是道教斋醮科仪的总集，收集了斋醮科仪四十种，其中有许多卷就题为“广成先生杜光庭删定”。同时，杜光庭还以陆修静所编斋法为基础，会通上清经箓与正一法箓，将道教斋醮科仪的程式——表奏、词章、疏启、颂赞、咒语、发愿文等规范化、艺术化，使修道者有法可依，有章可循，并在宗教仪式的过程中得到一定的艺术熏陶。

---

① 《道藏》第31册，第625页。

“广成斋仪成为道教斋醮法坛的范本，被视为科书的经典之作。”① 杜光庭对斋醮科仪的整理使“天下羽属永远受其赐”②。因此，“杜光庭是道教斋醮仪式的集大成者，也可以说是完成者，他所制定的道门科范，道教至今依然沿用。”③

919年（前蜀王衍乾德元年）王建死，其子王衍继承王位。王衍即位后，就在成都大兴土木，扩建宫苑，生活极端奢靡腐化。王衍自己追求玩乐享受，而把军国大事交给了王宗弼和宋光嗣。这二人利用掌权的机会，“但益家财，不恤民事”④，搞得蜀国政治一片黑暗，百姓怨声载道。同时，王衍还大力推行道教，效仿李唐王朝尊老子为圣祖。乾德五年（923），王衍特“起上清宫，塑王子晋像，尊以为圣祖至道玉宸皇帝，又塑建及衍像侍立于其左右，又于正殿塑玄元皇帝及唐诸帝，备法驾而朝之”⑤。王衍自己亲“受道箓于苑中”，尊杜光庭为“传真天师，兼崇真馆大学士”⑥。杜光庭虽然得到新皇帝的青睐，支持王衍推行道教，但他看到王衍的花天酒地与荒淫无度所造成前蜀政治的黑暗，不愿与之同流合污，“未几解官，隐青城山。建飧和阁，奉行上清紫虚吞日月气法。”⑦ 杜光庭辞官后，隐居于青城山白云溪，以修身养性。王衍则继续追求神仙式的生活方式而置政事不顾。咸康元年（925）“九月，帝奉太后、太妃祷青城山。宫人皆衣云霞之衣，帝自制《甘州曲》，令宫人唱之，其辞哀怨，闻者凄惨。又历丈人观，

---

① 张泽洪：《道教斋醮符咒仪式》，巴蜀书社，1999年，第42页。

② 《历世真仙体道通鉴》卷四十，《道藏》第5册，第330页。

③ 李养正：《道教概说》，中华书局，1989年，第129页。

④ 《旧五代史》卷一百三十六《僭伪列传三》。

⑤ 《新五代史》卷六十四《前蜀世家第三》。

⑥ 《十国春秋》卷四十七，中华书局1983年，第二册，第674页。但《历世真仙体道通鉴》卷四十写为“崇文馆大学士”。

⑦ 《十国春秋》卷四十七，中华书局1983年，第二册，第674页。

玄都观，丹景山金华宫，至德寺，朝上清宫设醮祈福。”① 然而，就在他游青城山回成都后不久，后唐就出兵四川，把前蜀消灭了。实际上，杜光庭早就看到以追求长生成仙为旗号而过着荒淫无度生活的王衍最终会落得一个亡国之君的下场。

老年的杜光庭自号登瀛子，或作东瀛子，一直修道于青城山中。后唐明宗长兴四年（933)，杜光庭八十四岁。有一天，他忽然对门人说：“青城山方创真宫工未毕，昨梦朝上帝以吾作岷峨主，司恐不久于世。”门人听罢，泪“皆沾襟”。“及真宫成时，后唐庄宗长兴四年癸巳十一月②，光庭八十四岁，一旦披法服作礼，辞天升堂，趺坐而化。颜色温睟，宛若其生，异香满室，久之乃散。”③ 根据这段资料记载，可见杜光庭于公元933年十一月在青城山趺坐而化，据说“颜貌如生，人以为尸解，葬于清都观后”④。

杜光庭一生以弘道为使命，他正是在回应当时道教所面临的各种挑战中，对内贯通道教诸派，对外融会儒佛道三教，通过对各种不同思想的融合与吸收而进行理论创新，从而对蜀地道教乃至中国道教的发展作出了重要的贡献。

（原载：《宗教学研究》，2004年第2期）

① 《十国春秋》卷三十七，中华书局1983年，第二册，第544页。
② “长兴”为唐明宗的年号，故杜光庭圆寂于唐明宗长兴四年。
③ 《历世真仙体道通鉴》卷四十，《道藏》第5册，第331页。
④ 《十国春秋》卷四十七，中华书局1983年，第二册，第674页。

试论杜光庭的生死观

以生为美，以生为善，以生为乐，对当下生命价值的肯定和长生不死的追求是道教信仰的重要特色之一。唐末五代时著名的“道门领袖”杜光庭在代表作《道德真经广圣义》中所阐述的生死观，从一个侧面表达了唐代道教对生命的基本看法，今天读来对提升现代人的精神境界仍然具有一定的启迪意义。

杜光庭在总结前人的形神观的基础上，运用“道气”的概念来说明人的生命是由禀道受气而来，得道则生，失道则死。他说：“有形之物，有情无情之众，禀冲和道气则生，失冲和道气则死也。”① 就人而言，人禀道受气、得俱形神，也就具有了现实的生命，那么，如何使生命得以延续甚至长生不死呢？杜光庭不仅对人的生死现象给予了深切的关注，而且还进一步探讨了人如何通过修道而实现与道合一。在他的著述中所蕴含的对人的生命本质的深刻体认和对生命痛苦的极力排遣，都表达了他希望从人的生命本真——道性出发来建构人生理想的努力。

万事万物都在经历着一个从生到死的新陈代谢的发展过程，人也

① 《道德真经广圣义》卷三十一，《道藏》第14册，第466页。

不例外。这种“物壮则老”① 的自然规律必然导致一个冷酷无情的事实：走向死亡！一旦人类经验到大量的死亡现象，特别是死亡将剥夺人一生苦心建造、惨淡经营的一切，这种痛苦的经验积累必然沉淀于人心，促使人自觉或不自觉地去思考、去探索生死的奥秘。人生最大的问题莫过于生死，对与生死相关的人生问题的系统思考形成了许多不同的哲学与宗教，而如何超越有限而走向生命的永恒则构成了许多宗教教义的基本内涵。

道教从创立之初，就特别注重人的生死问题，并积极地从“道”的角度去寻找生命超越之途，力图从理论上和实践上去探索长生成仙的可能性。从葛洪的《抱朴子》到陶弘景的《登真隐诀》，从《黄庭经》到《老子西升经》，道士们发明了种种道术希望来无限地延长人的生命以夺天地造化之功。魏晋时期盛行一时的神仙道教与社会上士大夫中出现的追寻神仙的热潮相呼应，都表达了时人对生命永恒的热切向往与追求。杜光庭在前人思想的基础上，宣扬“理身者，宝气啬神，气全神王，形神交固则命纪遐延，斯神仙可致也”②，并对人如何通过“形神交固”来超越生死的局限作出了自己的回答，强调了得道则生，失道则死。

杜光庭认为，人的自然寿命是有限度的，但修道而得道就可以无限地延长寿命，而失道则会大大地缩短人的寿命。他说：“人之生也，天与之算，四万三千二百算主日也，与之纪，一百二十纪主年也。此为生人一期之数矣。得金丹不死之道者，则延而过之，无修养之益，有减夺之过者，则不足而夭枉之矣。”③ 在他看来，人的自然寿命是一百二十岁左右。如果通过修行而获得了金丹不死之道，那么，就可

① 《老子》第三十章。
② 《道德真经广圣义》卷三十六，《道藏》第14册，第496页。
③ 《道德真经广圣义》卷二十七，《道藏》第14册，第446页。

以超过这一寿限，得道而成仙。如果无修养之益，则会缩短寿命，夭枉而死。所以他又说："人之死生虽赋以天命，然亦系其所履。君子察其所履而知其寿夭。"① 这样，修道的重要性就在对生命有限的悲剧性认识中凸显了出来。

杜光庭既积极地提倡修道养生，以求延年益寿，又主张人应当以明智的态度来对待"死亡"。他认为，生与死是一体之两面，"《阴符》所谓生者死之根，死者生之根，是阴阳相胜之义，终始之机也。"② 人只有明白了生与死的辩证关系，才可以在活着的时候以一种超然的心态面对死亡。换言之，得道则生就意味着只有不执著于延生，才能使"生自延矣"。杜光庭在诠释《老子》"出生入死，生之徒十有三，死之徒十有三"③ 时说：

> 将生不以为乐而安其生，此生之徒也。夫当其生也，不以利欲乱其心，不以厚养伤其性，安于澹默，顺其冲和，则神守于形，气保于神，志和于气，心寂于志，静定其心，如此则不求于延生，生自延矣。不求于进道，道自至矣。

> 将死不以为忧而顺其死，此死之徒也。达人处世，了悟有无，知道之运化委和，所禀有厚薄。厚于阳和之气者则寿，薄于淳粹者则夭。知寿夭皆由于分则生死可齐矣。生死既齐则忧乐不入，泰然而身心无挠也④。

① 《道德真经广圣义》卷二十七，《道藏》第14册，第446页。
② 《道德真经广圣义》卷三十四，《道藏》卷14册，第488页。
③ 《老子》第五十章。
④ 《道德真经广圣义》卷三十六，《道藏》第14册，第497页。

杜光庭以有无相生、道之运化、气之厚薄等来消解人对生死的迷情，排遣人对忧乐的执著。他强调，人如果能懂得寿夭皆由于性分决定的道理，就可以齐生死，生死既齐就可以使忧乐之情不入，泰然处之而身心无挠，因此，人完全不必贪生怕死，更不必垂死挣扎，而应当“将死不以为忧而顺其死”。在顺道而行中，由生死可齐自然地达到与道相冥之境。

为了进一步论述这个道理，杜光庭特别举了《庄子·至乐》中“骷髅见梦于庄子”的故事来说明，人在活着的时候，还应当通过了达生与死的辩证关系而在心理上摆脱对生命局限的恐惧。他说：“庄子以世人乐生者为生所拘，乐死者为死所系，滞于生死，所以有死有生。唯至人在生无生，不为生之所系，在死无死，不为死之所拘，既而不系不拘，故能无生无死。然而变而生也，不可以止，变而死也，不可以留，但冥契大道，则为达生死尔。”① 这里，杜光庭运用重玄学的方法来说明，世人滞于生死，所以有死有生，而只有至人做到了在生无生，在死无死，才能达到无生无死，冥契大道。正因为此，死在“骷髅”的眼中也可以是一种快乐：“骷髅见梦于庄子，曰：死，无君于上，无臣于下，无四时之事，泛然以天地为春秋，虽南面而王，乐不能过矣”。② 如果说，庄子所说的死是摆脱了人世的种种烦扰后的自得其乐，那么，杜光庭则从道教得道成仙的信仰出发，一方面要人在精神上“了达生死”，另一方面还要人通过“修真炼形”以“出死之表”。他说：“其出死之表，长生为期者，在乎修真炼形，可以与语议其玄要尔。”③ 由此而勾勒出道教与道家在生死观上的根本区别。

---

① 《道德真经广圣义》卷三十六，《道藏》第14册，第497页。
② 同上。
③ 同上。

道家认为，生命的局限就在于个体之人对生死的忧患和对喜怒哀乐之情的执著，因而才有老子只说长生久视而不言“不死”，也才有庄子妻死“鼓盆而歌”的寓言。但道教则认为，生命的局限在于死，因而希望能通过采用种种方术来延长人的生命，以“出死之表”。但如何“出死之表”？传统道教很重要的一点就是强调肉体不死，但杜光庭从道性论出发进一步认为，生命本身不仅表现为肉体性的存在，而且也表现为一种精神性的存在。因此，如何脱离苦难、摆脱束缚所引发出的人生超越问题，就既包括对肉体有限的超越，也包括对精神束缚的超越。这样就为汲取道家资源来发展道教的长生理想、依道性论而提出心性炼养开启了大门。

杜光庭已深刻地认识到，一切有形的生命存在的时空都是有限的。“元精播气，大冶匠形，禀阳和则出生，归阴寂则入死，将明辍死延生之路，丧生趣死之由。”① 由于生命是由“元精播气，大冶匠形”而成，都将禀“阳和”而出生，归“阴寂”而入死，因此，只有明了“辍死延生之路，丧生趣死之由”，才能找到超越生死局限的路径。杜光庭说：

> 人之生也，参天而两地与气为一。天地所以长存者，无为也，人所以生化者，有为也。情以动之，智以役之，是非以感之，喜怒以战之，取舍以弊之，驭努以劳之。气耗于内，神疲于外，气竭而形衰，形凋而神逝，以至于死矣。故曰委和而生，乘顺而死，率以为常也②。

① 《道德真经广圣义》卷三十六，《道藏》第14册，第497页。
② 《毛仙翁传》，《全唐文》卷九四四，上海古籍出版社，1990年，第四册，第4351页。

杜光庭将人与天地相比较来说明，人之所以不能像天地那样长存，就在于天地无为，自然任运，而人却积极有为，使气耗于内，神疲于外，最终导致气竭而形衰，形凋而神逝，以至于死矣。因此，他在诠释《道德经》“天下有始以为天下母，既得其母以知其子，既知其子复守其母，殁身不殆”[①] 时，极力宣扬守道而得道、得道则生的道理，他说：“既知身之所禀，道生我身，即洗心返神，复守其道，无是非之惑，绝声利之尘，终身行之，道可得矣。”[②] 既然知道人的生命是由禀道而来，那么，人就应该在现实生活中，洗心返神，复守其道，这样就能“无是非之惑，绝声利之尘”，坚持如此，人的生命就能因得道而获得超越。

据此，杜光庭还批评了那些执著于生反而失道则死的愚迷之人。他说：“愚迷之人不知生生者不生，化化者不化，以生为乐，以死为哀，畏死贪生，故养生过分，希生乖其道，则反丧其生。”[③] 本来，出生入死是一己之小我的生命旅程，但愚迷之人妄自分离、割裂生死关系，从“畏死贪生”的心理出发而过分地执著于养生，结果反而违背了生命的自然之道，导致了生命力的萎缩，反丧其生。杜光庭认为，这种做法是不可取的。

接下来的一个问题是，既然“一切众生皆有道性”，人的生命都是共秉于道，同源于气，本源相同，为什么就现实的人来看却又是外形美丑不一，性分贤愚不同，寿命长短有别呢？杜光庭认为，人之所以有美丑之长相、贤愚之性分之不同，主要是由所受之气的清浊决定的。他说：

---

① 《老子》第五十二章。
② 《道德真经广圣义》卷三十七，《道藏》第 14 册，第 503 页。
③ 《道德真经广圣义》卷三十六，《道藏》第 14 册，第 498 页。

> 人之生也，禀天地之灵，得清明冲朗之气，为圣为贤。得浊滞烦昧之气，为愚为贱。圣贤则神智广博，愚昧则性识昏蒙。由是有性分之不同也。老君谓孔子曰：易之生人及万物鸟兽昆虫，各有奇偶，谓气不同。而凡人莫知其情，唯达道德者，能原其本焉①。

圣贤之人得清明之气，故神智广博。愚昧之人得浊昧之气，故性识昏蒙。只有通达道德者，才能明白这个根本的道理。据此，杜光庭强调，道教“设教”的目的就是要让人拨开纷繁的物象世界而深入到生命的本源，以明了人的“气有清浊，性有智愚”；同时，“道无弃物，常善救人”，智愚之人又皆可修道而成真，他说：“人之生也，气有清浊，性有智愚，虽大块肇分，元精育物，富贵贫贱，寿夭妍媸，得之自然，赋以定分，皆不可移也。然道无弃物，常善救人，故当设教以诱之，垂法以训之，使启迪昏蒙，恭悟真正，琢玉成器，披沙得金，斯之谓矣。”② 可见，在颇具命定论色彩的大框架下，杜光庭强调了道教的“设教”、“垂法”就是要引导人将有限的生命投入到无限的大道之中，以实现生命的超越。

杜光庭指出，“清浊之气生育万物，世人若求长生之道，炼阴为阳，炼凡成圣，皆因清自浊之所生，动因静之所起。清浊者，道之别名也。学仙之人，能坚守于至道，一切万物自然归之。”③ 由于人的生命是由禀道受气而来的，能坚守至道就意味着可以得道而长生，因此，就生命的发展趋向而言，应当是由道出发而复归于道的过程，或曰自无而显有又摄迹还本复归于无的过程。他说：“初则妙本降生，

---

① 《道德真经广圣义》卷八，《道藏》第14册，第352页。
② 《道德真经广圣义》卷三十二，《道藏》第14册，第473页。
③ 《太上老君说常清静经注》，《道藏》第17册，第184页。

自无而显有，次复摄迹还本，自有而归无。”① 这样，就现实的人生来说，就处于一种未完成状态之中，这种未完成状态标示出人生就是一个修道的过程。他说：

> 人之受生，禀道为本，所禀之性，无杂无尘，故云正也。既生之后，其正迁讹，染习世尘，沦迷俗境，正道乃丧，邪幻日侵，老君戒云：修道之士，当须息累欲之机，归静笃之趣，乃可致虚极之道尔②。

这就是说，人的生命以禀道为本，但人所本有的无杂无尘的道性却并不与人性完全同一，因为人出生之后，就受“沉重的肉体”的支配而落入“染习世尘，沦迷俗境”之中，使“正道乃丧”。而由于本来清静的道性隐潜于人性之中，是人的本有之性，因此，人通过修道又可以重归于无杂无尘的“虚极之道”，以实现生命的本真，完成真正的人生。所以杜光庭又说“人能归于根本，是谓调复性命之道”③。

这样，杜光庭就把表征宇宙终极实体的“道”与作为修道者内在的“性”联系了起来。“‘道’就是被阐明、体现出来的‘性’。‘道’与‘性’不是两个不相干的东西，而是一个东西的两种状态：自在的状态叫做‘性’，人人都有；自觉的状态叫做‘道’，只有‘圣人’才有。要使自在的‘性’发展为自觉的‘道’，要经过‘修养’。”④ 如果说，“性”是从主体之人的角度来显示人的天然禀赋，那么，修道的目的就在于返性复性，而返性复性的过程也就是道性由隐到显的过

---

① 《道德真经广圣义》卷十九，《道藏》第 14 册，第 403 页。

② 《道德真经广圣义》卷十五，《道藏》第 14 册，第 384 页。

③ 《太上老君说常清静经注》，《道藏》第 17 册，第 184 页。

④ 孙叔平：《中国哲学史稿》上册，上海人民出版社，1980 年，第 115 页。

程，这个过程将通过主体的修性炼心来实现。如果从这个角度来理解“性”的话，“性”就是动态的人生与不变之道的中介与桥梁，同时也是众生能够“返性归元”的现实基础。杜光庭所倡导的道性论就是要引导人们通过修道去情而返归清静的道性，使动态的人生趋向于虚极之道，而修道去情，必须在自心自性上下功夫，这就使他的道性论最终落实到了心性修养论，以为人实现生命的超越提供了理论依据。

（原载：《中国道教》，2004 年第 3 期）

论杜光庭对儒佛道三教的融合

唐代道教既是道教思想发展的高峰期，也是道教思想的转型期。杜光庭之所以能够成为唐代道教的集大成者，与他在其代表作《道德真经广圣义》中既圆融道教各派教理，又积极汲取儒佛道三教思想的精华，从宇宙观、重玄学、认识论、心性论、修道论、社会观上提升了道教的理论思维水平密切相关。通过研究杜光庭如何融合儒佛道三教思想，不仅可以从一个侧面帮助我们更好地了解唐代道教融合儒佛道三教之特点，而且还可以解读唐宋道教思想的发展与转型。

一

杜光庭虽为道士，但在平日的生活中，他并不为宗教门户偏见所拘，而是乐于和各种人士交往，这就为他吸取儒、佛等思想提供了可能。翻开杜光庭的著作，不仅可以看到他经常引用孔孟的语录和玄学家的术语，而且还积极吸收佛教的思想与方法，他曾说："凡学仙之士，若悟真理，则不以西竺、东土为名分别。六合之内，天上地下，道化一也。若悟解之者，亦不以至道为尊，亦不以象教为异，亦不以儒宗为别也。"因此，他要求打破宗门之见，甚至强调，"三教圣人，所说各异，其理一也……但能体似虚无，常得至道归身，内修清静，则顺天从正，外合人事，可以救苦拔衰，以此修持，自然清静。”①认为儒佛道三教的圣人虽然各自建构了自己的理论体系，但从终极层面上看，它们所说的道理则是相通的，皆可归于自然清静之道。杜光庭的这种三教观不仅为道教积极融合三教思想进一步开拓了道路，而且为当时的统治者制定治国方略、平衡各种宗教之间的关系提供了一种参考。

杜光庭虽然主张三教融合，但作为“道门领袖”，出于弘扬道教的使命感，还是坚守着自己的信仰立场，因而他主要是以道为本来融合儒佛道三教。杜光庭曾举例说：“仲尼谓敬叔曰：吾闻老聃博古而达今，通礼乐之原，明道德之归，则吾师也。”② 他借孔子对老子的景仰来表明老子道家是高于孔子儒家的。正是从这种以道为本的思想出发，对于佛道之争中佛教将道教与老子及《道德经》割裂开来，抬高老子和《道德经》而贬低道教做法，杜光庭给予了针锋相对的反驳，并竭力证明道教与老子及《道德经》之间是三位一体不可分割的关系。杜光庭在《道德真经广圣义》中不仅将《道德经》视为道教圣书，将老子奉为具有三十种特性的“神人”③，而且还通过将老子神化为道教教主来彰显道教的神圣性，他说：“太上老君为深妙道之主也，老君既不滞有，亦不滞无，因果两遗，粗妙双遣，先天后劫尊为教主，故云玄玄道宗也。”④ 杜光庭宣扬老子不仅自身具有“起无始”、“体自然”、“见真身”等神性，而且还能够从虚空而下，随“道”而展现出各种应化身，“演上清”、“化灵宝”、“出洞神”等，对

① 《太上老君说常清静经注》，《道藏》第17册，第187页。
② 《道德真经广圣义》卷三，《道藏》第14册，第328页。
③ 《道德真经广圣义》卷二，《道藏》第14册，第316—324页。
④ 《道德真经广圣义》卷三，《道藏》第14册，第325页。

推动道教的发展乃至人类文明的进步都作出了重要的贡献。杜光庭把老子奉为道教教主，大力神化老子和老子之道，他还特别对史籍中有关老子入秦于楼观台讲学，应关令尹喜之请著《道德经》五千言，后二人共去西域流沙之类的记载作了宗教性的发挥，并认为老子的“无为之道”彰显了道教的殊胜，他说：“世之众教，皆以有执有为为本。今老君此教以无为不言为化，故为众教所尊，理道所贵也。”① 道教“以无为不言为化”，因而成为众教中之最尊。

杜光庭在以道为本的同时，又积极顺应时代潮流，通过融合与汲取儒家和佛教的思想来诠释《道德经》，发挥老子之旨，以“三教合一”为基本理路推进了唐代道教的思辨化、哲理化。需要指出的是，杜光庭在政治观和伦理观上主要是吸收了儒家思想，而在人生论和修道论上则更多地借鉴了佛教思想。他的这种三教合一思想对道教的发展产生了很大的影响。宋元时期，新道派林立，但它们大都以三教合一为立教的基本宗旨。例如，全真道创教者王重阳就强调：“儒门释户道相通，三教从来一祖风。”② 因为“三教者不离真道也，喻曰：似一根树生三枝也”③。由此，全真道主张三教平等，倡导三教融合，强调“儒释道源三教祖，由来千圣古今同。”④ 虽然儒佛道具有各自的特点，但其基本宗旨则是相同的。“道显清静妙，释明智慧深，仲尼仁义古通今，三圣一般心。”⑤ 再如，盛行于宋元时期的净明道大力宣扬“由真忠至孝，复归于本净元明之境”。一般认为净明道是儒道思想结合的产物，但笔者通过细究《净明忠孝全书》等道书，认为

① 《道德真经广圣义》卷三，《道藏》第14册，第332页。
② 《重阳全真集》卷一，《道藏》第25册，第693页。
③ 《重阳真人金关玉锁诀》，《道藏》第25册，第802页。
④ 《磻溪集》卷一，《道藏》第25册，第815页。
⑤ 《葆光集》卷中，《道藏》第25册，第520页。

净明道不但热切地奉行儒家的忠孝伦理观，而且还吸取了佛教的人生论和修行解脱理论，它是在特定的历史条件下出现的儒佛道三教相融合的新道派①。

二

杜光庭如何以“道”为基点吸取儒、玄、佛等思想与方法，在融合三教的基础上建构起了富有特色的道教理论，从而推动了唐宋时期道教思想的发展与转型的呢？

从宇宙论上看，杜光庭综合了儒佛道三教的思想，从天人合一的角度为人的修道的必要性与可能性提供了宇宙论的依据。杜光庭曾继承道教的传统，用“道气”来说明宇宙的本源与本体，认为“万物之生也，道气皆降之，气存则物生，气亡则物死。物之禀道，所禀不殊，在物皆一。古今虽移，一乃无变，故云不二，是谓之一。”② 但这种以本源证本体的做法很容易引起歧义，在逻辑上有时也容易陷入混乱，因此，杜光庭又吸取了儒佛的思想来发挥唐玄宗所力主的“妙本”概念，以求将本源与本体圆融起来。例如，他在义释《道德经》“同出而异名，同谓之玄”时，倡体用一源，强调“妙体妙用，生于妙无，是同出也。由精而粗，是异名也。混而为一，是同谓之玄也。……分而为二者，体与用也。混而为一者，归妙本也。”③ 杜光庭将体用一源归于妙本，认为“妙本者，道也”④，既将“妙本”作为宇宙之本，又作为人性之源，“人以逐欲而动则迁情，息念而静则合道，

---

① 孙亦平：《论净明道三教融合的思想特色》，《世界宗教研究》，2001 年第 2 期。
② 《道德真经广圣义》卷三十一，《道藏》第 14 册，第 463 页。
③ 《道德真经广圣义》卷四，《道藏》第 14 册，第 335 页。
④ 同上，第 334 页。

迁情则流遁，合道则还元，所以静而致道者，是复归所禀妙本之性命也。”① 杜光庭还从去情息念、合道还元的角度来论证“静而致道”就是复归妙本之性，这种体用一源的思想不仅对北宋张无梦、陈景元等人的老学思想影响很大，而且发展到全真道时，以“真性”的概念固定下来，并将体悟清静妙本的过程就看做是自明本心的过程。王重阳说：“诸贤先求明心，心本是道，道即是心，心外无道，道外无心也。”② 这种以心本体来统摄一切的思想无疑是受到了儒佛的影响。在全真道那里，“天心者，妙圆之真心也，释氏所谓妙明真心。心本妙明，无染无著，清净之体。……此心是太极之根，虚无之体，阴阳之祖，天地之心，故曰天心也。”③“心本是道”的思想确立不仅使本源与本体的界限随之而消弭，而且也使宇宙论与心性论之间的联系更加紧密了。

从认识论上看，杜光庭既吸取了儒佛道三教所具有的内省性的认识方式，又继承了中国传统哲学的思维方式，以“天人合一”为最高境界，以“顺天之时，随地之性，因人之心”④ 相号召。如果研究一下中国传统哲学，就可见“在天地与我为一还是我与天地为一的问题上，却始终存在着不同的思想倾向。从老子的‘涤除玄览’以观其道，荀韩的‘制天命而用之’与‘缘道理以从事’，到王弼的‘圣人体无’，程朱的格物致知、即物穷理，从哲学思维的高度来看，无不体现着我与天地为一的思路。而从庄子的‘道无所不在’、坐忘以逍遥，到思孟的‘存诚尽性’、‘尽心知天’，郭象的自然任性、适性逍遥，以及陆王的‘吾心即是宇宙’、‘吾心之良知即所谓天理’等等，

---

① 《道德真经广圣义》卷十五，《道藏》第14册，第386页。
② 《重阳真人授丹阳二十四诀》，《道藏》第25册，第808页。
③ 《五篇灵文》，《藏外道书》第25册，第669页。
④ 《道德真经广圣义》卷八，《道藏》第14册，第355页。

则基本上都遵循着天地与我为一的思路。”① 以此观之，杜光庭在融摄儒佛二家认识论的基础上，又综合了以老子和庄子为代表的不同的致思倾向，既从老子的“涤除玄览”以观其道出发，强调“虚心体道，则元和潜运，而致长生矣”②，又从庄子的“道无所不在”、坐忘以逍遥出发，认为“闭缘息想”，通过“穷达妙理，了尽真性，想缘俱忘，乃可得道”③。因此，杜光庭所倡扬的认识论与修道论是紧密相联的，识道与体道成为同一问题的两个方面，“穷极万物深妙之理，究尽生灵所禀之性，物理既穷，生性又尽，以至于一也”④。杜光庭的这种将穷物理、尽人性圆融为一的思想，既综合了老子和庄子的不同的致思倾向，显然也吸取了唐代道教重玄学有无双遣的思想和佛教禅宗“明心见性”以悟道的精神。杜光庭在注释《常清静经》的“真常之道，悟者自得。得悟道者，常清静矣”时说：“人能觉悟，悟则本性，谓之得道矣。”⑤ 这种“悟则得道”的思想在后来兴起的全真道中得到了发扬光大，也成为全真道的认识论和修道论的基本特征。如谭处端就说：“如何名见自性？十二时中，念念清静，不被一切虚幻旧爱境界朦胧真源，常处如虚空，逍遥自在。”⑥ 张伯端也认为：“夫欲免乎患者，莫能若体夫至道，欲体至道者，莫若明乎本心。故心者，道之体也。道之体，心之用也。人能察心观性，则圆明之体自见，无为之体自成，不假施功，顿超彼岸。”⑦ 张伯端将心与道视而为一，这样，体道就是通过明心而使“圆明之体自现”。值得注意的

① 洪修平：《禅宗思想的形成与发展》(修订本)，江苏古籍出版社，2000年，第391页。

② 《道德真经广圣义》卷十一，《道藏》第14册，第369页。

③ 《道德真经广圣义》卷四，《道藏》第14册，第333页。

④ 同上，第332页。

⑤ 《太上老君说常清静经注》，《道藏》第17册，第189页。

⑥ 《水云集》卷上，《道藏》第25册，第852页。

⑦ 《悟真篇后序》，《道藏》第2册，第967页。

是，张伯端曾将重玄学的非有非无“二边俱遣”的方法作为明心的基本进路，他说：“欲了无生妙道，莫如自见真心。真心无相亦无音（因），清净法身只恁。此道非无外（非）有，非中亦莫求寻。二边俱遣弃中心，见了名为上品。”① 这种通过明心而自见的真心，超越了一切言相和二分对立，是一种不可言说、不可执著的东西，但在全真教徒看来，它又确确实实地存在于人们当下的生命存在之中。这种内省性的认识进路不仅为全真道的内丹心性学提供了理论依据，而且从某种意义上说，还启发了宋明理学的成长。过去学界一般比较重视佛教禅宗对宋明理学的影响，即使在探讨道教对宋明理学的影响时，也大多强调北宋道士陈抟的《无极图》对周敦颐的启发，由此而导致了理学的兴起。现在随着对唐代道教哲学研究的深入，也有人进一步认识到唐代道士成玄英、李荣、司马承祯的思想对宋明理学的影响②，但还少有人全面地研究唐代道教的集大成者杜光庭的思想与宋明理学之间的关系。事实上，仅从认识论的层面上看，杜光庭对宋明理学的深刻影响就是值得重视的③。

从生命观上看，杜光庭融合三教思想而主张的“返性归元”的道性论对金元全真道的生命观有着不可忽视的影响。由于生命是由精神和肉体两方面构成，因而是执著于肉体的长生，还是追求精神的超越，就形成了道教得道成仙说中不同的发展倾向。如果说，以魏晋时期为代表的道教比较注重追求肉体的永存，那么，杜光庭在唐代重玄学与心性论的影响下，强调的就是修心炼性，以追求精神的超越。杜

① 《紫阳真人悟真篇拾遗》，《道藏》第2册，第1033页。

② （韩）崔珍皙：《成玄英的“理学”和宋明“理学”》，载陈鼓应主编：《道家文化研究》第十九辑，北京三联书店，2002年。

③ 参见李大华：《杜光庭宗教认识论初探——兼论与宋明理学之关系》，黄海德等主编：《道教研究》第一辑，四川人民出版社，1994年。

光庭还借鉴了佛教的“三业十恶”的思想来论证人为什么要修道，从而将佛教的禁欲思想与道教的身心修炼结合起来。杜光庭认为，“人之禀生有三业十恶”，这种与生俱来的“恶”导致了人生活于苦难之中，如果不通过修道来加以摒除，不仅会给人带来源源不断的苦难，而且还会对人的生命造成损害，“人若纵此三业十恶，则必从生趣死”①。因此，人修道必须先去除被称之为“三毒”的“三业”，使“六欲”不生。“人若能断得其华饰，远其滋味，绝其淫欲，去此三事，谓之曰三毒消灭。三毒既灭，则神和气畅精固，三元安静，三业不生，自然清静。”② 佛教的禁欲观为杜光庭建构道性清净的思想和倡导身心自然清净的修道论提供了理论资源。这种道性清净的思想对后来的全真道建立以“真性”为核心的生命观影响甚大。全真道认为，人的现实生命是依真性而伴随爱欲而生，修道的过程就是去除爱欲返归真性的过程，“人能割爱去贪，守雌抱一，游心于恬淡，合气于虚无，亦可以高举远致，涉景登虚。”③ 这就为人从本真的生命存在中去实现人生理想，通过苦行修道而追求生命的超越开辟了思路。金元时的文学家元好问在《离峰子于公墓铭》中写道：“全真道有取于老、佛家之间，故其寒饿憔悴，痛自黔劓，若枯寂头陀然。及有得也，树林水鸟，竹木瓦石之所感触，则能颖脱，缚律自解，心光晔然，普照六合，亦与头陀得道者无异。”④ 这就非常形象地描绘了全真道借鉴佛教的头陀行所实行的禁欲主义的苦身修行。故元人徐琰说：“全真其修持大略以识心见性，除情去欲，忍耻含垢，苦己利人

① 《道德真经广圣义》卷三十六，《道藏》第14册，第498页。
② 《太上老君说常清静经注》，《道藏》第17册，第185页。
③ 《重阳全真集·序》，《道藏》第25册，第690页。
④ 《甘水仙源录》卷四，《离峰子于公墓铭》，《道藏》第19册，第750页。

为之宗。”① 全真道正是通过吸收佛教的肉体与精神二元对立的观点，强调精神的高尚与纯洁，肉体的易逝与卑下，从而将“真性”作为生命存在的根本依持。“有个逍遥自在人，昏昏默默独知因，存神养浩全真性，骨体凡躯且浑尘。”② 在全真道看来，肉身是幻，心性是真，“如其未明本性，则犹滞于幻形”③，那就不可能达到生命的超越。“离凡世者，非身离也，言心地也……欲永不死而离凡世者，大愚不达道理也。”④ 人应该看破肉体的虚幻，追求生命的本真。由此，全真道强调的“得道成仙”也就不再是传统道教的肉体长生，而是超越肉体的束缚，追求真性永存，精神解脱。如马钰所说：“诸公休起心动念，疾搜性命，但能澄心遣欲，便是神仙。”⑤ 全真道的这种生命观实际上是在继承了唐代道教道性论的基础上，又融合了佛教思想而形成的，而杜光庭对道性清净的强调，以及通过“返性归元”即可与道相契的思想在其中起到了一种中介作用。

从心性论上看，杜光庭对“修道即为修心”的强调，从心性论的层面上为全真道修正传统的肉体成仙说而开出真性不朽说提供了思路。唐代时，在儒家心性论和佛教佛性论的影响下，道教重玄学和一些丹鼎派的道士对得道成仙的宗教理想与实践进行了重新阐释，他们调整了对长生不死的看法，积极从人自身内部去发掘得道成仙的可能性，从而将修炼的重点从追求肉体长生逐渐转移到人的心性上来，依持人的内在“心性”而将道与修道者联系起来。杜光庭以“调伏其心”作为修道的基本进路，倡扬性命双修，这既是对唐代道教心性论

---

① 《甘水仙源录》卷二，《道藏》第19册，第740页。
② 《重阳全真集》卷二，《道藏》第25册，第702页。
③ 《悟真篇·序》，《道藏》第2册，第914页。
④ 《重阳立教十五论》，《道藏》第32册，第154页。
⑤ 《丹阳真人直言》，《道藏》第32册，第155页。

的继承，也对全真道的内丹心性学产生了重要的影响。王重阳正是以“心中端正莫生邪，三教搜来作一家”① 的基本态度，进一步通过宣扬“性命双修”来推动道教内丹心性学的发展。王重阳在回答马钰“何名是道”时曾明确地说：“性命本宗，元无得失，巍不可测，妙不可言，乃为之道。”② 把得道与见性统一起来而倡导“性命双修”。马钰所说的“寻思性命不由天，斡旋阴阳全在我”③，则要求人通过修炼性命来掌握生命的主动权。值得重视的是，张伯端在强调三教合一时并没有抹杀三教之间的差异，而是在分析了三教各自的特点与差异之后，积极地吸取儒佛的思想来丰富道教的心性论内容。例如他对内丹修炼功效的研究就是建立在比较儒佛道三教心性论之异同的基础之上的。他在《悟真篇·序》中说：“释氏以空寂为宗，若顿悟圆通，则直超彼岸，如有习漏未尽，则尚徇于有生；老氏以炼养为真，若得其枢要，则立跻圣位，如其未明本性，则犹滞于幻形；其次，《周易》有穷理尽性至命之辞，《鲁语》有毋意、必、固、我之说，此又仲尼极臻乎性命之奥也。”④ 他以一种较为理性的态度，分析了三教性命学说的各自特点与相互差异后，特别指出：“教虽分三，道乃归一，奈何后世黄缁之流，各自专门，互相非是，致使三家宗要迷没邪歧，不能混一而同归矣。”⑤ 他认为三教在性命修炼上虽各有特点，但其根本宗旨却是一致的，而人们偏执于一方，相互攻击，致使三家宗要迷没邪歧。于是，他超越狭隘的门户之见，在圆融三教的基础上，提出了“三关”修道术：“先以神仙命脉诱其修炼，次以诸佛妙用广其

① 《重阳全真集》卷一，《道藏》第 25 册，第 696 页。
② 《重阳真人授丹阳二十四诀》，《道藏》第 25 册，第 807 页。
③ 《洞玄金玉集》，《道藏》第 25 册，第 590 页。
④ 《紫阳真人悟真篇注疏·序》，《道藏》第 2 册，914 页。
⑤ 同上。

神通，终以真如觉性遣其幻妄，而归于究竟空寂之本源矣。”① 张伯端首先以道教的养命固形之术为“初关”，在“命功”有成之后，又引入佛教的神通妙用为“中关”，强调还应进一步修炼“性功”，最后，以佛教禅宗的“空寂之本源”作为修道的“上关”，从而将三教圆融最终落实在道教内丹心性学的性命双修之上。张伯端强调，只有通过这样的“三关”修炼，才能使“神气精者，与天地同其根，与万物同其体”②，达到一种永恒之境。这种永恒之境既基于道教的养性固命之术，又体现了佛教的超越精神。

从社会观上看，杜光庭以道家清静自然的思想为基点，又吸收了儒家的伦理道德、修齐治平的观念和大乘佛教的自利利他精神，积极倡导“经国理身”，对全真道强调“功行俱全”有重要的影响。为了弥合道教的出世修道的人生态度与儒家的修齐治平积极入世思想的矛盾，杜光庭曾将儒家之“孝”与道教之“道”相连构，以说明儒家所讲的孝慈是“独亲其亲”，这种“私亲”是片面的。因为“六亲不和，则孝慈之名偏立。天下有道，则淳朴之化复行。淳素既行，人皆慈孝，可谓无私亲矣。斯则绝名迹之仁义，复玄同之孝慈，无私亲者，是不独亲其亲也。”③ 这也就在客观上协调了儒家建立在孝亲之上的伦理观和修齐治平的入世观与道教不为仁义所缚、不为功名所累的出世观之间的矛盾，树立起了即世而超越的人生观和出世不离入世的社会理想。杜光庭还发挥儒家重视礼教的传统，修订了种类繁多的道教斋醮科仪，详细规定了道场的仪式程序与活动规模，扩大了道教在社会生活中宗教教化的影响力。杜光庭主张修道者不仅要注重个体的修行，更要参与社会生活，这种社会观在全真道那里得到了发扬光大。

---

① 《悟真篇拾遗》，《道藏》第2册，1030页。
② 《金丹四百字》，《道藏》第24册，第161页。
③ 《道德真经广圣义》卷十七，《道藏》第14册，第395页。

全真道在对人的本真生命存在的体悟中，改变了传统道教偏重个体成仙而忽视拯救众生的状况。这在全真道北宗中表现得尤为显著。全真道北宗融合儒家以仁爱为本和大乘佛教普度众生的精神而提出的“真功真行”，强调仅修对自己有利的“真功”是不够的，还需行救度他人的“真行”。虽然传统道教所设想的神仙也帮助他人，但还没有达到以众生的解脱为自己解脱之前提的程度。而全真道提出的神仙，则不仅能自我完善，而且能像佛菩萨那样救度众生，甚至不惜牺牲自己以帮助他人。

> 若要真功者，须是澄心定意，打叠精神，无动无作，真清真净，抱元守一，存神固气，乃真功也。若要真行，须要修行蕴德，济贫拔苦，见人患难，常怀拯救之心，或化诱善人入道修行。所为之事，先人后己，与万物无私，乃真行也。……若人修行养命，先须积行累功，有功无行，道果难成，功行两全，是谓真人①。

认为只有“功行两全”的人才能称之为神仙真人。功行俱全，全真而仙，这既是全真道所树立的修行目标，也是“全真”的含义之一。全真道士以苦己利人的精神确立了一种功行俱全的典范，既改变了传统道教的精神风貌，也使全真道在社会上树立了较好的形象，为道教的进一步传播发展创造了条件。杜光庭的社会观以及对即世而超越的人生理想的发挥，为宋代以后的道教神仙思想与民间信仰的进一步结合，与民众生活打成一片开辟了道路。

（原载：《中国哲学史》，2006 年第 4 期）

---

① 《晋真人语录》，《道藏》第 23 册，第 697 页。

论杜光庭对道教斋醮科仪的发展与贡献

杜光庭（850—933）是唐末五代时期著名的“道门领袖”，一生著述甚丰，据宋人张唐英的《蜀梼杌》卷上记载，杜光庭曾“有文千余卷，皆本无为之旨”①。据统计，保存到今天的杜光庭著作共有三十多种，其中《道藏》中就保留了经杜光庭修订、编集的斋醮科仪近二百卷。这些著作促进了道教斋醮科仪的规范化，以至于“成为唐代以后斋醮活动的范本”②。元代学者马端临在总结道教之术时曾说：“按道家之术，杂而多端，先儒之论备矣。盖清静一说也，炼养一说也，服食又一说也，符箓又一说也，经典科教又一说也……至杜光庭而下，以及近世黄冠师之徒，则专言经典科教。”③ 他特别指出自杜光庭之后，道教具有向“专言经典科教”发展的趋势，这与杜光庭在撰写与整理斋醮科仪上的贡献是分不开的。“天师立教于西蜀，广成

① 《蜀梼杌》卷上，《四库全书·史部·载记类》，台湾商务印书馆影印文渊阁本，第222册，第230页。

② 张泽洪：《道教斋醮符咒仪式》，巴蜀书社，1999年，第43页。

③ 《文献通考·经籍五十二》。

终老于益州，故蜀之人奉道为盛而仪注亦甚详。”① 杜光庭在唐末五代动荡不安的社会环境中，不仅从理论上来探讨人如何得道的问题，而且也关心怎样运用斋醮科仪来强化道教信仰、发挥道教“济世”的作用。值得进一步探讨的是，杜光庭如何在整理各种斋醮科仪的基础上，制定出哪些具有特色的“道门科范”？他所制订的斋醮科仪对道教的发展又产生了怎样的影响？

南宋道士金允中在《上清灵宝大法》卷三十九中曾对道教斋醮科仪的形成与发展状况作了一个简要的历史性陈述，从中显示出了杜光庭对整理道教斋醮科仪所作的贡献。他说：

> 斋法起于中古晋宋之间，简寂先生（陆修静）始分三洞之目，别四辅之源，疏列科条，校迁斋法。又唐时张清都（张万福）经理之余，尚未大备。至广成先生荐加编集，于是黄箓之科仪典格，灿然详密矣。后世遵行，莫敢越也②。

在道教史上，一般将陆修静、张万福与杜光庭并称为“科教三师”，他们对道教斋醮科仪的建立与发展各有贡献，但杜光庭则可以说是集大成者。

杜光庭一生以弘道为己任，为振兴道教，在长安时就利用自己“身居翰苑”的工作条件，广搜道经，考核真伪，条理始末，终于把“几将废坠”的道门斋醮科仪整理了出来。到蜀地后，杜光庭不仅积极参与斋醮科仪活动，而且还在整理道经的过程中，撰集修订道教的斋醮科仪，以将各道派的斋醮科仪统一起来。据初步统计，杜光庭一

① 《道门通教必用集·序》，《道藏》第32册，第1页。

② 《道藏》第31册，第608页。

生撰集修订的斋醮科仪仅《道藏》中就保留了十多种，近两百卷。其中《太上黄箓斋仪》五十八卷始编于长安，完成于四川成都，前后花了二十多年的时间，可见他一生对斋醮科仪的倾心和用力的程度。后人整理成的《道门科范大全集》八十七卷是道教斋醮科仪的总集，其中有许多卷就题为“广成先生杜光庭删定”。杜光庭在使道教的斋醮科仪理论化、系统化的同时，还以陆修静所编的斋法为基础，会通上清经箓与正一法箓，将道教斋醮科仪的程式——表奏、词章、疏启、颂赞、咒语、发愿文等规范化、艺术化，使修道者有法可依，有章可循，并在宗教仪式的过程中得到一定的艺术熏陶。“广成斋仪成为道教斋醮法坛的范本，被视为科书的经典之作。”① 杜光庭对斋醮科仪的整理使“天下羽褐永远受其赐”②。因此，“杜光庭是道教斋醮仪式的集大成者，也可以说是完成者，他所制定的道门科范，道教至今依然沿用。”③

斋醮科仪是道教所特有的一种集体性的宗教崇拜活动，其目的在于为人祈福消灾。唐僖宗入蜀后，特别希望太上老君能够保佑他重返长安，因此对道教的斋醮科仪十分重视，经常下诏让内臣、道士共修斋醮。杜光庭作为“道门领袖”积极参与其中，值得注意的是，杜光庭所制定的斋醮科仪不仅简单易行，便于操作，而且还吸收了蜀地的民间信仰，特别关注人们所面临的现实问题，故备受教门内外人士的欢迎。在唐僖宗及后来蜀主王建、王衍的大力支持和杜光庭的积极努力下，道教的斋醮科仪活动在蜀地得到了充分的展开，既适应了社会的需要，也促进了道教自身的发展。有人认为，“五代道教的最大特点是，流传各地的道教由于同地方各色各样的民间信仰相接触，逐渐

① 张泽洪：《道教斋醮符咒仪式》，巴蜀书社，1999年，第42页。
② 《历世真仙体道通鉴》卷四十，《道藏》第5册，第330页。
③ 李养正：《道教概说》，中华书局，1989年，第129页。

庶民化了”①。这与杜光庭利用斋醮科仪弘法传教的努力不无关系，其结果是大大地推动了道教在社会中的传播。

杜光庭在积极开展斋醮活动的同时，还专注于整理道教的斋醮科仪。这是因为，在杜光庭生活的时代，张天师、陆修静所搜集的道门科教，由于年代久远，散落各处，找寻困难，几将废坠，特别不利于道教的发展。据金允中的《上清灵宝大法》卷四十记载：

> 广成先生编集斋科之时，身居翰苑，任兼执正，朝廷典籍，省府图书，两街道官，二京秘藏，悉可指索，皆得搜扬。所以著书立言，各有经据，天下后世，无不遵行②。

杜光庭所整理的道场威仪包括道场设置、斋仪、醮仪和一般仪式。道场设置主要有法服法器、道场经文、道官六职等。斋仪主要有金箓斋、黄箓斋、明真斋、神咒斋等。醮仪主要有延生醮、礼斗醮、阅箓醮、周天大醮、罗天大醮等。一般仪式主要有礼灯仪、忏方仪、投龙璧仪等。为了保证道场威仪的神圣性，杜光庭还通过戒律、说戒仪和阅箓仪等来系统地展示道教的戒律法箓的内容。在宗教仪式中，如果加入音乐、舞蹈、诗歌、造型等艺术形式就可以更好地制造出特殊的宗教气氛，调动人们的宗教感情，激发人们的宗教体验。杜光庭非常重视赞颂表奏在斋醮科仪中的使用，他不仅详细地介绍了在道场中如何开展经颂、诗歌、青词、步虚、旋转、散花等活动，如何上表章疏、宣示忏文等，而且自己还创作了许多用于斋醮科仪的斋醮词、忏文表奏，从而大大丰富道教文学与艺术的内容。

---

① （日）福井康顺等监修：《道教》第一卷，朱越利等译，上海古籍出版社，1990年，第49页。

② 《道藏》第31册，第625页。

道教信仰者往往将斋醮科仪视之为人与神相沟通的神圣仪式；贬之者则视之为带有迷信色彩的法术，认为其是通过装神弄鬼来欺骗群众。其实，斋醮科仪作为道教特有的宗教仪式，既是道教教义思想的动态表现形式，也是道教存在与发展不可或缺的要素。虽然就某种意义上说，“唐代道教斋醮科仪的增衍，是长期积累的结果，杜光庭的整理，只是将增衍的内容集中地反映出来。”① 但杜光庭在对种类繁多的斋醮科仪详加整理、将增衍的内容集中反映出来的同时，还是有所创新和发展的，这主要表现在，他对“自然朝”的提倡、对道场戒律的重视、对谢恩醮的设立、对“斋”的意义的阐发、对斋官职司的具体规定、对表奏上章的文饰等，这些都使道教斋醮科仪变得更为系统和完整，更易于人们掌握，更贴近人们的生活，更具有一种道德约束力，也更表现出神圣性，从而推动了道教斋醮科仪的发展。

首先，杜光庭提倡依古制而“先作自然朝，然后行斋事”，从而使斋醮科仪更加规范化。“自然朝”是建斋之前举行的一种仪式。杜光庭在《太上黄箓斋仪》卷五十三《赞导》中，先介绍了道场六师的名称、职责，然后称：“按金箓古仪及黄箓旧法，宿启之夜及言功之时，皆先作自然朝，然后行斋事。”他认为这种传统“自张天师、陆先生、寇天师、张清都相传至今，颇历年代，皆以斋法出于灵宝，自然朝为斋之祖宗，故先行自然朝，示不忘本也。”② 杜光庭将“自然朝”称之为“斋之祖宗”，表明了他对“自然朝”的高度重视。他曾引用《启斋仪》云：“众官相率先行自然朝，至三礼后，即告斋署职，

---

① 卢国龙：《道教哲学》，华夏出版社，1997 年，第 112 页。
② 《太上黄箓斋仪》卷五十三，《道藏》第 9 册，第 347 页。

说戒宣科，明旦晨晓，依法行道。”可见，自然朝也有一定的程序。①据杜光庭记载，这种传统的做法在当时遭到了一些“愚庸道士”的随意破坏。对此，杜光庭提出了批评：“近有愚庸道士，不达古贤之情，先于玄师之前，补署六职，宣科授简，然后升坛，仍云简寂先生斋法谬误，饰非谤说，词理纷然，寡识无知，一至于此。”杜光庭认为，这些“愚庸道士”不仅不遵循古制，按最基本的仪式来进行斋醮活动，而且还说“简寂先生（陆修静）斋法谬误”，这些“饰非谤说，词理纷然”居然还“尚有其党，相仿行之”，实在是“不唯获乱法之愆，实亦受谤贤之罪！”对此，杜光庭认为“达教君子，宜共斥之”。与此同时，杜光庭也指出，“旧法之中，有相传错误者，唯启斋言功之时，自然朝内，合礼灵宝天尊，而相传礼玉宝皇上等号，此稍失自然朝之本旨，恐是年代绵远，书写舛讹。今于此仪中已为改正，非敢臆度，惟理所归，时彦后贤，共弘之矣。”② 杜光庭在整理斋醮科仪时，不仅对“自然朝”的内容作了简要的介绍，而且还改正了一些“稍失自然朝之本旨”的做法，建立起了比较系统的道场仪节，这对道教斋醮科仪的进一步发展起到了积极的促进作用。

其次，杜光庭强调“持戒”对于斋醮科仪的重要性，并详细论述了道场戒律，增强了斋醮科仪的神圣性。斋醮科仪作为道教特有的一种敬祭神灵的宗教仪式，是从中国古代民间祭祀鬼神的活动和儒家祭天祀祖的仪式逐渐发展而来的。但正如东晋道士葛洪所说：“儒者祭祀以祈福，而道者履正以禳邪。”③ 出于“禳邪”的需要，道教十分

---

① 福井康顺等曾认为，“在行道仪中，从发炉开始，接下去是称法位，三上香，礼忏、三启、三礼、重称法位和复炉，称为自然朝。行道仪即由自然朝的这一系列仪礼构成骨架。”参见福井康顺、山崎宏等监修《道教》第一卷，上海古籍出版社，1990 年，第 177 页。

② 《太上黄箓斋仪》卷五十三，《道藏》第 9 册，第 347 页。

③ 《抱朴子内篇·明本》。

强调祭祀者在行斋醮科仪时必须在身、口、意等方面有所禁忌。《道门科范大全集》卷七十九中有杜光庭删定的《东岳济度拜章大醮仪》，其中就特别列有“说戒”，对戒与斋的关系及其内涵、功效等作了具体的说明：“道以斋为先。盖古者祭祀必有斋，斋必有戒，先戒而后斋。所谓七日戒而三日斋也。散斋七日谓之戒。戒者，所以恭依准绳，不犯非僻，动遵戒律，无有愆违也。致斋三日谓之斋。斋者，所以斋洁心神，清除思虑，专致其精，而求交神明也。”行斋者一定要在建斋之初就持戒行道，先戒而后斋。“今因斋而说戒，合坛之人，先受戒约，一历耳根，永为道种，即当检束身心，屏绝外念，存想至真，使启奏得行，祈祷必应矣。”① 对于戒，杜光庭借“天尊所言、真科所传”具体列出了“七戒”：

第一戒者，不得杀害。悯念有情，如己身命。杀生之人有六种报。

第二戒者，不得嗜酒。嗜酒之人有四种罪。

第三戒者，不得生叛背心，言不忠直。不忠之罪有五种报。

第四戒者，不得无孝顺心，违逆父母。不孝之罪有五种报。

第五戒者，常行慈心，若见众生临命终时，为作功德。昆虫草木尤不可伤，爱老怜贫溥度一切。

第六戒者，不得诽谤三宝及有道师尊，乃至在家出家一切道像。诽谤之罪有四种报。

第七戒者，今日道场之中，常当恭敬，不得懈怠，当须勉励，内外精勤，日夜乾乾，毋怠毋忽，勤则利有，怠则利无，自

---

① 《道门科范大全集》卷七十九，《道藏》第31册，第945页。

利利他，便移真极。①

“七戒”中既有不杀生、不嗜酒的规定，也有忠、孝的要求，还包括了在道场中举止行为的规范，并特别以因果善恶报应来警示人们要对自己的行为负责，如果违犯戒条就会遭受到恶报，其中所包含的浓厚的道德色彩，显示了道教斋醮科仪的伦理化倾向。“持戒”不仅能“自利利他，便移真极”，而且也保证了整个斋醮科仪的纯洁性与神圣性。杜光庭删定的《北斗延生醮说戒仪》中还更具体地提出了“道场十戒”，强调“今日道场众等当知，天命至重，不可轻祷。众等虽佩至真，参修大法，处身五浊，染迹六尘，启奏之间，不无窒碍，先当澄神静虑，仰奉戒约，清静身心，上遵法训。天尊言，修斋行道，皆当一心请奉十戒。”② 这“道场十戒”是：

第一戒者，不得傲忽圣真。
第二戒者，不得轻慢经文。
第三戒者，不得诽谤法门。
第四戒者，不得触秽道场。
第五戒者，不得放纵身心。
第六戒者，不得竞争财利。
第七戒者，不得减省法事。
第八戒者，不得退转道心。
第九戒者，不得错误章奏。
第十戒者，不得扰乱形神③。

---

① 参见《道藏》第31册，第945—946页。
② 杜光庭：《北斗延生醮说戒仪》卷五十九，《道藏》第31册，第897页。
③ 同上。

从这“道场十戒”可见，虽然它是针对修斋行道之人在道场中应当具有怎样的言行举止而言，但其实也是道教伦理的一般体现。无论是“七戒”，还是“道场十戒”，其中都内含着相互关联的两重关系，即人与神的关系和人与人的关系，并通过斋醮科仪而将这两重关系贯彻到了修道者生活的方方面面，要求修斋行道者通过“斋洁心神，清除思虑”，以一种虔诚的恭敬之心来对待道场中所开展的一切活动，从而将个人的德行和对道教的信仰融合为一。杜光庭强调“持戒”在斋醮科仪中的重要性，实际上既将“持戒”作为人修斋行道、得道成仙的根本保证，也将道教斋醮科仪看做是引导人们向善的一种集体活动。

第三，杜光庭在黄箓斋仪之后增加了谢恩醮的仪节，这种先斋后醮之法，将斋与醮的仪式合而为一，对后世道教斋醮科仪的发展影响深远。谢恩醮主要是对斋事中所调动的各路神灵进行酬恩致谢。据南宋蒋叔舆在《无上黄箓大斋立成仪》中说：“张清都（张万福）黄箓仪无谢恩醮，杜广成仪始有之。亦以修斋，召命神灵管卫坛场，宣通关告，往来劳役，所以言功，设此醮筵，用行酬赏。”① 杜光庭的《太上黄箓斋仪》卷五十列有“散坛设醮”②，专门陈述在黄箓斋仪后所举行的谢恩醮的仪式。这种带有浓浓人情味的谢恩醮仪很符合中国人有恩必报的心理，因而更易于为人们所接受。“自此以后的道教科仪，都遵广成先生仪制，在斋后设醮谢恩，且不限于黄箓斋。”③

第四，杜光庭还在《东岳济度拜章大醮仪》中对“斋”的意义作了专门的论述，强调了斋醮科仪对约束人身心的重要作用，从而提升

---

① 《无上黄箓大斋立成仪》卷十五，《道藏》第9册，第464页。
② 《道藏》第9册，第361页。
③ 张泽洪：《道教斋醮符咒仪式》，巴蜀书社，1999年，第45页。

了道教斋醮科仪的内涵。杜光庭认为“斋”可分为祭祀之斋和心斋①。如果说，祭祀之斋是人通过供奉物品来祈求神灵保佑，那么，心斋则以“清涤思虑”的精神活动而希求达到与神交感，因此“祭祀之斋非心斋也”②。杜光庭强调参加斋醮科仪的人应当注重发挥“心斋”的作用。“斋者，所以斋洁心神，清涤思虑，专致其精而求交神明也。”③ 人只有心地诚明才能与神相沟通，而“斋”仪可以起到制约信徒身心的作用，但光行祭祀之斋还是不够的，还须心斋，“欲其无听之以耳，而听之以心，无听之以心，而听之以气，气者虚而待物，惟道集虚，虚者心斋”，只有心斋才能使人神明生而与道合：“斋戒以神其德，盖贤人受道于圣人，而圣人与神明合德者，必心斋而得道，故知祭祀之际而后可以求心斋，则神明生与道合矣。”④ 杜光庭对“斋”的意义的阐发，在客观上反映出道教斋醮科仪是虔诚信仰、洁净行为和心地诚明的统一。

第五，杜光庭对斋官及其职责提出了具体的要求，对当时斋醮科仪中出现的不规范乃至混乱的情况提出了批评，这对推动道教斋醮科仪的发展有着重要的意义。在杜光庭看来，斋醮科仪应当是由一些训练有素的道士相互配合共同进行的一种十分神圣而庄严的宗教活动，在仪式中斋官及其职责必须分明，他的《太上黄箓斋仪》对“道场六职”的具体记载是：1. 法师，“斋官之内以道德尊高者为法师”，其“职在敷奏，进止俯仰，居众之先”；2. 都讲，“明练法度为都讲”，其职责是“赞唱导引”，在道场上“先鸣法鼓，次引朋众，风则轨仪，

① 《庄子·人间世》最早将“斋”区分为心斋和祭祀之斋，可见杜光庭对庄子思想是有继承的。

② 《道门科范大全集》卷七十九，《道藏》第31册，第945页。

③ 同上，第940页。

④ 同上，第945页。

敬凭赞说”；3. 监斋，其职责是“秉执科宪，绳纠愆违，务在无私，共引典法”；4. 侍香，主管道场的焚香不绝；5. 侍经，主管经书的收存、陈放和诵念；6. 侍灯，主管道场的灯烛明亮。斋官既各有职责，又必须相互配合。但在当时，却出现了年长者荒忽职责等混乱的情况。“但以近年或都讲年德稍高，不欲一一劳止，即于众官之内，差一人执磬唱礼，盖事出一时，元非古制，详其职简，颇谓旷官，更有后学生情妄为臆断，于六职之外，置一人持磬，殊无经据，讹谬益深。”有些年事已高的都讲，力不从心，就随便差遣一人来“执磬唱礼”，这不仅有意或无意地破坏了古制，而且还破坏了道场的神圣性与规范性，后学者不知是错，反而于六职之外，专置一人持磬，这就错上加错。杜光庭还对那些“老迈昏庸”的高功法师提出了批评，指出：“高功法师，职在敷奏，进止俯仰，居众之先。或昏耄不任，自可求退，岂容假手，翻类冗员？今蜀地高功止于发炉、复炉两称名位，其他宣读，皆委他人。虽云先唱后随，何异龙吟鳖应，此盖不惧冥谴，自掇罪尤。人事尚且未容，天道如何通感？后之法主深可戒焉。”① 正值壮年的杜光庭（他在撰写《太上黄箓斋仪》时约四五十岁）对那些年高位重但又不能很好地依仪轨而行斋醮之事，从而破坏了道教斋醮科仪程序、增加了道场冗员的现象十分不满，甚至直截了当地提出了“昏耄不任，自可求退”。虽然杜光庭所批评的道场冗员等现象在入宋以后仍在存在②，但他的批评对道教斋醮科仪的发展仍然是有重要意义的。

最后，杜光庭所撰写的斋醮词文辞典雅、修辞规范、意蕴丰富，不仅增加了斋醮科仪的文学性与艺术性，提升了斋醮科仪的文化品

---

① 以上引文均见《太上黄箓斋仪》卷五十三，《道藏》第9册，第346—347页。

② 例如，宋代的《无上黄箓大斋立成仪》卷二就指出了当时道场中“坛官各不举职，而六职之外，始多冗名矣”的现象（见《道藏》第9册，第384页）。

位，而且还在书写格式上对后世起到了一种范文的作用。杜光庭一生撰写了数百篇斋醮词，尤其是在入蜀之后，帝王大臣、平民百姓慕其名声，不仅请他主持斋醮仪式，而且还请他撰写斋醮词。杜光庭所撰写斋醮词既表达了道教的基本信仰，又烘托出道场的庄严神秘的气氛，还通过渲染诸神能够给人带来福佑，给参加斋醮科仪的人带来精神安慰，增强了他们的宗教感情，加深了他们对道教文化的兴趣，故被后世誉为“词林万叶，学海千寻，扶宗立教，天下第一”①。

杜光庭继陆修静、张万福之后，对道教的斋醮科仪进行了充实与整理，既删定旧作，又撰有新篇。他的著作不仅大体上保存了唐代以前道教斋醮科仪的风貌，而且还使后人有章可循，有法可依，因而促进了道教斋醮科仪的发展。南宋时，蒋叔舆受其师留用光之命而诠考斋法后编撰的《无上黄箓大斋立成仪》五十七卷，各卷的编辑修撰人不同，其中卷十九、二十题为杜光庭集，卷二十一题为杜光庭集、蒋叔舆修。该书是道教黄箓斋法之总集，不仅详细介绍了各种斋醮仪轨，而且还对陆修静、张万福、杜光庭、李景祈等人所制订的斋醮科仪进行了辨析源流式的考证②，保存了一些已佚的古代斋醮科仪的资料，其中对杜光庭的斋醮思想，特别是对他整理的黄箓斋仪都有所吸收。由上可见，杜光庭所整理的斋醮科仪对后世的影响。

南宋宁全真授、王契真纂《上清灵宝大法》卷五十四在评价杜光庭对整理斋仪的贡献时说：“中古以还，典章浩博，至晋宋间而简寂先生陆君始明授受降世之源，别三洞四辅之目，考详众典，撰次斋仪，自是遐迩宣行，斋法昭布，条陈经诰，次序乃成。洎唐则张清都万福复加编集，典式渐详。中叶以后，广成先生杜君光庭于是总稽三

① 《道藏》第32册，第8页。

② 参见《无上黄箓大斋立成仪》卷一《仪范门·序斋第一》，《道藏》第9册，第378页。

十六部之经诠，旁及古今之典籍，极力编校，斋法大成。然其一字一法，由始及终，莫非出于经典，所是古科二十四品之斋。广成之论，谓黄箓兼总死生，人天同福，上至邦国，下及庶人，皆得修奉，隶于下元中宫，统摄万灵，并关九府，功德深重，利佑存亡，于是撰集斋科四十卷，号曰《黄箓斋科》。然则坛壝典仪，朝修俯仰，莫不古今一途。而其科文严整，典式条畅，发明古则，昭示方来，斋法至此不可有加矣。”① 杜光庭通过整理、撰写道教斋醮科仪之书，推进了道教斋醮科仪向系统化、规范化方面发展，从而对唐末五代道教的发展做出了重要的贡献。

（原载：《宗教学研究》，2006 年第 4 期）

① 《上清灵宝大法》卷五十四，《道藏》第 31 册，第 201 页。

张伯端“道禅合一”思想述评

北宋著名道士张伯端（984－1082）① 对佛教禅学情有独钟，不仅在其代表作《悟真篇》中以“道禅合一”为基点创立了富有特色的丹学理论，而且还专门作有《禅宗歌颂诗曲杂言》一卷，表达了他对禅的境界之理悟。笔者认为，张伯端的“道禅合一”思想不仅为金丹派南宗的性命之学奠定了哲学理论基础，而且其所阐发的“达本明性之道”也在一定程度上革新了道教传统的修道理论。本文通过对张伯端“道禅合一”思想的形成及其理论特点之述评，从一个侧面来揭示张伯端是如何通过引禅入道而促进道教更新发展的。

---

① 关于张伯端的生年，有不同的说法。本文据《历世真仙体道通鉴》卷四十九《张用成传》中“元丰五年（公元 1082 年）三月十五日趺坐而化，住世九十九岁”的说法，推论其为当生于北宋太平兴国九年（公元 984 年）。另据翁葆光所著《悟真篇直指详说三乘秘要》记载，张伯端卒于北宋元丰五年，年九十六岁，则其生年应为北宋雍熙四年（公元 987 年）。

一、道禅合一思想的初成

张伯端生活在儒佛道三教相互交融并日益渗透的年代。在这样的时代文化氛围中，他为了追寻理想的人生境界，学术兴趣也曾发生过转移变化。如果仔细研究张伯端一生的学术经历，就可以找到一条由儒入道，由道入禅，以道为本，道禅合一的发展线索。这条线索的终端之所以最终落实在“道禅合一”上，与他的生活经历以及他对人生最高理想境界的理悟不无关联。

张伯端是浙江天台人，自谓“幼亲善道，涉猎三教经书，以至刑法、书筭、医卜、战阵、天文、地理、吉凶、死生之术，靡不留心详究。惟金丹一法，阅尽群经及诸家歌诗论契。”① 张伯端自幼博学多才，“无所不学”②，在精通诸学的基础上，他尤好金丹之学，这就为他后来融会三教而独钟道教的“性命双修”奠定了基础。

值得重视的是，张伯端的家乡浙江天台是中国佛教创立最早的宗派——天台宗的主要活动地，直到宋代，那里的佛教依然盛行。天台宗虽然创建于陈隋之际，但如果追根溯源，其先驱者则是生活于南北朝时期的慧文和慧思③。他们都是当时北方著名的禅师，慧思从慧文学“一心三观”之禅法，后南下传禅，有感于南方偏重义理而轻视禅修，乃倡止观并重、定慧双开，并身体力行，“昼谈理义，夜便思

① 《悟真篇序》，《道藏》第2册，第914页。

② 《历世真仙体道通鉴》卷四十九《张用成传》，《道藏》第5册，第382页。

③ 慧文活动于东魏、北齐之时，相传他因读《大智度论》和《中论·四谛品》而悟得“一心三观”之禅法，即认为可以于“一念心”中同时观悟空、假、中三谛，并将此思想传给弟子慧思。慧思原在北方，归依慧文，从受正法。曾诵《法华经》，悟法华三昧，并将之推广运用于日常行事上，倡导“无相安乐行”的实践行法，即“常在一切深妙禅定，行住坐卧，饮食语言，一切威仪，心常定故”（《法华经安乐行义》，《大正藏》第46册，第700页）。

择……南北禅宗，罕不承绪。”[1] 由此可见，慧思乃是一个统一南北佛教不同学风的重要人物。同时，慧思又是一个深受中国道教和神仙家思想影响的僧人。他在《立誓愿文》中曾表示“愿诸圣贤佐助我，得好芝草及神丹”，甚至“誓愿入山学神仙，得长命力求佛道”，从而将道教的重延命与佛教的重修心结合了起来。慧思的弟子很多，其中以实际创立天台宗的四祖智影响最大。智顗本人亦是禅师[2]，特重“止观法门”。他把“一心三观”与“诸法实相”联系起来，构建了天台宗独特的止观并重、教禅兼备的思想学说，独开中华禅学之一支。既讲经论，又习禅定；既重禅悟，又重修道，这构成了天台宗的一大特色，其影响远远地超出了佛教文化圈。

青少年时期就受到天台佛教文化熏陶的张伯端并没有接受佛教信仰，而是像当时中国大多数士人一样立身儒林。他“少业进士”，后为府吏，进入仕途，生活安定。据《临海县志》记载，直到晚年，张伯端才因嗜鱼并疑其婢女窃鱼，导致“婢自经死”，而心存愧念，遂有看破人生，隐遁山林之念头。他曾赋诗云：“刀笔随身四十年，是非非是万千千，一家温饱千家怨，半世功名百世愆。紫授金章今已矣，芒鞋竹杖任悠然。有人问我蓬莱路，云在青山月在天。”赋毕，“纵火将所署案卷悉焚之”，却因此而“按火烧文书律遣戍”，被遣往岭南。[3] 从此，仕途受阻。

张伯端大约在北宋治平年（1064－1067）间充军岭南。当时龙图阁学士陆诜驻守桂林，让张伯端置帐下，典机事，并随之而行动。人

---

① 道宣：《续高僧传》卷十七《慧思传》，《大正藏》第 50 册，第 564 页。

② 智顗的《修习止观坐禅法要》（亦称《小止观》或《童蒙止观》）和《禅门口诀》等都是他禅学方面的代表作。

③ 《悟真篇序》中说“张平叔先生者，天台人，少业进士，坐累谪岭南兵籍。”《道藏》第 2 册，第 914 页。

生的坎坷，心中的愧疚，仕途的波折，不能不促使张伯端进一步思考人生的意义问题。这时，已步入老年的他感到“百岁光阴石火烁，一生身世水泡浮，只贪利禄求荣显，不觉形容暗瘁枯”，人生苦短，光阴似箭，即使仕途通达而获得了荣华富贵，但物质享受毕竟是暂时的，人最终难免一死。怎样才能使生命更加有意义？人生的解脱之境究竟何在？对人生问题的思考成为他转向宗教的重要契机。

熙宁二年（1069），张伯端随陆诜移居成都，遇异人授予金液还丹诀①，“其言甚简，其要不繁”，“校之仙经，若合符契”，乃改名“用成”，号“紫阳”，以示笃信道教。并于熙宁八年（1075）“罄所得成律诗九九八十一首，号曰《悟真篇》”②。如果说在《悟真篇》中“道禅合一”已成为其思想的组成部分，那么，这种“道禅合一”的思想在张伯端对禅学的关注中则得到了进一步的伸展。

在完成了《悟真篇》之后，张伯端并没有停止对解脱理论的探讨。他特别对禅宗明心见性、顿悟成佛的修道方法与理想境界十分推崇，曾声称“仆得达摩、六祖最上一乘之妙旨，可因一言而悟万法也”③，并借佛教禅学来阐发道教的内丹修性之旨。他认为《悟真篇》有所不足，“其中惟谈养命固形之术，而于本源真觉之性有所未究”，于是，他“遂玩佛书及《传灯录》，至于祖师有击竹而悟者，乃形于歌颂诗曲杂言三十二首”，并将这三十二首诗歌附于《悟真篇》卷末，认为“庶几达本明性之道，尽于此矣”，希望他的同道“览之则见末而悟本，舍妄以从真”。④ 这个原名为《禅宗歌颂诗曲杂言》的东西，

① 《悟真篇》，《道藏》第2册，第915页。

② 《历世真仙体道通鉴》说：“遂遇刘海蟾授金液还丹火修之诀”，明确指出此异人为刘海蟾。留元长的《海琼问道集·序》中则说：“张得于刘海蟾，刘得于吕洞宾”，这样，张伯端的丹道又是承绪钟吕金丹道而来。

③ 《悟真篇后序》，《道藏》第2册，第968页。

④ 《悟真篇》，《道藏》第2册，第915页。

也就是今天《道藏》中的《紫阳真人悟真篇拾遗》一卷。这一卷诗歌集特别反映了张伯端“道禅合一”思想的基本特点。

据现有资料看，张伯端似特别欣赏云门宗的雪窦重显禅师（980－1052）的禅学。据《佛祖统记》中说，张伯端在著《悟真篇》之后，又“尝遍参禅门，大有省发。后读雪窦《祖英集》，顿明心地，作歌偈以申其旨。且言：独修金丹而不悟佛理者，即同楞严十仙散入诸趣之报。”① 云门宗是形成于五代时期的禅宗南宗五家禅中的一派，其创始人是石头希迁门下天皇道悟的四世法孙文偃（864－949），因其住在韶州云门山而得名。云门宗以强调山水自然，即事而真，一切现成，无心解脱为特色，形成了“孤危耸峻，人难凑泊”的宗风。云门宗不仅以棒喝接引学人，而且还常以非常简短的片言只语来应答，例如以“云门三句”来启发学人开悟，一时影响很大。到北宋时，文偃的三世法孙雪窦重显禅师先在四川成都行禅，后于明州雪窦山资圣寺（今浙江奉化）弘道三十一年，他的《颂古百则》不仅成为当时禅僧的必读之书，而且还受到许多好禅爱道的教外人士欢迎，从而使云门宗在北宋盛极一时。《佛祖历代通载》称“迁明之雪窦，宗风大振，天下龙蟠凤逸，衲子争集，号云门中兴”。以至于张伯端也在《读雪窦禅师〈祖英集〉》偈中，亲切地称雪窦为“吾师”，盛赞“吾师道高言语畅，留在世间为榜样”②。

张伯端虽然欣赏以“明心见性”为特点的禅学，但他最终并没有以佛为本，也没有放弃或转移得道成仙的理想目标，而是力图以道教的修炼性命之说来会通儒佛道三教，特别是沿着刚刚兴起的钟吕金丹道的理路，通过融合道、禅来革新传统道教，使之既能够在一定程度

① 《佛祖统记》卷四十五，《大正藏》第49册，第417页。
② 《道藏》第2册，第1033页。

上适应现实之人对生命的关爱，又促进了道教理论的更新发展。这也是后来道教推崇张伯端，将其奉为“紫阳真人”的重要原因。

二、对传统道教的革新

张伯端是北宋时道教丹学的集大成者，他的丹学理论虽承传统道教的理路以追求生命的长存为本，但同时也深受禅宗心性论的影响，特别是在修道方法上对传统的道教有所革新。

在修道方法上，张伯端既不倡服食丹药，也不用符箓科仪。他认为这些传统道教的修道方法都执著于某一极端，故非正道。人们若依这些极端的方法勤苦修道，最终还是难以达到长生成仙的目的。对此，他在《悟真篇序》中作了特别的说明，他说：“今人以道门尚于修命，而不知修命之法，理出两端，有易遇而难成者，有难遇而易成者。”那么，哪些方法是“易遇而难成者”呢？张伯端认为，“如炼五芽之气，服七曜之光，注想按摩，纳清吐浊，念经持咒，巽水叱符，叩齿集神，休妻绝粒，存神闭息，运眉之间，补脑还精，习房中之术，以至服炼金石草木之类，皆易遇而难成。”难成的原因何在？张伯端认为，在以上种种修道方法中，“惟闭息一法，能忘机绝虑，即与二乘坐禅颇同。若勤而行之，可以入定出神。奈何精神属阴，宅舍难固，不免常用迁徙之法，既未得金汞还返之道，又岂能回阳换骨，白日而升天哉?”闭息的方法虽然能够达到与佛教坐禅一样的“忘机绝虑”之功效，但由于没有修命的功夫，肉体不能长久。命之不存，还妄谈什么“忘机绝虑”、“白日升天”呢？因此，以上种种方法虽然下手易，但从完整的生命应是由肉体和精神两者有机构成这一格局上说，这些方法都是无法助人达到得道成仙之理想目标的。

至于那些“难遇而易成”的方法，张伯端认为“须要洞晓阴阳，深达造化，方能追二气于黄道，会三性于元宫，攒簇五行，和合四象，龙吟虎啸，夫唱妇随，玉鼎汤煎，金炉火识，始得玄珠有象，太乙归真，都来片晌工夫，永保无穷逸乐”①。修道应于修命处入手。然而这种修命之法，并非魏晋时期流行的以金银铅汞等为原料的外丹修炼。张伯端认为，外丹采用的丹药都是一些外在于人的三黄（雄黄、雌黄和硫磺）、四神（铅银汞砂）等物，如炼制不当，不但不能使人永葆生命，反而会损害人的肉体乃至精神。因此他谆谆告诫人们“休炼三黄及四神，若寻众草更非真”，努力扭转传统道教那种向外追求长生成仙的方法，而将注意力转向了人本身。张伯端反复强调“人人本有长生药，自是迷途枉摆抛”②；“要知炼养还丹法，须向家园下种栽。不假吹嘘并著力，自然丹熟脱灵胎”③；“丹熟自然金满屋，何须寻草学烧茅”④。他所说的“长生药”其实就是人体内部的精气神。张伯端认为，精气神是人的成仙之基，可是人们常忽视了它的存在而向外寻求，以至于走上了向外求索的迷途。因此，他要人回归自身，努力修炼以精气神为内炼药物的内丹术，一旦达到“一粒灵丹吞入腹，始知我命不由天”⑤。

张伯端认为，内丹修炼就是属于“难遇而易成”的方法。之所以“难遇”，就在于修道者不识从何处下手，“有取铅汞为二气，指脏腑为五行，分心肾为坎离，以肝肺为龙虎，用神气为子母，执津液为铅汞，不识浮沉，宁分主客。”最终“皆日月失道，铅汞异炉，欲结还丹，不亦难乎！”而之所以“易成”，则是由于一旦修道者掌握了正确

① 《悟真篇序》，《道藏》第2册，第914页。
② 《道藏》第2册，第924页。
③ 《悟真篇序》，《道藏》第2册，第914页。
④ 《道藏》第2册，第924页。
⑤ 同上，第936页。

的方法，就可以循着炼精化气、炼气化神、炼神还虚的途径，直了性源之境。张伯端强调，“世之学仙者，十有八九，而达真要者，未闻一二”①，因而他才将自己所“遇真诠”，作《悟真篇》，以让学道者“可以寻文解义，岂须仆区区授之矣”②。《悟真篇》就是以“见末而悟本，舍妄以求真”为宗旨，以诗歌的形式阐发了“难遇而易成”的内丹丹法。

其实，在张伯端生活的时代，道教的内丹修炼术已开始流行，其方法多达十几种，但大同小异，都以性命二字为根本宗旨，性指神，命指精气。因而如何通过修炼精气神而达到性命双修的功效，也成为张伯端所着力思考的问题。值得注意的是，张伯端对修丹功效问题的思考是建立在比较儒佛道三教的生命观之异同的基础上的。他正是吸取了禅宗的“顿悟圆通”等思想来发展道教内丹术的。他在《悟真篇序》中说：

> 释氏以空寂为宗，若顿悟圆通，则直超彼岸，如有习漏未尽，则尚徇于有生；老氏以炼养为真，若得其要枢，则立跻圣位，如其未明本性，则犹滞于幻形；其次，《周易》有穷理尽性至命之辞，《鲁语》有毋意、必、固、我之说，此又仲尼极臻于性命之奥也。

他以一种理性的态度，分析了三教性命学说各自的特点与相互的差异，然后特别指出：“教虽分三，道乃归一，奈何后世黄缁之流，各自专门，互相非是，致使三家宗要迷没邪歧，不能混一而同归

---

① 《悟真篇序》，《道藏》第2册，第915页。
② 《悟真篇后序》，《道藏》第2册，第968页。

矣。”① 在张伯端看来，儒佛道三教在性命修炼上虽各有特点，但其根本宗旨却是一致的，而人们偏执于一方，相互攻击，致使三家宗要迷没邪歧。于是，他超越狭隘的门户之见，在圆融三教的基础上，提出了“三关”修道术：“先以神仙命术诱其修炼，次以诸佛妙用广其神通，终以真如觉性遣其幻妄，而归于究竟空寂之本源矣。”② 张伯端首先以道教的养命固形之术为“初关”，在“命功”有成之后，又引入佛教的神通妙用为“中关”，强调还应进一步修炼“性功”，最后以佛教禅宗的“空寂之本源”作为修道的“上关”，从而将三教圆融最终落实在“道禅合一”的性命双修之上。张伯端强调，只有通过这样的“三关”修炼，才能使“神气精者，与天地同其根，与万物同其体”③，达到一种永恒之境。这种永恒之境既基于道教的养性固命之术，又体现了佛教禅宗的超越精神。

三、以“道禅合一”为特点的内丹学

张伯端的“三关”修道术既是其内丹学的核心，也充分体现了其“道禅合一”的思想特色。受禅宗心性论的影响，张伯端所宣扬的性命双修是以道教的肉体修炼为基，以南宗禅的“明心见性”为旨，形成了先命后性的渐修顿悟的修道进路。这种修道进路的形成与张伯端从“达本明性”的角度对精气神三者的关系进行分析以及对心神、性命的诠释是分不开的。

张伯端认为，在精气神三者中，“神者，精气之主”，神又以心为载体，“心者，神之舍也”，神在精气神三者中起着主导作用。“神为

---

① 《悟真篇序》，《道藏》第 2 册，第 914 页。
② 《紫阳真人悟真篇拾遗》，《道藏》第 2 册，第 1030 页。
③ 《金丹四百字》，《道藏》第 24 册，第 161 页。

重，金丹之道始终以神而用精气也”。然而，占主导地位的神本身又有先天之元神和后天之欲神之分，“夫神者，有元神焉，有欲神焉。元神者，乃先天以来一点灵光也。欲神者，气质之性也。元神者，先天之性也。形而后有气质之性。善返之，则天地之性存焉”①。神的这种区别，为修道的路径应以从精神上回归人的先天之元神为目标提供了理论依据②。

这种精神回归的思路无疑受到了儒家孟子和佛教禅宗的深刻影响。张伯端所说的“元神”实际上就是禅宗所说的“本心”。正如六祖惠能所说的，“自识本心，自见本性”③，即可于一念之中起真正的般若观照而顿悟成佛。这样，“本心”、“元神”不仅是存在于人体之中，而且具有超越人体束缚而获得一种绝对的精神自由的特征。张伯端正是以“心”为本来勾勒自己的理论，他认为，“欲体夫至道，莫若明夫本心。故心者道之体也，道者心之用也。人能察心观性，则圆明之体自现，无为之用自成，不假施功，顿超彼岸。”只要明心见性，一刹那间，妄念俱灭，就可顿超彼岸，达到解脱之境。正是基于此，张伯端提出“见性之法，即上之所谓无为妙觉之道”④，借用禅宗“明心见性”的顿悟之法来说明道教内丹修炼法的“无为妙觉之道”。

张伯端在接受禅宗心性论注重从人的精神上寻求超越之境的同时，并没有放弃道教追求生命长存的理想，而是力图在先命后性的修道次第上，将道禅有机地融合起来，以达到“以命取性”的效果。这

① 《玉清金笥青华秘文金宝内炼丹诀》卷上，《道藏》第4册，第364页。

② 得注意的是，张伯端所说的“形而后有气质之性。善反之，则天地之性存焉”，对后来宋明理学家张载的思想产生了深刻的影响。张载在《正蒙·诚明》中第一次提出以“天地之性”和“气质之性”，并用来规定人性的善恶，成为宋明理学的重要思想，即是受张伯端影响的结果。请参见胡孚琛、吕锡琛：《道学通论》，社会科学文献出版社，1999年，第225页。

③ 敦煌本《坛经》第十五节。

④ 《悟真篇后序》，《道藏》第2册，第968页。

是他在分析了佛教禅宗心性论与传统道教修仙之学的优劣之后做出的一种理论创新。张伯端认为，道与禅的最高境界是相通的，“见了真空空不空，圆明何处不圆通，根尘心法都无物，妙用方知与佛同”①，但这种最高境界的体现却有所不同。佛教禅宗摒弃肉体，注重的是人的精神如何超越肉体的束缚而获得解脱，而传统道教则是将肉体不死作为解决人生问题的基点，这是道禅的差别之所在。张伯端站在道教的立场上，认为道优于禅，因为道教注重性命双修。据《历世真仙体道通鉴》卷四十九《张用成传》记载，张伯端功法高强，曾与一名“修戒定慧，自以为得最上乘禅旨”的禅师斗法。由于张伯端既注重性功，又注重命功，故功法略胜一筹。这其中固然有道教自我夸张、自我神化的成分，但这也从一个侧面说明张伯端已认识到佛教“欲速见功，不复修命，直修性宗”所带来的局限性，故常说：“道家以命宗立教，故详言命而略言性。”② 若命之不存，性将焉存？

张伯端从性命双修出发，认为佛教禅宗只修性而不修命，执著于精神的超越是片面的，他顺应唐末五代时兴起的钟吕金丹道之内炼性命的理路，将“精气神”作为“不老药”、“真种子”，他认为，人的生命是由精神与肉体，即性与命相合而成的，因而“我金丹大道，性命兼修，是故聚则成形，散则成气”③。在《悟真篇》中，张伯端运用了大量的外丹术语：铅汞、龙虎、三黄、四神、黄芽、白雪等来解说内丹修炼之道，特别是“劝君穷取生身处，返本还源是药王”④，强调人要通过修炼自身体内固有的精气神，以达到“群阴剥尽丹成

① 《紫阳真人悟真篇拾遗》，《道藏》第2册，第1030页。
② 《历世真仙体道通鉴》卷四十九《张用成传》，《道藏》第5册，第383页。
③ 同上。
④ 《悟真篇》，《道藏》第2册，第918页。

熟，跳出樊笼寿万年"[①]。但他又进一步指出，传统道教的"学道之人不通性理，独修金丹。如此，既性命之道未修，则运心不普，物我难齐，又焉能究竟圆通，回超三界"[②]。光修命而不修性，仅执著于肉体的长生也是难以达到一种超越之境的。

据此，张伯端在引禅宗的"明心见性"时，提出了先命后性的渐修顿悟法，将道禅融而为一。这不仅使他的性命双修具有了浓重的禅化色彩，而且也使他所说的成仙之境已不再是传统道教的肉体飞升，而是"以命取性"，偏重于在精神上达到"无为妙觉之道"。这种以"道禅合一"为理论特色的性命双修进一步促进了道教由倾向于服食丹药的外丹修炼而过渡到以内炼精气神的内丹修炼，特别是为人们从心性上寻求超越之道开辟了新思路。

四、对道教发展的影响

张伯端在"道禅合一"的基础上所建构起来的内丹心性学说，以其独具的深蕴发展了传统道教的性命双修说，特别是他对禅宗的"明心见性"的借鉴，提升了道教的精神超越之境，对后来道教的发展产生了一定的影响。

南宋时期，以张伯端思想为基点，南方出现了以张伯端为开派祖师的金丹派南宗，并形成了张伯端→石泰→薛道光→陈楠→白玉蟾的传道系统。[③] 金元时期，王喆创立的主张从人的本真生命存在中去追求生命的超越、力倡性命双修的全真道在北方兴起之后，由于修道方法的相近，南宗也被划归到全真道的旗下，张伯端则成为全真道南宗

① 《悟真篇》，《道藏》第2册，第928页。
② 《紫阳真人悟真篇拾遗》，《道藏》第2册，第1030页。
③ 有人认为，南宗的实际创始人是生活于宋宁宗时期（1195－1224）的白玉蟾。

的初祖。

与张伯端所倡的“道禅合一”思想相一致，全真道南宗从修道思想、修炼性命方法到日常的生活方式都具有浓厚的禅化色彩。

从修道思想上看，张伯端“道禅合一”的思想在南宗思想的发展中得到了进一步的强化。例如，四祖陈楠强调“人若晓得《金刚》、《圆觉》二经，则金丹之义自明，何必分别老释之异同哉！”从而将道与禅联为一体。五祖白玉蟾虽有《金丹捷径》“备言丹法细微之旨”，但同时又认为修道之要“非存思，非举意，非是身中运精气”①，而在于明了“至道在心，即心是道”② 的道理，以达到“人能虚心，道自归之”的境界。白玉蟾的许多诗书中都流露出了深深的禅味，“夫山中之人，其所乐不在乎山之乐，盖其心之乐，而乐乎山者，心境一如也。对境无心，对心无境，斯则隐山之善乐者欤?”③ 人心与山境在禅中融而为一。

从修道方法上看，以张伯端为代表的南宗认为，修炼者应从钟吕金丹道的传统丹法出发，由修炼精气入手，循着炼精化气，炼气化神，炼神还虚，逐渐前进。但在具体说明这个过程时，南宗吸收了许多禅宗的东西，大谈识心见性，力图通过聚气凝神的气功命术，达到“心中无心，念中无念，纯清绝点，当之纯阳”④ 的虚静空灵之状态。南宗自称这种方法为“以命取性”，即以先修命后修性为特征。南宗既强调了命功在修身养性中的基础性作用，又将精神的超越作为修道的最高境界，从而与全真道北宗所主张的先修性后修命的修道方法有了显著的区别。虽然北宗也深受禅宗思想的影响，但在如何安排道禅

① 《大道歌》，《道藏》第4册，第785页。

② 《海琼白真人语录》卷三，《道藏》第33册，第130页。

③ 《海琼问道集·海琼君隐山文》，《道藏》第33册，第143页。。

④ 白玉蟾：《谢张紫阳书》，《道藏》第4册，第625页。

的关系上，却与南宗有着不同的思路。王喆认为，性命的关系如同神气的关系，两者虽然相互依存，浑然一体，但是"主者是性，宾者是命"。因此，修炼者要从修性开始，先除情去欲，做禅宗式的"打坐"功夫，于一切时中使自己心地清静，摒除贪欲杂念，不为世俗的事务所动心，从而顿悟自心即为道心。在识心见性的基础上，然后再推动精气的运转，依次而炼精化气，炼气化神，炼神还虚，从而返本归根，达到与道同体，得道而成仙。由于南北二宗在修道方法上将禅法摆在不同的位置，从而导致了修道方法上的差异。

从生活方式上看，南宗受惠能南宗禅"随缘任运"思想的影响，强调道就存在于事事物物之中，修炼者不必注重修炼形式，而要去体悟事事物物之中存在的道。既然"行住坐卧皆是道"，那么日常生活也就是体道悟道的过程。这样，种种外在的戒规，繁琐的读经研道，定时的斋戒拜神活动，以及出家禁欲修行等，在南宗看来似乎都成为多余，"须知大隐居尘市，何必深山守静孤"①。南宗认为修道者与其远离社会，到深山老林中去独修，还不如就隐居于尘市之中，不避世俗之事，不拘一格地自由自在地生活，饥来吃饭困来睡。"有志之士若能精勤修炼，初无贵贱之别，在朝不妨为治国平天下之事，在市不失为士农工商之业"②，即使是居于朝廷之上，做治国平天下之事，只要一心向道，精勤修炼，照样可以获得解脱。受此影响，南宗倡导在世俗社会中"大隐混俗"、"和光同尘"，将日常生活作为修炼的道场。像"修行混俗且和光，圆即圆兮方即方"③ 的话语与惠能南宗禅所张扬的"饥来吃饭，困来即眠"的精神何其相似，而"心中无心，念中无念"则如惠能南宗禅"于念而不念"、"自在解脱"的翻版。正

① 《悟真篇》，《道藏》第2册，第924页。
② 夏元鼎：《悟真篇讲义》卷六，《道藏》第3册，第57页。
③ 《悟真篇》，《道藏》第2册，第953页。

是受这种禅精神的影响，南宗人的生活方式比较世俗化。除了南五祖白玉蟾之外，其他的祖师都不是职业道士。他们的生活方式，与全真道北宗倡导的出家修炼以摆脱家庭的牵累，认为如此才能超凡脱俗，构成了鲜明的区别。

总之，“道禅合一”不仅构成了张伯端“先命后性”的修道思想特色，而且也对道教思想的发展方向产生了重要的影响。虽然从宗教组织上看，全真道北宗因得到帝王的支持而盛极一时，并逐渐南下传播，以至于涵盖了以张伯端为代表南宗。但是，从宗教思想发展的角度看，张伯端的《悟真篇》在道教史上依然影响深远。宋代以后，道教中出现了专门注疏《悟真篇》的系列道书，以至于《四库全书总目》在收入该书时评价说：“是书专明金丹之要，与魏伯阳《参同契》，道家并推为正宗。”① 《悟真篇》之所以具有如此之魅力，从某种意义上说，与张伯端融禅于道所进行的理论创新是联系在一起的。

（原载：《中国哲学史》，2000 年第 1 期）

① 《四库全书总目》卷一四六。

论王重阳与早期全真道心性论的理论旨归

宋辽金元时期是道教发展的兴盛时期。兴盛的主要标志就是众多的新道派在大江南北相继出现。其中就有王重阳在金世宗大定七年（1167）于山东半岛创立的全真道。随着历史的发展，许多新道派犹如昙花一现，很快消失了，而全真道却因得到了北方广大群众较为普遍的信仰而延续了下来。到元代时，全真道的发展臻于鼎盛，从而与主要活动于南方的正一道并立成为中国后期道教的两大道派。全真道之所以能从一个活动于一隅的小道团，很快发展为在中国道教史上占有举足轻重地位的大道派，并流传至今，除了因为得到统治者的支持等原因之外，与它从创立之初就顺应时代发展的需要，在融合儒佛道三教的基础上，从人的心性上来探讨生命超越的可能性密切相关。关注人的生命存在，从人的本真的生命存在中去追求生命的超越，成为全真道心性论的重要特色和理论旨归。本文将主要就早期全真道的心性论作些探讨和说明。

一、时代课题——对人的生命的关注

特定的社会现实生活状况对宗教的存在与发展有着至关重要的影响。在宋辽金元时期，中国社会中民族矛盾与社会矛盾纷繁交织，引发了社会动乱、南北分裂。生机勃勃的女真人用铁蹄毫不留情地踏灭了腐朽的北宋王朝。1127 年，宋高宗赵构做了皇帝，后定都临安（今浙江杭州），改元建炎，建立了偏安江南的小朝廷，史称南宋。金人在统治了北方社会之后，还希望凭借着身强马壮，南下灭宋。而一些宋人则希望早日收复中原失地，统一中国。宋金交兵，生灵涂炭。社会的苦难是宗教产生的温床。生活在战争动乱中的人，常有朝不保夕之感，从而对人的生命存在的意义与价值给予特别的关注。懦弱的南宋立国后不久，即与金人议和。在金人统治下的北方汉人，眼见复国无望，更需要借宗教来抚慰自己备受创伤的心灵。如何使人短暂的生命过得有意义？如何有效地保全生命乃至延长生命？这成为人们普遍关注的时代课题，也成为全真道创立者王创教的原始动机。

王喆，号重阳（1112－1170），原名中孚，字允卿，出身于陕西咸阳的豪门望族。据说他长相不凡，且才学超群，年轻时就精通儒家经史，曾希望通过科举入仕做官，求得功名富贵，并辅佐君王，以实现拯世救俗的宏伟抱负。然而，事与愿违，金人不重用汉人，王重阳奉事金朝多年，只当了一个收酒税的小官，郁郁不得志。同时，他生活在社会下层，深切体会到了金人对汉人的欺凌以及百姓生活的艰难。面对人生的困境和社会的不合理，王重阳常常思考生命的意义与价值等问题。在现实生活中，他感到心灰意冷，无能为力，因而心情十分苦闷，迅速流逝的生命又常使他心理上产生一种莫名的恐惧感。

有一段时间，他“豪气冲天恣意情，朝朝日日长波醉”①，以沉醉于酒中来逃避现实，自我麻醉，表达了他对现实生活的无奈与厌倦。正是带着对社会现实的失望，带着对人生无常和死亡的畏惧，王重阳最终走向了宗教，希望到宗教中去寻找生存的意义，求得生命的超越之道。费尔巴哈说过：“宗教的前提，是意志与能力之间、愿望与获得之间、目的与结果之间、想象与实际之间、思想与存在之间的对立或矛盾。”② 王重阳“始于业儒，其卒成道”③ 的经历正是说明了这一点。

相传，王重阳四十八岁时，在甘河镇遇到两个神仙，得到了内丹修炼的秘诀，并饮了神水。此后，他假托疯病，抛妻离子，出家修道，“尽断诸缘，同尘万有，即养浩于刘蒋、南时等处者三年”④。自我修炼了一段时间后，据说王重阳生理和心理上都发生了很大的变化，彻悟了人生的真谛，并萌发了向社会传道的念头。大定七年(1167)，王重阳从陕西出发经潼关来到山东半岛，以诗词歌曲等形式来随机施教，化导众人，聚众讲道，“其修持大略以识心见性，除情去欲，忍耻含垢，苦己利人为之宗”⑤，并以“全真”为旗号，吸收了一批弟子。从此，独具特色的全真道便登上了中国历史的舞台。在王重阳门下，最著名的有七大弟子，他们各开全真一派，史称“北七真人”。

全真道十分强调王重阳创教的独创性，以与其他的教派相分立。《甘水仙源录》卷二载《广宁通玄太古真人郝宗师道行碑》中说：“重

---

① 《重阳全真集》卷九，《道藏》第25册，第739页。
② 《费尔巴哈哲学著作选集》下卷，商务印书馆，1984年，第462页。
③ 《甘水仙源录》卷一《终南山重阳祖师仙迹记》，《道藏》第19册，第725页。
④ 《甘水仙源录》序，《道藏》第19册，第722页。
⑤ 《甘水仙源录》卷二《广宁通玄太古真人郝宗师道行碑》，《道藏》第19册，第740页。

阳真君，不阶师友，一悟绝人，殆若天授，起于终南，达于昆仑，招其同类而开导之，锻炼之，仞立一家之教曰全真。”卷一载《终南山神仙重阳真人全真教祖碑》中又说，王重阳在传教时，常“劝人诵《般若心经》、《道德清静经》及《孝经》，云可以修证”。这表明，王重阳是在融合儒佛道三教文化的基础上创立其一家之教的。那么，他的独创性表现在哪里呢？元代李鼎的《大元重修古楼观宗圣宫记》中说：

> 金大定初，重阳祖师出焉，以道德性命之学，唱为全真，洗百家之流弊，绍千载之绝学，天下靡然从之。

从实际情况看，王重阳正是“以道德性命之学”作为自己理论和实践的基础，一方面“洗百家之流弊”，重新阐释道教的宗教实践与理想；另一方面，“绍千载之绝学”，重扬中国文化中重视人的内在超越的传统，从心性论的角度探讨了人的生命能否超越、如何超越等问题，力图在传统道教“肉体成仙”的理想与现实的矛盾中，为实现道教得道成仙的理想开出一条新路。从人的本真的生命存在中去追求生命的超越成为王重阳创立的全真道的重要特色。

道教作为中国土生土长的传统宗教，从其创立之初，就把延长人的生命作为自己追求的目标。早期道教从老子道家的“深根固柢，长生久视之道”① 出发，多主张以“保精神不离肉体”为养生之要，希望通过修“德行”和务“方术”而实现对自然规律的超越，追求“自我”与“人生”都得以永恒的无忧无虑的神仙生活，由此而导致了魏晋时期肉体长生成仙说的盛行。炼丹家们精心炼制各种丹药，希望能

---

① 《老子》第五十九章。

够创造出生命的奇迹——人服食了仙丹而长生不死，羽化成仙。然而，这种美好的理想被无情的现实所粉碎。许多人服食丹药后，不仅没有延长生命，反而中毒身亡。不争的事实与惨痛的教训导致了人们对肉体成仙说的普遍怀疑，从而动摇了对道教的信仰。面对道教发展的困境，唐代时，在儒家心性论和佛教生命哲学的影响下，道教重玄学派和一些丹鼎派的道士们对得道成仙的宗教理想与实践进行了重新阐释，他们调整了对长生不死的看法，积极从人自身内部去发掘得道成仙的可能性，从而将修炼的重点从追求肉体长生逐渐转移到人的心性上来，在人的内在"心性"的层面上将道与修道者统合为一，这就为全真道修正传统的肉体成仙说而开出"真性"不朽说提供了思路。王重阳正是在这样的时代文化氛围中，以"心中端正莫生邪，三教搜来作一家"① 的基本态度，进一步推动了道教的发展。

二、性因爱而生，命因欲而有

全真道以"全真而仙"作为自己的宗教理想目标，它强调的"得道成仙"不是魏晋道教倡导的肉体长生，而是真性永存，精神超越。这种理想目标的提出与全真道在汲取佛教教义的基础上而形成的对人的生命的看法是联系在一起的。

在生命观上，全真道走出了传统道教的道生万物的神创说的范围，它在借鉴佛教理论的基础上，从心性的角度探讨了生命的起源，为生命确立了心性的本体，从而为人从本真的生命存在中去实现人生的理想，通过修炼性命而追求生命的超越提供了理论依据。王重阳认为，"胎生卵湿化生人，迷惑安知四假因，正是泥团为土块，聚为身

① 《重阳全真集》卷一，《道藏》第25册，第696页。

体散为尘”[①]。他借用佛教的“四生说”，把有生命之物分为胎生、卵生、湿生和化生四类，强调人是由肉体和精神等因缘和合而成的，缘合则生，缘散则灭，其根本依持则是人所固有的“真性”。“从真性所生，为人者”[②]。真性也称真心、元神、元性等，是人得以成人的本体，借用禅宗的话，就是“父母未生时”[③]、“本初真面目”[④]。王重阳认为，这个真性存在于人心之中，“乃不生不灭、无朽无坏之真灵”[⑤]，因而也是修炼长生不死的根本：“是这真性不乱，万缘不挂，不去不来，此是长生不死也。”[⑥] 但现实之人的真性是常被爱欲扰乱遮蔽而不显的。真性在人表现为性和命，从生命的形成来看，“性因爱而生，命因欲而有。皆因爱欲而起逆顺，生嫉妒，从此轮回，绵绵不断”[⑦]。因而现实之人的性和命都是与爱欲结合在一起的，并因爱欲而迷失了自己的本性。修道就是要努力去除爱欲而返归真性，“做修持须搜索真清真静真心”[⑧]，通过回归生命的本真而超越肉体的生死。这一观点成为全真道生命观和修行观的基点。

全真道的生命观和修行观既吸取了佛教的思想，也与老庄道家的理论密切相关。老庄的理论基点“道”的含义之一就是生命的根本和源泉。老子《道德经》五千言，虽然没有直接谈论生命问题，但它肯定了人的性与命都由道而来，“道”是生命的起点和生命的最高境界。从“道法自然”出发，老子强调了“返璞归真”，认为“归根曰静，静曰复命”，将对人的本真之性——“道”的复归作为理想境界，因

---

① 《重阳全真集》卷二，《道藏》第25册，第703页。
② 《重阳真人金关玉锁诀》，《道藏》第25册，第799页。
③ 《重阳全真集》卷四，《道藏》第25册，第717页。
④ 《重阳全真集》卷二，《道藏》第25册，第703页。
⑤ 《五篇灵文》，《藏外道书》第25册，第669页。
⑥ 《重阳真人授丹阳二十四诀》，《道藏》第25册，第807页。
⑦ 《丹阳真人语录》，《道藏》第23册，第704页。
⑧ 《重阳全真集》卷五，《道藏》第25册，第723页。

而才有“常德不离，复归于婴儿”① 等说法。“复归于婴儿”仅是一个形象的比喻，老子借用婴儿作为生命本真状态的象征——自然天真，无知无欲，表示着一种有着无限发展潜能的精神状态。因此，复归从表面上看是复归到“道”的原始自然状态去，实际上，这种复归并非是简单的回复，而是指人超越于种种外在的束缚而达到一种心灵的本真之境。

庄子对无形的道如何化生有形的生命有更具体而细致的解释，《庄子·天地》中说：

> 泰初有无，无有无名，一之所起，有一而未形。物得以生，谓之德；未形者有分，且然无间，谓之命；留动而生物，物成生理，谓之形；形体保神，各有仪则，谓之性。性修反德，德至同于初。同乃虚，虚乃大。

道—→德—→命—→形—→性，这是道从无到有、从形而上到形而下、生化万物乃至人的过程。虽然人在未形到有形的过程中一步步地获得了性与命，但人在形而下之境中，因欲望的无限膨胀而常会失掉自然本真的赤子之心。庄子从德重于形的观点出发，认为人的肉体生命总是有限度的，有生必有死，这是无法抗拒的自然规律，但人可以顺乎自然，通过修性养生而“终其天年”②。因此，庄子虽也注重“保身”、“全生”，但并不追求肉体生命的无限延长，而是向往复归于“德至同于初”的境界。“德至同于初”也就是反归自然之道，达到心灵的自由与解脱。用庄子的话来说，也就是通过“心斋”、“坐忘”达

① 《老子》第二十八章。
② 《庄子·人间世》。

到“天地与我并生，而万物与我为一”① 之境界。

老庄思想对道教的修道成仙说影响很大。由于生命由精神和肉体构成，因而是执著于肉体的长生，还是追求精神的超越，形成了道教得道成仙说不同的发展倾向。如果说，以魏晋时期为代表的道教比较注重追求肉体的永存，那么，全真道则更强调精神的超越。这种超越的基点并没有离开老庄之道，因为全真道的“真性”其实就是老庄之道的心性化。王重阳在回答马钰“何名是道”时曾明确地说：“性命本宗，元无得失，巍不可测，妙不可言，乃为之道。”② 因此，全真道的返归真性得以解脱，实际上也就是老庄的“与道合一”。但全真道在老庄自然之道的基础上，又吸收了佛教肉体与精神二元对立的观点，强调精神的高尚与纯洁，肉体的易逝与卑下，更突出地将心性作为生命存在的根本依持。“有个逍遥自在人，昏昏默默独知因，存神养浩全真性，骨体凡躯且浑尘”③。在全真道看来，肉身是幻，心性是真，“人能割爱去贪，守雌抱一，游心于恬淡，合气于虚无，亦可以高举远致”④。“如其未明本性，则犹滞于幻形”⑤，那就不可能达到生命的超越。因此，“离凡世者，非身离也，言心地也。……欲永不死而离凡世者，大愚不达道理也”⑥，认为应该看破肉体的虚幻，追求生命的本真。由此，全真道强调的“得道成仙”也就不再是传统道教的肉体长生，而是超越生死，真性永存，精神解脱。丘处机在《长春祖师语录》中说：“吾宗所以不言长生者，非不长生，超之也。此无上大道，非区区延年小术也。”马钰也说：“但能澄心遣欲，便是

---

① 《庄子·齐物论》。

② 《重阳真人授丹阳二十四诀》，《道藏》第25册，第807页。

③ 《重阳全真集》卷二，《道藏》第25册，第702页。

④ 《重阳全真集》序，《道藏》第25册，第690页。

⑤ 《悟真篇·序》，《道藏》第2册，第914页。

⑥ 《重阳立教十五论》，《道藏》第32册，第154页。

神仙。”[①] 全真道追求超越生死的精神解脱，实际上是融合了佛教思想而对老庄道家超越精神的复归。

全真道认为现实的生命是依真性而伴随爱欲而生，修道的过程就是去除爱欲返归真性的过程，这就为人从本真的生命存在中去实现人生理想，通过修道而追求生命的超越提供了本体论的依据，使回归生命的本真以超越肉体的生死成为可能，同时也使后天的努力，特别是性命双修、神气合炼的内丹术有了充分的意义。马钰所说的“性命不由天，斡旋阴阳全在我”[②]，正是强调了人可以通过自我的修炼而达到生命的超越。

三、性命双修，神气合炼

由于爱欲遮蔽真性，真性又表现在性和命两个方面，因而全真道提倡出家修道，以期更好地励志苦行，去除爱欲，并不言肉体不死，不尚符箓，不事黄白，而是在融合吸收儒家“复性”、佛家“明心见性”和传统道教养生修命术的基础上，沿着钟吕金丹道的思路，大力提倡“性命双修”，认为“修仙之道，性命之事”[③]，“人了达性命者，便是真修行之法也”[④]。由于“性者神也，命者气也”[⑤]，“气神相结，谓之神仙”[⑥]，因而性命双修又必须神气合炼。性命双修、神气合炼成为全真道修道成仙的主要方法与途径。

全真道所倡的“性命双修”，是“明心见性”的性功与炼精化气

① 《丹阳真人直言》，《道藏》第32册，第155页。
② 《洞玄金玉集》，《道藏》第25册，第154页。
③ 《重阳全真集》卷十，《道藏》第25册，第747页。
④ 《重阳真人金关玉锁诀》，《道藏》第25册，第799页。
⑤ 《重阳立教十五论》，《道藏》第32册，第154页。
⑥ 《重阳全真集》卷十，《道藏》第25册，第747页。

等命功的结合。“明心见性”本为佛教禅宗的用语，指以自心本有之“般若智慧”去觉知“自心真性”的一种内省修行方法。全真道将它吸收过来，又结合儒家的“反身而诚”、“去情复性”等，对传统道教的养生修命术作了新的诠释。

全真道认为，“诸贤先求明心，心本是道，道即是心，心外无道，道外无心也。”① 心性作为本真的生命状态是恒常而清净的，“心本妙明，无染无著，清净之体”②，但常住妙明的心性会被情欲和妄念所蒙蔽，从而对人的生命产生直接的影响。修道就是要“十二时中，念念清静，不被一切虚幻旧爱境界朦胧真源，常处如虚空，逍遥自在。”③。一旦去除妄念的蒙蔽，达到“心不起杂念”、“诸尘不染著”④ 的内外清静，生命的真源，即真性，就会自然呈现，这就叫“见性”。“只要无心无念，不着一切物，澄澄湛湛，内外无事，乃是见性。”⑤ 见性即可实现精神的超越。因此，王重阳说：“离凡世者，非身离也，言心地也。身如藕根，心似莲花，根在泥而花在虚空矣。得道之人，身在凡而心在圣境矣。”⑥ 但由于全真道将真性视为人身中的金丹，炼丹须以肉体为鼎器，“本来真性唤金丹，四假为炉炼作团”⑦，因而在追求生命超越的过程中，炼精炼气的“保命修行”也是必要的，“识心见性全真觉，知汞通铅结善芽”⑧。这样，全真道就把复归于真性的观念贯彻到了性命双修的过程中去。

强调通过心性的修炼来获得精神的超越或解脱，这本是儒佛道三

---

① 《重阳真人授丹阳二十四诀》，《道藏》第 25 册，第 808 页。
② 《五篇灵文》，《藏外道书》第 25 册，第 669 页。
③ 《水云集》卷上，《道藏》第 25 册，第 852 页。
④ 《重阳真人授丹阳二十四诀》，《道藏》第 25 册，第 807 页。
⑤ 《晋真人语录》，《道藏》第 23 册，第 698 页。
⑥ 《重阳立教十五论》，《道藏》第 32 册，第 154 页。
⑦ 《重阳全真集》卷二，《道藏》第 25 册，第 701 页。
⑧ 同上，第 691 页。

教共同的特点。但儒、佛比较偏重于修性，而全真道却认为，对于要获得生命超越的人来说，光在心性上下功夫，定心寂念，或存心养性，这还是不够的。因为，“命无性不灵，性无命不立”①，对于每一个现实的活生生的人来说，性者，命之性也，命者，性之命也，性与命是相联系而存在的，是人之为人所必不可少的。因此，“只修性，不修命，此是修行第一病”。反过来，传统道教偏重于修命而迷失了自己的真性，这也是不行的，“达命宗，迷祖性，恰似鉴容无宝镜”，即使“寿同天地”，也仍不过是“一愚夫”而已②。

据此，全真道强调性命双修，要求通过对身心两大要素的修炼，固体强精健智，在精神与肉体的完满结合中寻求生命的超越。全真道倡导的性命双修，不仅是一种理论，更是一种具体的修身实践。由于全真道视生命为一个由身心、神气有机结合的系统，“性者是元神，命者是元气，名曰性命也。”③，“性命者，神气之根源也”④，性命与神气往往是联系在一起的：“精血者，是肉身之根本；真气者，是性命之根本。故曰有血者能生真气也。真气壮实者自然长久聚精血成形也。”⑤ 因此，在实际的修行中，性命双修往往是通过神气合炼来进行的：

> 神气是性命，性命是龙虎。龙虎是铅汞。铅汞是水火。水火是婴姹。婴姹是阴阳。真阴真阳即是神气。种种异名，皆不用著，只是神气二字⑥。

---

① 《五篇灵文》，《藏外道书》第25册，第670页。
② 吕洞宾：《敲爻歌》，《藏外道书》第6册，第180页。
③ 《重阳真人授丹阳二十四诀》，《道藏》第25册，第807页。
④ 《五篇灵文》，《藏外道书》第25册，第670页。
⑤ 《重阳真人金关玉锁诀》，《道藏》第25册，第799页。
⑥ 《丹阳真人直言》，《道藏》第32册，第155页。

这里的龙虎、铅汞、水火、阴阳等，都是道教喻性命、神气的术语，用以说明性命双修、神气合炼的重要性。由于性命、神气不相离，故性功与命功不可分，两者相辅相成，缺一不可，否则，修仙难成，即使有成，亦不免毁于一旦。只有性命双修、气神相结，才能反归真性，全真而仙。这样，性命双修、神气合炼以去欲明心、保全真性的“全真”也就成了神仙的代名词。而在性命双修中，更重修性，如《长春祖师语录》中所谓的“三分命功，七分性学”，就成为早期全真道北宗的重要特色。

四、全真而仙——对道教发展的影响

王重阳从人的本真的生命存在中去追求生命的超越，确立了“全真而仙”的宗教理想。虽然王重阳传教两年后就病逝了，但他播下的“全真”种子却因其弟子们的辛勤耕耘而得以生根开花。再加丘处机应召西行见成吉思汗，使全真道得到了元王朝的支持而得以迅速发展。全真道不仅在北方有了众多的信徒，而且在南方也不断地扩大势力，并对道教的其他教派产生影响。由于以内丹心性学为特色的全真道势力日盛，南方一些以修炼内丹为特征的小道派也就干脆打出全真道的大旗来，从而导致全真道内部有了南北宗之分。

全真道北宗以王重阳为祖师，南宗则奉天台山张伯端为祖师，并形成了这样一个南宗的传道系统：张伯端──→石泰──→薛道光──→陈楠──→白玉蟾。也有人认为，南宗的实际创始人是宋宁宗（1195－1224）时的著名道士白玉蟾。南北宗相合，使全真道形成了庞大的阵容，并皆以性命双修为特征。虽然南北宗在性命修炼的步骤上有着不同的看法，北宗主张先修性后修命，南宗则主张先修命后修性，但它们基于心性论而建立起来的修行目标与方法则都融合吸收了儒、佛、道的思想内容，从而形成了一种不同于传统道教的特色，对道教的发展产生了深刻的影响。其主要表现在：

其一，全真道以不生不灭的“真性”作为成仙的主体，从而将心性的修养突现出来，成为人能否达到“全真而仙”理想境界的起点和关键。从生命的本真中寻求超越之途，本是老庄道家的特色，例如：“全真”一词就来自于《庄子·盗跖》：“子之道，狂狂汲汲，诈巧虚伪事也，非可以全真也，奚足论哉!”其意为摒弃虚伪，保全真性，是为真道。但后来道教发展为养性保命的仙术，以肉体为生命之本，希望借助种种道术以保持肉体的永存。而全真道则将“真性”作为生命之本，强调“修行之士，必先明心见性”[①]，认为只有向内体悟自己的本心，使妄念不生，才能得道成仙。“心生则种种法生，心灭则种种法灭。一念不生，则脱生死”。[②] 心性修炼的根本就是要断绝世俗的种种欲望，以“保全性命之真”[③]。在全真道看来，世欲很多，但主要是酒色财气，而酒色财气又常常是与人的家庭生活联系在一起的。为了割断世俗的牵累，以清静修行，全真道一改传统道教的在家修行方式，模仿佛教而提倡离家居观的修行，要求修道者不娶妻生子，不吃荤腥，不饮酒，不杀生，不偷盗，过禁欲主义的生活，认为“凡人出家，绝名弃利，忘情去欲则心虚，心虚则气住，气住则神清，神清则德合道矣”[④]。全真道从心性论出发，倡导性命双修，以保持

① （元）牛道淳：《析疑指迷论》，《道藏》第4册，第949页。
② 谭处端：《水云集》卷上，《道藏》第25册，第852页。
③ 《重阳教化集·序》，《道藏》第25册，第770页。
④ 《重阳真人授丹阳二十四诀》，《道藏》第25册，第808页。

生命的本真为目的，宣扬力戒世俗，励志苦行[①]，保全真性，形成了以修炼内丹为根本宗旨的道团，在许多方面改变了传统道教的一些基本特征。

其二，全真道汲取佛教的人生皆苦和儒家的心性修养论等来改造道教的肉体长生说，促使了内丹学在道教中的兴盛。全真道认为，“人间声色衣食，人见以为乐，此非真乐，本为苦耳。世人以妄为真，以苦为乐，不亦悲哉！”[②] 既然人生是苦，那还要追求肉体长生干什么？更何况肉体是由地水火风四大和合而成的，“火风地水合为肌，只是愚迷走骨尸”，“白为骸骨红为肌，红白妆成假合尸”[③]，因而肉体长生也是不可能的，“有始必有终，有生必有死，此自然之常理也”[④]。只有真性是不生又不死的，“万形至其百年则身死，其性不死也”[⑤]。正是从“唯一灵是真，肉身四大是假”[⑥] 出发，全真道力破传统道教的肉体长生说，引导人们看破肉体的虚幻，致力于心性的修炼以追求超越生死的精神解脱。这种理论，显然比以前道教所宣扬的粗俗的长生不死说在逻辑上更加精致。全真道吸收儒佛的思想以改造发展道教，使道教的修行理论在质上产生了一个飞跃，由对形而下之术的探求转到了对形而上之心性的修养，推动了道教内丹学的兴盛和中国传统心性哲学的发展。

其三，全真道在对人的本真生命存在的体悟中，汲收了儒家的修

---

① 王喆在《重阳立教十五论》中，吸取了佛教思想，特别强调入世苦行、即世而超越的全真精神。例如，在第十二论“圣道”中，他认为要入圣道必须“苦志多年，积功累行”；在第十五论“离凡世”中，他又强调得道之人，必须“身在尘世，心游圣境”（《道藏》第32册，第154页）。

② 《玄风庆会录》，《道藏》第3册，第388页。

③ 《重阳教化集》卷二，《道藏》第25册，第782页。

④ 《重阳全真集·序》，《道藏》第25册，第689页。

⑤ 《无为清静长生真人至真语录》，《道藏》第23册，第709页。

⑥ 《重阳真人金关玉锁诀》，《道藏》第25册，第799页。

齐治平和大乘佛教的自利、利他精神，大力提倡“真功真行”，从而改变了传统道教偏重个体的成仙而忽视拯救众生的状况。全真道圆融儒家以仁爱为本和大乘佛教普度众生的精神而提出的“真功真行”，强调仅修对己有利的“真功”是不够的，还需行救度他人的“真行”。虽然传统道教所设想的神仙也帮助人，但还没有达到以众生的解脱为自己解脱之前提的程度。而全真道提出的神仙，则不仅能自我完善，而且能像佛、菩萨那样救度众生，甚至不惜牺牲自己以帮助他人。故《重阳全真集》卷十中说：

> 若要真功者，须是澄心定意，打叠神情，无动无作，真清真净，抱元守一，存神固气，乃是真功也。若要真行者，须是修仁蕴德，济贫拔苦，见人患难常行拯救之心，或化诱善人，入道修行，所行之事，先人后己，与万物无私，乃真行也。

认为只有功行两全的人才能称之为神仙。功行俱全，全真而仙，这既是全真道所树立的修行目标，也是“全真”的含义之一。早期全真道提倡的苦己利人精神，也与墨家摩顶放踵以为他人的精神有相通之处，这特别为下层的老百姓所欣赏，全真道确立了一种功行俱全的典范，既改变了传统道教的精神风貌，也使全真道在社会上树立了较好的形象，为道教的传播发展创造了条件。

最后，王重阳从人的本真的生命存在中去追求生命的超越，确立了“全真而仙”的宗教理想，改变了传统道教“神仙”的内涵，减少了神仙的神性，增加了神仙的人性。由此出发，全真道强调人人皆可成仙，并用通俗的语言让老百姓懂得，得道成仙并不困难，只要信奉全真道，通过性命双修，炼气炼神，使功行两全，就可达到“神仙”的境界。这样就为争取更多的道徒打开了方便之门。从某种意义上说，王重阳如果还拘泥于过去那种“肉体不死”才可成仙的修行目标，他创立的新道派也就难以得到长足的发展了。

后来全真道南北两宗合流，其内丹心性学说的发展一直延续了下来。虽然出于对性与命在修仙中的作用的不同认识，全真道内部出现了不同的流派，有主张先修性后修命的北宗，有主张先修命后修性的南宗，有主张个体独自清静修行的清修派，有主张男女双修、阴阳配合的阴阳派，还有以“守中”为主要特点的中派。直到明清时期，内丹心性学依然在持续发展，出现了以陆西星为代表的东派，以李西月为代表的西派和以伍宗阳、柳华阳为代表的伍柳派等。虽然众多流派的竞争，但都以“全真而仙”为最高目标，并通过一些实际可操作的方法来引导人们关注每一个个体生命的存在。全真道对生命的真切关注，直到今天依然对中国人的修身养性、提高生命质量产生着一定的积极影响。

（原载：《南京大学学报》，1997 年第 4 期）

现代篇

神圣与世俗之间

——论道教在21世纪的发展

充满希望的21世纪已经到来了。在新世纪开始之际，有着近两千年历史的中国道教的发展既面临着机遇，也面临着挑战。这是不言而喻的事实。问题在于道教怎样去面对机遇与挑战？如何在新世纪对人类的文明与和平事业发挥更大的作用？这不仅是每一个教内人士必须认真思考的问题，也是道教研究者应该认真研究的问题。

一

从根本上看，宗教起源于人对自己生存状态的认识，并企望通过这种认识而建构一条解脱现实苦难，确立终极意义世界的通途。道教从创立之初，就以老子《道德经》为理论基点，围绕着人应当如何修身养性才能达到升玄之境而建立了以“道”为核心的信仰体系。道教信仰是人对超越有限存在的无限整体——道的体悟和把握。这种对绝对无限整体之道的体悟和把握既超越世俗之人的经验之外，又是生活于具体时空中的世俗之人通过日常的修道来实现的，它体现了神圣与世俗的统一，所以说“道之在我之谓德”①。

道教的这一特点与其所信仰的“道”的内涵精神是相一致的。“道”一方面表现为形而上之神圣的绝对，另一方面，又通过“德”不仅存在于事事物物之中，而且也是人的生命存在之根本。“德者，人之所得也。夫三才万物资道妙用，各得生成，无不遂性，故谓之德。”② 由此，超越世俗的神圣之“道”与世俗生活中的人伦日用之事并非完全隔绝，而是相即不离的。“德者，道之用也，道不立则德无以生，德不崇则道无以明。道以虚通为义，德以剋获受名。道能通物，物能得道。物得其所得，故谓之德。”③ “德”使道在万物中得以显现，又使万事万物乃至于人都因生命中蕴含着“道”而有了根基，人更因追求得道而使生命活泼向上。正是由于作为先天地而生的宇宙本源和主宰之“道”，既超越于人，又内在于人而存在，因此，道教强调“一切众生，皆含道性”，同时又认为，修道者依持道性，以“至静元心”来因循事事物物的自然本性，就能返璞归真而与道相契。

这样，道教信仰就形成了两重性：一方面极力宣扬超越世俗而追求与道相契的神圣境界，另一方面，又并不要求人放弃世俗生活，甚至强调只有在世俗生活中先修人道，再修仙道，成为一个完善的人，才有得道成仙的可能。道教所说的修人道，是要在人的内在精神世界中确立少私寡欲、恭谦无争的观念，通过提倡道德修养而促进人们自觉地追求神圣而高尚的境界。从《太平经》强调的“积德不止道致仙”④，到东晋葛洪所宣扬的“欲求仙者，要当以忠孝和顺仁信为本。

---

① 《西升经》，《道藏》第11册，第645页。
② 《道德真经广圣义》卷四，《道藏》第14册，第334页。
③ 《道德真经广圣义》卷三十，《道藏》第14册，第456页。
④ 王明编：《太平经合校》，中华书局，1963年，第403页。

若德行不修，而但务方术，皆不得长生”[①]，道教将“积德”、“为善”、“忠孝”、“仁信”等道德原则神圣化，既包含了对世俗社会道德准则的认定，也体现了希望通过弘扬道教信仰来提升人类道德精神境界的愿望。神圣化构成了道教提升世俗生活的精神情怀，世俗化则构成了道教存在的社会基础以及在社会中能够得到广大群众信仰的条件。

法国社会学家爱弥尔·涂尔干认为，“所有已知的宗教信仰，不管是简单的还是复杂的，都表现出了一个共同的特征：它们对所有事物都预设了分类……用世俗的与神圣的这两个词转达出来。”[②] 涂尔干所谓“世俗的”是指人们日常的经验，以人的世俗活动为中心，而“神圣的”则是指所有涉及宗教崇拜的活动，以能够起崇拜者的敬畏、崇敬感为其思想特征。两者之间的本质差异在于：神圣事物是集体主义的，世俗事物则是个人主义的。从某种意义上说，道教信仰的神圣性就在于要个体之人摒弃种种物欲和情欲，将超越世俗作为走向神圣的阶梯。这就有可能会导致对“得道成仙”追求越甚，对人自身生活就肯定越少。神圣化与世俗化虽然在表面上构成了道教内部的一种难以消弭的张力，但实际上，道教强调先修人道，再修仙道，这种对人及其生活的肯定，在客观上使得神圣化与世俗化之间的张力隐而不显。事实上，道教将得道成仙作为终极理想，而成仙就意味着人的生命的无限延长，这就在信仰的前提下肯定了人的生命存在和世俗生活的合理性。因此，道教信仰本身就包容了神圣与世俗这两重性。

从历史上看，无论是以符水咒说为人治病的五斗米道，还是以个人修炼成仙为主要目标的上清派；无论是内持斋醮、外持威仪的南天师道，还是以绝世欲、炼心性为修道特征的早期全真道，虽然它们各

① 《抱朴子内篇·对俗》。
② 《宗教生活的基本形式》，渠东、汲喆译，上海人民出版社，1999 年，第 43 页。

具特色，但都将内神仙，外治世作为道教信仰的基本内涵。因此，道教虽以得道成仙相号召，对个人的修炼比较重视，但在入世与出世、名教与自然之间，一般都采取比较灵活的态度，既有对神圣的超越性的精神境界的追求，也有利益群生、利国济民的一面。由此，道教既不像儒家那样仅以在现实生活中实践修齐治平为人生的终极目标，也不像佛教那样以出世求解脱相号召。即使是中国佛教以出世而不离入世为特点，但“以宗教性格而言，道教又远比佛教为入世”①。道教在神圣与世俗之间走出了一条富有特色的中间道路。例如，早期的五斗米道一方面强调“求生之人，与不谢，夺不恨，不随俗转移，真思志道，学知清静……内自清明，不欲于俗”②，从而把“入清静，合自然”作为修道的目标，但另一方面它又认为这种“入清静”并不需要绝对地摒弃世俗生活，而应当将在世俗生活中“奉道诫，积善成功，积精成神”③ 作为得道成仙之基。出现于金元时期的全真道，更是以“功行两全”相号召，认为“若要真功者，须是澄心定意，打叠神情，无动无作，真清真静，抱元守一，存神固气，乃是真功也。若要真行者，须是修仁蕴德，济贫拔苦，见人患难常行拯救之心，或化诱善人，入道修行，所行之事，先人后己，与万物无私，乃真行也。”④ 全真道所说的“功行两全”虽然具有禁欲主义的色彩，但它所说的神仙不仅能自我完善，而且能像佛菩萨那样救度众生，甚至不惜牺牲自己来帮助他人。从某种意义上说，道教是将超越之道融于当下的现实生活之中，在世俗生活中为人类建立起神圣的世界。

---

① 余英时：《士与中国文化》，上海人民出版社，1987年，第462页。
② 饶宗颐：《老子想尔注校证》，上海古籍出版社，1991年，第19页。
③ 同上，第16页。
④ 《重阳全真集》卷十，《道藏》第25册，第748页。

二

20世纪，随着现代化进程在全球各个地区的展开，各种宗教都顺应时代发展的要求，以不同的方式为世俗化打开了大门，强调完善的世俗生活才是进入神圣之境的有效门票。这虽然与古代道教所遵循的即世而超越的态度颇为相似。但毋庸置疑，今天以现代化为背景而出现的宗教世俗化对当代宗教的影响是全面而深刻的。因为现代化不仅仅是科学技术的进步、物质财富的增长和社会福利的发展，而且还涉及社会制度和思想观念方面。宗教世俗化是伴随着现代化而出现的一种文化现象。由于现代化本身就是一个十分复杂的问题，故宗教的世俗化现象也让人眼花缭乱。

美国宗教社会学家彼得·贝格尔在分析基督教的世俗化时就指出："所谓世俗化意指这样一种过程，通过这种过程，社会和文化的一些部分摆脱了宗教制度和宗教象征的控制。"① 宗教的世俗化意味着传统宗教教义中的神圣性在科学、理性的衬托下正在逐步地淡化与减少，以至于不再能为人类提供一种共同的终极意义，从而导致一些现代人对曾经奉为绝对神圣的传统宗教产生信仰危机。"世俗化影响普通人的最明显的方式之一，是对宗教的'信任危机'。换言之，世俗化引起了传统宗教对于实在的解释之看似有理性的全面崩溃。"② 这就是当代宗教普遍强调要改革传统教义以适应现代社会发展需要的根本原因。

虽然中国道教所面临的现代化之路与基督教不同，但是在今天的

---

① （美）彼得·贝格尔：《神圣的帷幕》，高师宁译，何光沪校，上海人民出版社，1991年，第1页。

② 同上，第151页。

全球化过程中，它们的存在都有赖于一个共同的文化背景，这就是马克斯·韦伯（Max Weber，1846－1920）所言："我们时代的命运打上了理性化和知识化以及首先打上了'对世界不再迷信'的烙印。准确地说，终极价值和最崇高的价值从公众生活中消失了。"① 如果说宗教的世俗化是以科学的理性化和知识化为前导而展开的，那么，这就会在客观上导致宗教的神圣性对现实人生指导意义的削弱与淡化，从而将当代宗教从社会生活的中心推向了边缘。

但是，无论在哪个时代、哪个社会，人类一直努力去建立一个神圣的参照系来解释人类日常生存的境况和缘由。在人类大部分历史中，宗教教义垄断着为个人存在的意义和社会生活的合理性的终极论证。例如，道教之"道"就作为直指人类精神生活中终极的、无限的和无条件的东西，从而也就在一定程度上成为人类对宇宙、社会和人的根本看法之结晶。道教作为中国土生土长的传统宗教曾在历史上与儒佛并列而成为中国人精神支柱，其信仰本身所蕴含着神圣与世俗的两重性，使它有可能在现代仍然能够比较灵活地适应社会和人生的需要。

现代社会是一个工具理性或目的理性占主导地位的时代，实用与功利成为重要的价值与信仰。这种世俗化的潮流不仅使当代宗教走向社会的边缘，而且还使其不得不面临两难的困境：一方面希望能够沿袭传统，保持宗教信仰的无上神圣性，以为社会和人生提供一种终极意义上的解说；另一方面，又希望通过世俗化的道路，能够在今天的社会生活中发挥特有的作用。当代道教如何在各种挑战中走出这两难的困境？

虽然历史上的道教信仰因内蕴着神圣与世俗之两重性，而比较灵

---

① （德）马克斯·韦伯：《社会学科学方法论》，杨富斌译，华夏出版社，1999年，第32页。

活地适应社会和人生的需要，但值得注意的是，中国传统文化包括道教，在明清之际就出现了颓势，进入20世纪以后，中国人接受了西方国家用船坚炮利送来的科学、理性与民主，转而反视中国道教，就更觉得道教所崇奉的长生成仙近乎白日梦幻，道教典籍中的神之诰谕充满着迷信的荒唐之语，斋醮符箓在外行人看来似乎在装神弄鬼。在这样的社会氛围中，道门中如缺少励精图治的领袖，那么道教的发展自然如雪上加霜而一蹶不振了。因此，道教虽然在历史上能够圆融神圣与世俗，但进入现代社会之后，所面临的挑战却似乎比其他的宗教更为严峻。虽然千百年来，人们一直将道教视为智慧的源泉之一而不断地从中汲取着精神养料，但21世纪的道教仍然能够接受挑战而在神圣与世俗之间走出它特有的道路来吗？回答应该是肯定的。问题在于，道教如何通过自我更新而在21世纪重新焕发神采？

三

在20世纪后期，在中国改革开放的社会环境中，道教逐渐得到了恢复与重振，其对社会的相适应的功能得到了广泛的认同，博大灿烂而富有智慧的道教文化重新受到了人们的重视。道教的发展虽然面临着种种挑战，但挑战也就意味着机遇。在以和平和发展为主流的21世纪中，道教应该顺应时代的发展，通过对神圣与世俗的辩证，来回应现代人的精神需要和社会发展的需要。

在今天的现代化过程中，人们表现出来的强烈的功利主义、拜金主义而引发出的信仰虚无、精神危机、价值混乱、道德衰败等许多新的社会问题，不能不引起道教的关注。当代道教只有发扬道教的优秀传统，从强调道教信仰的神圣性出发，以为现代人建立价值坐标，提升精神品味提供一种参考；同时，也应当以神圣性来克服当前有人将世俗化简单地理解为如何赚钱这么一种庸俗化的倾向。这样，道教才能在今天的社会中，既以自己的特有智慧来积极地回应人们共同关心的问题，又能在社会生活中保持它的生机与活力。

现在，中国道教已提出“将生活道教作为当代道教的根本宗趣”，指出了当代道教发展的根本方向是要将道教智慧与精神，道教的优良传统融于人们的社会生活之中，以有利益于社会人民。这种不离生活而升华生活的思想，反映了当代道教对神圣与世俗的辩证理解和圆融。

生活道教力求以老子《道德经》为根本基础，通过对尊道贵德、道法自然、清静自正、重生贵和等教义的阐扬，来帮助现代人实现根本的精神转变，走出执著于一物一事的困境，建立人生的价值坐标，以安顿疲惫的身心；力求以“善即寿”的道德观为指导，将此岸世俗生活中的“为善去恶”、“清静修心”作为走向神圣的基础，以促进人类文明观念的不断发展；力求以济世利人的精神与世俗生活相衔接，以作为今天人们努力创造美好家园的文化资源；力求以得道成仙的观念中所内蕴的人们对生命升华的渴望，作为人们完善自身，净化道德，优化生命，改造社会的一种精神动力。笔者认为，生活道教能够通过对传统道教教义的再诠释，以神圣与世俗的关系为纽带，而将其与现代人的实际生活紧密地联系起来。

需要指出的是，生活道教以“生活”为定语，表现出当代道教希望通过世俗化而与社会生活相适应，这不失当代道教走出两难困境的一个突破口。但问题在于，生活道教在强调世俗化的同时，还应当突出其神圣性。道教如果只围绕着生活展开，而缺乏对神圣的终极理想的论证，就会在无形之中丧失其独特性。道教不成其为道教，道教的发展又从何谈起？

现代是一个趋同化和普遍化的时代，由此而出现了全球化的发展趋势，世俗化不能不受此影响。道教只有在全球化的大潮中，以其独特的神圣性来观照其世俗化，才能在21世纪的中国文化乃至世界文化中独树一帜。据此，笔者认为，当代道教如果要在21世纪得以发展，其出发点与最终目的仍然应当是神圣性，但基于神圣性的道教又必须时时面向社会生活，以求在神圣与世俗中实现一种动态的平衡。

换言之，当代道教一方面要始终高扬“道”的超越精神来提升人们的精神世界，以“道”的神圣性来对治人因过分的自私自利而导致争权夺利，因无边的贪心而导致对大自然的过度掠夺，因信仰危机而导致人的道德失落；另一方面，又要积极关注、主动参与现实社会生活，将当下的现实生活作为实现理想的根本途径。只有在神圣与世俗的这种动态平衡中，道教才能一方面用世俗化来克服那种因过度神圣化而导致的对人的生活的忽视，因为当人一旦虔诚地匍匐在神灵的脚下，他会忘记自己的生活，甚至毫不犹豫地扼杀人性。另一方面，则用神圣化来克服过度世俗化而导致的信仰的神圣性之消解并趋于平面化。当代道教如果从神圣性出发，以道教智慧为基准，在神圣性与世俗性之间寻求一种动态的平衡，才能使道教信仰对现代社会与人生发挥积极作用。

（原载：《中国道教》，2001年第1期）

论道教伦理的两重性及其现代意义

道教是中国的传统宗教，从其创立之初，就以老子《道德经》为理论基点，围绕着人应当如何修身养性才能达到升玄之境而建立了以“道”为核心的信仰体系。道教信仰是人对超越有限存在的无限整体——“道”的体悟和把握。这种对绝对无限整体之道的体悟和把握既超越世俗之人的经验之外，又是生活于具体时空中的世俗之人通过日常的修道来实现的，所以《西升经》说“道之在我之谓德”，尊道贵德就成为道教伦理的理论依据。道教伦理将对“道”的虔诚信仰，对“善”的热烈追求，贯彻在信众的宗教生活与日常生活之中，于世俗的日常生活中体现出神圣性，从而架构起联系有限与无限、此岸世界与彼岸世界的桥梁。值得进一步研究的是，道教伦理在历史发展过程中与其他宗教伦理相比有哪些异同？传统的道教伦理如何在今天日益普及的全球化格局中逐渐实现现代转换，又如何在当代的道德建设中发挥积极作用，以为 21 世纪新文化建设服务？本文试图对此作一些探讨，以求教于方家。

一

道教伦理是宗教伦理的一种，而宗教乃是人类社会特有的一种文化现象，它早在人类迈入文明社会之前就已根植于人类的精神世界。随着历史的发展，宗教超越了时空的限制而始终对人类社会生活的进程发生着重要的影响。伦理作为维系社会存在和人伦关系的基本原则，它是人类最早意识到的一种基本的社会关系。就人的存在而言，人与人之间的伦理关系是人的社会关系中最重要的内容之一；就宗教的本质而言，它又必须到人的社会关系中去寻找。这样，宗教与伦理就有了一种不可分割的关系。当人们将“支配着人们日常生活的外部力量”① 幻想地反映为人格化神灵时，这种伦理关系必然也就被赋予了神圣的光辉而转化为宗教伦理。

宗教伦理与世俗伦理的根本区别在于，它是以宗教信仰为核心而构成的道德观念体系，其中内含着相互联系的两重关系：人与神的关系和人与人的关系。例如，人类最早的宗教律法之一《摩西十诫》就以信仰独一真神耶和华为中心，在人与神之间建立了一种超凡的伦理关系，以作为人们获得拯救的重要途径。《摩西十诫》的前四条规定了人应当如何对待上帝，后六条则规定了人应当如何对待他人。正如康德所说：“道德律不但引导我们提出灵魂不死的要求，而且还提出了上帝存在的基本要求。”② 如果说，人与神的关系是宗教伦理的基础，那么，人与人的关系则是宗教伦理在日常生活的体现。宗教伦理通过这两重关系的设定，将宗教信仰贯彻到信众生活的方方面面。

① （德）恩格斯：《反杜林论》，《马克思恩格斯选集》第3卷，第354页，1972年。
② （德）康德：《实践理性批判》第2卷，商务印书馆，1999年，第2章，第5节。

道教伦理也具有两重性，这与其所信仰的“道”的内涵精神是相一致的。“道”既表现为形而上之神圣的绝对，又存在于事事物物之中，同时也是人的生命存在的根本。超越世俗的神圣之“道”与世俗生活中的人伦日用之事是相即不离的。如《太上老君常清静经》中所说：“大道无形，生育天地，大道无情，运行日月；大道无名，长养万物。吾不知其名，强名曰道。夫道者有清有浊，有动有静，天清地浊，天动地静，男清女浊，男动女静，降本流末，而生万物。”① 作为先天地而生的宇宙本源和主宰之“道”，既超越于人，又内在于人而存在，因此，修道者依持道性，因循事事物物的自然本性，就能返璞归真而与道合一。这样，道教伦理的两重性主要表现在：一方面极力宣扬通过修道超越世俗而追求与道相契的神圣境界，另一方面，又并不要求人放弃世俗生活，甚至强调只有在世俗生活中先修人道，再修仙道，成为一个完善的人，才有得道成仙的可能。道教所说的修人道，是要在人的内在精神世界中确立少私寡欲、恭谦无争的观念，通过提倡道德修养而促进人们自觉地追求神圣而高尚的境界。从某种意义上说，道教信仰的神圣性就在于要个体之人摒弃种种物欲和情欲，将超越世俗作为走向神圣的阶梯，这就有可能会导致对“得道成仙”追求越甚，对人自身生活就肯定越少。道教伦理的两重性虽然在表面上构成了一种难以消弭的张力，但实际上，传统道教强调先修人道，再修仙道，这种对人及其世俗生活的肯定，在客观上使得神圣化与世俗化之间的张力隐而不显。当道教将得道成仙作为终极理想，而成仙就意味着人的生命的无限延长，这就在信仰的前提下肯定了人的生命存在和世俗生活的合理性。

任何一种正信宗教都劝人向善，道教亦不例外。《太平经》中就

---

① 《道藏》第17册，第183页。

有“天道无亲，唯善是与”的说法，认为天道对每个人都是公平的，无亲无疏，但是只把奖赏给予那些有善行的人，正如葛洪所说：“人欲地仙，当立三百善；欲天仙，立千二百善。”① 为了劝戒世人为善去恶，以获得生命长存，唐代道士杜光庭还专门搜集道门中及社会上流传的种种关于善恶报应的灵验故事整理成《道教灵验记》一书，以生动的故事来说明“人为善者天降百祥，为不善者降之百殃，罪福报应，犹声答影随”，从而将修道与为善结合起来，要求人们在世俗生活中，孝顺父母，忠于君王，尊敬师长，这不仅是道教戒律所弘扬的“善道”，而且也是人得道而能够成仙的道德保证。

从根本上说，得道之人也是一个道德完善之人，因此“劝善止恶”也是道教伦理的重要内容。从“长生之本，惟善为基”出发，道教伦理所宣扬的“至善”既是人类社会存在的根基，也是人生价值的最终目标，但它往往是通过对当下生存的批判性超越而确立起来的。这种对绝对至善的追求，既构成了道教伦理的重要特色，也构成了现实社会生活中各种相对之善的神圣基础。

从历史上看，道教将内神仙、外治世作为道教信仰的基本内涵，把养生延命这一人的内在需求与治国安民的外治天下有机地统一起来。这样，修身与治国就成为修道生活中不可分割的两个方面，如葛洪所宣扬的“身国同治”：“内则养生之道，外则和光于世。治身则身长修，治国而国太平。”② 这样，道德践履就不再是一种外在点缀和理论教条，而是关乎自身生命的健康与长寿的大事，积累善行就成为修道成仙的前提条件：“夫金丹之道，先明三纲五常，次则因定生慧。纲常既明，则道自纲常而出，非出纲常之外，而别求道也。”③ 因此，

① 王明：《抱朴子内篇校释》，中华书局，1985年，第53页。
② 《抱朴子内篇·释滞》。
③ 《上阳子金丹大要》卷一，《道藏》第24册，第9页。

道教虽以得道成仙相号召，对个人的修炼比较重视，但在入世与出世、人伦与自然之间，一般都采取比较灵活的态度，既有对得道成仙的神圣之境的追求，也有利益群生、利国济民的一面。道教伦理以“身国同治”为基点，在神圣与世俗之间走出了一条富有特色的中间道路。

二

道教伦理中所内含的“为善去恶”的道德要求在形式上具有超历史的神圣性，这是任何社会环境中的任何人都应当遵循的做人做事的基本原则，但在具体的社会环境与历史条件下，善恶的内涵并不是抽象而凝固不变的，它总是历史的、具体的。换言之，人的善恶从表面上看是取决于人的道德良知，但在现实的社会中，任何一种宗教伦理都是具体的，都是为了某一社会集团或宗教团体服务的。在不同的时期，不同的宗教中，对宗教伦理的基本范畴“善”的理解是有所不同的。那么，道教伦理所说的“善”的内涵是什么呢？从根本上看，道教的所谓善，就是顺应“道”，遵循“道”的准则来生活；所谓恶，则是违背了“道”的原则。从信仰与遵循“道”就是为善的命题出发，道教伦理具有一种超越时空的神圣性；以“为善去恶”的实际践行看，道教伦理又是为在特定的社会环境中的人所制定的道德规范和行为准则，因此，道教伦理说到底又是对社会现实的反映。只是“在这种反映中，人间的力量采用了超人间的力量的形式。”①

道教伦理从对“道”的信仰出发，以“为善去恶”为核心规定了信徒必须承担的道德义务和社会义务，以“神道设教”的方式而形成

① 《马克思恩格斯选集》第3卷，人民出版社，1995年，第667页。

了无数的劝善教义，并用禁忌、道诫、清规、戒律等形式将之具体化、固定化，让信徒清楚地知道何为善，何为恶，如何为善去恶，同时又具有一种可操作性。现存最早的一部道书《太平经》里就有“贪财色灾及胞中诫”、“不孝不可久生诫”、“虚无无为自然图道毕成诫”等道诫，劝诫人们“人生之时，为子当孝，为臣当忠”①，不得贪恋财色，应当顺道而行，并将“为善去恶”的道德修养与生命的寿夭相联系，“善自命长、恶自命短”也就成为道教仙学的一个不证自明的原则。同时，道教还将道德上的善恶与人的性情相联系，将性视为人先天禀有的善性，而将情视为是人成形后，失道心乱而形成的，它以恶为特点，是阻碍人生命长存的障碍。先天之性与后天之情是人心的两个方面，因此，就现实的人心而言，它既是众恶之源，又是众善之门。例如，唐代道教思想家杜光庭就从心性的角度解释了善恶的根源，并将如何促使人为善去恶以消除后天之情对先天之性的遮蔽，以使妙道重复于身作为修道的主要内容。他特别强调为善去恶首先应当从去除欲心做起，他说：“老君戒令，洗涤除理，翦去欲心，心照清静，则无疵病。《西升经》曰：生我者神，杀我者心。故使制志意，远思虑者，是谓教人修其心也。”② 修道就是修心复性，而复归自己清静本然之性的关键就在于要制意、制情以促使人心不断地向善。在杜光庭这里，“善”并不是一个抽象的概念，而是遵从老子的思想，以无欲、无为、无事、谦下、守柔、积德等为“善”的根本原则，并具体落实在“教人理身，忘弃功名，不耽俗学”、“不贪世利”、“外绝浮竞，不炫己能”、“不务荣宠”、“寡知慎言”、“绝除嗜欲，畏慎谦光”③ 等实际的践行中。通过这些践行活动，使人“翦去欲心”，步

---

① 王明编：《太平经合校》，中华书局，1960年，第408页。

② 《道德真经广圣义》卷十一，《道藏》第14册，第367页。

③ 《道德真经广圣义》卷一，《道藏》第14册，第314—316页。

入善境，达到“心照清静”，与道合一的神圣之境。从追求得道成仙、长生不死的信仰出发，道教伦理就具有了生命伦理的特色，即把生命问题的终极解决与道德行为的善与恶连在一起①。

道教的这种生命伦理观的形成是汇集了多种文化要素的结果。道教伦理以“道”为根本信仰，以老庄道家思想为基本理论，既继承了中国传统宗教中某些禁忌，又融会了儒家忠孝仁义等伦理观念，还借鉴了佛教戒律的形式和去贪除欲等思想，以“至善”为最高范畴，以人与自然、人与社会、人与人和人与自身的和谐为主要目标，不仅将为善去恶作为人之为人的根本义务，更将之作为得道成仙的必要条件，据此，道教伦理在千百年的历史发展中形成的基本特征，反映了道教伦理是神圣与世俗的有机统一。

首先，从对“道”的信仰出发，道教伦理要求信徒凭借着虔诚的信仰，在实际践行中为善去恶，不违道诫，表现出超凡脱俗的神圣性。《老子想尔注》中说：“道贵中和，当中和行之；志意不可盈溢违道诫”②，具体地说，就是“名与功，身与仇，功名就，身即灭，故道诫之”③，这样就将对世俗功名利禄的追求看作是修道的障碍。如果说，“道诫”是道教托“道君”之言对人所降的劝诫、警告等，那么，后来道教在发展中所形成的清规戒律则成为道团用来制约信徒行为，防止其“乖言戾行”、“恶心邪欲”的种种规定。道教还宣扬神灵在冥冥之中监视人的行为，并对人的行为进行赏善罚恶，以促使人自觉地学道为善。如南朝时流行的灵宝派道经中就强调：“夫为学道，莫先乎斋，外则不染尘垢，内则五藏清虚，降真致神，与道合居。能修长斋者，则合道真，不犯禁戒也。故天师遗教，为学不修斋直，冥

---

① 李刚：《劝善成仙——道教生命伦理》，四川人民出版社，1994年，第2页。
② 饶宗颐：《老子想尔注校证》，上海古籍出版社，1991年，第7页。
③ 同上，第12页。

冥如夜行不持火烛，此斋直应是学道之首。”① 学道如果不通过斋戒方法与世俗生活保持距离就不能得道成仙，由此而将宗教生活与世俗生活区别开来而具有神圣性。

其次，道教又将儒家伦理巧妙地结合到道教修仙之道中，使人道与仙道相贯通。道教伦理对社会道德规范的遵循体现出了浓厚的世俗性，这与其接受儒家伦理密切相关。西汉时，统治者“罢黜百家，独尊儒术”，儒家思想逐渐成为中国社会意识形态中的主导。魏晋时期神仙道教兴起，为了推进道教向贵族化、官方化方向发展，儒家所宣扬的“三纲五常”、“忠孝仁义”等道德规范不仅被道教所接受，而且还被道教纳入自己的戒文之中，并用神灵赏善罚恶的形式将之固定下来。例如，晋末南北朝时出现的天师道道书《正一法文天师教戒科经》中就以“道”为本，强调忠君孝亲尊师即为善行：“道以冲和为德，以不和相克。是以天地合和，万物萌生，华英熟成。国家和合，天下太平，万姓安宁。室家合和，父慈子孝，天垂福庆……事师不可不敬，事亲不可不孝，事君不可不忠，己身不可不保，教戒不可不从。”② 道教还通过戒律而将忠君孝亲尊师爱家爱国等行为准则作为得道成仙的道德前提，如《虚皇天尊初真十戒文》中说：“仙经万卷，忠孝为先。盖致身事君，勤劳王事，所以答覆庇之恩也，修身慎行，善事父母，所以答生育之恩也；事师如事父母，所以答教诲之恩也。民生于三，事之如一，乃报本之大者。加以仰不愧于天，俯不怍于人，敬信神明，所以答造化之恩也。”③ 在家尽孝，入朝为忠，这是做人的原则，也是修道的根本信条。“与人君言，则惠于国；与人父言，则慈于子；与人师言，则爱于众；与人兄言，则悌于行；与人臣

① 《三天内解经》卷下，《道藏》第28册，第416页。
② 《道藏》第18册，第232页。
③ 《道藏》第3册，第403页。

言，则忠于君；与人子言，则孝于亲；与人友言，则信于交；与人妇言，则贞于夫；与人夫言，则和于室；与人弟言，则恭于礼；与野人言，则劝于农；与道士言，则正于道。”① 道教伦理运用儒家的“惠”、“爱”、“慈”、“悌”、“忠”、“孝”、“贞”、“和”、“恭”等道德范畴，来规定人们的道德操守和人与人之间的道德准则，以协调人际关系。宋代时出现的《太上感应篇》更是将忠孝奉为道之根基和善行之首，以神灵赏罚的形式来维护社会的尊卑等级次序与君臣父子伦理纲常。由此可见，道教伦理作为一种群体的道德观念体系，即便是信仰得道成仙，也是建立在先修人道、再修仙道的基础之上，因此，道教宣扬，“学道以致仙，仙非难也，忠孝者先之，不忠不孝而求乎道，冀乎仙，未之有也”②。道教通过融摄儒家思想，特别是突出其以忠孝为轴心的伦理思想，使道教伦理又具有浓厚的世俗性。

第三，道教虽以“得道成仙”为终极理想，但从重视生命出发，并不要求人放弃追求现实人生的幸福，为善的目的也是为了获得人生幸福，在现实生活中体现人的价值。道教伦理一方面将“为善去恶”作为得道成仙的必要条件，体现了对至善的神圣之道的追求，另一方面，又要人不要放弃追求世俗社会的人生幸福。这样，为善既是得道成仙的必要条件，同时也是人生幸福和家族兴旺发达的根本保证，由此而与儒家伦理和佛教伦理有了显著的区别。这从《太平经》的“承负说”到《太上感应篇》、《阴骘文》所说的为善者不仅可以长生成仙，而且可以获得升官发财、官场走运、科场得意、福禄喜寿临门，家中太平安宁，儿孙满堂，家道世代不衰等世俗幸福中表现出来，从而体现了道教伦理世俗化的特征。道教伦理虽然也讲神灵对人的道德

① 《太上洞玄灵宝智慧罪根上品大戒经》，《道藏》第6册，第887页。

② 《太上灵宝首入净明四规明鉴经》，《道藏》第24册，第614页。

行为进行赏罚，如东晋时葛洪的《抱朴子内篇》引用的道书中所言："天地有司过之神，随人所犯轻重，以夺其算，算减则人贫耗疾病，屡逢忧患，算尽则人死，诸应夺算者有数百事，不可具论。"① 但道教也非常强调善恶在于人心的选择，"一切善恶，皆由心造，为善者福，为恶者祸。"② 主张发挥道德主体的能动性，将人生幸福视为修道者自己为善去恶努力修行的结果。道教伦理将外在的神灵赏罚与人内在的道德修养结合起来，即将他律与自律相结合，将完善的世俗生活视为成仙之阶。道教伦理依据对"得道成仙"的信仰而形成的"劝善止恶，善道教化"的伦理思想体现出生命关怀，千百年来在中国社会中影响很大。

第四，道教伦理不仅建立了比较系统的理论，而且还参照佛教的戒律和去贪除欲等思想，在"道诫"的基础上逐步建立了清规戒律，用具体的条例和可操作性的方法来制约修道者的思想和行为。道教认为，人的休咎祸福主要是由人自身的言行所导致的，神仙是积善而不为恶的，修道不仅要采用特异的方法，更要戒除恶行，否则即与成仙无缘。从这种思想出发，道教托言元始天尊或太上老君下传，模仿佛教戒律，建立了种类繁多的道教戒律，有三戒、五戒、八戒、十戒、二十七戒，一百八十戒，甚至多达一千二百戒，其丰富的内容涉及信众生活的方方面面。基于此，道教中形成了"以戒为师，无陷邪教"③ 的思想，并强调只有持戒之后才能"静心闲意，坐起卧息，不离仪格，天真欢悦，列名上清，可谓得道方寸之门"④。如果说，戒律是借助于神灵的力量，以一种量化的形式将赏罚具体化，要求修道

① 《抱朴子内篇·微旨》。
② 《灵宝天尊说洪恩灵济真君妙经》，《道藏》第5册，第843页。
③ 《道门科范大全集》卷七十九，《道藏》第31册，第946页。
④ 《道门科范大全集》卷三十，《道藏》第31册，第828页。

者恪守社会规范，为善去恶，修身养性，是一种防止其犯罪的条文，那么，清规则是由各道观或各道派自己制订的对违反戒律者的惩罚条例。清规戒律经常以一种否定性的话语，告诉人们“不要做什么”，通过带有神圣性的道德规范来约束人贪婪的欲望，由此而指明由世俗迈向神圣的途径与方法。可见，从“长生之本，惟善为基”① 的思想出发，道教伦理所说的“至善”既是人类存在的根基，也是人生价值的最终目标，但它往往是通过对当下生存的批判性超越而确立起来的。这种对绝对“至善”的追求，既构成了道教伦理的重要特征，也构成了现实社会生活中各种相对之善的神圣基础。

道教伦理是在吸取儒佛道三教的文化资源的基础上形成的，它借助神道设教，促使人自觉弃恶从善，其形成的群体协作和个体修养并重、神圣与世俗有机结合的思想，所产生的社会控制力和影响力在历史上历久不衰。

三

从根本上说，道教伦理引导人们走向一种更高的、更加广袤的神圣境界，而不是走向世俗政权和世俗经济秩序所规范的有限而无常的世界，因而它给人类生活注入了一种绝对神圣的因素，这种因素在历史上对中国社会文化和历史发展，以及对人的存在本身产生了潜移默化的影响。但我们必须清楚地认识到，道教伦理中既有有利于人格完善、促进社会协调发展的东西，也有一些束缚人性、阻碍社会进步的东西，对此我们应当视具体情况作具体的分析。

道教是中国土生土长的传统宗教，道教伦理所适应的毕竟是有着

① 杜光庭编：《墉城集仙录》卷一，《道藏》第18册，第166页。

漫长历史的君主集权制的中国古代社会，明清以来随着封建社会的衰落，道教的衰退也已是不争的事实。那么，道教伦理的现代意义与价值究竟何在？笔者认为，从历史上看，道教伦理既是道教神学理论的一个重要内容，又是道教徒修炼的行为规范和准则，对道教本身和世俗社会都产生过很大影响。道教伦理以其“天道承负，因果报应”的神学理论对人们进行“劝善止恶，善道教化”的教化，指出要“先修人道，再修仙道”，要求人们在生活中“齐同慈爱，异骨成亲”，从而促使人们从现实的世俗生活的有限世界中解脱出来，通过修道而迈向宗教的神圣殿堂。道教伦理以其特有的宗教神学方式传递着道德观念，不仅拓展了中国传统伦理思想的内容，而且通过神圣和世俗这两重性，从不同的方面为道教在现实社会中开拓了生存空间。道教伦理的两重性说明，其社会内容总是具体的、历史的和丰富的，其中所包含的对贪婪无耻、不义欺诈、放纵人欲、损人利己的摒弃，对逆来顺受、忍耐服从、以德报怨、寄望于来世的颂扬，代表了宗教对至真、至善、至美的追求，表达出一种超越了历史、地区、民族和宗教之局限的神圣性。问题在于，传统的道教伦理如何实现现代性转换，以适应时代的发展需要？

这不仅是当代21世纪新文化建设的重要课题，也是当代活跃着的各种宗教积极探讨的问题。其中最值得关注的莫过于1993年8月28至9月4日的世界宗教议会100周年纪念大会。在此次大会上，来自世界各地宗教界的六千余名代表，基于对“没有新的全球伦理，就没有新的全球秩序”的思考，共同签署并颁布了《世界宗教议会走向全球化伦理宣言》，提出“在各种宗教的教导之中有一套共同的核心价值，这些价值构成了一种全球伦理的基础”。这些价值是“关于一些有约束力的价值观、不可或缺的标准以及根本的道德态度的一种

最低限度的基本共识。”① 由此而形成了宗教的全球伦理的一个基础性的文本，表达了宗教伦理的现代价值。此后，从伦理的角度来探讨宗教发展的新理论路径就成为各种宗教共同关注的话题。可见，在当代宗教世俗化倾向日益显著的时候，在当代宗教的多元化格局也已形成的时候，在宗教冲突日益剧烈而文明对话的呼声也越来越高的时候，宗教伦理的作用越来越引起人们的重视。而现代社会对人本身的肯定，不仅将人从神的束缚中解放出来，而且也使当代宗教伦理与社会道德观念紧密地联系在一起，这就为今天宗教的生存与发展开辟了一个宽广的社会空间。

在今天宗教伦理世俗化的过程中，过去古代宗教中的那种从灵肉二元、形神两分出发，强调只有通过摒弃世俗生活，出家修行才能获得最终解脱，只有眼看天国，背着十字架一心一意地跟随上帝，在走向天国的途中，不去企求世俗的幸福，才能使灵魂得到永恒安乐的说教逐渐淡化，取而代之的是，只有完善的世俗生活才是进入神圣之域的有效门票，而这实际上又与古代道教伦理的某些思想不谋而合。这样，人不仅在神的面前站了起来，而且还可以在现实生活中呼吸彼岸世界的芳香。但是，当人一旦过于自信，过于自大，又可能将在宗教世俗化的过程中陷入自已所设立的重围之中。因为，无论在哪个时代，哪个社会，人的存在、人生的意义与价值总是一个永恒的问题，人类一直努力去建立一个神圣的参照系，来解释人类日常生存的情况和原由，而宗教作为直指人类精神生活中终极的、无限的和无条件的东西，也就在一定程度上成为人类精神的一种信仰皈依。宗教伦理如果过度的世俗化，就会导致宗教的神圣性之消解而趋于平面化，而强

① （德）孔汉斯·库舍尔编：《全球伦理——世界宗教议会宣言》，何光沪译，四川人民出版社，1997 年。

烈的功利主义趋向必然会影响宗教之所以为宗教的价值取向和信仰理想，从而引发出一些新的社会问题。

在21世纪的今天，从世界范围来看，宗教伦理的发展依然在神圣化与世俗化之间摆动，这构成了一个错综复杂而涉及面很广的问题。中国道教伦理在历史上曾表现出注重人们现世生活的完善，以“积善积德”的宗教精神来引导信徒去恶从善，以促进人格的完善，精神的提升，以促进当下的生活更加美好，促进人与人、人与自然等关系的协调。如果说，神圣化构成了道教提升世俗生活的精神情怀，世俗化则构成了道教存在的现实基础和在社会中发展的条件，那么，如何使道教伦理在神圣与世俗这两重性之间保持一种动态的平衡，进而实现道教的现代性转换，发挥道教中的积极因素以利于当代社会的安定团结、繁荣稳定和道德文明建设，就是一个值得继续认真研究和对待的问题了。

（原载：《当代宗教研究》，2005年第1期）

论道教身心观的文化特质及现代意义

人生最大的问题莫过于生死，对与生死相关的人生问题的系统思考形成了许多不同的哲学与宗教，而如何超越有限而走向生命的永恒则构成了许多宗教教义的基本内涵。与其他宗教把人生理想的实现设定在美好的彼岸世界不同，道教从创立之初，就认为人的生命的自由与超越可以在当下的此生中得以实现，因此，长生成仙不仅表达了道教对宇宙人生根本问题的理解，而且也成为道教的基本信仰。千百年来，道教积极地从“道”的角度去寻找生命超越之途，力图从理论上和实践上去探索长生成仙的可能性，因而特别注重探讨如下一些问题：人的生命是如何形成的？人为何生而有异？人的生命是否能够永存？个体的生命如何超越现实的痛苦和生死的局限而契合于生生不息的大道？从葛洪的《抱朴子》到陶弘景的《登真隐诀》，从《黄庭经》到《悟真篇》，道士们发明了种种道术希望能够无限地延长人的生命以夺天地造化之功，由此而体现出道教哲学的特质是一种生命关怀。然而，人的生命并不是一个空悬的概念，在道教看来，人的生命或是依托于精气神、或是身心、或是形神、或是性命，种种不同的说法，都反映了生命本身就是宇宙中的一种复杂和神秘的现象，也是需要人

类不断地进行探讨与研究的人生问题。

本文通过对道教的形神观与性命观的探讨，以说明道教身心观既是哲学式的，也是医学式的，修道始于净化身心，再通过形神并重或性命双修，使身心达到自然和谐健康的状态。道教不仅将个体的生命融于宇宙自然之中，而且将复归清静自然之道作为修道的终极目标，由此而提升了生命的意义与价值。

一

道教在创立之初，就信仰神仙，并对人的生命现象表现出了非凡的兴趣。虽然神仙信仰并非道教所创，这一特殊的文化现象的形成，是与生活在远古时代的人们对其生存状况及生命现象的强烈关注联系在一起的，但对“神仙”的信仰和对生命的重视却发展成为道教魅力四射的特征。要了解道教的得道成仙信仰，首先需要探讨道教对人的生命构成的看法。

在早期道教中，生命观经常是通过形神观来加以探讨的，具有浓厚的哲学意蕴。现存最早的一部道经《太平经》认为，人的生命是由禀道受气、得俱形神而来的。“夫人本生混沌之气，气生精，精生神，神生明。本于阴阳之气，气转为精，精转为神，神转为明。欲寿者当守气而合神，精不去其形，念此三合以为一，久即彬彬自见，身中形渐轻，精益明，光益精，心中大安，欣然若喜，太平气应矣。”① 人因道禀神而生形体，精气神兼备就有了活泼的生命，成为现实的人。用精气神来说明人的生命构成，实际上在秦汉时期就流行于医学与哲学中，也是早期道教生命观的基本理论。《太平经》曾花费了大量的

① 王明编：《太平经合校》附录，中华书局，1960年，第739页。

笔墨，专门论述人欲长生久活，就必须“爱气尊神重精”，使精气神三合于道。如果说，人的生命是由精气神相合而成的，那么，人欲长生久活，就必须守气合神，使精神不离形体。这样，《太平经》实际上又将人的生命分为形体和精神、身和心两部分。“人有一身，与精神常合并也。形者乃主死，精神者乃主生。常合即吉，去则凶。无精神则死，有精神则生。常合即为一，可以长存也。”① 长生之道的关键就在于如何保持精神的长存并使之与形体相合为一。精气神三要素后被道教奉为构成生命的“三宝”，这显然比仅用“气”或用阴阳变化来说明人的生命的构成要来得深刻。

在道教看来，身与心既相互区别，又统一于现实之人，对人的生命成长不断产生着影响。“人身与天地造化，无有不同处。身心两个字，是药也是火。所以天魂地魄，乾马乾牛，阳铅阴汞，坎男离女，日乌月兔，无出身心两字也。”② 道教的身心观有着丰富的内涵，既反映了道教对人的生命现象的认识水平，也反映了道教对前人思想的继承与发展。

如果追根溯源，“人”字在甲骨文中写为“”，是侧站立的人的身体形状。由此表明，人的本义是指“人的躯体”。人又可分为有形与无形两部分，有形的部分是“身”。“身”字是人的躯体之象形，它包括形体四肢、面部五官、五脏六腑、头部大脑等人体器官，从生理学上说，是人体之总称，百骸之总括。依道教的看法，与宇宙万物皆由阴阳之气相交而成一样，人身也是由父精母血的阴阳交感而形成的：“夫人禀天地而生，故内有五脏六腑，精气骨髓，筋脉外合，四肢九窍，皮毛爪齿，咽喉唇舌，胎门胞囊，以此总而成躯。”③ 身体

① 王明编：《太平经合校》，中华书局，1960年，第716页。
② 李道纯：《中和集》卷三《赵定庵问答》，《道藏》第4册，第498页。
③ 《修真十书·黄庭内景五脏六腑图》，《道藏》第4册，第843页。

原本只是指人的肉体与生命，然而在道教中，却成为观察一切问题的立足点。道教所信仰的“道”，从某种意义说，就是从人身中体验出来的，由此，“身”作为生命存在的表征也就具有了多重含义：既指血肉之躯的身体，也指意识感情的身体，还指具有社会身份的身体，甚至还“以身喻国”，用人的身体结构来比喻国家的君臣民关系，以说明国家的政治秩序。这样，“道”的原则既可以用于理身，也可以用于经国，“经国理身”就成为道教的终极理想。

人的无形的部分则是指与身相对的“心”。《说文解字》中说：“心，人心土藏在身之中。”①“土”在五行中处于中央的位置，以此比喻“心”是位于身体中央的思维器官。孟子所说的“心之官则思”就代表了古人对“心”的一种普遍看法。这样，“心”作为人体的思维器官，既属于人的身体，又具有知、情、意等精神意义，“心主神明”成为古人长期信奉的观念。这种将“心”即心脏而非大脑作为思维器官的看法，反映了先秦时期人们对“心”的认识水平。然而，在道教中，“心”有着更为复杂的含义，它不仅是思维器官，而且也是人的思维活动的总括，同时还具有道德意义。“心”既是众妙之门，又是众恶之本；既是引发人的情感欲望、导致忧苦产生的根源，又是为善去恶以求得道成仙的门径。从这种对“心”的理解出发，道教教义就不是一种思维游戏，而是一种关涉到人如何修道才能使生命更好地成长的问题。

道教认为，人如果洞察了宇宙天地间的阴阳变化之道，就可以通过反观自身的形体构造来掌握生死变化的规律，因此，道教不仅从哲学上来说明生命现象，更从医学的角度来探明身心各自的特点及其相互关系。从天人合一的思想出发，道教将人的身体与天地阴阳、四时

① （汉）许慎撰：《说文解字》，中华书局，1963年，第217页。

五行的变化相比附，提出宇宙大人身，人身小天地的思想。“人生皆含怀天气具乃出，头圆，天也；足方，地也；四肢，四时也；五脏，五行也；耳目口鼻，七政三光也。此不可胜记，独圣人知之耳。”① 道教特别用“气”的运动将身体内部各个器官连成一个富有生命力的整体。“夫天主阳，食人以五气。地主阴，食人以五味。气味相感，结为五脏。五脏之气，散入四肢、十六部、三百六十关节，引为筋脉、津液、血髓，蕴成六腑、三焦、十二经，通为九窍，故五脏者，为人形之主。”五脏之气在人的身体中占有重要地位，为人形之主。“一脏损则病生，五脏损则神灭。”② 道教认为，人的身体是否健康主要是由五脏之气来决定的。五脏之气清则身体健康，五脏之气浊则百病丛生。因此，道教十分重视通过意念来调节“气”在身体内部的循环运动，使之作用于四肢经络、五脏六腑，通过疏通血气，增强身体自我调节的功能。道教将行气炼气作为得道成仙的方法与途径，并将之贯穿于各种道术之中，形成了系统的气功理论与实践。道教气功作为中华传统文化的一枝奇葩，与印度瑜伽功和佛教禅定比肩而立，成为东方古代气功三大家。

道教气功主要是指以内炼精气神为主的各种自我身心锻炼的功法总称。《道藏》等文献中记载的气功修炼术有上千种，既包括守一、行气、存思、静坐、内丹等静功，也包括导引、按摩、咽津等动功。虽然不同时期、不同道派所主张的功法有所不同，但一般而言，道教气功主要是通过调息、调心、调身来达到疏通人体内经络，改善血循，调和血气，因此又与对人体内经络的认识与实践有关。

经络是对人体内经脉和络脉的总称。在医家看来，经络是直径仅

---

① 王明编：《太平经合校》，中华书局，1960年，第36页。

② 《黄庭内景五脏六腑补泻图》，《道藏》第6册，第686页。

为20—50毫微米的管道，在很薄的膜状管壁中，充满着无色透明的液体，它在人体中呈两侧对称状，内连五脏（心、脾、肺、肾、肝，具有含藏精气的功能）六腑（大肠、小肠、胆、胃、三焦、膀胱，具有完成食物在体内新陈代谢的功能），外络七窍肢体，布满全身，是行气血、营阴阳、活筋骨、利关节的通路。人体的经脉主要有十二经脉（也称十二正经）、奇经八脉、十二别经；络脉主要有十五别络、分布于体表的浮络和布满全身的细小分支孙络。经络将体内各部分与各器官连成一个有机的整体，但即使是在科技发展的今天，再先进的显微镜，再精细的人体解剖，仍然不能完全明了人体内纵横复杂的经络组织，因而对经络是否存在、及如何存在也仍有着不同的看法。道教则借鉴古代中医的看法，对经络有十分深入的研究。

道教认为，经络纵横交叉循行于人体之中，经脉如径路，为纵行干线；络脉如网络，为横行分支，它们都是真气运行的通道，可以起到决生死、处百病、调虚实之功效①。脉有气脉和血脉之分。与医家因诊病、针灸、按摩的需要而重视十二正经，以血脉的搏动来应诊，注重人体神经的生理反应不同，道教因炼气守窍的需要，比较注重运行真气的奇经八脉，故十分重视对奇经八脉的开发。奇经八脉为冲、任、督、带、阴跻、阳跻、阴维、阳维的总称。此八脉具有调节十二正经的作用，为道教内丹气功修炼中真气运行之径。其中，冲脉为十二经之海，任脉行于体前，以三田（上丹田、中丹田、下丹田）为阴脉之海；督脉行于体后，以三关（尾闾、天枢、玉枕）为阳脉之海。任督二脉首尾相连，在人体中形成一个环形脉道，炼气守窍的气穴大多位于任督二脉之上，是道教内丹气功的“小周天”的通道。其他五脉则可以协助任、督二脉调节十二正经。据道书中记载，许多练气功

① 《灵枢·经脉第十》，《道藏》第21册，第401页。

者在“以意领气”时，常常会感到体内之气是沿着经络路线在循环走动，并会产生热、麻、酸、胀的感觉。当人的修炼达到一定境界时，就能自动开合奇经八脉，调整和控制十二经脉的气血运行，达到祛病延年的功效。道教对奇经八脉的探索后为医家所接受。明代医家李时珍曾在《奇经八脉考》中说：“凡人有此八脉，俱属阴神，闭而不开。惟神仙以阳气冲开，故能得道。”道教对人体经络的细致考察与实际践行无疑推进了人类对自身生命运动认识的深化。

道教根据气在体内的循环运动，不仅将“三丹田”作为修炼之关窍，认为“三元掌人性命，且上元主泥丸脑宫，为上丹田；中元主心府绛宫，则为中丹田；下元主气海属肾宫，为下丹田。此之三元，上主于神，中主于气，下主于精，故乃掌人之性命也”①，而且还探索心、脑与意识活动的关系。道教认为，脑为髓海，位于人的头顶中。“头有九宫，上应九天，中间一宫，谓之泥丸，又曰黄庭，又名昆仑，又名天谷，其名颇多，乃元神所住之宫。其空如谷，而神居之，故谓之谷神。神存则生，神去则死。日则接于物，夜则栖于梦，神不能安其居也。”② 道教把大脑分为九个活动区域，每一部分主司人体的相应器官，中间一宫即为元神所居的泥丸宫。泥丸宫在头顶正中，为“百会穴”，是任督两脉的交会处，起还精补脑之功，因此“脑”为修身的关键部位。“脑者，一身之灵也，百神之命窟，津液之山源，魂精之玉室也。夫能脑中圆虚以灌真，万穴直立，千孔生烟，德备天地，混同大方，故曰泥丸。泥丸者，形之上神也。”③ 道教将脑视为“一身之灵也，百神之命窟”。这里的“神”既指人的意识，即大脑的记忆与思维功能，同时也被视为意识人格化的象征，故经常与心、

---

① 《太上老君说常清静经注》，《道藏》第17册，第185页。
② 《修真十书杂着指玄篇》，《道藏》第4册，第618页。
③ 《道枢》卷九，《道藏》第20册，第656页。

意、性通用。道教不仅对脑的意识活动作了介绍，而且认为脑健康是身心健康的重要保证。脑为髓之海，“髓海有余，则轻劲多力；自过其度，髓海不足，则脑转耳鸣，胫酸眩冒，目无所见，懈怠安卧。”①故《黄庭经》中说：“脑神精根字泥丸”，明确地把泥丸称之为主神明的脑神，从而改变了前人所认为的“心主神明”的看法。道教既注重对“脑”的认识与开发，也重视“心”的修炼和“神”的发挥。

道教在信仰上还形成了独特的身神观念，从而将对身体的崇拜神圣化。所谓身神乃是将人体的各个器官组织以及经穴加以拟神化，想象这些部位都有真神守护。例如，《黄庭内景经》就具体说明了身神的形貌、名讳和执掌，并将人体分成上中下三部，每部各有八景神，故人体中共有“三部八景神二十四真”，其中以三黄庭宫或称三丹田所居之神为最尊。如果身神逃逸失散，人就会生病，甚至死亡，因此修炼方法就是用意念存思这些身神，呼其名字，知其形状，以达到存神固气之功效。《黄庭外景经》开宗就“解说身形及诸神”，并强调人只有戒欲养身，才能保持身体健康。道教所构想的身神观念虽然有着浓厚的神秘色彩，但却为其存神炼气、意守丹田、把握关窍的内丹气功养生修炼提供了理论依据，同时也以一种特殊的方式表达了对身体的崇拜，由此而构成了与其他世界性宗教在信仰上的差别。

二

“得道成仙”是道教的终极理想，它表达了人们的一种美好理想，希望无限地延长生命，以至于长生不死。问题在于，需要采用什么样的方法与途径才能实现即世而超越的理想呢？从历史上看，道教曾描

① 《黄帝素问·灵枢集注》卷十一，《道藏》第21册，第421页。

绘了修道的各种方法与途径，有守一、行气、服食、辟谷、存思、炼神、内视、拜神、金丹、符箓、导引等，同时主张修道者根器有异，身体有别，成仙之途亦当有殊，而不应拘于一法，取于一术。至于在"神仙之道百数"中选择哪一种道术来进行修炼，则应当由修道者根据自己的身心情况来决定。

从总体上看，道教的修道是围绕着内以养生、外以度世而展开的。作为社会的人，应当以自己的道力"拯溺扶危，济生度死"来有利于社会；作为个体的人，则应当通过"内视养神，吐纳炼藏，服饵道引，猿经鸟伸，遗利忘名，退身让物"① 等身心修炼来优化自己的生命。这种对得道成仙的可能性与必然性的理论探讨，必然促使道教将形而上的哲学之思落实到形而下的修仙之术上。

在道教看来，既然禀道受气是生命之源，形与神又是支撑人的生命的两大支柱，那么，通过把握人体内部精气神的变化并进行修炼，就能形神俱全而长生不死了。这样，形神关系就成为道教论述人的生死以及如何超越生死而达到理想境界的根本问题。

道教主张形神相合而生，形散神离则死，若能永葆形神合一，就可至长生不死。但是，执著于肉体的长生，还是追求精神的超越，也就是说，在形神关系中是重神还是重形，却形成了道教长生成仙说中不同的发展倾向。如果说，魏晋神仙道教比较注重追求肉体的永存，那么，从南北朝到唐代道教中则出现了多元化的发展倾向。

魏晋神仙道教在形神关系上追求形体的永固，导致了肉体长生成仙说在社会上盛行。以葛洪为代表的神仙道教以"保肉体之真"为目的，以服药养气为得道成仙的根本方法，其他的斋戒、拜神等宗教活动和遵循儒家忠孝仁信等伦理行为，都是围绕着肉体长生而展开的。

---

① 《道藏真经广圣义》卷三十六，《道藏》第14册，第494页。

但是，就在各种炼丹术在理论上不断完善发展的同时，其在实践中出现的种种弊端也逐渐暴露出来。服食金丹，不仅不能延长生命，有时反而会损害身体，加速死亡。这一惨痛的现实，使人们逐渐认识到肉体成仙的虚幻性，也促使道教寻找新的修道之路。

随着人们对自身的认识也逐渐深入，南北朝道教对形神关系的理解也日益丰富，这就促使道教修仙理论与实践也开始出现了不同的方向倾向：有的继续保持对服食金丹大药的追求；有的以奉行斋醮戒律为求道之本；还有的则强调通过内在形神修炼以求飞仙，如奉《上清大洞真经》和《黄庭经》为主要经典的上清派，在注重服食养气，继续保持追求肉体成仙老传统的同时，还强调通过行气思神之术来调整人的身心，通过拜神来排除种种鬼魅对生命的干扰，以达到神气妙合而成仙："真思太微小童干景精真气，赤云之色，罩于顶上。默咒曰：真气下流充幽关，镇神固精塞死源。玉经慧朗通万神，为我致真命长存。拔度七祖反胎仙，制炼百神一气全。次思，赤气从兆泥丸中入兆，乃口吸神云，咽津三过，结作三神，一神状如天蓬大将，二神侍立，下布兆肝内，游遍却入心内绛宫，上充舌本之下，血液之府，顺时吐息。"① 这就将拜神与身心炼养结合起来。此时的道教还从重视"神"、"心"、"性"在人的生命中的作用出发，借鉴佛教的佛性论而提出了道性观念，并将道性作为成仙之本，例如宋文明、臧玄靖就认为人心中有道性，迷其本性的是凡人，悟其本性的便是仙人，因此，修道的关键就是要在心性上下工夫，从人的心性层面去追求生命的超越。

当道教为人的生命存在确立心性本体之时，这就在客观上进一步推动了得道成仙之途从形神并重转向了性命双修。如果说，形神双修

---

① 《上清大洞真经》卷二，《道藏》第1册，第520页。

主要是通过炼形养神来修命，属于命功，那么，性命双修则在修命的同时，还强调修炼性功，得道成仙也就意味着众生性与道性冥然相契，并通过对道的体悟而成就人的内在德性。性命双修所具有的这些新特点是它能够很快地在道教中风靡开来的原因之一。

唐代著名道士如成玄英、李荣、王玄览、司马承祯、吴筠、李筌、杜光庭等已不再执著地追求肉体长生，而是逐渐突出了“神”在身心炼养中的作用，强调含神运气，神与道同，使“神”成为下连形体精、气，上升超越之道的中介。这不仅从根本上改变了葛洪以“药”作为沟通形与神的中介，修正了上清派只注重存思行气的方法，而且突出了人的精神在修道中的地位与作用。唐代道教将修道、修仙归结为炼形修性，重新回归到老庄的追求精神超越的理想之境上来，这就导致了“心斋坐忘”、“即心是道，即道是心”、“悟心真一”等用语在唐代道教中比比皆是。而“神”、“心”、“性”等概念的凸现，则表明道教仙学产生了根本性的变化，即通过修炼人体内部的精气神以达到“性命双修”逐渐取代了肉体长生说。

如果说道教的这种转型在理论上主要表现为由注重对本体论、重玄学、心性论的探讨转向内丹心性学，那么，在实践上则主要表现为由外丹转向内丹，其结果就是导致了对神仙内涵作出了新的解释。内丹以人体内部的精、气、神为基础，以天人同构为思维框架来认识人的生命现象，将自然看做是一大宇宙，将人体看做是一小宇宙，试图从“修丹与天地造化同途”① 出发，通过效法天地自然来解决人的生死问题。内丹虽然采用了外丹的理论和术语，但强调的却是修道不必外求，只须反身内求，以“不灭的心性”作为修仙之本。这种以心灵的觉悟、精神的自由作为神仙的根本特质的看法，既标示出与葛洪为

① 彭晓：《周易参同契分章通真义序》，《道藏》第20册，第131页。

代表的丹鼎派的分歧，也彻底改变了建立在外丹基础上的道教仙学对长生不死的理解。

虽然道教并不主张放弃以身体修炼为主的“命功”，但一旦将修道的重心转移到心性修炼上时，其所提倡的性命双修就具有了重性轻命的特点。这主要表现为提倡在修心养性上下工夫，甚至将得道成仙归结为心性的彻悟、精神的解脱。这样，性功中既包括为善去恶的道德修养，也包括道教所认可的修身方法及其所追求的精神境界，这些内容都是形神双修中所缺乏的。唐宋以后的道教大量吸收了佛教思想来强调修心炼性的重要性。“修道之身，外绝众缘，内染一气，除垢止念，守一凝神，以慧照自观，证了实相，不滞空有，深入妙门，可以得道。”① 这里用佛教的“实相”来表述“道”，由于“道”就蕴含在人心中，因此，修道也就是修心，通过修心而“慧照自观”，就能“证了实相”。这样，通过修心炼性不仅可以帮助人复归本来清静的道性，而且还能排除邪魔对生命的侵扰，这成为唐宋以后道教身心观的一个基本思路②。

宋初出现的钟吕内丹道以及后来的金元全真道所建立的以“性命双修”为主要特征的内丹心性学，为道教思想与实践的进一步发展奠定了基础。由于全真道视生命为一个由身心、神气有机结合的系统，往往将性命与精气神联系在一起说明：“精血者，是肉身之根本，真气者，是性命之根本，故曰有血者能生真气也，真气壮实者自然长久，聚精血成形也”③，人的身体并不是一个单纯的肉体，而是一个时刻都在进行活动和思考的肉体，因此，全真道所倡导的性命双修，

---

① 《道德真经广圣义》卷三十八，《道藏》第 14 册，第 510 页。

② 请参见孙亦平：《杜光庭思想与唐宋道教的转型》第五章，南京大学出版社，2004 年。

③ 《重阳真人金关玉锁诀》，《道藏》第 25 册，第 799 页。

不仅是一种理论，更是一种具体的身心实践活动。在实际的修行中，性命双修往往是通过神气合炼来进行的：

> 大道无形，气之祖也，神之母也。神气是性命，性命是龙虎。龙虎是铅汞。铅汞是水火。水火是婴姹。婴姹是阴阳。真阴真阳即是神气。种种异名，皆不用着，只是神气二字①。

这里的龙虎、铅汞、水火、阴阳等，都是道教用以比喻性命、神气的术语。由于性命、神气不相离，两者相辅相成，缺一不可，故只有性命双修、气神相结，才能反归真性，全真而仙。这样，性命双修、神气合炼，以去欲明心、保全真性的“全真”也就成了神仙的代名词。笔者认为，虽然南北宗对性命修炼的步骤有着不同的看法，北宗主张先修性后修命，南宗主张先修命后修性，但它们基于唐代道教心性论而建立起来的修行目标与修行方法则都融合吸收了儒家、道家和佛教，特别是禅宗的心性论，从而形成了许多不同于传统道教的特色，不仅对内丹心性学的蓬勃发展产生了深刻的影响，而且也丰富了道教身心观的内容。

后来全真道南北两宗合流，其内丹心性学说的发展一直延续了下来。虽然出于对性与命在修仙中的作用的不同认识，全真道内部存在着不同的流派，有主张先修性后修命的北宗，有主张先修命后修性的南宗，有主张个体独自清静修行的清修派，有主张男女双修、阴阳配合的阴阳派，还有以“守中”为主要特点的中派。直到明清时期，内丹心性学依然在持续发展，出现了以陆西星为代表的东派，以李西月为代表的西派和以伍宗阳、柳华阳为代表的伍柳派等。但众多流派的

① 《丹阳真人直言》，《道藏》第32册，第155页。

竞争，本质上都是在探索身心的奥秘，寻找修炼成仙的可能性，并通过一些实际可操作的方法来引导人们关注每一个个体生命的存在。

三

自古以来，人类对身心关系的思考和理解所形成的身心观就具有多层的涵义。它既是哲学的基本问题——存在与思维的关系问题，也是认识论中认识主体与认识客体的关系问题；既是宗教中的灵与肉、形与神的关系问题，也是医学领域所研究的生理与心理的健康问题，并形成了身心可以统一的一元论、身心各有实体的二元论，以及身体是精神的形式，或精神是身体的作用等不同的理论倾向。直到今天，身心关系依然是哲学、物理学、宗教学、生理学、心理学、医学和脑科学等多种关涉到生命科学的学科所关注的问题，甚至被视为当代科学的前沿问题。古代道教对生命的真切关注与实际探索，所提出的内涵丰富的身心观，不仅可以对现代人的修身养性、提高生命质量起到一定的积极影响，而且也可以为当代生命科学的发展提供一定的借鉴。因为现代人对待生命，不再是一味地追求长寿，而是更注意自身生命的质量和人生价值的意义，所谓生命的质量，是从人的生理状态、社会生存状态和人生享受幸福的程度这三个方面来加以考虑的。

首先，道教重人贵生，不仅将身体视为生命的载体，而且还提出了“人欲寿者，乃当爱气尊神重精神”的养生思想，由此而反映出道教身心观的哲学特质是一种生命关怀。道教认为，就现实的人生来说，其实际上是处于一种未完成的状态之中，这种未完成状态标示出人生就是一个修道的过程。“人命近在汝身，何为叩心仰呼天乎？有身不自清，当清谁乎？有身不自爱，当爱谁乎？有身不自成，当成谁乎？有身不自念，当念谁乎？有身不自责，当责谁乎？复思此言，无怨鬼神。”① 人的生命系乎身体，是自然赋予，人只有反归于自身，努力修道，才能使身心健康。据此，道教在将“得道成仙”奉为终极理想的同时，积极地援医入道，充分发挥人在养护生命方面的主观能动性，表达了道教对生命之要的认识，希望通过修身养性的活动，来把握自己的寿夭命运。这样，仙是由人修炼而成的，仙与人并非二分殊绝。人要想长生成仙，就需要采用各种方法来祛病强身健体，以使身心健康、阴阳平衡、经络疏通、气血旺盛。换言之，不仅要活着，而且要活得健康，这种对生命的热爱促进道教不断地探索生命的奥秘，从而在人体医学、病理学、医药学、疾病预防学、治疗学、养生学、食疗学、性医学、医学伦理学等方面积累了丰富的理论与实践经验，推动了古代科学的发展。其中所取得的成就无疑对现代人的修身养性，提升生命的质量具有一定的借鉴作用。

其次，道教对身体的崇拜中还包含着一种尊重生命、善待万物的伦理精神。“真道好生而恶杀。长生者，道也。死坏者，非道也。死王乃不如生鼠。故圣人教化，使民慈心于众生，生可贵也。”② 道教不仅要人爱护自己的生命，而且还要人们爱及昆虫草木鸟兽、山川河流、日月天地，不要无辜地伤害任何生命。道教倡导“慈悲，万善之根本。人欲积德累功，不独爱人，兼当爱物，物虽至微，亦系生命。人能慈心于物命之微，方便救护，则杀机自泯，仁心渐长矣，有不永享福寿者乎！”③ 将“慈心于物命”作为人能够得到“永享福寿”的重要保证。道教的这种非人类中心主义的世界观与现代生态伦理学所倡导的尊重自然与生命的思想不谋而合，对今天的环境维护、生态平衡等可起到积极的促进作用。

---

① 王明编：《太平经合校》，中华书局，1960 年，第 527 页。
② 《三天内解经》卷上，《道藏》第 28 册，第 416 页。
③ 《感应篇图说》，《藏外道书》第 27 册，第 117 页。

第三，道教认为“心”既存在于身体之中，其产生的意识活动又对人的身心健康有着重要的影响，因此，“修道即为修心”，就是要在心性上下工夫。道教认为，人生来是禀有清静道性的“赤子”，可一旦生活于尘世之中，人心就不可能静止不动，而是不断地反映着丰富多彩的外界环境，在变动不居中表现出无限的创造性。就身心关系而言，一方面身对心具有决定性的影响。如果身体健康，那么心理也会随之而感到愉快安宜；如果身体衰损，那么心理上就会感到疼痛难受、疲惫不堪。另一方面，心又会反作用于身。如果人心逐境而感情妄动，就会陷入喜怒哀乐之中，从而欲望丛生，忧情并起。如果心理上喜、怒、忧、思、悲、恐、惊等七情过于持久激烈，超出正常限度，五脏六腑皆会受损，是为致病的重要原因。道教所谓的养生，就是顺应“道”的原则来生活，是为善；违背“道”的原则，是为恶。道教不仅将“为善去恶”的道德修养与生命的寿夭相联系，“善自命长、恶自命短”成为道教仙学的一个不证自明的原则，而且还将道德上的善恶与人的性情相联系，将性视为人先天禀有的善性，而将情视为是人成形后，失道心乱而形成的，它以恶为特点，是阻碍人生命长存的障碍。先天之性与后天之情是人心的两个方面，因此，就现实的人心而言，它既是众恶之源，又是众善之门。这样，道教所谓的“修心”就是教人顺应自然、清心寡欲、戒除烦恼、宽厚待人，用现代的话语来说，就是通过心理调节，培养一种良好的道德素养和健康的心态来面对纷繁的世界与人生。

事实上，生活于现实社会中的人，每天的生活都不可能平静如水。如果人一碰到不如意的事情，就心情沮丧或火冒三丈，这不仅不利于解决问题，反而会伤害自己的身心或他人的感情，使本来不如意的事情变得更糟。据美国科学家最近公布的一项研究表明：脾气暴躁的人，容易患心脏病，发生中风，也容易猝死。当代美国生理学家爱尔马曾做过一个试验，结果发现，即使是同一个人，当他心平气和时，所呼出的气变成水后，没有杂质，并清澈透明，而悲痛时的“气水”有白色的沉淀物，悔恨时的“气水”有淡绿色的沉淀物，生气时的“气水”则有紫色的沉淀物。爱尔马将人生气时的“气水”注入小白鼠身上，几分钟后，小白鼠就死了。据此，爱尔马认为，人在生气时，不仅很难保持心理平衡，而且身体中还会分泌出带有毒素的物质，对身心健康十分不利。2004 年，世界医学界提出了“宽恕学”，并从身心健康的角度，将人的宽恕行为与自身的健康相联系进行多方面的研究。美国哈佛大学精神科专家爱德华·哈罗威尔在其新作《敢于宽恕》一书中就认为，待人宽恕可以减轻对身心的压力，是一种健康的生活方式①。那些虚假、怨恨、狭隘、嫉妒成性的人，实际上是一种病态的人格倾向，需要通过心理或药物的治疗来帮助其恢复健康。现在人们逐步认识到，积极的心理调节无疑是帮助人达到身心健康的有效途径。

现在，生命科学已是当今科技发展的尖端，更是关乎每个人自身的“头等大事”。道教内涵丰富的身心观以及由此而引申出来的养生思想与方法，虽然也包含了一些迷信和巫术等非理性的成分，但长生无疑表达了人类的美好愿望，对现代人在蓬勃的经济大潮中如何安身立命，如何保持身心健康，如何优化生存环境，无疑具有一定的启迪作用。

（原载：《杭州师院学报》，2006 年第 3 期）

① 《新华日报》2005 年 1 月 10 日。

论道教思想中的人间关怀精神

今天，现代的科技发展所带来的物质文明已远非古人所能企及。然而，人们拥有了物质文明并不等于精神上就达到了富足安详，且不说物质的繁荣、科技的发达也会给人类生活带来诸如生态恶化、环境污染、资源匮乏、人际关系淡薄、道德水准下滑等社会问题，只说现代人对寻找精神家园的强烈愿望，对人生终极意义不懈叩问，对科学主义的反思，就反映出人们在物质追求与精神拥有上落入了二律悖反式的困境。摆脱困境的出路何在？这不仅是当代新文化建设的重要课题，也是当代活跃着的各种宗教积极探讨的问题。

道教作为中国的传统宗教，它在继承与发展了中华民族先民的生存经验与智慧的基础上，以“得道成仙”为基本信仰，形成了独具的文化特色，后与儒、佛鼎足而立，在中国社会中传播了近两千年，深刻地影响着一代又一代中国人的精神世界。在21世纪的今天，古老的道教思想文化是否还具有现代意义？它对现实的社会和人生发展又会起到什么样的作用？对待道教思想文化这样源远流长的传统，既不能简单地否定，也不能抽象地肯定，只有经过价值重估和理论重构，才能在现代社会生活中保持活力。通过这种价值重估和理论重构，不仅可以帮助我们更好地认识道教思想文化的内涵，而且也能够帮助我们更好地以“道”的智慧来面对现实社会与人生。

道教从老庄道家思想出发，将“道”作为天地万物的最高抽象，强调人应当顺阴阳之道而行。道教认为，万事万物都是以道为本，由气的激荡化合、阴阳的清浊变化而成的，故道无所不在。既然任何事物都由禀道受气而来，都有其存在的意义与价值，那么，从根本上说，它们之间并没有高低贵贱之分。从这种“物无贵贱”的思想出发，道教将宇宙万物视为同源于道的不可分割的整体，而人作为万物之灵是其中的能动因素。人只有发扬“齐同慈爱”的精神，顺道而行，与自然万物和谐共存，才能为自己创造出最佳的生存环境，否则就会灾异连绵。正所谓“得天心意，故长吉也。逆之则水旱气乖忤，流灾积成，变怪不可止，名为灾异。”① 这种宇宙观不仅促使道教积极地追求人与自然、人与社会、人与人、人与自身的和谐发展，而且也为今天人类建构和谐的社会提供了理论依据，其中所表现的人间关怀精神尤其值得珍视。

现在，越来越多的有识之士已认识到，和谐是发展的基础，发展中的和谐又是实现持续发展的新平台。然而，就人与自然的关系而言，近代以来，人类以科技为手段，向大自然无休止地索取资源，过度人化自然的结果是导致了人类赖以生存的自然环境遭到了日益严重的破坏。据统计，在20世纪中，全世界出现了近四十种新传染病，它们正在以不同的方式不断地袭击着人类，其中有三十多种病源就来自于动物，如在非洲流行的埃博拉出血热、军团菌病，曾在欧洲与东亚流行的疯牛病，已在世界范围内传播的艾滋病，以及中国人记忆犹新的2003年流行于东南亚与中国内地地区的“非典”和2004年出现的“禽流感”等。到目前为止，人类还没有找到特别有效的良方来医

① 王明编：《太平经合校》卷五十，第178页。

治这些新传染病。现在人们越来越意识到，人类不可能去征服一切，即使是从为自己创造一个美好安全的生活环境出发，也应当学会与自然万物和谐相处，暴殄天物，滥杀动物，破坏植物，必然会给人类自己的生活带来意想不到的灾难，最后的结局只能是人与自然两败俱伤。而道教倡导的“举步常看虫蚁，禁火莫烧山林”①，循阴阳之道来行事，努力与自然万物和谐相处，通过维护生态平衡来更好地促进人类社会发展的思想，可以为现代人提供一种珍惜自然生态环境的文化理想。

在道教看来，人类生活的富裕与否，不是以拥有财富的多少来衡量，而是以自然界的生命是否兴旺、物种是否丰富为评判标准。人与自然界所有的动植物，乃至山川河流、矿物土地在这一共同体中组成了一个动态的生物链，相互关联，缺一不可。既然人不可能脱离周围的环境而单独存在，那么，就不应该用高低贵贱的标准对人与自然万物作价值判断，更不应该将人凌驾于自然万物之上而对大自然进行无情地掠夺。道教正是从阴阳之道的宇宙观出发，认为人要在顺应自然的基础上来利用自然，但这种利用不是随心所欲的破坏和掠夺，而是在与自然共存共荣的同时，使人所赖以生存的自然环境变得如道教所理想的人间仙境那样美好，这才是道教思想中的人间关怀精神之所在。因此，道教希望，人与自然打交道时不仅要对自然万物抱有一种虔敬的态度，而且还应当抱有一种道德的态度，必须恪守自然之道的伦理规范，来珍惜各种自然资源，爱护万物的生命。这样，人是自然的主人的观念，就应当让位于道教所倡导的人与自然和谐共处的观念。

道教对宇宙自然的探讨当然不只是为了获得关于宇宙起源和发展的知识，而是为了通过关注形而上之“道”如何通过从无到有地生化万物而落实到经验世界，并经由“德”而落实到人的生活层面，让人

---

①《文昌帝君阴骘文注》，《藏外道书》第12册，第418页。

领悟道德的“自然无为”之性并将其作为行事的准则，以使人的生活变得更加美好。如果说，大道无形，依德而显，德具有顺从道而畜养万物的功用，那么，德与道在人的生命中就具有直接的同一性。“顺于道”者，就能成为“有德之人”。换言之，得道之人也是一个道德完善和精神崇高之人。修道的过程也就是通过“修性返德”，顺乎自然的发展规律，沿着“道阶”攀缘向上，最终达到与道合一。这样，“尊道贵德”就架构起联系有限与无限、此岸与彼岸世界的桥梁，从而提升了人生境界。

道教思想以“尊道贵德”为核心，其中所包含的人间关怀精神可以给现代人一定的启迪。今天，现代科技的飞速发展，促进了社会物质文明不断提高，但在媒体广告的不断刺激下，“技术理性”和“消费至上”已成为大众流行文化的核心，一些现代都市人在不断地追求物质享受和感官刺激的过程中，不知不觉地异化为经济动物、金钱奴隶。但是，物质的富足并没有给人带来精神上的愉悦与满足，许多现代都市人在享受高度现代化生活的同时，又在快节奏的工作与生活中，在异常激烈的市场竞争中，在没完没了的世间繁琐事务中，精神倍感无聊、空虚和萎靡。物欲的急剧膨胀和精神家园的失却已成为现代都市人的精神通病，那么，人活着到底是为了什么？人生的意义究竟在哪里？道教通过“尊道贵德”而将人生的意义与价值提升到一个超越于日常世俗事务的高度，从而给人一种安身立命的智慧，启发人懂得人生的意义在于通过返璞归真、修性返德而回归于自然之道，以一种清静无为、恬淡安宜、合理节欲的态度来面对生活，从而将有限的生命提升到充满艺术精神的诗化境界。

为此，道教倡导“修道即为修心”，就是要在心性上下功夫。道教认为，人生来是禀有清静道性的“赤子”，可一旦生活于尘世之中，人心就不可能静止不动，而是在“惠照”中不断地反映着丰富多彩的外界环境，在变动不居中表现出无限的创造性。就身心关系而言，一方面身对心具有决定性的影响。如果身体健康，那么心理也会随之而感到愉快安宜；如果身体衰损，那么心理上就会感到疼痛难受、疲惫不堪。另一方面，心又会反作用于身。如果人心逐境而感情妄动，就会陷入喜怒哀乐之中，从而欲望丛生，忧情并起。如果心理上喜、怒、忧、思、悲、恐、惊等七情过于持久激烈，超出正常限度，五脏六腑皆会受损，是为致病的重要原因。道教所谓的养生，就是顺应“道”的原则来生活，是为善；违背“道”的原则，是为恶。道教不仅将“为善去恶”的道德修养与生命的寿夭相联系，“善自命长、恶自命短”就成为道教仙学的一个不证自明的原则，而且还将道德上的善恶与人的性情相联系，将性视为人先天禀有的善性，而将情视为是人成形后，失道心乱而形成的，它以恶为特点，是阻碍人生命长存的障碍。先天之性与后天之情是人心的两个方面，因此，就现实的人心而言，它既是众恶之源，又是众善之门。这样，道教所谓的“修心”就是教人顺应自然、清心寡欲、戒除烦恼、慈善待人，用现代的话语来说，就是通过心理调节，培养一种良好的道德素养和健康的心态来面对纷繁的世界与人生。现在人们越来越认识到，积极的心理调节是帮助人达到身心健康的有效途径。由此可见，道教的文化特质是一种生命关怀。而这种生命关怀既是哲学式的，也是医学式，修道始于净化身心，再通过对体内阴阳之气的修炼，使身心达到自然和谐健康的状态，这种修道观对于现代人的修身养性以提高生命的质量仍然具有一定的参考意义。

就人与人的关系而言，道教通过对现实伦理的批判和解构，提出一个神圣的宗教伦理理想——“为道至善”，由此而揭示了人对无限的终极目标的追求。虽然道教伦理是以宗教神秘主义为外在形式的信仰文化，它在道教信仰的前提下，通过神学的规范来强化伦理道德的社会控制力，但其中所宣扬的“为善去恶”道德精神对我国当前的新文化建设还是具有一定的积极意义。中国目前正面临着经济和社会的重大变革，在市场经济迅猛发展和外来文化大量涌入的双重冲击下，人们原来所信仰、所遵守的道德规范出现了失范，但新的社会伦理道德评价体系尚未形成。今天，社会上享乐主义、拜金主义和个人主义的盛行，在某些人的心目中甚至还出现了一些是非颠倒的价值判断标准，以善良为无能，以诚实为傻帽，以朴素为寒酸，以奢侈为荣耀，这些缺乏善恶感和羞耻感的道德心态，一旦成为社会上流行的看法，就会对人与社会的健康发展造成难以预料的负面影响。从道德层面上看，一个社会如果缺乏有力的精神信仰，公民和企业缺乏社会责任感，人与人之间缺乏诚信感，久而久之，就会使整个社会陷入混乱无序之中。目前，我国正在倡导建构和谐社会，从某种意义上说，就是要通过物质文明与精神文明建设以使整个社会走上和平有序、繁荣兴旺的发展道路。如果再放眼世界，就可见当今世界的发展已进入到一个综合国力竞争的时代。这种竞争既包括政治、经济和军事上竞争，也包括全民道德素质和人才培养的竞争。为了建设能够适应现代社会需要的新伦理道德，我们必须批判地继承传统伦理思想，而道教伦理无疑是传统伦理思想宝库中的重要组成部分之一，因此，如何积极地发掘和利用道教“为善去恶”的伦理思想中的合理成分，将之作为建构适应时代发展需要的新伦理道德观念的理论资源，就成为一个既具有理论价值，又具有现实意义的重要课题。

就人与社会的关系而言，道教不仅关注个体生命的长存，也关注人所赖以生存的社会环境。道教提倡“仙道贵生，无量度人”，其修道是围绕着内以养生、外以度世而展开的。作为个体的人，应当通过“内视养神，吐纳炼藏，服饵道引，猿经鸟伸，遗利忘名，退身让物”等身心修炼来优化自己的生命；作为社会的人，则应当以自己的道力

“拯溺扶危，济生度死”来有利于社会。从历史上看，道教在对人的本真生命存在的体悟中，既注重个体的成仙，也重视众生的拯救，因此，道教从老子思想出发，认为理其国者应先理其身，理其身者应先理其心，“理身之道，先理其心，心之理也，必在乎道。得道则心理，失道则心乱。心理则谦让，心乱则交争”①，将心乱作为导致身乱乃至社会混乱的根本原因，由此而将理心作为“度人济世”的基点。这反映了道教是以“身”为中心，注重的是以人的生命为参照来建构国家秩序，建立和谐社会，因此，从“身国同构”出发，也将社会作为一个动态的生命体来对待。道教认为，一个身正德纯之人，其家庭必然和睦。如果每一个家庭都能够“尊其长老，敬其幼小，教诲愚鄙，开导昏蒙，少长得宜，尊卑有序”，就会促进一个乡村风气之改善。如果每一个乡村都“风教肃肃，礼乐诜诜”，就可以促进一个国家“礼行化美，君信臣忠，境内无虞”。如果天子能体道恤民，敬天顺地，那么就能使“万国来朝，四夷皆附”，实现“王道无不被”的天下太平了②。这种从我做起，由修身而至理国的过程，是将“道”从个体推及家、乡、国乃至天下的过程，也是不断地提高全民道德素质的过程，其中虽然包含着一些理想化的成分，但希望通过“济人度世”而建立一个和谐太平的人类社会，以让人们生活得更幸福美满。这种重生恶死、热爱和平、度人济世的人间关怀精神，对今天反对局部地区的战争、全球军备竞赛和世界性的恐怖主义，以建构和谐社会，维护世界和平，无疑具有积极的现实意义。

（原载：《宗教大同》，2006 年第 5 期）

---

① 《道德真经广圣义》卷十九，《道藏》第 14 册，第 404 页。
② 《道德真经广圣义》卷三十八，《道藏》第 14 册，第 509—510 页。

论道教在全球化时代的发展

——以道教戒律建设为例

今天，我们生活于一个全球化的时代。全球化一方面打破了不同国家、民族、宗教和文化之间的界限，促进了世界各国人民相互了解，尤其是它创造出的一种不同于传统的生活方式和文化样态，通过高度发达的大众传媒普及推广成全球通行的标准状态与趋势，悄然地改变着每一个人的生活；另一方面，全球化也促使各个国家与民族更加珍视自己在悠久历史中形成的独特的文化传统，在追求民族文化独立性的过程中更加注重保护一些优良文化遗产。在这样的全球化的境遇中，有着近两千年历史的中国道教的发展既面临着机遇，也面临着挑战。问题在于道教怎样去面对机遇与挑战？如何在新世纪对人类的文明与和平事业发挥更大的作用？这无疑是应该认真研究的问题。

"全球化"（globalization）本指全球经济的一体化，但在 20 世纪 80 年代，随着交通信息的发达和知识经济的发展，它不是一个孤立而单纯的经济范畴，而是以西方理念为内涵的社会、文化范畴。今天，"全球化"的影响已深入到世界各地，它一方面促进了不同民族文化之间的相遇与碰撞、加深了世界各大宗教的相互联系、了解、对话，这既导致了不同文化与宗教之间交流的增加，甚至出现你中有我，我中有你的局面，也会导致因不理解而引起对立与冲突；另一方面，也促进了各个宗教在其特定的民族、地域、文化、历史背景下，彰显自我的民族性与地域性特色，以本土化或本色化的做法来抵御全球文化的同质化趋向，由此又为文化的多元化创造了条件。经济的全球化与文化的多元化，构成了全球化进程中值得关注的现象。全球化的进程推动了当代宗教的开放与变化，积极地面向世界、面向社会、面向现实、面向人生，由此而出现了世俗化、本色化、多元化的发展趋势，对中国道教的影响也是显而易见的。

道教作为中华民族的传统宗教，它在历史发展中形成了一些优良传统，这既构成了道教区别于其他宗教的独特性，也是我们在今天全球化时代中应该珍视的民族文化财富。例如，道教戒律作为约束道教徒言行的宗教生活准则，具有“止恶防非”的功能，“夫戒者，止恶防非，护正摧邪，无令傲忽，弗敢轻侮。”① 道教将持戒作为得道成仙的基本要求，既体现了道教信仰的超越性与神圣性，也是道教能够在千百年的历史变化中持续发展的道德保证。从根本上看，宗教起源于人对自己生存状态的认识，并企望通过这种认识而建构一条解脱现实苦难，确立终极意义世界的通途。道教信仰追求的是对超越有限存在的无限整体——“道”的体悟和把握。这种对绝对无限整体之道的体悟和把握既超越世俗之人的经验之外，又是生活于具体时空中的人通过修道持戒来实现的，因此，对修道者来说，“戒为渊，道犹水，人犹鱼。无戒则道不存，无戒则人不存。”② 道教戒律的重要性也由此显现出来。

① 《太上出家传度仪》，《道藏》第32册，第163页。
② 《老子想尔注》第三十六章。

道教信仰是以“道”为基点而展开的。道教之“道”一方面表现为形而上之神圣的绝对，另一方面又存在于事事物物之中，同时也是人的生命存在的根本。超越世俗的神圣之“道”与世俗生活中的人伦日用之事并非完全隔绝，而是相即不离的。正是由于作为先天地而生的宇宙本源和主宰之“道”，既超越于人，又内在于人而存在，因此，道教强调“一切众生，皆含道性”，同时又认为，修道者依持道性，以“至静元心”来因循事物的自然本性，就能返璞归真而与道相契。这样，道教信仰就形成了两重性：一方面极力宣扬超越世俗而追求与道相契的神圣境界，另一方面，又并不要求人放弃世俗生活，甚至强调只有在世俗生活中先修人道，再修仙道，成为一个完善的、有道德的人，才有得道成仙的可能①。道教所说的“尊道贵德”是要落实于修人道上，要在人的内在精神世界中确立少私寡欲、恭谦无争的观念，通过持戒来确立不同于世俗生活的宗教生活准则，从而促进人们自觉地追求神圣而高尚的道德境界。道教将“积德”、“为善”、“忠孝”、“仁信”等道德原则神圣化，既包含了对世俗社会道德准则的认定，也体现了希望通过弘扬道教信仰和精严戒律来提升道教的道德精神境界的愿望。

从某种意义上说，道教信仰的神圣性就在于要个体之人通过修持戒律来摒弃种种物欲和情欲，将超越世俗作为走向神圣的阶梯。神圣化构成了道教提升世俗生活的精神情怀，世俗化则构成了道教存在的社会基础以及在社会中能够得到广大群众信仰的条件。神圣化与世俗化虽然在表面上构成了道教内部的一种难以消弭的张力，但实际上，道教强调先修人道，再修仙道，这种对人及其生活的肯定，又在某种程度上使得神圣化与世俗化之间的张力得以消解。道教将得道成仙作

① 孙亦平：《神圣与世俗之间——论道教在21世纪的发展》，《中国道教》，2001年，第5期。

为终极理想，而成仙就意味着人的生命的无限延长，这就在信仰的前提下肯定了人的生命存在和世俗生活的合理性。因此，与西方中世纪基督教将上帝放置于彼岸，将人与神、此岸与彼岸、神圣与世俗对立起来不同，道教信仰本身就包容了神圣与世俗这两重性，并通过持戒来保持两者之间的平衡。

道教从创立之初就提出了“道诫”，如现存最早的道书《太平经》中就有了“道诫”，如“贪财色灾及胞中诫”、“衣履欲好诫”、“不孝不可久生诫”等，都是针对着人过度的物欲而提出来的。而在《老子想尔注》中“诫”字出现了45次，“道诫”则出现19次，并将在世俗生活中“奉道诫，积善成功，积精成神，神成仙寿”① 作为得道成仙之基。虽然道教戒律的根本精神是要信徒防非止恶，清心寡欲，修习善行，得道成仙，表现出一种超越世俗的神圣性，但由于人总是生活于尘世中，即使是追求隐逸生活的修道者，也不可能完全脱离现实的生活环境，因此，道教在入世与出世、神圣与世俗之间，一般都采取比较灵活的态度，其所制订的戒律既有对神圣的超越性的精神境界的追求，也有关注现实生活的一面。例如，早期五斗米道所奉行的“老君想尔戒”及“老君说一百八十戒”，是托太上老君降授的方式出现的，其中，既有对人如何保持信仰纯洁性的要求，如不得轻慢经教，不得向其他鬼神礼拜，不得祠鬼神以求侥幸等；也有对一般社会公德的要求，如不得恚怒师长、不得不忠其上，不得罔略其下，不得盗窃人物，不得淫妇人，不得贩卖奴婢，不得多蓄仆妾，不得言人阴私等；还有对保持自然环境的要求，如不得烧野田山林，不得妄伐树木，不得妄摘花草，不得渔猎伤煞众生等。从这些具体的戒条中可见，道教既不像儒家那样仅以在现实生活中实践修齐治平为人生的终

① 《老子想尔注》第十三章。

极目标，也不像佛教那样以出世求解脱相号召。即使是中国佛教以出世而不离入世为特点，但“以宗教性格而言，道教又远比佛教为入世”①。道教在神圣与世俗之间走出了一条富有特色的中间道路。元代以降，无论是正一派实行的授箓，还是全真道通行的传戒，都倡导修道者应通过持戒来纯洁信仰、提升道德素质，这是道教在漫长的历史岁月中能够持续发展的重要保证。

道教所面临的现代化之路与其他宗教相似，这就是在今天的全球化过程中，它们的存在都有赖于一个共同的文化背景。如果说，世俗化是以现代化的发展为前提，以科学的理性化和知识化为先导，以全球化的方式而展开的，那么，它对当代道教的影响是全面而深刻的。首先，由于全球化并不仅仅局限于经济贸易、科学技术、消费商品和电信传媒等领域，也意味着对各种文化传统中的民族性的削弱和消解，而道教正是中国土生土长的民族传统宗教。其次，它有可能导致传统道教对现实人生指导意义的淡化，从而使道教逐渐走向社会生活的边缘。最后，在今天中国社会走向现代化过程中，出现了多元化的价值观念，尤其是人们表现出来的强烈的功利主义、拜金主义所引发出的信仰虚无、精神危机、价值混乱、道德衰败等许多新的社会问题，对道教戒律的冲击尤其明显，这不能不影响到当代道教的发展，因此，今天道教在全球化境遇中所面临的挑战比历史上任何时候都严峻。

今天世界各大宗教如基督教、佛教等都十分重视本教改革发展问题，表现出一种关注自身、切近社会的精神。道教当然也不例外。当代道教的理论探讨、宫观管理、戒律建设、社会服务等问题被认真地提出来进行研讨，就说明道教早已意识到，如果这些问题不能很好解决，道教的发展将会受到阻碍，而其中的戒律建设问题尤其重要，正

---

① 余英时：《士与中国文化》，上海人民出版社，1987 年，第 462 页。

如唐代高道张万福所说："若有法，而无戒，犹欲涉海而无舟楫，犹有口而无舌，何缘度兆身耶?"① 这直接牵涉到今天道教的宗教素质和公众形象。

持戒是对修道者言行的一种约束，其目的是促进修道者为善去恶，以提升道德来提升生命境界，严肃道门风气。道教戒律对人的日常行为有着非常细致的规定，尤其重视人的具体行为中的普遍道德判断问题，而这种何为善、何为恶的道德判断特别反映了道教所主张的善者成仙的价值趋向，因此，历代高道都十分强调持戒以德的重要性，例如，南朝道士陆修静说："夫受道之人，内执戒律，外持威仪，依科避禁，遵承教令，故《经》云：道士不受老君百八十戒，其身无德，则非道士，不得当百姓拜，不可以收治鬼神，其既暗浊，不知道德尊重，则举止轻洒，贱慢法术也。"② 而持戒唐代道士潘师正也说："谨按道经，初从凡学，受持法戒，行无缺犯，则名系仙录。"③ 他们都将持戒视为修道成仙的必要条件。如果说，弘道的基点在于弘戒，只有使众多道徒严守戒律才能保持道教旺盛的生命力，那么，弘传戒律与道教的发展之间就有了必然的联系。例如，早期全真道以严行戒律而著称，要求信徒修道必以持戒苦行为先："大凡学道，不得杀盗饮酒食肉破戒犯愿。"④ 在力戒酒色财气的基础上，建立起道士出家修道的制度。全真道之所以能在不长的时间里，广泛传播于大江南北，甚至代表了宋元以后中国道教发展的新走向与其倡导持戒有关。

道教传播史表明，弘扬戒律可以促进道教信仰的神圣性与纯洁性，提升修道者的道德水平，促进道团组织的规范化，但戒律的内容

---

① 《传授三洞经戒法箓略说》，《道藏》第32册，第184页。
② 《陆先生道门科略》，《道藏》第24册，第781页。
③ 《道门经法相承次序》卷上，《道藏》第24册，第787页。
④ 《重阳教化集》卷二，《道藏》第25册，第780页。

又必须因地、因时而宜。从历史上看，道教戒律也处在不断地完善与修订之中。例如，明永乐年间，正一天师张宇初撰《道门十规》，以整顿道教；清初王常月在《龙门心法》中则针对道教中“玄远颓败”的景象，用“持戒精严”来改革道教，成为全真道的“中兴之臣”。这些都是大家十分熟悉的事例，但如果再仔细研究一下又可见，无论是正一道的《道门十规》，还是全真道的《龙门心法》，都出现在原有的道教戒律已不能很好地对道士的言行起到约束作用，以至于出现了“吾道自近代以来，玄纲日坠，道化莫敷，实丧名存，领衰裘委”① 的局面，因此，张宇初才要重新修订道教戒律，以期“凡行持之士，必有戒行为先，次以参究为务”②，以达到重振道风的目的。王常月则将持戒与修仙相联系，倡导“学道不持戒，无缘登真仙”，从而使戒律精严作为得道成仙的基本依据，以抑制道门中因过度世俗化而导致的传统被遗忘、神圣被消解、思想变浮浅、生活变随意等腐败现象，使全真道由过去的注重性命双修的内丹修炼转为倡导严持戒律，因此，他所“复兴”的全真道龙门派又被称为“龙门律宗”。但张宇初所修订的戒规并未得到后世正一道士的重视，自他之后，正一道也就不再有人撰述阐发规戒之事了③。王常月之后，全真道对持戒的要求也逐渐放松。与此同时，道教在明清之际出现的颓势，到清代中叶之后更为明显，这虽然主要是由社会环境的变化、外来文化的冲击等外力所致，但由道教戒律的松弛而导致的道士素质下降是否也是一个不可忽视的原因呢？以历史观照现实，值得我们深思的是：过去道教一直在一个相对封闭的环境中发展，那么，在今天全球化的境遇中，当代道教戒律建设如何既能提升道教信仰的神圣性，又能使修道者在

---

① 《道门十规》，《道藏》第 32 册，第 146 页。

② 同上，第 149 页。

③ 参见卿希泰主编：《中国道教》第二卷，东方出版中心，1994 年，第 347 页。

实际生活中切实可行，从而发挥出它应有的作用？

今天，全球化不仅表现在经济领域，更渗透到政治、思想、文化、科技等各个层面，而且它将一种统一化的文化格式，以一种非常的速度，影响到世界的每一个角落。如何在全球化境遇中保持本民族文化特色？已成为一个不可回避的问题。道教作为中国土生土长的传统宗教曾与儒、佛并列而成为中国人的精神支柱，其信仰本身不仅蕴含着神圣与世俗的两重性，而且还凸显出神圣与当下生活的交融性，这就使它有可能在现代仍然能够比较灵活地适应社会和人生的需要。因此，当代道教在今天全球化的境遇中，既要发扬道教戒律的优良传统，始终高扬“道”的超越精神来提升人们的精神世界，以适应社会主义市场经济发展的态度，搞好自身的宫观建设和道风建设，才能在多元化宗教文化的对话、沟通和竞争中，发扬自身的民族特色；同时还要以博大灿烂而富有智慧的道教文化来积极地回应当前人们共同关心的社会问题——物质崇拜、科学万能、理性至上、生态危机、人类心中主义、过度世俗化等，只有在中国文化的土壤中，继续创造富有特色的道教文化，才能在今天全球化的境遇中保持自己的生机与活力，以至于在21世纪的中国文化乃至世界文化中独树一帜。

（原载：《中国宗教》，2008年第7期）

论道教的生态智慧与环境保护

目前，有关生态危机及其对人类社会未来发展影响的问题，社会上有着两种极端的观点：一种是悲观主义的，认为人类基于生存的要求，对自然界的过度开发和利用，将会导致自然资源的消耗、自然环境的破坏，而人类也会因自然资源匮乏和生态环境污染，或倒退到原始野蛮的生活状态中，或自相残杀，最终将导致人类的家园——地球毁灭；另一种是乐观主义的，认为人类依靠自己的智慧和力量，最终可以解决日益复杂的环境问题。无论是乐观态度，还是悲观态度，其出发点都是为了唤起人们的环保意识，但由于认识问题角度的片面性，就容易导致实践上的偏差，这不仅会影响到环境问题的解决，而且还会造成一些新问题的产生。值得注意的是，古老的道教从“道法自然”出发，将外在的自然宇宙视为人生存与发展的根源，人只有效法自然天道，才能确立自己在自然宇宙中的地位，决定自己如何行动。道教倡导，人只有循自然而生活，法自然而行动，才能够参天地之育化，长养万物，并成就自己的德性。道教的这种顺之以天道，应之以自然，以普遍生命为关怀中心的生态智慧，可以帮助我们一方面更好地认识人类目前所面临的生态危机，另一方面则更好地采取积极态度和有效方法来保护人类栖居的自然环境，促使人与环境（包括自然环境、社会环境和人文环境）的关系更加和谐。

今天，生态环境问题越来越引起世界性的关注。生态环境是以人类为主体而包括了自然环境（如地理、气候、土壤、植被等）、人为环境（即被人类劳动改变或污染了的自然环境）和社会环境。生态环境始终处于动态发展之中。一旦自然因素和人为因素的干扰超过了生态系统的自我调节能力，自然资源不能满足日益增长的人口发展和经济发展的需要，不能向人类持续提供生产和生活的资源和能源，生态环境的结构和功能就会遭到破坏，生态平衡就会被打破，生态危机就会随之出现，社会的可持续性发展就会受到影响。道教的生态智慧与环境保护主张可以为我们提供借鉴与启示。

道教早已看到人类对自然环境的无情掠夺所造成的可怕后果，因而提出，既然天道好生恶杀，慈爱一切，那么，人也应当效法天道行事，视万物为己身，以慈爱之心来对待万物："天地之性，万物各自有宜。当任其所长，所能为，所不能为，而不可强也。"自然万物各有其性，它们相互配合共同组成一个多姿多彩的自然世界。道教特别借天尊之言来告诫修道者："子欲学吾道，慎勿怀杀想。一切诸众生，贪生悉惧死。我命即他命，慎勿轻于彼，口腹乐甘肥，杀戮充啖食。能怀恻隐心，想念彼惊怖，故当不忍啖，心证慈悲行。"① 既然一切众生都贪生惧死，那么，以己推人，学道之人不仅应当仁慈地对待他人，而且还应当仁慈地对待自然界的万事万物："慈爱一切，不异己身。身不损物，物不损身。一切含气，木、草、壤、灰，皆如己身，念之如子，不生轻慢意，不起伤彼心。"② 从"天地与我同根，万物与我同体"③ 的思想出发，道教要人以慈爱之心，常因自然，爱护地

① 《太上虚皇天尊四十九章经》，《道藏》第1册，第770页。
② 《洞真太上八素真经三五行化妙诀》，《道藏》第33册，第474页。
③ 《海琼白真人语录》卷三，《道藏》第33册，第129页。

球上的每一个生命。

为了使这种慈爱之心发扬光大，道教将善待万物作为人修道而能够长生成仙的必要条件。葛洪说："欲求长生者，必欲积善立功，慈心于物，恕己及人，仁逮昆虫，物不伤生，如此乃为有德，受福于天，所作必成，求仙可冀也。"① 这句话后被道教著名的劝善书《太上感应篇》吸收并修改为："积德累功，慈心于物。忠孝友悌，正己化人。矜孤恤寡，敬老怀幼。昆虫草木，犹不可伤。"② 道教把对爱护人的生命推及到自然万物，更加突出了关爱他人、爱护动物、保护植物的思想，并将之落实到人们的日常生活之中，这就为人与自然的相融共存提供了思路。

首先，道教要求人们不要任意损伤草木，破坏森林："饮食诸谷，慎无烧山破石，延及草木，折华伤枝，实于市里，金刃加之，茎根俱尽。"草木虽然是人类生存必不可少的资源，但人们在利用这些资源时，应当抱着珍惜、节约的态度，顺植物的生长规律，取用那些已成熟、或已失去生命力的枯树茅草："人亦须草自给，但取枯落不滋者，是为顺常。天地生长，如人欲活，何为自恣，延及后生。有知之人，可无犯禁，自有为人害者，但抑成事，无取幼稚给人食者，命可小长。"③ 植物虽然不能自己移动，但也有自己的生命，故不可随意斫伐。只有在不违背万物生长规律的前提下，合理开发利用自然资源，才能保持自然界的兴旺发达。于是，道教将滥伐树木看做是破坏自然生机的行为："斫伐树木，断地脉之津液；化道货财，取人家之血脉。"④《上清洞真智慧观身大戒文》就规定："道学不得教人以火烧

① 《抱朴子内篇·登涉》。

② 《道藏》第27册，第14—19页。

③ 王明编：《太平经合校》卷一百十二，中华书局，1960年，第572页。

④ 《重阳立教十五论》，《道藏》第32册，第153页。

田野山林，道学不得教人无故摘众草之花，道学不得教人无故伐树木。”① 学道之人若不能奉行此戒规，不仅会使自己当下的生产活动、生活状况和身体健康遭遇不幸，而且即使“诵经万遍，隐处山林，升仙之举，恐未可希耶”②。

其次，人还应当爱护那些种类各异的禽兽动物：“人者，裸虫也，与夫鳞、毛、羽虫俱焉，同生天地，交炁而已，无所异也。或谓有所异者，岂非乎人自谓异于鳞、羽、毛、甲诸虫者？岂非乎能用智虑耶，言语耶？夫自鸟兽，迨乎蠢蠕，皆好生避死，营其巢穴，谋其饮啄，生育乳养其类而护之，与人之好生避死、营其宫室、谋其衣食、生育乳养其男女而私之，无所异也，何可谓之无智虑耶？夫自鸟兽，迨乎蠢蠕者，号鸣啅噪，皆有其音，安知其族类之中非语言耶？人以不喻其音而谓其不能言，又安知乎鸟兽不喻人言亦谓人不能语言耶？则其号鸣啅噪之音必语言尔，又何可谓之不能语言耶？智虑语言，人与虫一也，所以异者形质尔。”③ 人与禽兽动物虽然外形不同，但却有着相似的生活习性、思想语言和伦理品格。五代道士谭峭在《化书》中也说：“大禽兽之于人也何异？有巢穴之居，有夫妇之配，有父子之性，有生死之情。鸟反哺，仁也；隼悯胎，义也；蜂有君，礼也；羊跪乳，智也；雉不再接，信也……夫焚其巢穴，非仁也；夺其亲爱，非义也；以斯为享，非礼也；教民残暴，非智也；使万物怀疑，非信也。”④ 这些禽兽动物，有着与人类不同的活动范围。它们只是随天地造化而生，按四时变化而活，并不妨碍人类生活，如不与人争饮，不与人争食，不与人争居。人若无故张弓射之，捕网取之，

① 《道藏》第33册，第798页。
② 《上清洞真智慧观身大戒文》，《道藏》第33册，第803页。
③ 《无能子》，《道藏》第21册，第708页。
④ 《化书》，《道藏》第23册，第598页。

残害捕食这些禽兽动物，那就如同残害自己的同类一样，是于无罪处寻罪，无孽处造孽。这种失却人之理性和道德的行为，将来必定会给自己带来祸患。

最后，道教还要人爱护地球上的各种自然景观。道教把大地视为万物之母，为让人心生敬畏，特别用人体来比喻大地上的自然景观："穿地见泉，地之血也；见石，地之骨也；土，地之肉也。取血、破骨、穿肉，复投瓦石坚木于地中，为疮。地者，万物之母也，而患省若此，岂得安乎？凡人居母身上，亦有障隐多少。穿地一尺，为阳所照，气属天；二尺者，物之所生，气属中和；三尺者及地身，阴。过此已往，皆伤地形也。"① 道教把污染的河流比作母亲身上化脓的血管，把乱砍乱伐看做是割母亲身上的肉，把对自然景观的破坏上升到伤害母亲身体的高度，可见其对保护自然环境的重视。从"敬畏母亲生命"出发，道教要求人们不要破坏任何自然景观，以维护大地上自然物种的多样性和自然景观的完整性，例如《老君说一百八十戒》中就规定：不得以毒药投渊池及江海中，不得妄凿地、毁山川，不得竭水泽，不得在平地燃火，不得以秽污之物投井中，不得塞池井，不得便溺生草上及人所食之水中，不得妄轻入江河中浴等等。

正是出于对大自然的热爱，自古以来，就有许多道教徒清心寡欲、远避尘嚣、潜默隐修于深山之中。他们热衷于在峰峦奇峭、洞壑幽奥、景色绮丽、气象万千的名山洞府中建宫立观，以希冀在诗意般的仙境中使自己融入自然、回归本然，并吸引仙真从天而降并与之栖息同游，这就使那些风景秀丽、人迹罕至的岳渎山岭变成道教所宣扬的修仙通真的人间仙境。岳渎山岭虽然本有优美的自然环境，但它成为道教的"洞天福地"还有赖于道教徒的开发。为数众多的"洞天福

① 王明编：《太平经合校》卷四十五，中华书局，1960年，第120—121页。

地”遍布于中国大地上，它们既是道教所说的仙真居住、游憩之乐园，也是道门信众奉道、弘道、修道及通灵接真之胜地，因此，处于“洞天福地”之中的道教宫观就保留了许多值得重视的保护自然环境的措施与技术。

道教不仅从信仰和伦理的角度来强调保护自然环境的重要性，而且还用戒律的形式将各种保护措施规定下来。在道教的一些戒律中，如《老君说一百八十戒》、《思微定志经十戒》、《妙林经二十七戒》[①]等中就列有“止杀戒”或“不杀戒”。对“不杀”的内容也有十分具体的规定，如不得烧野田山林，不得妄摘草花，不得妄伐树木，不得渔猎伤杀众生，不得妄上树探巢破卵，不得笼罩鸟兽，不得妄鞭打六畜等[②]。既然大自然中的万事万物都有其存在的价值和权利，那么，人类就应当用尊重和爱护万物来取代那种征服自然和改造自然的做法。道教通过倡导“不杀”，将慈悲之心施于草木，将同情之心施于禽兽，将爱护之心普及于大地上万物，其中所包含的以普遍生命为关注中心的生态智慧，已被当代西方深层生态学（Deep Ecology）概括为人类应与自然万物建立起伙伴关系。

为了使戒律对人更有威慑力，道教还从神灵赏罚、因果报应的角度强调，若善待万物，即有善报，若损伤万物，即有恶报：“好杀物命者，死入无间狱。杀生淫祀者，死入沸山狱。耽酒迷狂者死入渴寒狱。烧野田山林游猎者，死入分形狱。”[③]因果报应的结果就是直接影响人的生命成长，使人不仅不能长寿成仙，而且还会减寿夭折，最终下地狱而受到永远的惩罚。道教将生命关怀落实到自然环境保护上，以神灵赏罚的方式来提醒人在生活中时刻约束自己的行为举止。

---

① 参见《道藏》第18册中的《太上老君经律》和《太上经戒》。
② 《太上老君经律》，《道藏》第18册，第219—220页。
③ 《无上内秘真藏经》卷六，《道藏》第1册，476页。

道教所说的生态文明是指在遵循人类、自然、社会相互和谐发展的基础上所取得的物质文明与精神文明的总和。这不仅仅是采取一些保护环境的措施，如不杀动物、不毁植物、清洁生产、防治污染、爱护景观等，而是从“道法自然”出发，将以普遍生命为关注中心的生态智慧变为人的一种自觉的行动。在尊重自然规律的基础上，将人与自然之和谐作为人与人、人与自身、人与社会之和谐的前提和基础。在当前世界性的生态危机面前，道教倡导人应当与自然万物和谐相处，共同营造出一个各种生命都能自得其乐生活的世界，也得到了越来越多的有识之士的认同。在20世纪，就有一些生态学家“主张环境保护的生物学家要像道教徒那样保护自然的节奏”①。1993年发表的《走向全球伦理宣言》中也有类似道教的生态智慧：“我们是相互依存的。我们每一个人都依存于整体的福利，所以我们珍视生物共同体，珍视人、动物和植物，珍视对地球、空气、水和土壤的保护。我们对于自己所做的一切，都负有个人的责任。”② 随着21世纪的到来，创造一个良好的生态环境，使自然万物保持动态平衡和良性循环，使人类生活在自然、和谐、整洁的环境中，比以往任何时候都显得迫切。道教宣扬，人类必须依赖于“整体的福利”，才能实现人类与经济、文化和环境的共同发展。这种以关怀普遍生命为中心，视人类、社会与自然为一个有机整体的生态智慧，对于现代人应对生态危机、增强环境保护意识无疑具有积极的意义。

（原载：《当代宗教研究》，2009年第1期）

---

① （美）霍尔姆斯·罗尔斯顿（Holmes Rolston）：《科学伦理与传统伦理学》，载中国社科院哲学所编：《国外自然科学哲学问题》，中国社会科学出版社，1994年，第268页。

② （德）孔汉思（Hans Kung）：《全球伦理：世界宗教议会宣言》，四川人民出版社，1997年，第5页。

宫观经济的特点及其在道教发展中的作用

今天，中国道教在与时俱进地适应社会发展的同时，也必然要面临着如何应对社会经济发展的问题：道教怎样顺应当前社会主义市场经济的发展要求来建设自己的宫观经济？道教伦理如何在当代社会的经济生活中发挥积极作用？道教徒应当以什么样的姿态来参与社会生活？当代道教应建立什么样的财富观，以既保持自己信仰的神圣性，又能顺应社会经济的发展要求来建设自己的宫观经济，为自身的发展提供经济基础与物质条件？本文以道教的神圣性与世俗性为契入点，对道教宫观经济的特点及其在道教发展中的作用作一初步的探讨，以求教于方家。

一

任何一个宗教都处于神圣与世俗之间。宗教信仰之花开在美丽飘渺的天国，宗教组织却必须扎根于现实的人间尘世，道教也不例外。道教作为中国土生土长的传统宗教，是中华传统文化的重要组成部分。道教所信仰的“道”一方面表现为形而上之神圣的绝对，另一方面又存在于事事物物之中，与世俗生活中的人伦日用之事并非完全隔绝，而是相即不离的。千百年来，内容丰富、形式多样的道教不仅是一种信仰和思想，它还通过其物态化的部分——宫观来展示自己的存在。

宫观是道教弘扬和传播信仰的活动场所。道教初创宫观时，经济活动就随之而起。据史料记载，最早的道教活动场所是“治”。张道陵在创教之初，为了“下则镇于人心，上乃参于星宿。所立屋宇，各有典仪”①，设立了一些不同等级的“治”，其中属天师管理的就有“二十四治”：“杀牛祭祀二十四所，置以土坛，戴以草屋，称二十四治。治馆之兴始乎此也。二十三所在于蜀地，尹喜一所在于咸阳。”②虽然早期“治”的建筑只是一些茅屋或瓦屋，陈设很简陋，但它既是道民至诚祈祷神灵的地方，也是五斗米道汇聚信众，供奉祭祀神灵、进行斋醮祈禳仪式的宗教活动场所。据说，张道陵在“二十四治”内“置男女官祭酒，统领三天正法，化民受户，以五斗米为信”③，并“立祭酒，分领其户，有如官长，并立条制，使诸弟子随事轮出米绢、器物、纸笔、樵薪、什物等”④，依赖着信众的支持，道教宫观经济初现端倪。“二十四治”的建立对推动五斗米道在巴蜀地区及汉中地区的传播起到了重要作用。

宫观经济是伴随着道教的发展而发展起来的，又为道教的进一步发展提供了物质基础。美国宗教学家罗纳德·L·维翰斯通（RonaldL. Johntstone）对宗教经济的说明似乎也能用来形容宫观经济的特点：“虽然宗教经常被看做是一个半自动的与其他制度机构相平

① 《要修科仪戒律钞》卷十，《道藏》第6册，第966页。
② 《决对傅奕废佛僧事并表》，《大正藏》第52卷，第171页。
③ 《三天内解经》卷上，《道藏》第28册，第414页。
④ 葛洪：《神仙传》卷四《张陵传》。

行的社会系统（社会制度和机构），但从许多方面来看，它自身却是包罗万象的经济体系的一个部分——它是雇主；它买进也卖出；它拥有财富；它也对国民生产总值（每年在商品与劳务方面的消费总量）作出贡献。”① 从历史上看，道教宫观经济的收入来源主要有这么几个方面：一是统治者的经济支持；二是道教徒的供奉和社会各界的捐赠；三是道教徒从事农业生产和贸易经营的收入；四是通过举办宗教活动，如斋醮科仪、度亡法会等取得的报酬。宫观经济的支出也是多方面的，主要有道教徒衣、食、住、行的供养，宫观的建造与维修，各种法器的购置，斋醮科仪和法会活动的举办，展开对外文化交流活动等。在现实生活中，道教与社会经济之间所形成的既相互影响，又互相制约的互动关系往往通过宫观经济表现出来。

宫观经济既是道教存在与发展的物质基础，也是社会经济领域的一种特殊现象，它并非只是消极地顺应社会经济发展的要求。宫观经济一旦形成，就具有相对的独立性，有时还会对社会的经济发展、民风习俗和文化生活产生一定的影响。例如，唐代道教在统治者崇道政策的影响下得以兴盛发展。唐王朝不断给予道教宫观以经济支助，按照唐制，国家在分给农民“口分田”的同时，也给道士同样的待遇。“凡道士给田三十亩，女冠二十亩，僧尼亦如之。”② 唐王朝除了给道士“口分田”之外，还经常赏赐田地、财物和奴婢给一些著名的宫观，既为道士们的修道生活提供经济保障，也促进了宫观经济的发展。道教宫观拥有大量的田产，这说明道士们可以通过生产劳动来解决自己的吃饭穿衣问题。经济上的自给自足，使宫观发展为一种独立的社会经济实体。有的宫观甚至还在所在地开展商贸活动，例如，杜

① 罗纳德·L·维翰斯通：《社会中的宗教》，四川人民出版社，1991年，第194页。
② 《唐六典》卷三。

光庭在《道教灵验记》中所记载的唐末五代时在四川成都道教宫观周围出现的“蚕市”①，就是依托道教节日和进行重大法事活动时形成的商贸集市。这种集市性的经济与文化活动，既增加了宫观的经济收入，也扩大了道教对社会的影响力②。宫观经济的状况对道教的发展规模与传播有着重要的影响。如果宫观经济遭到削弱时，道教的传播与发展就会受到阻碍；如果宫观经济兴盛发展，道教的发展就会兴旺，社会影响力也将增大。

二

虽然从促进道教发展与传播的角度来看，宫观经济可以为道教的发展提供重要的物质条件，但道教毕竟是一种宗教，它从创立之初，就以老子《道德经》为理论基点，围绕着人应当如何修身养性才能达到升玄之境而建立了以“道”为核心的信仰体系。道教信仰是人对超越有限存在的无限整体——道的体悟和把握。这种对绝对无限整体之道的体悟和把握，既超越世俗之人的经验之外，又是生活于具体时空中的世俗之人通过日常的修道来实现的，它体现了神圣与世俗的统一③。从历史上看，道教在对待是否要开展经济活动上始终面临着一个值得关注的问题：一方面，从追求“得道成仙”的信仰出发，道教要人清心寡欲，不积资财，远离世俗，专心修道，甚至把追求财富视为万恶之源、成仙之碍；另一方面，道教也意识到，雄厚的物质基础是自身存在与发展的经济支柱，要促进道教的繁荣发展，又必须参与

① 据《道教灵验记》卷十《乾元观四天神王验》记载，“成都乾元观在蚕市创制多年，倾因用军焚毁。”（《道藏》第10册，第832页）

② 孙亦平：《杜光庭评传》，南京大学出版社，2005年，第18页。

③ 孙亦平：《道教的信仰与思想》，台湾东大图书出版公司，2008年，第5页。

世俗生活，促进宫观经济的发展。但如果道士在这一过程中过度关注世俗经济利益，而忽视对以“道”为本的终极理想的追求，就会导致道教神圣性的消解。这样，对道教来说，如何摆正神圣信仰与宫观经济之间关系，使两者之间保持一种动态的平衡，就不仅是一个理论问题，而且也是一个必须时刻面对的现实问题。

从历史上看，道士们一旦淡化了对神圣信仰的追求，道教的发展就会走向衰退，重树信仰的呼声和励精图治的改革也会应运而起。例如，汉末张鲁在汉中地区传播五斗米道，以“道”为信仰来统治巴蜀汉中地区时，就是用“治”这一组织机构来进行行政管理的。张鲁自号“师君”，称初入道者为“鬼卒”，道官为“祭酒”，“各领部众，为治头大祭酒”①。大祭酒既是治所的道官，也是一个地方政权的行政官吏，为更好地“领户化民”，开展宗教活动，还建立起宅录制度、三会制度和缴纳命信制度。这样，“治”就不仅是一个宗教行政单位，也是一个经济单位。信众入教需要交纳一定的米肉等物，这种托“供道”之名而形成的“租米制度”，不仅为五斗米道建立“义舍”提供了经济来源，而且也迅速扩大了道教的社会影响：“诸祭酒各起义舍于路，同之亭传，具置米肉以给行旅。食者量腹取足，过多则鬼能病之。犯法者先加三原，然后行刑。不置长吏，以祭酒为理，民夷信向。”①“义舍”以一种经济手段展现了道教以“道”为本的信仰和“救穷周急”的慈善行为，颇得百姓拥护。张鲁去世后，五斗米道也随着道徒的迁徙而传到各地。然而，那些保留了蜀地五斗米道传统的天师道因处于群龙无首、科律废弛、人心涣散的状态，一些道官祭酒不仅淡化对神圣信仰的坚守，放弃清心寡欲的修行，而且还乘机在宫

① 《三国志》卷八《张鲁传》注引《典略》。
② 《后汉书·刘焉传》。

观中进行聚财活动，取人金银帛财，贪为己有："道官诸祭酒愚暗相传，自署治箓符契，攻错经法，浊乱清真，言有三百六十契，令能使长生，鬼神万端，惑乱百姓。授人职契，录取人金银财帛而治民户，恐动威逼，教人跪愿、匹帛、牛犊、奴婢、衣裳，或有岁输全绢一匹，功薄输丝一两，众杂病说，不可称数。"① 他们以赚钱作为生活的目标，贪婪地将道民捐赠和施舍的东西占为私有，其行为由于缺乏神圣性的指导而在世俗化、功利化的过程日益腐败，直接破坏了道教的社会形象，阻碍了道教的发展，最终引发了南北朝道教内部的改革。

在北方地区，北魏道士寇谦之打出"清整道教"的旗号，其中的一个重要内容就是以建立"新科正法"来提升道教信仰的神圣性，并通过对宫观经济制度的改革来制止道士的腐败行为："宣吾新科，清整道教，除去三张伪法，租钱米税，及男女合气之术。"② 寇谦之以"天书降授"的方式，借太上老君之口，来废除五斗米道的"租米钱税"的经济制度："老君曰：吾初立天师，授署道教治箓符契，岂有取人一钱之法乎？喻如生官，署职有财钱若干。吾今并出新法，按而奉顺。"③ 为减轻道民的经济负担，他还让道民抛弃那些"浊心不除"的道官，跟从那些"新科正法清教之师"："从今以后，无有分传说愿输送，仿署治箓，无有财帛，民户杂愿，岁常保口厨具，产生男女，百灾疾病，光怪众说厨愿，尽皆断之！……唯听民户岁输纸三十张，笔一管，墨一挺，以供治表救度之功。若有道官浊心不除，不从正教，听民更从新科正法清教之师。"④ 寇谦之倡导"专以礼度为首，

---

① 《老君音诵戒经》，《道藏》第18册，第211页。
② 《魏书》卷一百一十四《释老志》。
③ 《老君音诵戒经》，《道藏》第18册，第212页。
④ 同上。

而加以服食闭练”，以“新科正法”来重整天师道的神圣秩序。他要求学道者须以儒家礼教来规范自己的行为，再遵循道教斋戒来修身养性，以提升修道者的精神境界。经过寇谦之的改革，五斗米道原有的组织形式瓦解了，宫观的“租米钱税”经济来源取消了，通过重礼度、重斋戒、重修炼，表现出一种超越世俗的神圣性，被称为“新天师道”。北魏太武帝“崇奉天师，显扬新法”，专门在京城东南为寇谦之修建天师道场，并给予一定的经济支持：“给道士百二十人衣食，斋肃祈请，六时礼拜，月设厨会数千人。”① 新天师道因得到北魏统治者的大力支持而一度发展为国教，并为唐代道教的隆盛奠定了重要的基础。

如果说，神圣性构成了道教提升世俗生活的精神情怀，那么，世俗性则构成了道教存在的物质基础以及在社会中能够得到广大群众信仰的条件。神圣信仰与世俗经济虽然在表面上构成了道教内部的一种难以消弭的张力，但由于道教强调先修人道，再修仙道，这种对人及其生活的肯定，在客观上又使得两者之间的张力隐而不显，甚至可以圆融为一。事实上，道教将“得道成仙”作为终极理想，而成仙就意味着人的生命的无限延长，这就在信仰的前提下肯定了人的生命存在和世俗生活的合理性，为道教发展自己的宫观经济提供了理论依据。

三

回顾千百年来道教走过的漫长而曲折的道路，就可见目前道教正处于中国历史上最好的发展时期。改革开放三十年来，中国社会实现了由计划经济向市场经济的转型。社会主义市场经济体制是以市场经

① 《魏书》卷一百一十四《释老志》。

济为手段来提高生产效率，用社会主义制度来保障公平竞争，从而使市场在社会主义国家制度的宏观调控下，对资源配置、商品生产和销售服务起引导性的作用。这一中国特色的经济发展道路，既促进了中国社会各个领域都实现了腾飞发展，也为今天道教的发展打下了良好的基础。既然道教的生存与发展离不开宫观经济的支撑，那么，今天的道教组织就应当考虑，如何利用全国现有的宫观，在法律和政策允许的范围内，通过发展旅游服务、商业贸易、农林生产、法事活动等，既减轻政府的财政负担，也为道教的繁荣发展提供经济条件。

但目前道教在发展宫观经济的过程中也面临着一些问题：一方面，道教宫观只有具备了一定的经济实力后，才能为道教徒的修真悟道提供良好的生活环境，为宫观的建设与维修，为道教组织积极开展宗教活动、对外友好交往活动、文化学术活动、社会服务事业和公共慈善事业提供物质条件，也才能够更好地吸引广大信众；但另一方面，如果道教徒沉溺于追求宫观经济的效益，过度关注世俗的物质利益，就会导致道教的神圣性淡化。笔者认为，发展宫观经济只是维持与促进道教发展的手段而已。道教之所以为道教，关键还在于它通过弘扬以“道”为核心的信仰来提升人类的道德水平和精神境界。这才是道教能够在千百年的历史中得以持续发展的根本动力。因此，在今天社会主义市场经济的环境中，道教应以怎样的姿态来参与社会经济活动？道教徒又如何在现代经济大潮中坚守自己的神圣信仰？如何将道教的发展与道教徒的道德水平的提升结合起来？这就成为不可回避的现实问题。

从历史上看，道教从以“道”为本的信仰出发，一直以来就倡导“见素抱朴，少私寡欲”，并以此来指导人们辩证地对待物质财富。道教认为，人的天性本来纯朴和纯真，来到世界时是“天真无邪”的“赤子”，但人要生存，首先就需要消费物质财富来维持生命，因此在人生道路上，人很容易受声色货利的诱惑；在追求物质利益的过程中，人很容易迷失自己的纯朴天性，“日就浮华，因而愁苦，不竟天年”①，最终危害了自我生命的成长。可见，妨碍人得道的不是财富，而是对财富的迷恋。财富本身没有善恶，迷恋财富才会产生种种恶劣后果，从而给人的生命成长和社会的健康发展带来极大的危害。因此，道教教义中的一个重要内容，就是通过弘扬神圣信仰和道教伦理，要人保持言行纯朴，减少私心杂念，降低对声色犬马、功名利禄的追求，合理地控制自己的欲望。道教提倡“见素抱朴，少私寡欲”，但并不绝对禁止人的正常欲望和世俗活动，也不禁止人们从事生产与经济活动，而只是反对嗜欲无度的贪求，反对沉湎享乐而累身，反对追求财富而见利忘义。

如何使道教徒在参与宫观经济活动的同时，又努力修真悟道，以保持道教信仰的神圣性？道教戒律中有一些戒条就是用来规范人们的经济行为的，并由此表达了道教的财富观，例如“初真十戒”中第八戒：“不得贪求无厌，积财不散，当行节俭，惠恤贫穷。”要人以一种超然的心态来对待财富：“一切取觅付之自然，非已之财不妄取，非义之财不苟得。合得之财，随分取可，不陷于贪求无厌之欲。亦有积而不散致招殃祸者，然吾党之士，先须识破幻假，以惠恤贫穷，节俭谨守，随缘度日，勿苦侖求，常使心地虚闲，物欲消遣，久则自然与道合真矣。”② 道教以戒律来直接规范信徒的生产、贸易、捐赠、布施、纳税等经济行为，使他们在从事宫观经济的活动中，仍然能遵循以“道”为本的信仰和伦理规范。

道教财富观的内容相当丰富，但其中有两条非常重要：第一，追

① 王明编：《太平经合校》，中华书局，1960年，第46页。
② 《虚皇天尊初真十戒文》，《道藏》第3册，第405页。

求财富的目的，不是用于满足个人的吃喝玩乐，而是为了发展道教事业；第二，追求财富的方法，要取之有道，合理合法，秉持“诚信”、“公平”等道德准则。这并非是一种超现实的理想化观念，而是如德国思想家马克斯·韦伯（Max Weber，1864—1920）在其代表作《新教伦理与资本主义精神》中所说的“合理禁欲主义”的财富观：“从伦理上说，只有当财富诱使人们游手好闲、贪图享受时，它才是一种不良之物；只有当取得财富的目的是为了以后生活惬意、无忧无虑时，它才是一件坏事。但是，就其作为履行职业义务的意义而言，获得财富不仅在道德上是允许的，而且在实际上是必行的。”① 韦伯认为，这种依据新教伦理而出现的财富观，能够对人的经济行为起到一种既有所促进，又有所制约的双重作用，这是否可为今天道教适应社会主义市场经济发展要求，来建设自己的宫观经济提供一种有益的借鉴呢？

（原载：《中国宗教》，2010 年第 1 期）

① （德）马克斯·韦伯：《新教伦理与资本主义精神》，四川人民出版社，1986 年，第 151—152 页。

论道教幸福观的特点及现代意义

幸福是人对生活境遇的一种体验与感受，一种追求与理想。21世纪以来，“幸福指数”这一概念已在中国社会中被广泛引用来作为衡量中国民众生活满意度的一项综合指标，可见今天人们对幸福的重视。道教以“得道成仙”为基本信仰，从《老子》四十六章的“祸莫大于不知足，咎莫大于欲得，故知足之足常足矣”① 的思想出发，认为幸福不在于占有富足的物质生活，拥有极大的权力名声，而在于保持身体健康和精神愉悦，故倡导顺应自然、清静自心、知足常乐地活着。千百年来，道教以“知足常乐”相号召，把保重身体、快乐地活着放到了人生幸福的高度，其对生命的热爱形成了道教幸福观的鲜明特征。尤其是道教对幸福与欲望关系之探讨，表达了对人的本质及生命理想的自觉意识，对现代人生仍有独具的意义与价值。

---

① 《道德经》第四十六章。

一

今天，当人们面对着社会结构之转型，市场经济之发展，金融危机之威胁，精神家园之安顿等问题时，什么是幸福的问题也凸显了出来。幸福，是千百年来人类所追求的人生理想。尽管人们对“什么是幸福”有着各种各样的认识和理解，但其大致可分为三类：一是从感觉主义出发，把幸福看做是在追求满足感官欲望的物质享受中所得到的快乐，使“所得”大于“所求”，这是一种不断索取的幸福观，会导致享乐主义、纵欲主义的盛行；二是从禁欲主义出发，把幸福理解为通过排斥感官享受而获得超越世俗生活的精神满足，在“所得”不变的情况下，降低“所求”，使“所求”小于“所得”，这是一种自我约束的幸福观；三是从理性主义出发，把幸福视为身体的无痛苦和精神的无纷扰，追求“所得”与“所求”相平衡。不同的人对幸福的认识和理解有差异，不同的宗教也有自己独特的幸福观。

道教所谓的幸福是什么呢？一方面，与其他宗教相似，道教有着超越世俗的追求，要摆脱世俗生活对人的种种束缚，要解决人生的各种痛苦，以使人获得一种完满的幸福和自由；另一方面，道教从得道成仙的基本信仰出发，强调“人最善者，莫若常欲乐生”①。在道教看来，“福莫大于生”②！幸福不在于占有多少物质财富，拥有多少权力名声，而在于能够身体健康和心情愉悦地活着，永远地活下去，以至于长生不死。千百年来，道教以“知足常乐”相号召，把保重身体、快乐地活着放到了人生幸福的高度，其对生命的热爱形成了道教

① 王明编：《太平经合校》卷四十，中华书局，1960 年，第 80 页。

② 《洞玄灵宝太上六斋十直圣纪经》，《道藏》第 28 册，第 382 页。

幸福观的鲜明特征。

人的身体出世，就意味着个体命运的发生。对于每一个心智健全的人来说，幸福与不幸的感觉始终伴随着生命的成长。人生痛苦的原因之一，就在于人有身体以及伴随着身体而产生的种种欲望与苦乐感受，如《老子》十三章曰："吾所以有大患者，为吾有身，及吾无身，吾有何患?"道教进一步认为，人的生命是身体与精神有机结合而成的，人作为一个有感觉的动物，其欲望、情感、意志和思想等精神性的因素都受到身体感受性的影响，身体感受性所遵循的基本原则就是如何避免痛苦，趋向快乐。这种利己自爱是人的天性。这样，如何减少身体痛苦，增加生命的快乐，就成为道教幸福观的重要内容。

一个人是否具有生活的幸福感，生命的愉悦感，往往取决于身体健康与生命能量的饱满，东晋道士葛洪曾将身体作为长生成仙之基："夫有因无而生焉，形须神而立焉。有者，无之宫也。形者，神之宅也。故譬之于堤，堤坏则水不留矣。方之于烛，烛糜则火不居矣。身（一作形）劳则神散，气竭则命终。"① 生命是由形体和精神相互配合而成的，形神相合才能使生命焕发出光彩。葛洪虽然主张"形须神而立"，但更强调"形者神之宅也"，"身（形）劳则神散，气竭则命终"，因而将保持身体长存作为个体生命超越的先决条件。葛洪看到，人的生命必须依托于身体而存在，需要满足身体的各种欲望，没有了身体，就不会有所谓的心理上的快乐幸福，故将身体作为获得幸福的物质基础。快乐总是身体的快乐，幸福总是个体生命的幸福。与此同时，葛洪也看到，身体虽与"道"相通，但身体有限而常有患，而"道"无限而至尊，身体又岂能与"道"相比？因此，超越身体束缚的"得道成仙"才是生命幸福的终极理想。

① 《抱朴子内篇·至理》。

据此，道教一方面提出，人最善者，常欲乐生，提倡采取种种修道方法来努力保养身体，以期无限地延长人的生命，如葛洪说："若夫仙人，以药物养身，以术数延命，使内疾不生，外患不入，虽久视不死，而旧身不改，苟有其道，无以为难也。"① 这样，神仙形象中就隐含着希望采用种种技术方法来保全生命，以使自我能在时间上达到永恒，在空间上消除任何束缚，永远过着自由自在、恬静愉快生活的人生理想；但另一方面，道教又让人不要执著于身体，更不能"贪宠有身"："人但知贪宠有身，必欲好衣美食，广宫室，高台榭，积珍宝，则有为。"因为人若放纵自己的欲望来满足身体的需要，这仅是"爱身"，而非"养生"，最终必然使身与道相违："贪荣宠，劳精思以求财，美食以恣身，此为爱身者也，不合于道也"②。那些为追求财富、名利和声望的人，大部分会倾力"向外追求"，最终因耗费生命的能量而有损于身心健康。道教认为，由外部的物质利益所引发的愉悦感，往往是暂时的。在拥有财富之后，人才会真正体会到，财富并不能带来他所希望的那种明净的幸福感和生命的愉悦感。因此，道教通过对身心的辩证理解，让人将对外在的物质利益的追求转向内心世界，提出真正的幸福在于"养身"而又"志欲无身"，以合于道意。

道教认为，仙士与俗人的根本区别就在于："仙王士与俗人，同知畏死乐生，但所行异耳。俗人莽莽，未央脱死也。俗人虽畏死，端不信道，好为恶事，奈何未央脱死乎！仙士畏死，信道守诫，故与生合也。"俗人畏死，又不信道，整天钻营于"邪恶利得"的俗事之中，反而痛苦多多。"道人同知俗事、高官、重禄、好衣、美食、珍宝之味耳，皆不能致长生。"仙士、道人也知道各种俗事可给人带来感官

① 《抱朴子内篇·论仙》。
② 饶宗颐：《老子想尔注校证》，上海古籍出版社，1991年，第16页。

上的享受，满足人的欲望，但他们为了追求“长生大福，为道人欲制大，自忍不以俗事割心情也。”① 正是由于仙士专一信道守诫，“不乐恶事”、“不知俗事”、“不贵荣禄财宝”，才能以愉悦的心情，超越于世俗利益，在保养身体过程中，获得与道相契的快乐。

仙士与俗人同样是将爱护生命视为幸福观的重要内容，但对物质利益，道教称之为“俗事”的不同看法，直接影响到幸福观的具体内涵。道教认为，幸福以长生为基础，长生的获得首先需要人消除对俗事的过分关注：“求长生者，不劳精思求财以养身，不以无功劫君取禄以荣身，不食五味以恣，衣弊履穿，不与俗争，即为后其身也。而目此得仙寿，获福在俗人先，即为身先。”② 其次，还需要以“少私寡欲”的态度来淡化对身体的过度保养。只有“后其身”才能“身先”。仙士在物质享受方面不与俗人争先，在物质利益之前保持一种清高的姿态，专心于养身修道，最终才能获福在俗人之先，是为“身先”。

二

道教认为，人的身心是相即不离的，那么，幸福感也有赖于身心和谐。造成人生痛苦的原因，既有身体上的病痛，也有人过度的欲望——嗜欲。嗜欲为万恶之源、百病之根。一个人若嗜欲缠身，在生活与工作中必然斤斤计较，患得患失，久而久之，积劳成疾，就会损害身心健康。道教的幸福观也是围绕着人对“欲望”应采取什么样的态度，才能使身体的无痛苦和精神的无纷扰而展开的。

依心理学家的看法，幸福是一种欲望得到满足之后的心理感觉。

---

① 饶宗颐：《老子想尔注校证》，上海古籍出版社，1991年，第36页。
② 同上，第10页。

由此，幸福获得与欲望满足之间就有着密切的联系。欲望是人想要得到某种东西，或想要达到某种目标的要求，其本身并无善恶，但若是不健康或不合理的欲望过于强烈，造成的后果直接影响到自己或他人的生存，就会有善恶之分，幸福与不幸之别。道教看到，人生活在世俗社会中，整天不得不面对着各种物质诱惑："盖由五色乱目，使目不明；五声乱耳，使耳无听；五味乱口，使口厉爽；取舍乱心，使心飞扬，嗜欲无厌，使神流散；憎爱不泯，使心劳烦；不疾去之，则志气日耗，寿命日灭，可不戒哉！"① 当色、声、味、觉等外界诱惑纷至沓来时，人若经不住诱惑，就会沉溺于身体感官的享受之中。当人久观五彩缤纷的颜色，就会眼花缭乱，最终损害视力；久听娓娓动听的音乐，就会嗡嗡耳鸣，最终损害听力；久享山珍海味，就会食欲不振，最终胃口不好；醉心于驰马行猎，就会心灵放荡，最终神志发狂；迷恋贪图珍贵的财货，就会产生图谋不轨的心思……于是，凡夫身为物累，心为物役："凡夫不能守真，无杜遏之检括，爱嗜好之摇夺，驰骋流遁，有迷无反，情感物而外起，智接事而旁溢，诱于可欲，而天理灭矣，惑乎见闻，而纯一迁矣。心受制于奢玩，情浊乱于波荡，于是有倾越之灾，有不振之祸。"② 人的欲望随着感官享受而膨胀起来，导致名利心生，好恶心生，是非心生，色欲心生，若得不到一一满足时，轻者会让人感到不快乐，甚至痛苦；重者则会使人五脏六腑不安，神智昏乱，疾病丛生，以至衰退速死！

可是，欲望也是人的天赋与本性。据说，人的大脑中有一个"欲

---

① 《墉城集仙录》卷一，《道藏》第18册，第166页。
② 《抱朴子内篇·道意》。

望中枢”，会产生一种多巴胺（Dopamine）① 的激素。人只要活着，就会有欲望，就会有需求，欲望得到满足，就会产生幸福感。当代美国心理学家马斯洛（AbrahamH. Maslow，1908－1970）认为，人是永远有所需求的动物。人的基本需求有五种：生理需要、安全需要、爱的需要、尊重的需要、自我实现的需要，它们各有特色，在心理上和作用上存在着差异，又分成不同的层次，前者是后者的基础。“生活在高级需要的水平上，意味着更大的生物效能，更长的寿命，更少的疾病，更好的睡眠、胃口等等。”“高级需要的满足能引起更合意的主观效果，即更深刻的幸福感，宁静感，心及内心生活的丰富感。”如此，“自我实现的人（即更为成熟、更为完满的人）的定义是：在他们基本需要已得到适当满足以后，又受到更高层级的动机——超越性动机（Metamotivations）的驱动。”这一心理学的研究成果揭示：自我实现的人在任何时候都不会感到焦虑、空虚和孤寂，也不会有自卑或卑微等不健全的感情，这样就“与东方哲学把健康看做是超越执著和欲求的观点联系起来了”②。

道教将老子所提倡的“见素抱朴、少私寡欲”③ 作为人生幸福的原则，要人保持言行淳朴，减少私心杂念，降低对声色犬马、功名利禄的追求，合理地控制自己的欲望，适度持中，既不纵欲，也不禁欲，以求获得“恬愉淡泊”的幸福感。从积极的角度来看，对功名的崇尚，可以提升人的精神境界，进而促进人类社会的精神文明建设；对利禄的重视，则可以满足人对物质利益的需求，推进人类社会的物

① 多巴胺是一种脑内分泌神经传导物质，主要负责大脑中的情欲、兴奋及快乐等信息传递。瑞典医药学家阿尔维德·卡尔森（Arvid Carlsson，1923－?）通过对多巴胺的药物研究，赢得了2000年诺贝尔医学奖。

② （美）马斯洛：《人的动机理论》，《人的潜能与价值》，华夏出版社，1987年，第201、202、209页。

③ 《道德经》第十九章。

质文明建设。功名利禄不仅是世俗功利价值的体现，也是推动人类社会的物质文明和精神文明发展的重要动力。从消极的角度来看，人若过度地追求功名利禄、过度地沉溺于饮食男女、声色犬马之中，则无益于身心健康。正如老子所说："驰骋田猎令人心发狂"[①]，若长期沉溺于物质欲望、感官享乐和男女之爱中，就会对身心健康产生危害；若过度追求名声权力，就会招致意想不到的祸患，故曰"祸莫大于不知足"，只有安贫乐道才能获得幸福。

道教并非一概地反对人的合理欲望，而是从老子的"大音希声，大象无形"出发，强调最完美的音乐是于无声处听到的，最美好的形象是于无象处显现的。一旦有了具体的声音、形象，反而会破坏自然之道的完美。因此，对"五色"、"五音"、"五声"和"五味"这些过度强烈、会影响人的身心健康的物质诱惑持反对态度。道教认为，真正的美不在声色，真正的福不在富贵，可谓"道之所说无私，少欲于世俗耳"[②]，故只有仙士才能摒弃声色等感官享受，不慕功名利禄等虚荣，而是以静除烦、以静制怒、以静去热、以静定意、以静养生，在静中追求与自然之道相契的精神境界。

葛洪在《抱朴子内篇》中谈及修仙之法时，也将恬愉淡泊的生活作为学仙的起点："学仙之法，欲得恬愉淡泊，涤除嗜欲，内视反听，尸居无心。"[③] 人要修成神仙，就要抱着"少私寡欲"的心态，目光内视丹田，两耳不闻外声，只有身心淡默恬愉，才能无思无虑无欲，这样，不请福而福自来："人能淡默恬愉，不染不移，养其心以无欲，颐其神以粹素，扫涤诱慕，收之以正，除难求之思，遣害真之累，薄喜怒之邪，灭爱恶之端，则不请福而福来，不禳祸而祸去矣。何者，

① 《道德经》第十二章。

② 《道德经》第四十一章。

③ 同上。

命在其中，不系于外，道存乎此，无俟于彼也。”由此，葛洪进一步推论：“求长生，修至道，诀在于志，不在于富贵也。”富贵的生活反而会妨碍人的修道。只有安贫乐道，抑情养性，使心静而神凝，神凝而气聚，气聚而精生，在身心健康之中达成道教所追求的“得道成仙”的理想。

如果读一下《道藏》中所收录的种种神仙传记就可见，虽然每个修道者成仙的方法与途径不同，但“少私寡欲”、“安贫乐道”却是一种共有的精神。据《汉武帝内传》中说，西王母、上元夫人曾夜降汉武帝宫内，专门告诫他说：“五浊之人，耽酒荣利，嗜味淫色，固其常也。且彻以天子之贵，其乱目者，倍于常人焉。而复于华丽之墟，拔嗜欲之根，愿无为之事，良有志也。”你虽有长生之志，但如果整天沉溺于酒色之中，情恣体欲，淫乱过甚，杀伐无度，即使贵为天子，也无法得道成仙。你若愿行无为之事，就必须下大决心来“拔嗜欲之根”。葛洪在《抱朴子内篇·论仙》中分析秦皇、汉武为什么好养生之道、成仙之法，却不能成仙时也认为：仙法以“静寂无为”为特点，需要修道者保持“少私寡欲”的心态。然而，秦皇、汉武无节制的欲望与贪心，无休止地辟地拓疆与开发索取，不仅使自己的身体充满着臭腥，而且也给天下百姓带来了残酷的战争、悲伤的血泪和无尽的灾难。他们的种种做法都与少私寡欲、不尚浮华的仙法不符，再加上没有得到仙丹妙药，怎么可能长生成仙呢？

三

道教将快乐视为人在生命道路上出现一种令人愉悦的精神状态，幸福才是处于一定社会关系和历史环境中的人，在努力修道的过程中，由于感受到理想的实现而得到的一种满足感。在道教看来，幸福既包括肉体快乐，也包括精神快乐，是身体健康、精神愉悦和德行至善的融合。幸福是对不幸的否定，虽然与快乐有关，但又包含着与短暂的快乐相异的内容。欲望的满足通常是快乐的，但又恰恰意味着这种快乐的意义是有限的——有时物质的满足或重复的快乐会令人生厌，有时快乐中还隐含着哀伤，葛洪形容为："乐极则哀集，至盈必有亏。故曲终则叹发，燕罢则心悲也。"① 世人所看重的荣贵，只是须臾存在的东西，"金玉满堂，莫之能守。"② 不如学道，心地坦荡，知足常乐，可得长生。在道教看来，幸福就是通过学道而获得的一种持续、永恒的快乐。

对于人类来说，在所面临的各种人生问题中，生与死的问题最为重要。就人的生命成长而言，"人在世间，日失一日，如牵牛羊以诣屠所，每进一步，而去死转近。"③ 人的出生和死亡犹如两个点，如把两点连成一线就构成了生命的长度，其中分为不同的阶段："人自生至终大化有四，婴儿也、少壮也、老耄也，死亡也。"④ 人慢慢地成长，开始通过知识和能力创造价值，就有了生命的宽度。人渐渐学会思考，有了创新力，就有了生命的高度。虽然人们对生命的长宽高会有不同的解读，但大都希望在活着的时候能够享天人之乐，获自然之妙，过上更快乐、更有意义的生活。道教幸福观的独特之处在于，不多思考人死后的世界如何，而是以"知足常乐"的心态，关注人当下如何才能获得健康的身体与愉悦的心情，以得道成仙来超越死亡，这就把生命成长与伦理观念结合起来，从道德情感中体验生命的美感与境界。

---

① 《抱朴子内篇·畅玄》。

② 《道德经》第九章。

③ 《抱朴子内篇·勤求》。

④ 《道藏》第14册，第375页。

道教将“知足常乐”视为是对已有的生活，或者已实现的愿望感到满足时所表现出的一种适可而止的精神。如果人只为满足欲望而活着，那么，满足一种欲望后，如不加节制，就会有十种欲望随之而来，满足十种欲望后，又会有百种欲望随之产生……若它们不能一一得到满足，就会使人常不乐或者乐不常。因此葛洪说：“祸莫大于无足，福莫厚乎知止。”① 一个人若在生命成长过程中，不明善恶，不识进退，不懂知足，最终必然招来杀身之祸。相比之下，只有知其荣，守其辱，安其分，图其志的人，才能做到节欲知足，安分地守道生活，则有福寿绵绵。

唐代道士杜光庭在诠释老子名言：“祸莫大于不知足”时指出：“夫罪之兴祸，皆起于身，身之生恶，由于心想。故身心口为三业焉。三业之中，共生十恶。十恶之内，贪罪愈深，故生死纷争，皆因贪致。贪者，心业之一也。”不知足源于人的“心想”太多，故幸福与不幸往往系于人心的一念之差。“贪之与足，皆出于心。心足则物常有余。心贪则物常不足。贪者虽四海万乘之广，尚欲旁求。足者虽一箪环堵之资，不忘其乐。适分知足，惟在于心所宜勖也。”② 从养生的角度而言，人生的许多烦恼、疾病与祸患都起于“不知足”的心态：“理身而贪，则嗜欲无默，魂驰神逝，福善不佑，年夭身殂。苟能内制贪源，外息贪取。既无仇怨，身安国昌，即知足常足，是终身不辱者矣。”③ 一个人只有保持“知足”的态度，看淡尘世的功名利禄，不为个人私情而烦恼，才能远离祸患。“知足者，常足也；不知足者，无足也。常足者，福之所赴也；无足者，祸之所踵也。”④ 知

① 《抱朴子外篇》卷四十九，《道藏》第28册，第335页。
② 《道德真经广圣义》卷三十五，《道藏》第14册，第491页。
③ 同上，第490页。
④ 《抱朴子外篇》卷四十九，《道藏》第28册，第335页。

足才能满足，满足才能常足，常足才能常乐，才能有幸福感。事实上，当人们用客观的态度来审视自己内心的欲望时，就会发现许多欲望其实超过了自己的实际需要。

葛洪曾将“知足常乐”的处世哲学与修道成仙的理想结合起来，称之为“真知足”：“知足者则能肥遁勿用，颐光山林。纡鸾龙之翼于细介之伍，养浩然之气于蓬荜之中。槛缕带索，不以贸龙章之暐晔也。负步杖筴，不以易结驷之骆驿也。藏夜光于嵩岫，不受他山之攻。沉鳞甲于玄渊，以违钻灼之灾。动息知止，无往不足。”① 若以这种“真知足”心态来关注自己的生命成长，就能获得“知天乐命，何忧何虑；安时处顺，何怨何尤”② 的幸福感！道教将“知足常乐”看做是一种物质上的节制、精神上的满足，这并非是盲目的乐观，而是因为知足的人才能够揣着平常心，在人生的风浪中，才能“不以物喜，不以己悲”，保持一份内心的平静，客观地认识和判断自己的人生目标，静等机遇，获意外之福。

贪婪嗜欲是人性的一大弱点，也是养生的最大障碍之一。一个人如果少性欲，就不会抢男霸女；节物欲就不会图财害命，寡官欲就不会投机钻营，卖身求荣。道教强调养生应先炼性养神，以形成知足常乐、平和淡泊的心理素质。如果说，神静而心和，心和即形全；神动则心荡，心荡则神伤，那么，人若养性安神于内，才可抵御外界的各种诱惑，充分享受周身通泰的生理体验及与道相冥的精神愉悦。可见，神静、心和、形全是人生幸福的生理基础，其来源于人与自然之道相契合之中所产生的清静心态，这也是养生修道的基点，可谓心自澄，欲自遣，性自定，命自位，丹自结，仙自做。

① 《抱朴子内篇·畅玄》。

② 《抱朴子外篇》卷四十九，《道藏》第28册，第335页。

"知足常乐"告诉人们一个普遍的道理：幸福作为人生价值的实现是一种主动性和创造性过程。一个人若能去掉了贪婪嗜欲心，变得知足知够，少钻牛角尖，就会通情达理，身心健康，心灵净化，智慧升华，幸福永驻。这样，"知足"就是一种智慧，"常乐"就是一种境界。"知足"是"常乐"的前提，"常乐"是"知足"的结果。二者相辅相成，互为因果。"知足常乐"作为一种心理调节能力，可以帮助人在无穷的欲望和有限的资源之间达到平衡，让人们在生活中常怀一颗感恩的心，感受快乐，享受幸福。

道教通过对幸福与欲望关系的探讨，表达了对人的本质及生命理想的自觉意识。当幸福被理解为一种具有至善目的性、无限意义性的生活目标时，修道就成为人在自然、快乐、宁静和善行中的生活，精神上的无欲无虑、坦荡自如，有助于人在内心体验中将自我与道而合为一。道教中所倡导的淡泊名利、少私寡欲，在功名利禄、声色美味面前保持清醒的头脑，以适可而止的态度，不使身为物役，心为物累，以获得恬淡愉悦的幸福感，这对于今天人们身心修养是否具有一定的借鉴意义？

（原载：《浙江大学学报》，2011年第1期）

图书在版编目（CIP）数据

道教思想研究论集 / 孙亦平著. —成都：巴蜀书社，2011.5
ISBN 978-7-80752-798-5

Ⅰ.①道… Ⅱ.①孙… Ⅲ.①道教—中国—文集
Ⅳ.①B958-53

中国版本图书馆 CIP 数据核字（2011）第 066585 号

道教思想研究论集　　孙亦平　著

责任编辑　童际鹏　田苗苗
出　　版　四川出版集团巴蜀书社
　　　　　成都市槐树街 2 号　邮编 610031
　　　　　总编室电话：(028)86259397
网　　址　www. bsbook. com
发　　行　巴蜀书社
　　　　　发行科电话：(028)86259422　86259423
经　　销　新华书店
照　　排　四川胜翔数码印务设计有限公司
印　　刷　成都翔川印务有限责任公司
版　　次　2011 年 6 月第 1 版
印　　次　2011 年 6 月第 1 次印刷
成品尺寸　210mm×145mm
印　　张　15. 5
字　　数　400 千
书　　号　ISBN 978-7-80752-798-5
定　　价　45. 00 元

本书如有印装质量问题，请与工厂调换